Winfried Horstmann

Industriepolitik und Wohlstand

Fakten, Hintergründe und Reformbedarfe

Springer Gabler

Winfried Horstmann
Berlin, Deutschland

ISBN 978-3-658-50738-1 ISBN 978-3-658-50739-8 (eBook)
https://doi.org/10.1007/978-3-658-50739-8

Die Deutsche Nationalbibliothek verzeichnet diese Publikation in der Deutschen National bibliografie; detaillierte bibliografische Daten sind im Internet über https://portal.dnb.de abrufbar.

Planung/Lektorat: Veronika Schuchter
Springer Gabler ist ein Imprint der eingetragenen Gesellschaft Springer Fachmedien Wiesbaden GmbH und ist ein Teil von Springer Nature.
Die Anschrift der Gesellschaft ist: Abraham-Lincoln-Str. 46, 65189 Wiesbaden, Germany

Vorwort

Den Entschluss, die vorliegende Monografie zu schreiben, fasste ich im Frühjahr 2023, gut ein Jahr nachdem ich aus dem aktiven Dienst als politischer Beamter des Bundesministeriums für Wirtschaft und Klimaschutz in Berlin ausgeschieden war. Die industriepolitische Themenstellung musste ich weder in aufwendigen Rechercheprozessen herausarbeiten noch ist sie mir auf wundersame Weise zugefallen, sie war einfach immer schon da. Während der überwiegenden Zeit meiner beruflichen Laufbahn in verschiedenen Funktionen im Bundeskanzleramt und zuletzt als Abteilungsleiter im Bundeswirtschaftsministerium standen Fragen der Industrie und Industriepolitik im Mittelpunkt meiner Tätigkeiten.

Die Erfahrungen aus dieser Zeit bilden eines der Fundamente, auf das sich die Erläuterungen, Kommentierungen und Empfehlungen zur Industriepolitik gründen, die in diesem Buch artikuliert werden. Eine weitere Grundlage der Ausführungen in dieser Abhandlung bilden einige wesentliche Analyseinstrumente und Begrifflichkeiten der Ökonomie, die eine Bewertung industriepolitischen Handelns und seiner Wirkungen erleichtern. Sie werden anhand einfacher und problemlos nachvollziehbarer Textpassagen und Grafiken erläutert und auf industriepolitische Sachverhalte angewendet. Das Buch nimmt damit den Charakter einer leicht verständlichen Fachlektüre an, zu der nicht nur Spezialisten mit einschlägigen Vorkenntnissen aus dem akademischen Bereich oder aus Wirtschaft und Verwaltung Zugang finden dürften, sondern auch politisch interessierte Laien.

Letzteres ist mir ein besonderes Anliegen, denn die Zielsetzung dieses Buches besteht darin, die industriepolitische Thematik einem Publikum nahezubringen, das über ökonomisch geschulte Expertenkreise hinausgeht. Es geht darum, die Beurteilungs- und Kritikfähigkeit der Leserinnen und Leser gegenüber dem zu schärfen, was in Deutschland und Europa industriepolitisch an Leistung und Non-Leistung in den letzten Jahren erbracht worden ist und was sich an industriepolitischer Aktivität für die kommenden Jahre abzeichnet. Denn im gleichen Maß, wie die Bemühungen des Staates, industrielle Wertschöpfung mit subventionspolitischen und regulatorischen Eingriffen zu sichern, schon seit Jahren einen wachsenden Raum innerhalb des Gesamtspektrums der Wirtschaftspolitik einnehmen, hat sich Industriepolitik zu einem Faktor von Relevanz in der Konkurrenz der politischen Akteure um die Stimmen des Elektorates entwickelt. Aus dieser Perspektive betrachtet liefert die vorliegende Abhandlung auch einen Beitrag zu mehr Transparenz im demokratischen Wettbewerb.

Für die kritische und konstruktive Durchsicht des Manuskriptes danke ich meinem langjährigen Kollegen während gemeinsamer Zeiten im Bundeskanzleramt, Herrn Ministerialdirektor a.D. Dr. Peter Bartodziej. Dank gebührt auch Frau Dr. Veronika Schuchter, die den Veröffentlichungsprozess als Lektorin des Verlags Springer Gabler betreut hat, sowie Frau Shalini Sreekanth, die für die technische Umsetzung durch den Verlag verantwortlich war. Alle dennoch möglicherweise verbliebenen Unschärfen stehen in der Verantwortung des Autors.

Berlin, Deutschland
Februar 2026

Winfried Horstmann

Interessenskonflikt Der/die Autor*in hat keine relevanten Interessenskonflikte im Zusammenhang mit dieser Publikation.

Inhaltsverzeichnis

Abkürzungsverzeichnis

AEUV	Vertrag über die Arbeitsweise der Europäischen Union
AWG	Außenwirtschaftsgesetz
AWV	Außenwirtschaftsverordnung
BDI	Bundesverband der Deutschen Industrie
BHO	Bundeshaushaltsordnung
BIP	Bruttoinlandsprodukt
BMAS	Bundesministerium für Arbeit und Soziales
BMF	Bundesministerium der Finanzen
BMU	Bundesministerium für Umwelt, Naturschutz und nukleare Sicherheit
BMWI	Bundesministerium für Wirtschaft
BMWE	Bundesministerium für Wirtschaft und Energie
BMWK	Bundesministerium für Wirtschaft und Klimaschutz
BRI	Belt and Road Initiative
BRICS	Brazil, Russia, India, China, South Africa
BSE	Bruttostromerzeugung
BWS	Bruttowertschöpfung
CBAM	Carbon Border Adjustment Mechanism
CCS	Carbon Capture and Storage
COMECON	Council for Mutual Economic Assistance
DSGVO	Datenschutzgrundverordnung
EEG	Erneuerbare-Energien-Gesetz
EZB	Europäische Zentralbank
FuE	Forschung und Entwicklung
GATT	General Agreement on Tariffs and Trade
GSF	German Sustainability Fonds
G7	Group of Seven (Deutschland, Frankreich, Großbritannien, Italien, Japan, Kanada, USA)
GW	Gigawatt: eine Mrd. (10^9) Watt
IEA	International Energy Agency
IG Metall	Industriegewerkschaft Metall

IPCEI	Important Project of Common European Interest
IRA	Inflation Reduction Act, Industry Recovery Act
ISO	International Organization for Standardization
KENFO	Fonds zur Finanzierung der kerntechnischen Entsorgung
KI	Künstliche Intelligenz
KKW	Kernkraftwerk
KTF	Klima- und Transformationsfonds
kWh	Kilowattstunde: eintausend (10^3) Watt pro Stunde
MFP	Multifaktorproduktivität
MW	Megawatt: eine Mio. (10^6) Watt
NGEU	Next Generation EU
NKR	Nationaler Normenkontrollrat
OECD	Organization for Economic Co-operation and Development
PISA	Programme for International Student Assessment
SMR	Small Modular Reactor
SVIK	Sondervermögen Infrastruktur und Klimaneutralität
SVR	Sachverständigenrat zur Begutachtung der gesamtwirtschaftlichen Entwicklung
TWh	Terawattstunde: eine Bill. (10^{12}) Watt pro Stunde
WSF	Wirtschaftsstabilisierungsfonds
WTO	World Trade Organization

1 Einleitung

Einer Supermacht der Industrie droht der Abstieg. Deutschland, das wirtschaftlich stärkste Land in der EU, kämpft mit den tiefgreifendsten ökonomischen Verwerfungen seit der Wiedervereinigung. Die industrielle Exzellenz, die sich hierzulande in einem mehr als 200 Jahre währenden Prozess aufgebaut hat, scheint gefährdet, und Sorgen über einen Substanzabbau am Standort Deutschland haben Einzug in die wirtschaftspolitischen Debatten gehalten. Sie kulminieren im Problembegriff der „Deindustrialisierung". Er kommt sperrig daher und fügt sich nur widerwillig in den Sprachfluss ein. Aber sein phonetischer Missklang passt zu dem alarmierenden Inhalt, den er transportiert: Investitionsschwäche, Personalabbau und Abwanderungspläne in wesentlichen Teilen der deutschen Industrie.

Prozesse einer Deindustrialisierung vollziehen sich zumeist langsam und über Jahre hinweg dahinschleichend. Sie nehmen nicht den Charakter eines ökonomischen Showdowns an, sondern eher den eines Exodus auf Raten. Die Unternehmen reduzieren die heimischen Investitionen auf ein unverzichtbares Minimum und sie fahren gleichzeitig die Antennen aus, um Lokationen im europäischen oder internationalen Ausland ausfindig zu machen, die günstigere Bedingungen für eine rentable und qualitativ hochwertige Produktion anzubieten haben als der inländische Standort. In einem solchen Szenario verlangsamt sich die Expansion des sektoralen Kapitalstocks, also des Bestandes an maschinellen, logistischen, digitalen und sonstigen Ausrüstungen in der Industrie, und sein Modernitätsgrad nimmt ab. Fallen die laufenden Industrieinvestitionen sogar unter das Niveau, das erforderlich ist, um die Abgänge jener Anlagen zu kompensieren, die aufgrund physischer oder ökonomischer Entwertung unvermeidbar sind, so beginnt der Kapitalstock zu schrumpfen und man befindet sich auf einem Pfad der Deindustrialisierung.

In den Branchen der energieintensiven Industrien vollzieht sich schon seit vielen Jahren ein derartiger Prozess. In der Gesamtheit des Verarbeitenden Gewerbes, das mit seinen

W. Horstmann, *Industriepolitik und Wohlstand*,
https://doi.org/10.1007/978-3-658-50739-8_1

rund 7,5 Mio. Beschäftigten den Industriesektor ausmacht,[1] ist es noch nicht so weit, aber die Alarmzeichen mehren sich. Umfragen zufolge planten Anfang 2025 rund 40 % der hiesigen Unternehmen des Verarbeitenden Gewerbes, Betriebsteile in kostengünstigere Länder zu verlagern. Drei Jahre zuvor waren es noch 21 %. Überdurchschnittlich ausgeprägt vollzieht sich diese Entwicklung im Segment der Großunternehmen, die sich oftmals weniger stark als die familiengeführten Firmen des industriellen Mittelstandes dem Standort Deutschland verpflichtet fühlen.

Die Gründe, die dazu führen, dass hierzulande industrielle Substanz gefährdet ist, sind in den letzten Jahren in zahlreichen Gutachten, Stellungnahmen und Analysen untersucht und der Politik bei vielfältigen Gelegenheiten erläutert worden. Es ist fast schon ermüdend, sie erneut aufzuzählen. Ihre hohe Relevanz für die Konkurrenzfähigkeit der Industrie und für die Frage, ob Deutschland sich mittel- und langfristig tatsächlich in einem Szenario der Deindustrialisierung wiederfinden wird oder nicht, ist jedoch zu groß, als dass sie in einer Monographie zur Industriepolitik umgangen werden könnten: Es geht um Kostenniveaus für Energie und Arbeit deutlich über denen in konkurrierenden Wirtschaftsräumen, Unternehmenssteuern am oberen Ende der Belastungsskala, Wochen- und Jahresarbeitszeiten am unteren Ende der Einsatzskala, die unendliche Geschichte der Bürokratie, Limitierungen auf dem Marsch in die Datenökonomie und für den Rollout von Programmen der Künstlichen Intelligenz (KI), signifikante Qualitätsmängel in den Verkehrs- und sonstigen Infrastrukturen sowie zahlreiche weitere Standortschwächen und -defekte. Die Kumulation dieser Problemfaktoren führt dazu, dass zahlreiche Industrieunternehmen den Auszug aus Deutschland erwägen.

Sie tun dies in einer Phase des weltwirtschaftlichen Geschehens, in der sich eine Welle des Neoprotektionismus aufbaut, die maßgeblich an der aggressiven Zollpolitik der zweiten Trump-Administration in den USA festzumachen ist. Handelsprotektionistische Tendenzen nähren sich aber bekanntlich auch aus marktwidrigen Vergünstigungen und Regulierungen, mit denen der chinesische Staat seine Industrien protegiert: Joint-Venture-Zwänge für ausländische Unternehmen, die in China investieren, illegaler Technologietransfer mit staatlicher Flankierung und Subventionen in großem Stil. Beide Staaten verzerren die internationalen Wettbewerbsbeziehungen zu Lasten Europas sowie auch Japans, Koreas, Kanadas und anderer Industrieländer.

Aber Protektion und Subvention gehören auch in Deutschland und der EU schon seit langem zum festen Inventar der Industrie- und Wirtschaftspolitik. Allein der Green Deal Industrial Plan der Europäischen Kommission, das voluminöse Förderpaket zur Dekarbonisierung des Verarbeitenden Gewerbes, beinhaltet Mittel im mittleren dreistelligen

[1] Das Statistische Bundesamt ordnet dem Verarbeitenden Gewerbe die Kraftfahrzeugindustrie, den Maschinenbau, die chemischen und pharmazeutischen Industrien, die elektrotechnische Industrie, die Eisen- und Stahlerzeugung, die Luft- und Raumfahrtindustrien, die Nahrungs- und Futtermittelindustrien, die oben im Text angesprochenen energieintensiven Industrien sowie zahlreiche weitere Branchen zu. Für eine umfassende Benennung und eine Abgrenzung des Verarbeitenden vom Produzierenden Gewerbe siehe Kap. 2, Fußnote 5.

Milliardenbereich. Hinzu kommen noch Finanzzuwendungen der europäischen Nationalstaaten an ihre Industrien, wobei Deutschland, was die absolute Größenordnung angeht, im EU-Vergleich vorne liegt. Und mit dem Klimazoll CBAM (Carbon Border Adjustment Mechanism) betreibt die EU letztendlich eine handfeste Zollprotektion für europäische Industrien.

Nein, es sind nicht unfaire Subventionen und Handelspraktiken im Rest der Welt, die Szenarien einer Deindustrialisierung der größten Volkswirtschaft Europas am Horizont erscheinen lassen. Es sind primär hausgemachte Ursachen, vor allem der standortpolitische Reformattentismus, der hierzulande schon seit vielen Jahren dämpfende Wirkungen auf industrielle Wettbewerbsfähigkeit, Investitionen und Produktivität entfaltet. Er begrenzt die Spielräume, die den Unternehmen bleiben, um auf ökonomische Schocks und auf Verzerrungen des Welthandels mit kompensatorischen Anpassungen ihrer Produktions- und Kostenstrukturen zu reagieren, und verstärkt so die Tendenzen einer Relokalisierung von industrieller Produktion und von Kapazitätsanpassungen nach unten.

Die ökonomischen Auswirkungen dieser Entwicklung sind nicht regional begrenzt, sondern entfalten eine gesamtwirtschaftliche Strahlkraft. Denn die Industrie ist der wesentliche Treiber des technischen Fortschritts und damit der Impulsgeber schlechthin für das Tempo des Produktivitätszuwachses, und zwar nicht nur in den eigenen Branchen, sondern in der Breite der Volkswirtschaft. Wenn also Teile des Verarbeitenden Gewerbes in eine anhaltende Phase des Substanzabbaus abgleiten, ist dies nicht nur für die betroffenen Firmen problematisch, sondern es schlägt auch auf den Wohlstand des Landes insgesamt durch und begrenzt die künftigen Verteilungsspielräume. Besondere Herausforderungen, wie etwa die Dekarbonisierung im Zulauf auf die Klimaneutralität oder der seit dem Einmarsch Russlands in die Ukraine unabweisbar gewordene Bedarf, die Verteidigungsfähigkeit Deutschlands und der übrigen NATO-Staaten durch militärische Aufrüstung zu sichern, erfordern dann einen umso größeren Verzicht auf potenziellen Output an anderen Stellen der Ökonomie.

Aus dieser Perspektive betrachtet muss Industriepolitik einen ressourcenökonomischen Beitrag leisten, indem sie die Produktionsmöglichkeiten nicht nur im Industriesektor selbst, sondern darüber hinaus in der Volkswirtschaft stärkt. Adäquate Mittel, um dieses zu erreichen, bietet das Instrumentarium der horizontalen Industriepolitik. Es wirkt über eine (weitgehend) wettbewerbsneutrale Veränderung der Angebotsbedingungen in der Wirtschaft, so dass Standortkosten, Regulierungen und bürokratische Belastungen sich dauerhaft und verlässlich auf einem Niveau einpendeln, das einer robusten Investitionsdynamik und damit einer laufenden Modernisierung des Kapitalstocks zuträglich ist. Horizontale Industriepolitik kommt der gewerblichen Wirtschaft generell zugute. Sie ist jedoch für die Wettbewerbsfähigkeit der Industrieunternehmen von einer besonders hohen Relevanz, denn diese Firmen sind weit stärker als der Rest der Ökonomie in die internationale Arbeitsteilung eingebunden. Ihr Output geht im Durchschnitt zu etwa 50 % und in einzelnen Branchen sogar zu 80 % in den Export und sie stehen unter einem besonders hohen internationalen Konkurrenzdruck.

Nach der großen Weltfinanzkrise 2007/2008 und der anschließenden Rezession hat die Wirtschaftspolitik in Deutschland und Europa allerdings das Instrumentarium der horizontalen Industriepolitik aus dem Blick verloren. Stattdessen wurde ein Blockbuster der Bürokratie nach dem anderen verabschiedet und ein Technologiedirigismus betrieben, der geeignet ist, ganze Industriemärkte politisch einzubremsen oder sogar gänzlich abzuschalten, beispielsweise den für verbrennergetriebene Neufahrzeuge ab 2035 in der EU, den für nukleare und längerfristig wohl auch den für kohlebasierte Kraftwerkstechnologie in Deutschland, den für das Fracking von Gasvorkommen hierzulande oder den für die Industrien rund um die grüne Gentechnik. Gleichzeitig sind die Subventionen zugunsten einzelner Branchen und Unternehmen massiv hochgefahren worden.

Eine Industriepolitik, die solcherart in den Modus der Strukturlenkung verfällt und deren Merkmal darin besteht, mittels vertikaler Eingriffe bestimmte Technologien, Firmen oder Industrien im Stile eines „Picking the Winners" politisch zu priorisieren und andere damit gleichzeitig zu diskriminieren, leistet aber kaum Beiträge zur Ausweitung der gesamtwirtschaftlichen Produktionsmöglichkeiten. Sie verändert stattdessen die strukturelle Zusammensetzung des volkswirtschaftlich erzeugten Güterberges. Wahrscheinlich ist es zudem, dass sie – je nach Charakter der jeweiligen Intervention – ökonomische Kollateralschäden erzeugt, weil sie die Produktionsfaktoren Arbeit und Kapital in Verwendungen lenkt, die nicht mehr von den effizienzoptimalen Signalen der Märkte bestimmt werden, sondern eben auch von politischen Vorgaben. Vertikale Industriepolitik birgt daher – jedenfalls dann, wenn sie nicht darauf ausgerichtet ist, Funktionsdefizite der Märkte zu korrigieren oder zumindest zu mindern – nicht das Potenzial, neue Verteilungsspielräume zu schaffen und den gesamtwirtschaftlichen Wohlstand zu erhöhen.

Damit ist der rote Faden umrissen, an dem sich die Ausführungen in diesem Buch orientieren. Er wird im Folgenden in neun Sachkapiteln ausdifferenziert, die in drei Teilen gruppiert sind. Im ersten Teil geht es darum, die besondere Relevanz industrieller Wertschöpfung für Produktivität und Wohlstand sowie eine Reihe besonders einschneidender Herausforderungen für die Unternehmen des Verarbeitenden Gewerbes zu erläutern. Dazu finden sich in Kap. 2 einige grundlegende methodische Ausführungen, die in ihren technischen Anforderungen einfach gehalten und in einer leicht verständlichen Weise verfasst sind. In Kap. 3 dieser Schrift werden wesentliche Problemkomplexe dargelegt, die sich retardierend auf den Pfad der industriellen Wertschöpfung in Deutschland auswirken. Sie sind, wie bereits erwähnt, mehr in Versäumnissen der hiesigen Wirtschaftspolitik begründet als in unfairen Handelspraktiken des Auslandes. Die Tendenzen einer Deindustrialisierung, die in den energieintensiven Industrien bereits eingesetzt haben und in anderen Branchen des Verarbeitenden Gewerbes am Horizont aufscheinen, sind dem Land der Sozialen Marktwirtschaft nicht von außen aufgezwungen worden, sondern in erster Linie das Ergebnis einer Melange aus standortpolitischen Unterlassungen, technologielenkenden Übertreibungen und einer ausufernden Subventionspolitik.

Der zweite Teil dieses Buches beschreibt und kommentiert die Kernelemente des industriepolitischen Kurses in Deutschland und Europa. Dabei wird in Kap. 4 erörtert, warum Industriepolitik überhaupt ein attraktives Spielfeld für die politischen Akteure in

Regierungen und Parlamenten darstellt. Krisenbedingte Eingriffe des Staates, wie sie beispielsweise während der Coronakrise erfolgten, können eine gewisse Erklärungsrelevanz für die Zunahme industriepolitischer Interventionen für sich in Anspruch nehmen. Derartige Sondersituationen erklären aber weder das Ausmaß noch den längerfristigen Trend der industriepolitischen Regulierungs- und Subventionsaktivitäten in Deutschland und Europa. Dieser Trend dürfte nicht allein auf tatsächlich zwingende sachliche Handlungsbedarfe zurückzuführen sein, sondern auch auf das strategische Verhalten von Amts- und Mandatsträgern in Regierungen und Parlamenten. Im Wettbewerb um Wählerstimmen nutzen sie zunehmend auch die Mittel der Industriepolitik, um Popularität zu gewinnen. Der Analyserahmen des Medianwählertheorems aus der Ökonomischen Theorie der Demokratie wird in diesem Sinne industriepolitisch interpretiert und auf die im Februar 2019 veröffentlichte Nationale Industriestrategie 2030 des Bundesministeriums für Wirtschaft und Energie sowie auf das drei Jahre später publizierte Konzept einer sogenannten Transformativen Angebotspolitik aus dem gleichen Hause angewendet.

In den Kap. 5 und 6 werden verschiedene industriepolitische Konzeptionen und Strategien sowie die Hintergründe der an Bedeutung gewinnenden europäischen Industriepolitik erläutert. Die vertikalen Eingriffslogiken des industriepolitisch lenkenden deutschen Staates und der europäischen Institutionen sind ein durchgängiges Merkmal dieser Ansätze. Einen Schwerpunkt dieser Politik bildet das expansive Subventionsgeschehen, das, wie die Ausführungen in Kap. 7 zeigen, in den amtlichen Rechenwerken der deutschen Finanzpolitik aufgrund eines verengten Subventionsbegriffs kleiner erscheint, als es tatsächlich ist, und dessen fiskalische Kosten damit für die Wählerinnen und Wähler nur unzureichend erkennbar sind.

Die Diskussion zu den Erfolgsrestriktionen und Folgeproblemen industriepolitischer Eingriffe in Kap. 8 zeigt, dass ein aktiver Interventionsstaat überfordert ist, weil er aufgrund inhärenter Informationsprobleme die ökonomisch optimalen Ansatzpunkte für seine industriepolitischen Lenkungsambitionen nicht identifizieren kann und stattdessen (weitgehend) mittels politischer Priorisierung vorgehen muss. Gleichzeitig befördert die öffentliche Hand mit regulatorischen Vergünstigungen und Förderprogrammen für die Industrie Rent-Seeking-Strategien und Subventionsmentalitäten unter den Begünstigten. Die Optionen für einen Exit der Politik aus einem einmal eingeleiteten industriepolitischen Interventionsszenario werden immer schmaler, je länger dieses Szenario Bestand hat. Gelingt dieser Exit aber nicht, so kommen die systemverändernden Potenziale industriepolitischer Lenkung zum Tragen, die immer größere Segmente der Wirtschaft den Steuerungsmechanismen flexibler Preise und unverfälschten Wettbewerbs entziehen und damit die wohlstandsstiftenden Grundlagen der Sozialen Marktwirtschaft aushöhlen.

Der dritte und abschließende Teil der vorliegenden Abhandlung nimmt eine zukunftsgerichtete Perspektive ein. Dazu wird in Kap. 9 eine Auswahl von horizontalen Politikansätzen ins Zentrum der Erörterungen gerückt, die von Relevanz für die industrielle Basis der deutschen Wirtschaft sind: Subventionskürzungen und horizontale Steuerentlastungen für die Unternehmen, Klimaschutz in einem ökonomisch realisierbaren Design, Rücknahme von Technologieverboten, mehr Flexibilität für die kommerzielle Nutzung von

Daten und KI-Systemen, Anpassung von Arbeitszeiten an die Realitäten einer Gesellschaft im demographischen Wandel, ein Abbau von Bürokratie, der über die Digitalisierung von Verwaltungsleistungen hinausgeht und auf Interventionsverzicht setzt, und natürlich makroökonomische Stabilität sowie offene Weltmärkte.

Vertikale Eingriffe zugunsten einzelner Industrieunternehmen oder -branchen haben in diesem Politikdesign nur dann einen Platz, wenn besondere ökonomische oder außerökonomische Gründe für ihre Implementierung sprechen. Derartige Begründungslogiken ergeben sich, wenn es gilt, Marktversagen oder Wettbewerbsverzerrungen zu korrigieren oder wenn auf geostrategisch unabweisbare Handlungsbedarfe industriepolitisch zu reagieren ist. Es sind Ausnahmefälle, die eine diskretionäre Unterstützung von Einzelunternehmen, Technologien oder Industriebranchen rechtfertigen können. Die Ausführungen in Kap. 10 weisen Ansätzen vertikaler Industriepolitik daher keine Führungsrolle, sondern lediglich eine Residualfunktion zu.

Dass die Politik in Deutschland schon vor vielen Jahren den entgegengesetzten Weg eingeschlagen hat und sich mehr und mehr auf Interventionen zugunsten einzelner Industriebranchen und -unternehmen konzentriert, kann die am Horizont heraufziehenden Wolken einer – vorerst lediglich drohenden – Deindustrialisierung nicht vertreiben. Stattdessen befördert dieser Weg eine Erosion der Sozialen Marktwirtschaft, deren wesentliche Funktionsprinzipien, der unverfälschte Wettbewerb und eine flexible Marktpreisbildung, der deutschen Industrie grundsätzlich alle Möglichkeiten bieten, auch gegenüber der Konkurrenz aus China und den USA zu bestehen. Früher oder später wird man die Kraft aufbringen müssen, auf einen Korrekturmodus umzuschwenken und der horizontalen Industriepolitik einen Vorrang einzuräumen. Es bleibt zu hoffen, dass diese Trendwende erfolgt, bevor sie unter erschwerten Bedingungen inmitten einer dann möglicherweise tatsächlich platzgreifenden Deindustrialisierung des Landes umgesetzt werden muss.

Teil I

Grundlagen, Abgrenzungen und Herausforderungen

Wohlstandsbasis Industrie 2

Die Geschichte des Wohlstands ist eine Geschichte der Produktivität. Ihre Zuwächse haben im Laufe der Industrialisierung ungeahnte Höhen erklommen und materiellen Wohlstand für breite Bevölkerungsschichten zur Realität werden lassen.[1] Der Startschuss für die Vervielfachung der Pro-Kopf-Einkommen in den heutigen Industrieländern Europas und der G7 (USA, Deutschland, Frankreich, Italien, Japan, Vereinigtes Königreich und Kanada) fiel in den 1760er-Jahren mit einem technologischen Paukenschlag in der englischen Grafschaft Lancashire. Die dort ansässigen Textilfabriken hatten einen akuten Garnmangel zu beklagen. Ein Garnspinner, ein Spinnrad, ein Faden. Das war die technologische Relation in der Garnerzeugung zur damaligen Zeit. Mit diesem Produktivitätsniveau konnten die Spinnereien den damals rasant wachsenden Bedarf der Webereien jedoch nicht mehr befriedigen. Dies führte zur Erfindung der Spinning Jenny in England. Diese Maschine wurde von nur einer Person bedient, war aber in der Lage, sechs Fäden gleichzeitig zu spinnen (Ziegler 2012, S. 2 f.).

---

[1] Der hier zugrunde gelegte Wohlstandsbegriff folgt einem güterwirtschaftlich-materiellen Konzept, gemessen am Pro-Kopf-Einkommen eines Landes (BIP pro Einwohner). Alternative Wohlstandsmaße werden im Rahmen dieses Buches nicht herangezogen. Sie liefern wertvolle Informationen zur Beurteilung der gesamtgesellschaftlichen Wohlfahrt in verschiedenen Einzeldimensionen, die so unterschiedliche Größen wie beispielsweise die Einkommens- und Vermögensverteilung, den Bildungsstand, die Wohnsituation der Menschen, die öffentliche Sicherheit, die Umweltqualität, die Selbstmordrate, die Beteiligung der Bürgerinnen und Bürger an politischen Wahlen, die Qualität sozialer Netzwerke und vieles mehr umfassen. Diese hochgradig divergenten Größen sind nicht in einer aussagekräftigen Form aggregierbar, sodass sie letztendlich als Orientierungspunkte für die Wirtschaftspolitik im Allgemeinen und die Industriepolitik im Besonderen nicht geeignet sind. Zur Aussagekraft alternativer Wohlfahrtsmaße siehe Lerbs und van Suntum (2012), S. 171 ff. sowie Grömling und Klös (2018), S. 60 ff.

W. Horstmann, *Industriepolitik und Wohlstand*,
https://doi.org/10.1007/978-3-658-50739-8_2

Innerhalb kürzester Zeit stellte sich also eine Versechsfachung der Produktivität in der Garnspinnerei ein. Rasch wurden die neuen Maschinen weiterentwickelt und zunächst mittels Wasserkraft und später von Dampfmaschinen angetrieben. Gleichzeitig führte die große Nachfrage der Spinnereiindustrie nach maschinellen Antrieben zur Weiterentwicklung der Dampfmaschinentechnologie und der Kokerei. Mit der Erfindung des vollmechanischen Webstuhls 1785 in England, nur 20 Jahre nachdem die Spinning Jenny geschaffen worden war, gelang es erneut, die Produktivität zu steigern. Garnherstellung und Weberei in England bildeten nun das Herzstück einer Textilindustrie, die der europäischen und globalen Konkurrenz enteilte. Die während dieses Prozesses geschaffenen Innovationen, insbesondere in der dampfgetriebenen Antriebstechnik, gelangten auch in anderen Segmenten der Wirtschaft zur Anwendung und verbreiterten die industrielle Basis über die Textilindustrie hinaus.

Die Länder Kontinentaleuropas schafften den Einstieg in die Industrialisierung erst mit Verspätung. Dieses galt auch für die deutschen Königreiche, Fürstentümer und Freien Städte. Sie waren in der Frühphase des industriellen Aufbruchs aufgrund ihrer gesellschaftlichen und wirtschaftlichen Strukturen nicht in der Lage, ihre Ökonomien mittels der verfügbaren technologischen Neuerungen zu modernisieren. In England waren die Liberalisierungen hin zu einer Gesellschaft, die die Innovationen der Zeit aufnehmen und umsetzen konnte, bereits erfolgt, bevor die technologischen Disruptionen in der Textilherstellung eintraten, und sie bildeten umgekehrt auch eine der Voraussetzungen für eben diese Disruptionen (Fischer 1972, S. 64).

Die volle Verfügbarkeit über die eigene Arbeitskraft war gegen Ende des 18. Jahrhunderts in deutschen Landen so wie auch in anderen Teilen Europas noch nicht gegeben. Feudale Strukturen begrenzten die Möglichkeiten der Menschen, neue Beschäftigungsoptionen in einem entstehenden Industriesektor zu nutzen. Einschränkungen der Gewerbefreiheit erschwerten unternehmerisches Engagement. Binnenzölle und Handelsbeschränkungen in der fragmentierten Landschaft der deutschen Kleinstaaten verhinderten das Entstehen eines einheitlichen Binnenmarktes. Wollte man sich für die kapitalistisch-marktwirtschaftliche Wirtschaftsweise öffnen, die in England schon Jahre zuvor den Aufstieg der Textilindustrie eingeleitet hatte, so musste man also zunächst die Barrieren beseitigen, die das Aufwachsen industrieller Wertschöpfungsstrukturen behinderten.

In Preußen nahm dieser Prozess zum Beginn des 19. Jahrhunderts Konturen an. Die Zäsur der Napoleonischen Kriege hatte zu einem Umdenken geführt. Mit der Rigaer Denkschrift von 1807 „Über die Reorganisation des Preußischen Staates“ leiteten die Reformer Karl August von Hardenberg und Karl von und zum Stein den als „defensive Modernisierung“ (Ziegler 2012, S. 17 f.) bekannten Reformprozess ein. Wirtschaft und Staat in Preußen sollten neu aufgestellt und korporatistische Strukturen beseitigt werden. Es folgten unter anderem die Abschaffung feudaler Arbeitsverhältnisse in der Landwirtschaft, die Einführung der Gewerbefreiheit sowie eine Modernisierung der Patentgesetzgebung zum Schutze geistigen Eigentums.[2]

[2] Die gesellschaftlichen und wirtschaftlichen Modernisierungsschritte in den Ländern des Deutschen Bundes vollzogen sich in einem teilweise stark divergierenden Tempo. Selbst in Preußen wurden nicht alle Reformziele komplett umgesetzt (Fischer 1972, S. 66).

1834 wurden mit der Gründung des deutschen Zollvereins unter preußischer Führung die Binnenzölle zwischen den meisten Mitgliedern des Deutschen Bundes abgeschafft und einheitliche Außenzölle eingeführt (Ziegler 2012, S. 29 ff.). Der Schritt führte zu einer Vereinfachung der Zollverwaltungen und steigenden Staatseinnahmen. Insbesondere aber war er von Bedeutung für die Entwicklung eines einheitlichen Binnenmarktes zwischen den beteiligten Staaten, Städten und Fürstentümern. Damit bildete er eine wesentliche Voraussetzung für das Entstehen konkurrenzfähiger Industrien in den deutschen Ländern.

Eine konsequente Anwendung neuer wissenschaftlich-technischer Erkenntnisse und eine enge Kooperation mit den technischen Hochschulen führten schließlich zum Aufstieg von Industrieunternehmen aus den deutschen Ländern zu international konkurrenzfähigen Wettbewerbern. Die Hochschulen leisteten eine „gute technische und technisch-wissenschaftliche Ausbildung von Facharbeitern, Ingenieuren und Chemikern" (Ziegler 2012, S. 121) und sie schufen damit nicht nur generell ein leistungsfähiges Potenzial an Arbeitskräften, sondern ermöglichten auch einen Know-how-Transfer über die Köpfe, der durch den Wechsel von wissenschaftlichem Personal in die Industrie hinein wirken konnte. Die Unternehmen nutzten diese Vorteile, um ihren Innovationspfad zu heben, in neue Technologien und Produkte zu investieren und ihre Produktivität laufend zu steigern. Es ist dieser Zusammenhang aus Innovationen, Investitionen und Produktivität, der damals wie heute entscheidend für die Höhe des Pro-Kopf-Einkommens und den Wohlstand eines Landes ist. Er wird im folgenden Abschnitt anhand des Konzeptes der Multifaktorproduktivität erläutert.

2.1 Industrie und Produktivität

Die Multifaktorproduktivität (MFP), auch Totale Faktorproduktivität (TFP) genannt, wird aus der makroökonomischen Produktionsfunktion einer Volkswirtschaft bestimmt. Die spezifischen Berechnungsverfahren dazu sollen hier nicht erörtert werden, sondern unter Hinweis auf die erläuternde Literatur (beispielsweise Weyerstraß 2018, S. 1 ff.; Kuckelkorn und Kuntze 2021, S. 64 ff.) nicht weiter exploriert werden. Die MFP erfasst jene Veränderungen des Outputs, die nicht auf mengenmäßige Anpassungen des Einsatzes der Produktionsfaktoren Arbeit und Kapital zurückzuführen sind. Sie ist eine Residualgröße, die jenen Einflussfaktor reflektiert, der die Effizienz der menschlichen Arbeit und des Anlagenbestandes in den Fabrikhallen erhöht: den technischen Fortschritt. Je größer die Rate des technischen Fortschritts ist, desto umfangreicher und qualitativ höherwertiger wird der Güterberg, der in einer Volkswirtschaft pro Kopf erzeugt werden kann. Die Entwicklung dieses Produktivitätsmaßes ist entscheidend für den materiellen Wohlstand einer Nation.

Ein Zahlenbeispiel aus der historischen Phase von 1913 bis 1987 vermittelt ein Gefühl für diesen Zusammenhang: Das BIP in Deutschland nahm während dieses Zeitraums um

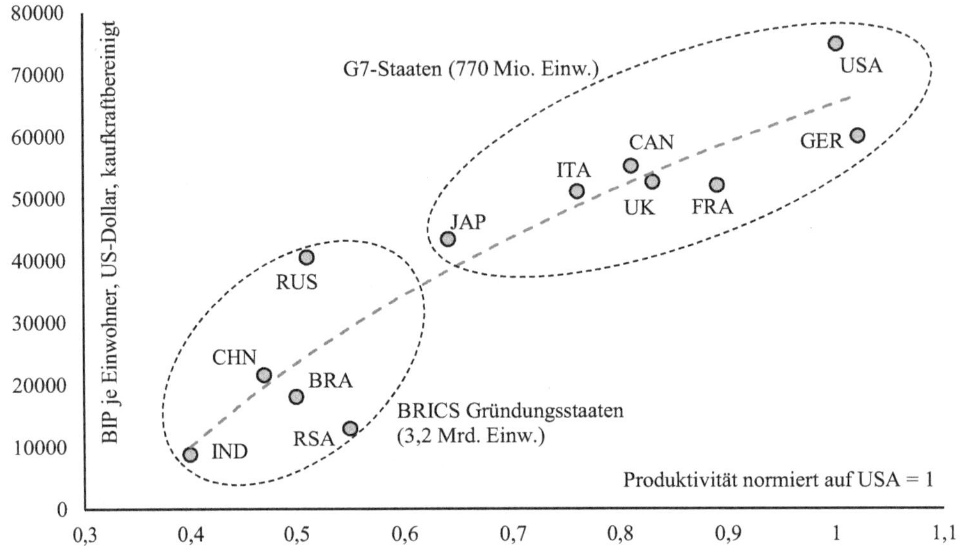

Abb. 2.1 Multifaktorproduktivitäten und Pro-Kopf-Einkommen in den BRICS- und G7-Ländern 2023. (Datenquelle: Penn World Table 11.0; Feenstra, Inklaar and Timmer 2015; eigene Darstellung)

rund 3 % jährlich zu. Von diesen 3 % waren aber nur 1,4 % auf einen mengenmäßig erhöhten Einsatz von Arbeit und maschinellen Anlagen (Sach- oder Realkapital) zurückzuführen. Die Differenz von 1,6 % pro Jahr ergab sich, weil die kombinierte Nutzung dieser beiden Produktionsfaktoren in den Fabrikhallen effizienter wurde (Metz 2005, S. 475 f.). Es war technischer und zum Teil auch organisatorischer Fortschritt, der dieses bewirkte.

Auch das Wohlstandsniveau der modernen Industriegesellschaften wird maßgeblich von der MFP bestimmt. Sie ist der dominante Erklärungsfaktor für die wirtschaftlichen Leistungsdifferenzen beispielsweise zwischen den G7-Staaten und den Mitgliedern des BRICS-Kooperationsformates mit den Gründungsnationen (Brasilien, Russland, Indien, China, Südafrika). In Abb. 2.1 sind diese Länder in einem Querschnittsvergleich für das Jahr 2023 gruppiert. Die Kriterien für die Einordnung sind die Niveaus der jeweiligen MFP in Relation zum Wert für die Vereinigten Staaten (USA = 1)[3] und das jeweilige Pro-Kopf-Einkommen (BIP in US-Dollar pro Einwohner auf Basis von Kaufkraftparitäten).[4]

[3] Die MFP wird in der Regel als dimensionslose Zahl errechnet. Insofern gewinnt sie ihre Aussagekraft erst durch Betrachtung der prozentualen Veränderung ihrer Werte über die Zeit (Weyerstrass 2018, S. 2) oder durch den Querschnittsvergleich zwischen verschiedenen Ländern zu einem Zeitpunkt. Abb. 2.1 verwendet den zuletzt genannten Ansatz unter Nutzung der Daten aus den Penn World Tables 11.0, wobei der Wert für die USA = 1 gesetzt wurde. Zur Methodik siehe Feenstra, Inklaar and Timmer (2015).

[4] Das BIP pro Kopf der Bevölkerung wird hier als verwendungsseitige Größe für den Wohlstand und den Verteilungsspielraum eines Landes verwendet. Gelegentlich dient es jedoch auch als Indikator für die Arbeitsproduktivität (siehe Metz 2005, S. 460 und 470). Dieses ist allerdings lediglich eine Näherungsgröße, die beispielsweise in historischen Betrachtungen mangels präziserer Daten zur

Die Grafik zeigt, dass eine relativ hohe MFP mit einem vergleichsweise hohen Pro-Kopf-Einkommen einhergeht und umgekehrt (gestrichelte Trendlinie). Die BRICS-Staaten liegen bei beiden Variablen durchweg unter den G7-Ländern. Deutschland steht in diesem Vergleich relativ gut da und liegt zusammen mit den USA an der Spitze der hier betrachteten Länder (Abb. 2.1). Um Missinterpretationen vorzubeugen, sei darauf hingewiesen, dass das hohe Niveau der MFP in Deutschland keinesfalls mit dessen Veränderung verwechselt werden sollte, die ein zentraler Kausalfaktor für das Wirtschaftswachstum ist. Wie im weiteren Verlauf dieses Abschnitts noch zu erläutern sein wird, nimmt die MFP aufgrund des verlangsamten Innovationstempos und der manifesten Investitionsschwäche hierzulande nur noch in homöopathischen Dosen zu, sodass die industrielle Wettbewerbsfähigkeit relativ zu konkurrierenden Wirtschaftsräumen sinkt und kaum neue Verteilungsspielräume entstehen.

Der Produktivitäts- und Wohlstandsvorsprung der G7-Länder gegenüber den BRICS ist weitgehend auf die größere Leistungsfähigkeit des Verarbeitenden Gewerbes in den Industriestaaten der G7 zurückzuführen. Das Verarbeitende Gewerbe beherbergt diejenigen Branchen, die gemeinhin unter dem Sammelbegriff „Industrie“ subsumiert werden. Es handelt sich um eine Vielzahl von Wirtschaftszweigen,[5] die mit rund 7 Mio.

Anwendung gelangt. Sie bezieht die Gesamtbevölkerung und damit auch die nicht gewerblich arbeitenden Bevölkerungsteile in die Betrachtung ein. Zudem berücksichtigt sie nicht das tatsächliche Arbeitsvolumen auf Stundenbasis. Ein präziseres Maß für die Arbeitsproduktivität ist das BIP pro Beschäftigtenstunde.

[5] In der Klassifikation der Wirtschaftszweige des Statistischen Bundesamtes rangiert das Verarbeitende Gewerbe (ebenso wie beispielsweise der landwirtschaftliche Sektor) auf dem sogenannten Level 1. Auf Stufe 2 benennt das Amt dann gut 30 Branchen. Darunter wird noch bis Level 5 weiter ausdifferenziert, was allerdings für die Zwecke dieses Buches eine zu detaillierte Auffächerung darstellt. Hier seien die Branchen des Verarbeitenden Gewerbes der Stufe 2 genannt: Herstellung von Nahrungs- und Futtermitteln, Getränkeherstellung, Tabakverarbeitung, Herstellung von Textilien, Herstellung von Bekleidung, Herstellung von Leder, Lederwaren und ähnlichen Produkten aus anderen Materialien, Herstellung von Holz-, Flecht-, Korb und Korkwaren (ohne Möbel), Herstellung von Papier, Pappe und Waren daraus, Herstellung von Druckerzeugnissen, Vervielfältigung von bespielten Ton-, Bild- und Datenträgern, Kokerei und Mineralölverarbeitung, Herstellung von chemischen Erzeugnissen, Herstellung von pharmazeutischen Erzeugnissen, Herstellung von Gummi- und Kunststoffwaren, Herstellung von Glas und Glaswaren, Keramik, Verarbeitung von Steinen und Erden (zu unterscheiden von deren Gewinnung, die dem Produzierenden Gewerbe zugeordnet ist, s. u.), Metallerzeugung und Bearbeitung, Herstellung von Metallerzeugnissen, Herstellung von Datenverarbeitungsgeräten, elektronischen und optischen Erzeugnissen, Herstellung von elektrischen Ausrüstungen, Maschinenbau, Herstellung von Kraftwagen und Kraftwagenteilen, sonstiger Fahrzeugbau, Herstellung von Möbeln, Herstellung von sonstigen Waren, Reparatur und Installation von Maschinen und Ausrüstungen (Statistisches Bundesamt 2025). In der medialen Berichterstattung und auch in politischen Dokumenten werden Industrie und Produzierendes Gewerbe gelegentlich gleichgesetzt. Letzteres umfasst jedoch zusätzlich zu den genannten Branchen des Verarbeitenden Gewerbes noch die Energie-, Wasser- und Abwasserwirtschaft, die Abfallentsorgung, den Bergbau und die Gewinnung von Steinen und Erden. Diese Wirtschaftszweige unterliegen zum Teil einer eng geführten staatlichen Regulierung und sie stehen zumeist in einem weniger intensiven internationalen Wettbewerb als die Branchen des Verarbeitenden

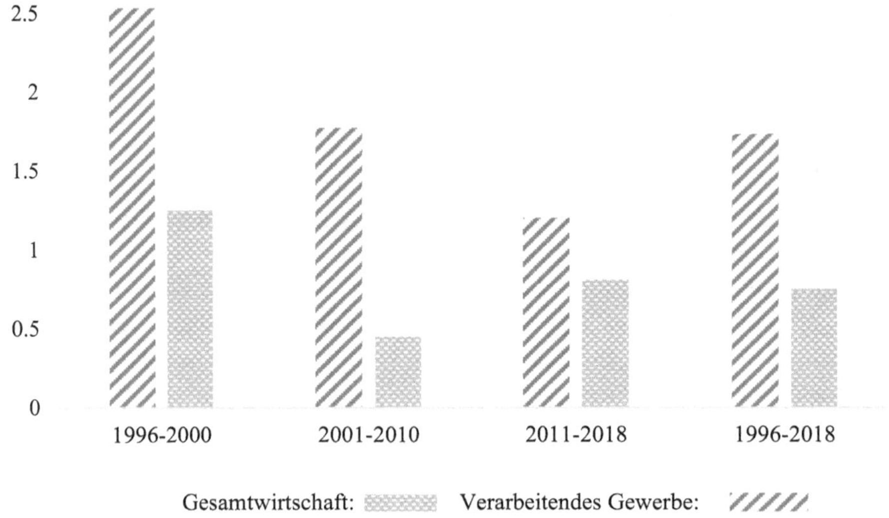

Abb. 2.2 Wachstumsraten der Multifaktorproduktivität im Verarbeitenden Gewerbe und der Gesamtwirtschaft in %. (Datenquelle: BMWK 2022, S. 13; eigene Darstellung)

Beschäftigten rund 20 % des deutschen BIP erwirtschaften, den größten Beitrag zu den Forschungsausgaben des Landes leisten und den Außenhandel Deutschlands dominieren. Die Industrie steht für rund 80 % aller Güterex- und -importe der deutschen Volkswirtschaft.[6] Etwa 50 % ihrer Erzeugnisse gehen in den Export. Kein Segment der deutschen Wirtschaft ist dem internationalen Wettbewerb stärker ausgesetzt als die Industrie. Aus diesem Grund sind die Anreize für Firmen aus diesem Sektor, ihre Anlagen auf dem neuesten und leistungsfähigsten Stand der Technik zu halten, tendenziell größer als im Rest der Wirtschaft.

Vor allem dieser Umstand erklärt die überdurchschnittlich hohen Zuwächse der MFP im Verarbeitenden Gewerbe, die aus Abb. 2.2 ersichtlich sind. In allen dort dargestellten Zeitintervallen lagen diese Zuwächse deutlich über den gesamtwirtschaftlichen Werten. Für den untersuchten Zeitraum von 1996 bis 2018 zeigt sich eine Zunahme der industriel-

---

Gewerbes. Der Anteil des Produzierenden Gewerbes am BIP liegt aufgrund seiner weiter gezogenen Abgrenzung mit rund 24 % (2023) naturgemäß über dem der Industrie.

[6] Zwei Branchen des Verarbeitenden Gewerbes sind besonders aktiv im Außenhandel, indem sie zusammen nahezu ein Drittel aller Ausfuhren und knapp ein Fünftel aller Einfuhren der deutschen Wirtschaft stellen. Dabei handelt es sich um die Kraftfahrzeugindustrie und den Maschinenbau. Nimmt man die Chemieerzeugung hinzu und die Herstellung von Datenverarbeitungs- sowie optischen und elektronischen Geräten, so tragen diese vier Branchen die Hälfte der deutschen Güterexporte und mehr als ein Drittel der Importe (BPB 2024). Die Zahlen vermitteln einen Eindruck von der hohen außenwirtschaftlichen Relevanz einiger weniger Industriebranchen für die deutsche Volkswirtschaft und ihre Stellung im internationalen Wettbewerb.

len MFP von jahresdurchschnittlich 1,7 %, ein Wert, der den gesamtwirtschaftlichen Durchschnitt um mehr als das Doppelte übertraf.

Den weit überdurchschnittlichen Produktivitätszuwächsen im Verarbeitenden Gewerbe kommt eine ökonomische Bedeutung zu, die über den Industriesektor selbst deutlich hinausgeht. Denn die Investitionsgüterhersteller sind in den Branchen des Verarbeitenden Gewerbes beheimatet und die dortigen hohen Produktivitätsfortschritte schlagen sich auch in der Leistungsfähigkeit der Ausrüstungsgüter nieder, die sie produzieren. Die Qualität dieser Anlagen erhöht sich, angetrieben durch Wettbewerb und Innovationen, laufend und bezogen auf ihre Effizienz werden sie im Zeitablauf kostengünstiger. Sie gehen trotz der traditionell hohen Ausfuhranteile in der Industrie natürlich nicht nur in den Export, sondern gelangen auch in der Breite der heimischen Wirtschaft zum Einsatz und bringen dort die Automatisierung der Produktionsprozesse voran: „Durch die Qualitätsverbesserungen und Produktinnovationen steigt nicht nur die TFP (Totale Faktorproduktivität, d. Verf.) im Verarbeitenden Gewerbe, sondern es verringern sich auch die Kosten für die Kapitalgüter, wodurch die Substitution von Arbeit durch Kapital erleichtert wird" (SVR 2023, S. 126). Es bleibt festzuhalten, dass der Industrie eine Lokomotivfunktion für den gesamtwirtschaftlichen Produktivitätsfortschritt zukommt.

Problematisch ist der Rückgang der Produktivitätszuwächse, der aus Abb. 2.2 ersichtlich ist. So hat das Verarbeitende Gewerbe seit 1996 eine Halbierung seiner jährlichen Produktivitätsdynamik hinnehmen müssen. Nach einer jahresdurchschnittlichen Steigerung von 2,5 % in der Phase von 1996 bis 2000 ging sie auf nur noch 1,2 % jährlich im Intervall von 2011 bis 2018 herunter. Dieser sektorale Trend beeinflusst angesichts der oben erläuterten Zusammenhänge auch die gesamtwirtschaftlichen Werte. Und umgekehrt verbinden sich natürlich mit den Produktivitätsentwicklungen in anderen Segmenten der Ökonomie, etwa in der Logistik oder der Versorgungswirtschaft, Rückwirkungen auf die Industrie. Wenn beispielsweise die Leistungsfähigkeit im Cargotransport oder in der Energieversorgung steigt, so profitiert das Verarbeitende Gewerbe ebenfalls und umgekehrt. Es ist letztendlich ein Produktivitätsverbund, bei dem die Industrie die Leadfunktion ausfüllt.

Doch dieser Verbund verliert eben an Dynamik. Der Blick auf die Entwicklungen seit der Coronakrise und vor allem in die Zukunft des Produktivitätsfortschritts in Deutschland ist alles andere als ermutigend. In den Jahren 2020 bis 2022 legte die MFP nur noch um etwa 0,3 % zu und danach ging es noch weiter bergab. Im Zeitraum von 2023 bis 2025 betrug das Wachstum dieser wichtigen Größe lediglich 0,1 % (SVR 2024, S. 70) und für die mittlere Frist bis 2029 erwartet die Wirtschaftsforschung Werte knapp über der Nulllinie. Die Institute, die zweimal jährlich in ihrer Gemeinschaftsdiagnose die Wirtschaftslage und -politik im Auftrag der Bundesregierung analysieren, gehen mittelfristig von 0,2 % pro Jahr aus (Projektgruppe Gemeinschaftsdiagnose 2024, S. 59 f.).

Diese alarmierende Entwicklung wirft eine methodische Frage auf, die die Wirtschaftswissenschaft schon seit längerem beschäftigt: Die effizienzfördernden Wirkungen der digitalen Vernetzung müssten nach allen Regeln der Theorie neue Impulse für das Produktivitätswachstum erzeugt haben. Warum zeigt sich dieses nicht oder nur unvollständig in den Zahlen und Statistiken zur gesamtwirtschaftlichen Produktivitätsentwicklung? Diese

Widersprüchlichkeit ist als sogenanntes Produktivitätsparadoxon zum Gegenstand ökonomischer Debatten geworden (Petersen 2020, S. 72 ff.; SVR 2019, S. 106 ff.; Straubhaar 2021, S. 41 f.).

Die Ursachen für dieses Paradoxon sind noch nicht abschließend geklärt. Einen wesentlichen Erklärungsfaktor dürften verschiedene messtechnische Besonderheiten bilden, insbesondere bei der Erfassung von digitalisierungsbedingten Veränderungen im Dienstleistungssektor. Ein Beispiel aus der Sharing Economy mag das verdeutlichen: So können etwa zwei Taxifahrten, von denen jede einzelne in der Sozialproduktsrechnung erscheinen würde, durch eine einzige Mobilitätsleistung per Carsharing ersetzt werden. Die beiden Personen, die ansonsten allein in jeweils einem Taxi unterwegs wären, koordinieren sich mittels digitaler Medien und teilen sich nun ein Fahrzeug. Nur diese eine Fahrt wird erfasst. Die Produktivität hat sich also in diesem Fall verdoppelt, aber diese Wirkung fällt durch die Maschen der amtlichen Statistik. Unter den Bedingungen der Internetökonomie sind zahlreiche Dienstleistungen nahezu unentgeltlich abrufbar, sie werden aber nicht in der gesamtwirtschaftlichen Statistik als Outputs erfasst (Straubhaar 2021, S. 53).

Vieles deutet darauf hin, dass das Produktivitätsparadoxon auf derartige Messprobleme zurückzuführen ist. Ist also der beobachtete Rückgang des Produktivitätsfortschritts in Deutschland und anderen Industrieländern möglicherweise nur ein statistisches Phänomen? Ein Blick auf die Entwicklungen im Verarbeitenden Gewerbe zeigt, dass dem nicht so ist und dass die Problematik durchaus auch einen realwirtschaftlichen Kern hat. Denn auch in der Industrie sind die Zuwächse der MFP deutlich zurückgegangen (Abb. 2.2), obgleich die Messverfahren hier zuverlässiger greifen. Da im Verarbeitenden Gewerbe weitestgehend dingliche Güter hergestellt werden, dürften die messtechnischen Unschärfen dort weniger ausgeprägt sein als im Dienstleistungssektor, dessen Outputmessung stärker von den Besonderheiten der Internetökonomie betroffen ist. Vor diesem Hintergrund ist festzuhalten, dass das Produktivitätsparadoxon zwar Ausdruck einer „statistischen Unterschätzung der tatsächlichen Produktivitätseffekte der Digitalisierung" (Petersen 2020, S. 76) sein mag. Der Trend eines deutlich abnehmenden Wachstums der MFP in Industrie und Gesamtwirtschaft wird dadurch aber nicht in Frage gestellt. Er ist im Wesentlichen auf realökonomische Ursachen zurückzuführen.

Dazu ist zunächst anzumerken, dass hoch entwickelte Industrieländer generell geringere Produktivitätszuwächse verzeichnen als solche im industriellen Aufbruch, denn je höher das Niveau der Technisierung und Automatisierung von Produktionsabläufen sich bereits eingependelt hat, desto aufwendiger wird es, noch größere Steigerungen der technologischen Leistungsfähigkeit zu realisieren. Daher kann es nicht überraschen, dass ein schwächer werdendes Produktivitätswachstum nicht nur in Deutschland, sondern auch in anderen reifen Industrieländern zu beobachten ist. Insbesondere Frankreich, Großbritannien, Italien und Japan müssen sich mit einer derartigen Situation auseinandersetzen (SVR 2023, Ziff. 88 und Abb. 37, S. 96).[7]

[7] Zu erwarten ist, dass das generelle Verlaufsmuster abnehmender Produktivitätszuwächse in reifer werdenden Volkswirtschaften – jedenfalls vorübergehend – durch die ökonomischen Effekte der KI

Das fast zum Erliegen gekommene Wachstum der MFP in Deutschland lässt sich allein mit diesem generellen Verlaufsmuster jedoch nicht erklären. Was die spezifischen Entwicklungen hierzulande angeht, so stechen zwei spezifische Trends heraus, die bereits seit einer ganzen Reihe von Jahren zu beobachten sind, und die sich pointiert auch in den Branchen des Verarbeitenden Gewerbes zeigen. Zum einen tendiert die Investitionstätigkeit in Deutschland schon seit längerem notorisch schwach. Zum anderen hat das Innovationssystem, obgleich im internationalen Vergleich immer noch in den oberen Regionen angesiedelt, im Zeitablauf an Leistungsfähigkeit eingebüßt. Im Zusammenspiel führen diese beiden Trends dazu, dass der volkswirtschaftliche Anlagenbestand (Kapitalstock) nur vergleichsweise langsam wächst und dass sich auch der Eintrag technologischer Neuerungen in den Produktionsapparat verlangsamt. Die Rate des technischen Fortschritts, die sich in der Entwicklung der MFP ausdrückt, wird durch das Zusammenspiel dieser beiden Effekte gedrückt.

Eine gesamtwirtschaftlich abnehmende Investitionsneigung zeigt sich zunächst in der Verlaufshistorie der Investitionsquote, also des Verhältnisses der privaten und staatlichen Investitionen zum BIP. Sie kann als Indikator für die Präferenzen einer Gesellschaft bei der Wahl zwischen einer investiven und einer konsumtiven Verwendung ihres Sozialproduktes interpretiert werden. Die Investitionsquote lag 1970 in Deutschland noch bei 28,4 %. Inzwischen rangiert sie nur noch in Größenordnungen von etwa 22 % (Deutsche Bundesbank 2025, S. 23). Der Teil des Sozialprodukts, der hierzulande für private Investitionen in maschinelle Anlagen und Ausrüstungen sowie für öffentliche Investitionen, beispielsweise in die Modernisierung der Infrastrukturen, ausgegeben wird, geht schon seit Jahrzehnten zurück.

Von direkterer Relevanz für die Entwicklung des Kapitalstocks der Unternehmen als die gesamtwirtschaftliche Investitionsquote sind die Bruttoanlageinvestitionen.[8] Sofern sie rascher zunehmen als sich das Bruttoanlagevermögen ökonomisch entwertet (Abschreibungen), wächst der Bestand an Produktionsanlagen in der Wirtschaft. Die Bruttoanlageinvestitionen bewegen sich preisbereinigt, also in realer Rechnung, in Deutschland jedoch seit fünf Jahren abwärts. Seit 2020 sind sie in jedem Jahr geschrumpft, mit Ausnahme von 2021, das aber auch nur einen bescheidenen zwischenzeitlichen Anstieg von 0,6 % gebracht hat (Deutsche Bundesbank 2025, S. 25). Im Jahr 2025 gab es erneut einen Rückgang, bevor 2026 dann eine Erholung eintreten soll (Projektgruppe Gemeinschaftsdiagnose 2025, S. 51).

durchbrochen wird. Die Produktivitätszuwächse, die diese Technologien ermöglichen, dürften hoch ausfallen und werden auf Größenordnungen von jährlich 0,8 % bis 1,3 % geschätzt (vgl. Abschn. 3.3.2). Um diese Effekte zu realisieren, bedarf es jedoch eines entsprechend offenen Regulierungsregimes sowie auch günstiger Standortbedingungen, etwa in der Energieversorgung, der angesichts der enormen Energieverbräuche von KI-Anwendungen ein hoher Stellenwert für den Rollout dieser Technologien zukommt.

[8] Die Bruttoanlageinvestitionen umfassen maschinelle Ausrüstungen, Gebäude, FuE-Aufwendungen sowie auch Investitionen in Softwaretechnologie, Datenbanken und sonstige Anlagen. Sie beinhalten Investitionen in Anlagen, die für mehr als 12 Monate in der Produktion eingesetzt werden sollen.

Grenzt man noch weiter ein und blickt auf die Ausrüstungsinvestitionen, so zeigt sich ein ähnliches Bild. Die Kreditanstalt für Wiederaufbau bemerkt dazu in einer Analyse vom Januar 2025: „Noch schwächer als die Unternehmensinvestitionen insgesamt haben sich die privaten Ausrüstungsinvestitionen entwickelt, die etwa die Hälfte der Unternehmensinvestitionen ausmachen und heute um 10,5 % unter dem Wert von Ende 2019 liegen. Hierbei handelt es sich um Investitionen in Maschinen, Geräte und Fahrzeuge, d. h. um Ausgaben, die für den Erhalt und Aufbau von Produktionskapazitäten wichtig sind" (Scheuermeyer 2025, S. 1).

Angesichts der notorisch schwachen Investitionstätigkeit in Deutschland kann es nicht überraschen, dass der gesamtwirtschaftliche Kapitalstock weniger rasch zunimmt als in den letzten Jahrzehnten. Für den Zeitraum bis 2029 erwartet die Wirtschaftsforschung nur noch einen Anstieg von 0,8 % bis 0,9 % jährlich nach durchschnittlich rund 1,5 % pro Jahr in den Jahrzehnten seit 1996 (Projektgruppe Gemeinschaftsdiagnose 2024, S. 61). Das Tempo, mit dem der Produktionsfaktor Kapital zulegt, geht tendenziell zurück, und in einigen Branchen, insbesondere denjenigen, die auf energieintensive Verfahren angewiesen sind, sinkt er sogar bezogen auf die Beschäftigtenzahl (vgl. Abschn. 2.3). Ausnahmen vom Trend einer schwächer werdenden Bildung von Realkapital der letzten Jahre stellen die Automobil- und Kraftfahrzeugindustrien dar, die Pharmabranche sowie der Maschinenbau (Michelsen 2023). Hätten sie nicht spürbar höhere Finanzmittel für die Anschaffung neuer Anlagen und die Modernisierung alter getätigt als der Rest der Wirtschaft, so würde der statistische Befund noch ungünstiger ausfallen. Es bleibt festzuhalten, dass die Investitionen ihre Funktion als Transmissionsriemen, der technologische Neuerungen in den Kapitalstock bringt, mangels Dynamik nicht mehr so wirksam erfüllen wie in früheren Jahrzehnten. Wenn die Wirtschaft Zurückhaltung bei der Beschaffung neuer Anlagen übt, ist auch die Basis für den Eintrag neuester Technologien in den volkswirtschaftlichen Produktionsapparat schmal.

Aber auch das Ökosystem für Innovationen selbst zeigt Ermüdungserscheinungen. Nachholbedarfe bestehen ausgerechnet in jenen Bereichen, die für die Produktivitäts- und Wachstumsentwicklung von besonderer Relevanz sind und die immer mehr an Bedeutung gewinnen: Innovationen rund um die Digitaltechnologien im Allgemeinen sowie um die KI und um datenökonomisch basierte Geschäftsmodelle im Besonderen (EFI 2024, S. 20 f.; SVR 2020, S. 304 ff.).

Zudem hinterlassen strukturelle Veränderungen in der Innovationstätigkeit des Unternehmenssektors ihre Spuren. Einige Beispiele: Der Anteil von Firmen, die mit Neuentwicklungen am Markt sind, an der Gesamtheit aller Unternehmen (Innovatorenquote) sinkt in Deutschland. Gleiches gilt für das Verhältnis aus den Umsätzen mit innovativen Waren und Dienstleistungen zum Gesamtumsatz. Eine im Durchschnitt geringe Forschungsintensität kleiner und mittlerer Unternehmen im Vergleich zu den großen Playern ist zu beobachten (SVR 2020, S. 296 ff.). Nicht umsonst wurde die deutsche Wirtschaft im Innovationsindikator 2024 des Bundesverbandes der Deutschen Industrie (BDI) um zwei Ränge auf Platz 12 unter 35 Industrieländern zurückgestuft (BDI 2024, S. 13).

Angesichts dieser Befunde kann es nicht überraschen, dass sich die industriellen und volkswirtschaftlichen Produktivitätszuwächse zurückbilden. Verstärkt wird dieser Abwärtstrend durch die Sonderlasten der Dekarbonisierung und die Regulierungskulissen in den Segmenten der KI und der Datenökonomie, die sich retardierend auf die Entwicklung der Produktivität auswirken (vgl. Abschn. 3.2.4 und 3.3). Die Branchen des Verarbeitenden Gewerbes haben es in diesem Prozess (im Durchschnitt) bisher vermocht, ihren Produktivitätsvorsprung zu bewahren. Ob er hinreichend groß ist, um den Stellenwert der Industrie in der sektoralen Struktur der deutschen Wirtschaft zu halten, sei dahingestellt. Die hierfür relevanten Parameter werden im anschließenden Abschnitt diskutiert, verbunden mit der wirtschaftspolitischen Empfehlung, mit Blick auf die Richtung, in die die sektorale Wirtschaftsstruktur sich bewegt, möglichst neutral zu bleiben und keine quantitativen Ziele politisch vorzugeben.

2.2 Sektorale Entwicklungsmuster

Die heute hoch entwickelten Volkswirtschaften der G7-Länder und Europas waren noch zur Mitte des 19. Jahrhunderts weitgehend von Agrarwirtschaft und Bergbau geprägt (primärer Sektor). In den deutschen Ländern lag der Anteil des primären Sektors an der Bruttowertschöpfung (BWS) 1850 bei durchschnittlich etwa 47 % (Metz 2005, S. 451). Im Laufe des 19. Jahrhunderts begannen die hochproduktiven Industriebranchen (sekundärer Sektor) jedoch mehr und mehr, der Wirtschaftsstruktur ihren Stempel aufzudrücken. Im 20. Jahrhundert wuchsen dann die Dienstleistungen (tertiärer Sektor) zum Wirtschaftsbereich mit dem größten Beitrag zum BIP heran, während der Anteil der Industrie an der gesamtwirtschaftlichen Leistung einem sinkenden Pfad folgte. Heute steht der tertiäre Sektor in Deutschland für rund 70 % des BIP, während gut 20 % auf die Industrie entfallen und der Rest von Land-, Forst- und Fischereiwirtschaft, Bergbau und Versorgungswirtschaft sowie dem Baugewerbe getragen wird (vgl. Tab. 2.1).

Die sektoralen Wirtschaftsstrukturen anderer Industrieländer (vgl. Tab. 2.2) weisen ebenfalls langfristig abnehmende Wertschöpfungsbeiträge der Industrie bei einem gleichzeitig zunehmenden ökonomischen Gewicht der Dienstleistungen auf. Relativ am stärksten abgeschmolzen ist der Industriesektor seit 1970 im Vereinigten Königreich, gefolgt von Japan, Brasilien und Deutschland. Auch das stark auf industriell getriebenes Wachstum

Tab. 2.1 Sektorale Anteile am BIP in Deutschland seit 1970. (Quelle: United Nations 2023; eigene Berechnungen)

	1970	1990	2000	2010	2022
Agrar-, Forst- und Fischereiwirtschaft	3,2	1,3	1,1	0,9	1,0
Bergbau und Versorgungswirtschaft	5	3,7	2,8	3,6	3,6
Baugewerbe	8,8	6,1	5,2	4,3	5,7
Industrie	34,2	27,8	22,8	21,9	20,4
Dienstleistungen	48,8	61,1	68,2	69,3	69,3

Tab. 2.2 Anteile der Industrie am BIP in ausgewählten Ländern seit 1970. (*) Für das Jahr 2004. (Quelle: United Nations 2023)

	1970	1990	2000	2010	2022
BRA	27,0	25,5	16,2	15,0	13,1
CAN	21,7	16,9	18,3	10,7	10,5
CHN	---	---	(32,4*)	31,9	28,2
ESP	25,4	19,7	17,9	12,4	12,5
GER	34,2	27,8	22,8	21,9	20,4
FRA	22,3	18,1	16,1	11,5	10,7
ITA	26,2	22,0	19,6	15,8	15,7
JAP	35,5	27,4	22,4	20,8	20,3
KOR	19,0	27,7	29,3	30,2	28,0
POL	30,9	31,4	18,1	18,6	19,6
UK	26,6	17,3	14,8	10,5	9,4
USA	23,5	17,5	15,1	12,0	10,3

setzende China (vgl. Abschn. 3.4.2) verzeichnet rückläufige Anteile der Industrie am BIP. Im Reich der Mitte rangiert der Industrieanteil aber ebenso wie in Südkorea mit rund 28 % (2022) noch auf einem relativ hohen Niveau. Beide Länder starteten später als die G7-Nationen in den Industrialisierungsprozess und sind daher auch erst mit einer zeitlichen Verzögerung in die Entwicklungsphase eines sinkenden Industrieanteils am BIP eingetreten.

Das Verlaufsmuster hin zu einer dienstleistungsdominierten Wirtschaft hat unter dem Begriff der „Drei-Sektoren-Hypothese" breite Beachtung gefunden (Bußmann 1999, S. 23 ff.; Lauterbach 2004, S. 18 ff.). In ersten Ansätzen bereits in den 1930er- und 40er-Jahren formuliert, prognostizierte diese Hypothese bis zum Ende des 20. Jahrhunderts sektorale Größenverhältnisse, die in der Tendenz denen entsprechen, die oben genannt worden sind. Allerdings bezieht sich die Drei-Sektoren-Hypothese auf die Anteile der sektoralen Beschäftigung an der gesamtwirtschaftlichen Erwerbstätigkeit und nicht auf die jeweiligen Sektorbeiträge zum BIP. Elementar ist dabei die Annahme einer unterdurchschnittlichen Produktivität bei der Erzeugung von Dienstleistungen. Sie erklärt, warum der Einsatz des Faktors Arbeit in den Servicebereichen relativ stark zugenommen hat, während er im produktiveren primären und später auch im sekundären Sektor, in denen die Potenziale für die Substitution von Arbeitskräften höher liegen, zurückgegangen ist. Dieser Zusammenhang ist in den 1970er- und 1980er-Jahren ins Zentrum der wirtschaftspolitischen Debatten gerückt, weil die damals aufkommende Massenarbeitslosigkeit nach Lösungen verlangte und die Drei-Sektoren-Hypothese die Hoffnung auf große Beschäftigungspotenziale im Dienstleistungsbereich weckte.

Die Entwicklungsmuster der sektoralen Wirtschaftsstruktur erklären sich angebotsseitig im Wesentlichen aus den Effekten des technischen Fortschritts und seinen produktivitätssteigernden Wirkungen. Nachfrageseitig entfaltet ein sich wandelndes Verbraucherverhalten strukturprägende Wirkung. Die im Laufe des langfristigen Wachstumsprozesses steigenden Einkommen haben den Konsum von Dienstleistungen für immer größere Bevölkerungsschichten erschwinglich gemacht. Dieses schlug sich beispielsweise in steigenden Ausgaben für den Tourismus, für haushaltsnahe Dienstleistungen oder für Gesundheits- und Wellnessdienste nieder.[9] Auch die zunehmenden arbeitsfreien Zeiten der Erwerbstätigen eröffneten neue Freiräume für die Inanspruchnahme von zeitintensiven Dienstleistungen (Klodt et al. 1996, S. 19). Auf Seiten der Unternehmen stützt die Nachfrage beispielsweise nach Produkten der Strategieberatung, der Produktwerbung, dem Mitarbeitertraining, der Mobilität und Logistik den Tertiarisierungstrend. So erklären sich im Wesentlichen die hohen Anteile der Dienstleistungsbranchen am BIP, die in den G7-Ländern bis heute auf Größenordnungen von bis zu 70 % und mehr angewachsen sind.

Spezifische komparative Vor- und Nachteile der jeweiligen Wirtschaftsräume sowie auch Besonderheiten im wirtschaftspolitischen Kurs der Nationen haben dabei natürlich länderspezifische Unterschiede erzeugt. So prägen insbesondere hochgradig offene Volkswirtschaften ihre ökonomischen Strukturen auch nach Maßgabe der Konstellationen in der internationalen Arbeitsteilung aus. Der hohe Industrieanteil am BIP in Deutschland während der 1970er-Jahre liefert ein Beispiel für diesen Zusammenhang. Er dürfte zu einem Teil auch auf die Wechselkursrelationen im Bretton-Woods-System fester Wechselkurse bis zu dessen Beendigung im März 1973 zurückzuführen sein. Die D-Mark war damals stark unterbewertet, sodass es für das Ausland vergleichsweise günstig war, Produkte aus Deutschland zu ordern. Da Dienstleistungen zumeist schlechter handelbar sind als Industriegüter, hat diese Konstellation dem deutschen Industriesektor zusätzliche Impulse gegeben und ihn auch über die Phase des Bretton-Woods-Regimes hinaus noch auf Jahre hin gestärkt.

Die Betrachtung von sektoralen Verlaufsmustern beruht auf einer stark aggregierenden Methodik, die insbesondere bezüglich der sektoralen Produktivitäten einer detaillierteren Betrachtung bedarf. So lassen sich unterdurchschnittliche Produktivitätszuwächse im tertiären Sektor nicht für alle Dienstleistungsbranchen bestätigen (Bußmann 1999, S. 33 f.; Klodt 2004, S. 305 f.). In einer empirischen Untersuchung aus dem Jahr 2017 wurden für den Zeitraum von 1991 bis 2015 die höchsten Zuwächse der MFP sowie der Kapital- und Arbeitsproduktivitäten in den Branchen der Informations- und Kommunikationswirtschaft gemessen. Sie wurden ab 2005 überwiegend von den Dienstleistern dieses Segmentes getragen (Ademmer et al. 2017, S. 99 ff. und S. 121). Auch Handel und Verkehr lagen über dem gesamtwirtschaftlichen Durchschnitt. Die Unternehmensberatung und die Finanzdienstleistungen bewegten sich hingegen am unteren Ende des Vergleichsspektrums. Im produzierenden Gewerbe, dem neben der Industrie, also dem Verarbeitenden Gewerbe, auch die Energie- und Abfallwirtschaft sowie einige

[9] Technisch drückt sich dieses in einer Einkommenselastizität der Dienstleistungsnachfrage größer als 1 aus ($\varepsilon_{D,E} > 1$). Unter dieser Bedingung übertrifft der prozentuale Anstieg der Nachfrage nach Dienstleistungen (D) den prozentualen Anstieg des Einkommens (E) im Wachstumsprozess. Zum Konzept der Elastizitäten siehe beispielsweise Besanko und Braeutigam 2020, S. 71 ff.

andere Branchen zugeordnet werden,[10] zeigen sich bei insgesamt überdurchschnittlichen Produktivitätswerten ebenfalls relativ große Differenzen je nach betrachtetem Segment. Wie weiter oben bereits dargelegt, ist die Industrie jedoch auch heute noch der dominierende Impulsgeber für den gesamtwirtschaftlichen Produktivitätsfortschritt (vgl. Abb. 2.2).

Für die Einschätzung der Trends von industrieller und servicegetriebener Wertschöpfung sind des Weiteren Abgrenzungsfragen von Bedeutung. Bekanntlich sind Industrie und Dienstleistungen an vielen Stellen der Ökonomie in engen Netzwerken miteinander verknüpft. Vor diesem Hintergrund lohnt es, eine erweiterte Perspektive einzunehmen, die auf die entsprechenden Wertschöpfungsverbünde abstellt. Ein Zahlenbeispiel aus dem Jahr 2014 mag dieses verdeutlichen: Damals rangierten die Leistungen industrienaher Serviceanbieter an das Verarbeitende Gewerbe in Deutschland in einer Größenordnung von 11,8 % der BWS.[11] Umgekehrt lieferte das Verarbeitende Gewerbe Güter in Höhe von rund 4,5 % der BWS an die unternehmensnahen Dienstleistungen. Saldiert man diese beiden Werte, so zeigt sich, dass die unternehmensnahen Services einen Leistungsüberschuss in Höhe von 7,3 % der BWS an das Verarbeitende Gewerbe erzielten. Kombiniert mit dem damaligen Anteil der Industrie an der BWS von 19,4 % ergibt sich daraus ein Wert von 26,7 % für den Verbund aus Industrie und industrienahen Dienstleistungen (Koch et al. 2019, S. 11 und 59). Diese Beobachtung ist von großer Relevanz für die später zu diskutierenden Szenarien einer Deindustrialisierung (vgl. Abschn. 2.3), denn sie bedeutet, dass eine schrumpfende industrielle Basis auch mit einem Verlust an Substanz im tertiären Sektor einhergeht.

In der Quintessenz bleibt festzustellen, dass die Kernaussage der Drei-Sektoren-Hypothese, eines auf lange Sicht greifenden Tertiarisierungsprozesses in einer wachsenden Volkswirtschaft, eine hohe Übereinstimmung mit den realwirtschaftlich beobachtbaren Entwicklungen aufweist: In einer Ökonomie mit geringem BIP pro Kopf der Bevölkerung drückt der primäre Sektor der Wirtschaftsstruktur seinen Stempel auf. In einer Wirtschaft mit mittlerem Pro-Kopf-Einkommen ist die Industrie in der Regel prägend, bevor sie im weiteren Wachstumsprozess mehr und mehr Raum zugunsten der Dienstleistungswirtschaft gibt, die im Hinblick auf ihre Beiträge zum BIP in einer hoch entwickelten Ökonomie langfristig dominiert (Lauterbach 2004, S. 21).

---

[10] Zur Abgrenzung siehe Fußnote 5.

[11] Die hier herangezogene Studie von Koch et al. (2019) setzt die BWS als Bezugsgröße ein und nicht das in diesem Buch im Regelfall verwendete BIP. Ergänzt man die BWS um die Nettogütersteuern, also die Gütersteuern (Umsatzsteuer, spezielle Verbrauchssteuern, Importabgaben) abzüglich Subventionen, so erhält man das BIP. Da die Nettogütersteuern positiv sind, fällt das BIP höher aus als die BWS.

2.2.1 Analytische Betrachtung

Mittels Reduktion der bisherigen Betrachtung auf die Industrie- und die Dienstleistungswirtschaft können die im vorangegangenen Abschnitt beschriebenen Anpassungsprozesse grafisch verdeutlicht werden. Der primäre Sektor wird dabei vernachlässigt, was angesichts seines in den modernen Industriegesellschaften nur noch geringen quantitativen Beitrags zum BIP die Aussagekraft des Ansatzes nicht beeinträchtigt. Das im Folgenden erläuterte Grundmodell einer Zwei-Sektoren-Ökonomie (Klodt et al. 1996, S. 17 ff.; Lauterbach 2004, S. 30 ff.) bietet eine leicht verständliche Illustration realwirtschaftlicher Zusammenhänge, die die Analyse des sektoralen Strukturwandels in einfacher Form ermöglicht und die die Abgrenzung vertikal-selektiver von horizontalen Maßnahmen der Industriepolitik erleichtert, die an späterer Stelle dieses Buches erfolgt (vgl. Abschn. 4.1.1).

Zum Verständnis des in den Abb. 2.3 und 2.4 dargestellten Instrumentariums bedarf es einiger weniger technischer Erläuterungen[12]: In der Zwei-Sektoren-Ökonomie werden Industriegüter und Dienstleistungen hergestellt. Die Produktion erfolgt mittels eines gegebenen und vollbeschäftigten Bestandes an Arbeit und Kapital. Die maximal herstellbaren Outputmengen werden durch die Kurve der Produktionsmöglichkeiten, auch Transformationskurve (Tr) genannt, symbolisiert. Bei kompletter Nutzung der Faktorausstattung für die Erzeugung von Dienstleistungen schneidet sie die Abszisse und umgekehrt bei vollständiger Konzentration auf die Herstellung von Industriegütern die Ordinate. Produktionstechnisch realisierbar sind auch alle anderen Kombinationen entlang und unterhalb der Transformationskurve, wobei die unterhalb liegenden Flächen allerdings volkswirtschaftlich ineffizient sind, weil sie das Outputniveau unterschreiten, das mit der gegebenen Faktorausstattung erreichbar wäre. Alle Güterkombinationen oberhalb der Transformationskurve sind nicht realisierbar. Dieses wäre nur dann möglich, wenn das Angebot über Nettoimporte über die inländisch erzeugten Mengen hinaus erhöht würde. Im hier definierten und vereinfachten Fall einer geschlossenen Volkswirtschaft ist dieses jedoch ausgeschlossen.

Zunächst wird das volkswirtschaftliche Optimum in der Zwei-Sektoren-Ökonomie betrachtet (vgl. Abb. 2.3). Realisiert wird der Gleichgewichtspunkt (G) mit den zugehörigen Erzeugungsmengen von Dienstleistungen (D) und Industriegütern (I). Die Preisgerade (P) gibt die Steigung der Transformationskurve in diesem Punkt an. Sie indiziert, wie viele Einheiten der Industrieproduktion aufgegeben werden müssen, wenn die Herstellung von Dienstleistungen um eine Einheit steigt (Grenzrate der Transformation). Aus der Neigung der Preisgerade ist ersichtlich, dass mehr Dienstleistungen nur erzeugt werden können, wenn auf eine relativ größere Menge von Industriegütern verzichtet wird. Services sind also an der Stelle der Transformationskurve, an der der Gleichgewichtspunkt

[12] Diese Erläuterungen erfolgen in verkürzter Form. Die den Abb. 2.3 und 2.4 zugrunde liegende Methodik ist in der volkswirtschaftlichen Lehrbuchliteratur ausführlich dargelegt. Zu den Analysewerkzeugen der Indifferenz- und Produktionsmöglichkeitenkurve siehe beispielsweise Besanko und Braeutigam 2020, insb. S. 113 ff. und S. 797 ff.

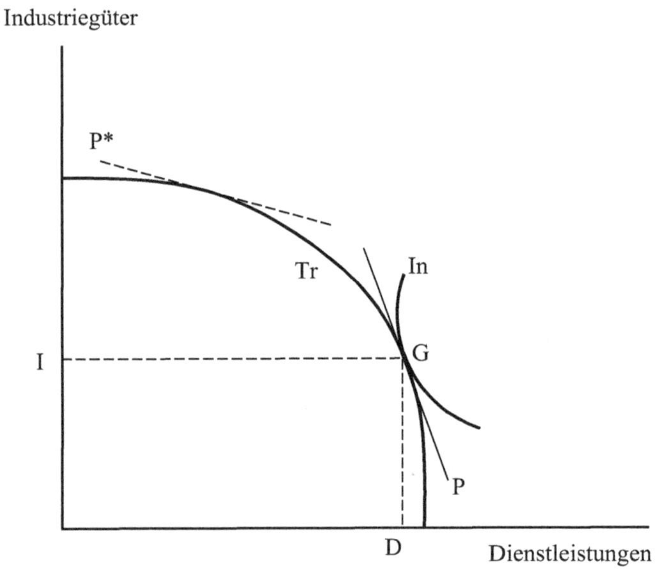

Abb. 2.3 Zwei-Sektoren-Ökonomie. (Eigene Darstellung in Anlehnung an Klodt et al. 1996, S. 17 ff.; Lauterbach 2004, S. 30 ff.)

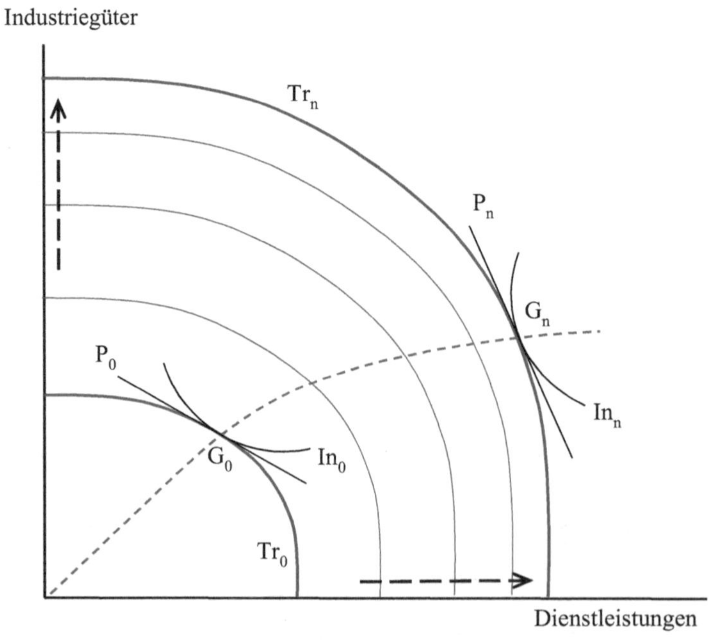

Abb. 2.4 Tertiarisierung in der Zwei-Sektoren-Ökonomie. (Eigene Darstellung in Anlehnung an Klodt et al. 1996; S. 17 ff.; Lauterbach 2004, S. 30 ff.)

liegt, verhältnismäßig teuer. Es wäre anders, wenn sich dieser Punkt beispielsweise in der Region links oben auf der Transformationskurve einstellen würde, wo die Steigung der Preisgeraden (P*) weniger steil verläuft. Je flacher diese Linie in Abb. 2.3 verläuft, auf desto mehr Dienstleistungen muss verzichtet werden, wenn die Industrieerzeugung um eine Einheit steigt, desto wertvoller werden also Industriegüter relativ zu Serviceprodukten.[13] Die Transformationskurve verdeutlicht den in jeder Ökonomie geltenden ressourcenökonomischen Zusammenhang, demzufolge angesichts eines begrenzten Angebotes von Arbeit und Kapital, die Erzeugung zusätzlicher Mengen bestimmter Güter eine verminderte Produktion anderer Waren zur Folge hat.

Das stationäre Gleichgewicht in der Zwei-Sektoren-Ökonomie wird komplettiert, indem die Präferenzen der Nachfrager einbezogen werden. Die Indifferenzkurve (In) symbolisiert diese Präferenzen. Sie bildet alle Kombinationen von Dienstleistungen und Industriewaren ab, die den Konsumenten ein gleich hohes Nutzenniveau stiften. Jedes Verhältnis von Industriegütern zu Dienstleistungen entlang der Indifferenzkurve stellt die Wirtschaftssubjekte also gleichermaßen zufrieden. Dort, wo dieses Verhältnis (Grenzrate der Substitution) der Grenzrate der Transformation entspricht, also im Gleichgewichtspunkt, liegt das gesamtwirtschaftliche Optimum.

Abb. 2.4 zeigt, wie dieses Optimum über die Zeit von G_0 nach G_n wandert. Aufgrund von Produktivitätszuwächsen zieht die Transformationskurve nach außen von Tr_0 nach Tr_n. In der Grafik ist dieser Prozess durch die mit schwächeren Linien eingezeichnete Schar von Transformationskurven angedeutet. Allerdings vollzieht sich dieser Prozess in asymmetrischer Weise, weil der Output bezogen auf die eingesetzten Faktoren im Industriesektor stärker zunimmt als bei den Dienstleistungen. Dieses entspricht der empirisch beobachteten überdurchschnittlichen Zunahme der Industrieproduktivität. Für beide Sektoren gilt allerdings, dass die Produktivitätszuwächse im Zeitablauf geringer werden. Auch dieses entspricht der ökonomischen Realität, jedenfalls der letzten Jahrzehnte in Deutschland. Das Nachfrageverhalten der Konsumenten hat sich mehr und mehr hin zum Dienstleistungssektor verlagert und eine Tertiarisierung der Wirtschaft befördert. Auch die relativen Preise ändern sich. Der steilere Verlauf der Preisgerade P_n gegenüber P_0 zeigt an, dass Industriegüter im Verhältnis zu Dienstleistungen billiger geworden sind. Die er-

[13] Dabei ist zu beachten, dass es hier nicht um monetäre Preise, ausgedrückt in Euro und Cent, geht, sondern um realwirtschaftliche Austauschverhältnisse, die sich aus dem Grenzertrag der eingesetzten Produktionsfaktoren ableiten. Der Grenzertrag eines Produktionsfaktors beschreibt die zusätzliche Outputmenge, die erzeugt wird, wenn der Einsatz des betreffenden Inputs um eine Einheit erhöht wird. Der dominierende produktionstechnische Zusammenhang in der Ökonomie zeigt einen abnehmenden Grenzertrag bei steigendem Faktoreinsatz (Besanko und Braeutigam 2020, S. 252). Wenn im Zwei-Sektoren-Modell der Abb. 2.3 mehr Industriegüter und weniger Dienstleistungen hergestellt werden sollen als durch die Achsenabschnitte I und D angezeigt wird, müssen Produktionsfaktoren aus der Herstellung von Services abgezogen und für die industrielle Produktion eingesetzt werden. Die Grenzproduktivität in der Erzeugung von Industriegütern nimmt dann ab und bei den Dienstleistungen steigt sie. Die Opportunitätskosten der Industrieproduktion gemessen in Dienstleistungseinheiten nehmen dann also zu. Daraus ergibt sich der flachere Verlauf von P* im Vergleich zu P.

zeugten Mengen sowohl von Industriegütern als auch von Dienstleistungen nehmen jeweils absolut zu. Der Dienstleistungsoutput steigt jedoch stärker an als die Industrieproduktion. Dementsprechend geht der Anteil von Industriegütern am Gesamtprodukt zurück und der des Servicesektors legt zu.

Die Darstellung in Abb. 2.4 symbolisiert vier Merkmale des sektoralen Strukturwandels, die sich unter marktwirtschaftlichen Bedingungen – also ohne (größere) strukturlenkende Eingriffe des Staates – ergeben: Erstens eine steigende Produktivität, deren Zuwächse allerdings langfristig abnehmen. Zweitens einen Produktivitätsvorsprung des industriellen vor dem tertiären Sektor. Drittens absolut steigende Outputmengen von Industriegütern und von Dienstleistungen im Wachstumsprozess und viertens eine Tertiarisierung der Wirtschaft aufgrund einer zunehmenden Relation des Serviceoutputs zum gesamtwirtschaftlichen Produkt.

Der in Abb. 2.4 abgebildete Tertiarisierungsprozess der Wirtschaft folgt den Mechanismen des Marktes. Konsumentenpräferenzen und im Wettbewerb getätigte Investitionen mit ihren Produktivitätseffekten bestimmen die Richtung, in die sich die Ökonomie langfristig entwickelt. In der ökonomischen Realität wirken natürlich weitere Faktoren auf die konkrete Beschaffenheit der Wirtschaftsstrukturen ein. Wirtschafts- und industriepolitische Entscheidungen sind nicht neutral im Hinblick auf die konkrete Allokation der Produktionsfaktoren Arbeit und Kapital. In den marktwirtschaftlichen Systemen der westlichen Industrieländer – und in planwirtschaftlich gesteuerten Volkswirtschaften ohnehin – sind die öffentlichen Hände insofern stets strukturpolitische Akteure und sie werden es auch bleiben. Entscheidend ist, dass die systemverändernden Potenziale staatlicher Interventionen (vgl. Abschn. 8.4) begrenzt bleiben und dass sie einer Transformation marktwirtschaftlicher in planwirtschaftliche Systeme keinen Vorschub leisten. Eine Politik, die konkrete Zielwerte für den Anteil der Industrie am BIP zum Programm erhebt, ist vor diesem Hintergrund ordnungspolitisch und realwirtschaftlich problematisch. Diese Thematik wird im anschließenden Abschnitt aufgegriffen.

2.2.2 Quantitative Industrieziele als Richtgröße?

Eine Optimalgröße des Industriesektors, verstanden als jener Industrieanteil an der gesamtwirtschaftlichen Wertschöpfung, der zu einem maximalen Pro-Kopf-Einkommen führt, ist in einer wirtschaftspolitisch operationalen Form nicht zu ermitteln. Ein derartiger Wert wäre für jede historische Phase und für jeden Wirtschaftsraum verschieden. Schon ein Querschnittsvergleich der Industrieanteile am BIP mit dem nationalen Pro-Kopf-Einkommen in den G7-Staaten zeigt ein durchaus differenziertes Bild. Alle diese Länder sind im Zuge ihrer industriellen Historie wohlhabend geworden, aber dennoch sind nicht diejenigen Staaten mit dem relativ größten Industriesektor heute auch zugleich die mit dem höchsten BIP pro Einwohner. In den USA ist der sekundäre Sektor relativ zum gesamtwirtschaftlichen Produkt mit rund 10 % nur etwa halb so groß wie derjenige in Japan und Deutschland. Dennoch ergibt ein kaufkraftbereinigter Vergleich des BIPs pro Einwohner für die

USA im Jahr 2023 einen Wert von 74.700 US-Dollar. Deutschland mit seinem 20 %-igen Industrieanteil erreichte in dieser kaufkraftbereinigten Betrachtung hingegen nur rund 60.000 US-Dollar und der Wert für Japan rangierte mit 43.400 US-Dollar sehr viel niedriger.

Aufgrund seiner Variabilität in der regionalen und der zeitlichen Verlaufsbetrachtung wäre der Industrieanteil am BIP, sollte er zu einer Zielgröße der Wirtschaftspolitik avancieren, ein „Moving Target", das nicht verlässlich angesteuert werden kann. Entscheider in Regierungen und Parlamenten sind schon aufgrund dieser Problematik gut beraten, sich nicht auf einen bestimmten Anteil der Industrie am BIP als Zielwert der Wirtschaftspolitik festzulegen. Tun sie es dennoch, so kommen die Informationsdefizite und Anreizprobleme zum Tragen, mit denen strukturlenkende Eingriffe des Staates belastet sind (vgl. Abschn. 8.1), und es entstehen erhebliche Risiken von Fehlsteuerungen. Zudem schafft man Angriffspunkte, die von Interessengruppen und Rent-Seeking-Clubs genutzt werden können, um die Politik zwecks Ausreichung von Subventionen oder zur Verabschiedung regulatorischer Vergünstigungen unter Druck zu setzen. Die Gefahr, mit industriepolitischen Eingriffen Marktverzerrungen herbeizuführen, ist dann groß.

Unbeschadet dessen hat die Europäische Kommission in ihrer Industriemitteilung aus dem Jahre 2012 einen Anteil von durchschnittlich 20 % an der gesamtwirtschaftlichen Wertschöpfung – zwar unverbindlich, aber dennoch politisch signifikant – als Zielwert für das Verarbeitende Gewerbe in Europa definiert. Er sollte den damaligen Vorstellungen zufolge bis 2020 erreicht werden: „Die Kommission strebt mit der in dieser Mitteilung vorgestellten aktualisierten industriepolitischen Strategie an, dass die Industrie in Europa wieder einen Aufschwung nimmt und ihr Anteil am BIP von derzeit ca. 16 % bis zum Jahr 2020 auf 20 % ansteigt. Dies sollte durch ein kräftiges Anziehen des Investitionsvolumens (Bruttoinvestitionen und Investitionen in Ausrüstung), eine Ausweitung des Warenhandels im Binnenmarkt (auf einen Anteil am BIP von 25 % im Jahr 2020) und eine deutliche Zunahme der in Drittländer exportierenden KMU erreicht werden" (Europäische Kommission 2012, S. 4). Derzeit liegt der Beitrag des Verarbeitenden Gewerbes in der EU zum europäischen BIP allerdings immer noch in einer Größenordnung von rund 16 %. Ein Anstieg ist trotz ausgreifender Subventionsaktivitäten der Europäischen Kommission nicht in Sicht. In Deutschland, dem größten Industrieland in der EU, enthielt die Nationale Industriestrategie 2030 des Bundeswirtschaftsministeriums vom Februar 2019 einen Zielwert für die Industrie von 25 %, gemessen an der BWS. Das Konzept wurde allerdings angesichts fundamentaler ordnungspolitischer Kritik in wesentlichen Punkten modifiziert (vgl. Abschn. 5.2).

Das derzeit wohl spektakulärste Beispiel für eine Industriepolitik, die den Versuch unternimmt, den Industrieanteil am BIP gegen den Trend des Strukturwandels anzuheben, liefern die Vereinigten Staaten von Amerika. Die zweite Trump-Administration hat zwar kein quantitatives Industrieziel benannt, verfolgt aber eine Politik der „strategisch gesteuerten Reindustrialisierung" (Koester 2025). Im Zentrum dieses Ansatzes steht der massive zollpolitische Neoprotektionismus der US-Regierung, mit dem Industrieunternehmen aus Europa und dem internationalen Raum veranlasst werden sollen, sich in den USA anzusiedeln (vgl. Abschn. 9.7). Die Kombination aus Einfuhrzöllen, relativ geringen

Energiekosten und anderen Standortvorteilen soll diese Wanderungsbewegung herbeiführen. Diese Politik ist hochriskant und letztendlich kontraproduktiv, denn zollpolitische Protektion vernichtet die Vorteile der internationalen Arbeitsteilung, verlangsamt das Innovationstempo der protegierten Industrien und erhöht das Preisniveau. Der gesamte Ansatz ist ein Beispiel dafür, wie industriepolitische Steuerungsambitionen sich in marktwidrige Interventionen übersetzen können, die in der Summe mehr ökonomischen und politischen Schaden anrichten, als sie Nutzen generieren.

Deutschland und Europa täten gut daran, Zielfestlegungen, die gegen den Trend des Strukturwandels laufen, zu vermeiden und ihre industriepolitischen Bemühungen stattdessen darauf zu konzentrieren, die Leistungsfähigkeit des Wirtschaftsstandortes im internationalen Wettbewerb durch geeignete Rahmenbedingungen zu erhöhen. Derartige Ansätze sollten primär mit Maßnahmen unterlegt werden, die die Angebotsbedingungen für die Unternehmen insgesamt und damit auch für die Industrie stärken (Bardt und Busch 2013, S. 99). Ein Politikdesign dieses Zuschnitts birgt den Vorteil einer relativ hohen Effizienz und es steht weitestgehend im Einklang mit einer freien Preisbildung und einem unverfälschten Wettbewerb als zentralen Funktionsprinzipien der Sozialen Marktwirtschaft.

2.3 Ökonomische Merkmale einer Deindustrialisierung

Es gehört zu den kritischsten aller Diagnosen zum ökonomischen Zustand eines Industrielandes, wenn Anzeichen einer Deindustrialisierung festzustellen sind. Gerade für Deutschland, das nicht nur seinen materiellen Wohlstand, sondern zum guten Teil auch sein hohes Renommee in der Welt aus der Konkurrenzfähigkeit seiner Industrien zieht, ist ein derartiger Befund hochproblematisch. Er signalisiert nicht nur wirtschaftliche Einbußen, sondern transportiert die Botschaft einer drohenden Abstiegsgefahr – ökonomisch, politisch und geostrategisch.

Aber befindet sich die deutsche Wirtschaft überhaupt in einem Prozess der Deindustrialisierung und nach welchen Kriterien wäre das zu beurteilen? Die Meinungen darüber gehen auseinander. Eine verbreitete Sichtweise auf das Thema nimmt den Saldo der Direktinvestitionen zum Maßstab. Er ist in Deutschland traditionell negativ, es fließt also mehr Kapital ab als hereinkommt. Im Durchschnitt der Jahre 2021 bis 2023 kletterte der Negativsaldo auf Werte von mehr als 100 Mrd. € jährlich und in der Spitze auf 125 Mrd. € (Rusche 2024, S. 2).

Diese Entwicklung als Indikator für eine Deindustrialisierung zu interpretieren wäre allerdings voreilig. Ein Teil der deutschen Direktinvestitionen im Ausland kann positiv gedeutet werden, weil er Exportaktivitäten deutscher Unternehmen begleitet und dem Ausbau von Vertriebs- und Servicenetzwerken in den Zielländern dient. Die Kapitalabflüsse aus Deutschland sind zudem heterogener Natur. So waren von den 116 Mrd. €, die 2023 abflossen, etwa 61 Mrd. € für im Ausland reinvestierte Gewinne und 31 Mrd. € für Kredite an verbundene Unternehmen bestimmt. Etwa 20 Mrd. sind für neue Beteiligungen in Form von Übernahmen oder für Neugründungen von Unternehmen aufgewendet worden (Rusche 2024, S. 3).

Und schließlich reflektiert manches, was in der Direktinvestitionsstatistik als Transaktion verbucht wird, schlichtweg einen Eigentümerwechsel und nicht unbedingt einen realwirtschaftlich einschneidenden Vorgang: „Wenn ein heimischer Unternehmer seine Firma an einen ausländischen Investor verkauft, wird diese Transaktion als Zufluss ausländischer Direktinvestitionen erfasst. Wer derartige Zuflüsse pauschal als Indikator für Standortqualität interpretiert, sagt, dass beispielsweise der viel diskutierte Verkauf der Firma Viessmann an ausländische Investoren Ausdruck der Stärke des Standorts Deutschland sei. Tatsächlich sagt diese Transaktion aber lediglich, dass der bisherige Eigentümer die Perspektiven der Firma offenbar schlechter einschätzt als der Käufer“ (Fuest 2024, S. 4).

Weitere Indikatoren wie die laufenden Zahlen zur Industrieproduktion oder zur Beschäftigung in der Industrie sind ebenfalls wenig geeignet, den mit einer Deindustrialisierung verbundenen Substanzabbau zu reflektieren. Sie werden von den zyklischen Entwicklungen im konjunkturellen Auf und Ab überlagert und transportieren nur einen Teil der strukturell tatsächlich relevanten Informationen. Auch der im vorangegangenen Abschnitt diskutierte Trend eines sinkenden Industrieanteils am BIP stellt kein geeignetes Beurteilungskriterium für die Frage dar, ob eine Ökonomie sich deindustrialisiert oder nicht. Denn solange sich der Rückgang industriellen Outputs in Relation zum BIP stetig, marktgetrieben und in einem Umfeld gesamtwirtschaftlichen Wachstums vollzieht, ist er aus ökonomischer Sicht unproblematisch. Er bedeutet lediglich, dass die Industrieproduktion mit einer kleineren Rate wächst als das Volkseinkommen, weil bei zunehmendem Einkommen relativ mehr Dienstleistungen nachgefragt werden. Diese Konstellation sollte aufgrund ihrer Normalität im langfristigen Wachstumsprozess nicht mit dem negativ konnotierten Begriff der „Deindustrialisierung“ versehen und problematisiert werden.

Von einer Deindustrialisierung wird im Rahmen dieses Buches dann gesprochen, wenn industrielle Substanz absolut und dauerhaft abgebaut wird, wenn also der Bestand an industriellen Kapitalgütern (maschinellen Anlagen, IT-Ausstattungen, Logistik- und Fuhrparkeinrichtungen usw.) strukturell zurückgeht und die Kapazitäten für die Herstellung von Industriegütern eine Niveauabsenkung nach unten erfahren. Dann verschiebt sich die volkswirtschaftliche Transformationskurve nach innen, weil ein Teil des Kapitalstocks sich reduziert. Über die Verflechtungen zwischen industrieller und Dienstleistungswirtschaft bleibt ein derartiger Prozess zudem auch nicht ohne Wirkung auf die Servicebranchen, die, insoweit sie als Inputlieferanten für das Verarbeitende Gewerbe arbeiten, ebenfalls in einem gewissen Umfang Substanz abbauen dürften. Ein Szenario der Deindustrialisierung kann daher zu einem gleichzeitigen Verlust von Produktionskapazitäten und Wertschöpfung im sekundären und im tertiären Sektor der Ökonomie führen. Wie ausgeprägt diese Einbußen ausfallen, hängt nicht zuletzt von den Präferenzen der Konsumenten ab. Ändern sich diese beispielsweise hin zu einer größeren Wertschätzung für Dienstleistungen, so werden Ressourcen aus dem Industriebereich in die Serviceproduktion transformiert und die Einbrüche in diesem Sektor fallen dann weniger gravierend aus, als es entsprechend der ökonomischen Verflechtungen zwischen Industrie- und Dienstleistungen zu erwarten wäre.

Für eine gesund wachsende Ökonomie sind derartige Entwicklungen nicht charakteristisch. Phasen der Investitionsschwäche mit negativen Wirkungen auf die Höhe des Kapitalstocks können zwar im zyklischen Konjunkturverlauf vorübergehend auftreten. Sie verfestigen sich aber nicht, wenn die Ökonomie über eine solide Grundkonstitution mit funktionierenden Märkten verfügt und vorübergehend zurückgestellte Investitionen in Phasen des konjunkturellen Aufschwungs nachgeholt werden. Wenn aber beispielsweise die Rahmenbedingungen des Wirtschaftsstandortes eine profitable Industrieproduktion absehbar nicht mehr zulassen und eine mangelnde wirtschaftspolitische Reformfähigkeit des Landes keine Änderung erwarten lässt, oder wenn die heimischen Unternehmen im globalen Innovationswettbewerb dauerhaft zurückfallen, beginnt die Industrie, ihre Investitionstätigkeit zu verlangsamen und eine Auszehrung ihres Kapitalstocks über die Zeit in Kauf zu nehmen. Dann kommen Tendenzen einer Deindustrialisierung zum Tragen. Sie lassen sich erkennen, wenn die Zuwächse der Bruttoanlageinvestitionen nicht mehr hoch genug sind, um die Abgänge von technisch oder ökonomisch ausgedienten Kapitalgütern auszugleichen, geschweige denn sie zu übertreffen. Retardierende Wirkungen auf Produktivität und Wirtschaftswachstum entstehen dann nicht nur im Verarbeitenden Gewerbe selbst, sondern über ökonomische Spillover-Effekte auch in vor- und nachgelagerten Branchen.

Ob sich die deutsche Wirtschaft, gemessen an der Entwicklung des industriellen Kapitalstocks, aktuell in einem Prozess der Deindustrialisierung befindet oder nicht, kann noch nicht abschließend beantwortet werden. Ein Blick auf die Daten zeigt ein gemischtes Bild. Im gesamten Zeitraum von 2000 bis 2021 hatte das Verarbeitende Gewerbe insgesamt einen leichten Anstieg seines Anlagenbestandes in einer Größenordnung von jahresdurchschnittlich etwa 0,3 % zu verzeichnen. Innerhalb dieses Zeitraums gab es jedoch große Schwankungen. So schrumpfte der Kapitalstock der Industrie in den Jahren von 2004 bis 2006, als Deutschland schon einmal als kranker Mann Europas galt, und in den Jahren von 2009 bis 2013 nach der Weltfinanzkrise. Von 2014 bis 2021 legte der Kapitalstock des Verarbeitenden Gewerbes dann wieder zu (Bardt und Bakalis 2023, Abb. S. 2). Diese positive Entwicklung hat sich anschließend jedoch nicht verstetigt und ist einer erneuten Investitionsschwäche in der Industrie gewichen (SVR 2024, S. 53 ff.).

Dennoch wäre es verfehlt, von einer in der Breite um sich greifenden Deindustrialisierung zu sprechen. Was jedoch stattfindet, ist ein Substanzabbau in einzelnen Segmenten des Verarbeitenden Gewerbes, insbesondere bei den energieintensiven Industrien.[14] Sie beschäftigten in 2022 rund 1,1 Mio. Menschen direkt (etwa 15 % der Industriearbeitsplätze) und entrichteten 46 Mrd. € an Steuern und Abgaben (IW Consult GmbH 2023, S. 7 und S. 10). Sie nehmen 75 % des gesamten industriellen Energieverbrauchs in Anspruch und

[14] Die Geschäftsfelder dieser Branchen liegen in der Erzeugung und Bearbeitung von Eisen, Stahl und Nichteisenmetallen, in der Herstellung von Zement, Papier, Pappe, Glas, Glaswaren und Keramik, in der Verarbeitung von Steinen und Erden sowie in großen Teilen der Chemieproduktion.

stehen insofern im Zuge der Dekarbonisierung unter einem besonders starken Anpassungsdruck. Es sind zudem Industrien, von denen ganze Wertschöpfungsketten abhängig sind. Ihre systemische Bedeutung ist daher sehr viel größer, als ihre Branchenkennziffern es vermuten lassen.

Schon seit fast 20 Jahren wird in den energieintensiven Industrien nicht einmal mehr genug investiert, um den Kapitalstock zu erhalten. Er schrumpft bereits seit zwei Jahrzehnten durchgängig in jedem einzelnen Jahr. Dementsprechend geht auch die Kapitalintensität, also der Bestand an Maschinen und Anlagen bezogen auf die Beschäftigten in diesen Branchen, kontinuierlich zurück. Seit 2005 ist diese Kennziffer von rund 350 Tsd. € pro Kopf auf zuletzt nur noch 300 Tsd. € gesunken (Projektgruppe Gemeinschaftsdiagnose 2023, S. 82). Die energieintensiven Industrien bauen Substanz ab.

Ursächlich für diese Entwicklung sind in erster Linie die hohen Industriestrompreise in Deutschland. Sie haben sich seit der Jahrtausendwende von damals etwa 6 Cent/kWh auf rund 21 Cent/kWh in 2021 hochgeschraubt und lagen damit auch schon vor dem Überfall Russlands auf die Ukraine sehr viel höher als in den meisten anderen Industriestaaten. Nach dem Strompreispeak im Jahr 2022 haben sie sich wieder zurückgebildet und inzwischen bei rund 18 Cent/kWh stabilisiert. Es ist ein Wert, der noch immer in der Spitzengruppe der Industrieländer liegt (vgl. Abschn. 3.2.2). Angesichts dieser Kostenlast werden die Investitionspläne in den energieintensiven Industrien in Deutschland schon seit Jahren so schmal gefasst wie nur möglich.

Ein weiterer Kausalfaktor für die verfestigte Investitionszurückhaltung der energieintensiven Industrien ist ein Mangel an Planungssicherheit in der Energie- und Klimapolitik. Eine kleine Selektion aus der Historie der Kurswechsel und revidierten Entscheidungen mag das illustrieren: Die Kehrtwende in der Nuklearpolitik 2011 durch Rücknahme der erst ein Jahr zuvor beschlossenen Laufzeitverlängerung für die deutschen Kernkraftwerke (KKW). Die Wertlosigkeit der im Sommer 2011 gegebenen Absichtserklärung (Kabinettbeschluss), den im Erneuerbare-Energien-Gesetz (EEG) verankerten Fördermechanismus (EEG-Umlage) auf maximal 3,5 Cent/kWh dauerhaft zu begrenzen. Bereits 2013 betrug die Umlage 5,2 Cent/kWh und 2014 waren es sogar 6,2 Cent/kWh. Wiederholte Änderungen von Regularien zur Energieeffizienz, zur Förderung von Kraft-Wärme-Kopplungs-Anlagen oder auch zur Kohleverstromung. Schließlich erfolgte im Jahr der Bundestagswahl 2021 die Anpassung des Zieles „Klimaneutralität bis 2050" durch Vorziehen auf 2045 im Hau-Ruck-Verfahren als Reaktion auf ein Urteil des Bundesverfassungsgerichts, das eine Zielverschärfung gar nicht gefordert hatte. Eine derartige Unstetigkeit der Rahmenbedingungen zerstört die Kalkulationsgrundlagen für Industrien, die hohe Energieverbräuche haben und im internationalen Wettbewerb stehen.

Der sinkende Kapitalstock in den energieintensiven Branchen könnte der Vorbote eines allgemeinen Trends in der deutschen Industrie sein. Zwar ist, wie oben festgestellt, eine Deindustrialisierung der deutschen Wirtschaft in der Breite noch nicht erkennbar. Die Qualitätsmängel des Wirtschaftsstandortes Deutschland (vgl. Abschn. 3.1) veranlassen jedoch mehr und mehr Industrieunternehmen, Produktionskapazitäten hierzulande abzubauen oder in Drittstaaten zu verlagern. Man prüft Möglichkeiten für die Relokation von

Wertschöpfung in Weltregionen, deren Steuer-, Regulierungs- und Kostenparameter schwarze Zahlen zulassen. Wer noch nicht international aufgestellt ist, sichtet die entsprechenden Optionen und zieht operative Konsequenzen, sofern Marktbeziehungen und Unternehmensfinanzen es zulassen.

Dabei stehen im Regelfall gar nicht komplette Torschlüsse in Deutschland und ein Neuaufbau im Ausland im Mittelpunkt. Es vollzieht sich vielmehr ein schleichend fortschreitender Prozess der industriellen Auszehrung. Neuinvestitionen am Heimatstandort erfolgen dann nur noch, wenn es gar nicht anders geht. Die Beschäftigung wird ausgedünnt, und industrielle Wertschöpfung wandert dorthin ab, wo es sich lohnt zu investieren.

Im Verarbeitenden Gewerbe, das die Branchen der Industrie mit ihren rund 7 Mio. Beschäftigten beherbergt, verstärken sich diese Anpassungsprozesse. Anfang 2025 planten rund 40 % der Unternehmen des Verarbeitenden Gewerbes, Betriebsteile und damit einen Teil ihres Kapitalstocks ins kostengünstigere Ausland zu verlagern. Im Jahr 2022 waren es mit 21 % nur etwa halb so viele (DIHK 2024, S. 5, 2025). Besonders ausgeprägt zeigt sich dieser Trend im Segment der Großunternehmen, die zumeist in einer starken internationalen Aufstellung operieren. Sie stehen in der Regel vor geringeren Hürden als kleine und mittlere Firmen, wenn sie ihre industrielle Substanz hierzulande ausdünnen und ihr internationales Engagement stärken.

Es kann nicht Ziel dieses Buches sein, konkrete Beispielfälle von Firmen zu präsentieren, die den Schritt einer Relokalisierung gehen. Aber die Fallzahlen werden größer, weil viele Unternehmerinnen und Unternehmer kein Vertrauen mehr darin haben, dass die strukturellen Herausforderungen, mit denen sie am Standort Deutschland konfrontiert sind, in überschaubaren Zeiträumen einer Lösung zugeführt werden. Diesen Herausforderungen wird im folgenden Kapitel besondere Aufmerksamkeit zuteil, denn sie definieren die Ansatzpunkte, auf die sich eine erfolgreiche Industriepolitik vorrangig beziehen muss.

Literatur

Ademmer, Martin et al. (2017): Produktivität in Deutschland: Messbarkeit und Entwicklung, Kieler Beiträge zur Wirtschaftspolitik No. 12, Institut für Weltwirtschaft (IfW), Kiel, November 2017

Bardt, Hubertus und Busch, Berthold (2013): Europäische Industriepolitik, in: Institut der deutschen Wirtschaft (Hrsg.): Die Zukunft der Industrie in Deutschland und Europa, Forschungsberichte aus dem Institut der deutschen Wirtschaft Köln Nr. 88, Köln 2013, S. 89–107

Bardt, Hubertus und Dennis Bakalis (2023): Anhaltende Schwächung energieintensiver Branchen, IW-Kurzbericht Nr. 76/2023

BDI, Bundesverband der Deutschen Industrie (2024): Innovationsindikator 2024, Berlin, September 2024

Besanko, David und Braeutigam, Ronald (2020): Mikroökonomie, Wiley-VCH Verlag GmbH & Co. KGaA, 1. Aufl., Weinheim 2020

BMWK, Bundesministerium für Wirtschaft und Klimaschutz (2022): Der Beitrag der Investitionen in Informations- und Kommunikationstechnologien zum Produktivitätswachstum in Deutschland. Kurzbericht auf Basis des EUKLEMS & INTANProd – Release 2021, Niebel, Thomas, ZEW-Leibniz-Zentrum für Europäische Wirtschaftsforschung, Mannheim

BPB, Bundeszentrale für politische Bildung (2024): Deutschland: Export und Import nach Waren, 06. September 2024, https://www.bpb.de/kurz-knapp/zahlen-und-fakten/globalisierung/52848/deutschland-export-und-import-nach-waren/, zugegriffen am 30. August 2025

Bußmann, Ludwig (1999): Drei-Sektoren-Trend und Vollbeschäftigung, in: Bußmann, Ludwig (Hrsg.): Vollbeschäftigung und Tertiarisierung (Drei-Sektoren-Hypothese), Verlag Duncker & Humblot, Berlin 1999, S. 11–58

Deutsche Bundesbank (2025): Lange Zeitreihen zur Wirtschaftsentwicklung in Deutschland, https://www.bundesbank.de/resource/blob/843330/1883b5547b0451c2a41cc44c227195ff/mL/0-lange-zeitreihen-data.pdf, zugegriffen am 3. September 2025

DIHK, Deutsche Industrie- und Handelskammer (2024): Energiewende-Barometer 2024 der IHK-Organisation. Umdenken ist erforderlich, Berlin-Brüssel, Juli 2024

DIHK, Deutsche Industrie- und Handelskammer (2025): DIHK-Sonderauswertung zeigt: Standort Deutschland verliert an Strahlkraft, 17. März 2025

EFI, Expertenkommission Forschung und Innovation (2024): Gutachten 2024, Berlin, 15. Januar 2024

Europäische Kommission (2012): Mitteilung der Kommission an das Europäische Parlament, den Rat, den Europäischen Wirtschafts- und Sozialausschuss und den Ausschuss der Regionen. Eine stärkere europäische Industrie bringt Wachstum und wirtschaftliche Erholung, Brüssel, den 10.10.2012, COM(2012) 582 final

Feenstra, Robert C., Robert Inklaar and Marcel P. Timmer (2015): The Next Generation of the Penn World Table, American Economic Review, 105(10), pp. 3150–3182

Fischer, Wolfram (1972): Das Verhältnis von Staat und Wirtschaft in Deutschland am Beginn der Industrialisierung, in Fischer, Wolfram: Wirtschaft und Gesellschaft im Zeitalter der Industrialisierung. Aufsätze-Studien-Vorträge, Vandenhoeck & Ruprecht, Göttingen 1972, S. 60–74

Fuest, Clemens (2024): Wirtschaftsstandort Deutschland – Lage und wirtschaftspolitischer Handlungsbedarf, in: ifo Schnelldienst 6/2024, 77. Jg., S. 3–6

Grömling, Michael und Klös, Hans-Peter (2018): Inklusives Wachstum – Potenziale und Grenzen eines Konzepts. Eine institutionenökonomische Analyse, IW-Analysen 126, Köln 2018

IW Consult GmbH (2023): Fiskalischer Impact der Energieintensiven Industrien in Deutschland, Kurzstudie für den VCI, Köln 12. Mai 2023

Klodt, Henning et al. (1996): Tertiarisierung in der deutschen Wirtschaft, Kieler Studien 283, J.C.B. Mohr (Paul Siebeck), Tübingen 1996

Klodt, Henning (2004): Strukturwandel und Arbeitsmarktprobleme in Deutschland, in: Die Weltwirtschaft, 2004, Iss. 3, S. 301–316

Koch, Andreas et al. (2019): Die Bedeutung der industrienahen Dienstleistungen in Baden-Württemberg unter besonderer Berücksichtigung der Digitalisierung, Gutachten des Instituts für Angewandte Wirtschaftsforschung e.V. an der Universität Tübingen IAW, des Fraunhofer-Instituts für System- und Innovationsforschung ISI in Karlsruhe und des ZEW-Leibniz-Zentrums für Europäische Wirtschaftsforschung GmbH in Mannheim an das Ministerium für Wirtschaft, Arbeit und Wohnungsbau Baden-Württemberg, Abschlussbericht vom Januar 2019

Koester, Christian (2025): America First 2.0: Die Grand Strategy hinter Trumps neuer Handels- und Industriepolitik, Friedrich-Naumann-Stiftung, 21. Juli 2025, https://www.freiheit.org/de/nordamerika/america-first-20-die-grand-strategy-hinter-trumps-neuer-handels-und-industriepolitik, zugegriffen am 27. Juli 2025

Kuckelkorn, Peter und Kuntze, Peter (2021): Multifaktorproduktivität in den volkswirtschaftlichen Gesamtrechnungen, in: Wirtschaft und Statistik WISTA 4/2021, S. 65–74

Lauterbach, Nora (2004): Tertiarisierung und Informatisierung in Europa. Eine empirische Analyse des Strukturwandels in Deutschland, Frankreich, Italien und Großbritannien. Verlag Peter Lang, Frankfurt am Main 2004

Lerbs, Oliver und van Suntum, Ulrich (2012): Neue oder ergänzende Kenngrößen für die Beurteilung des ökonomischen und sozialen Erfolgs einer Gesellschaft, in: Aufderheide, Detlev und Dabrowski, Martin (Hrsg.): Effizienz oder Glück? Wirtschaftsethische und moralökonomische Perspektiven der Kritik an ökonomischen Erfolgsfaktoren, Duncker & Humblot, Berlin 2012, S. 151–177

Metz, Rainer (2005): Säkulare Trends der deutschen Wirtschaft, in: North, Michael: Deutsche Wirtschaftsgeschichte. Ein Jahrtausend im Überblick, Verlag C.H. Beck, 2. völlig überarbeitete und aktualisierte Aufl., München 2005, S. 427–500

Michelsen, Claus (2023): Alternder Kapitalstock: Wettbewerbsfähigkeit steht auf der Kippe. #MacroScopePharma 05/23, https://www.vfa.de/de/wirtschaft-politik/macroscope/macroscope-alternder-kapitalstock-wettbewerbsfaehigkeit-steht-auf-der-kippe, zugegriffen am 30. August 2025

Penn World Table Version 11.0, www.ggdc.net/pwt, zugegriffen am 27. Oktober 2025

Petersen, Thieß (2020): Diginomics verstehen. Ökonomie im Lichte der Digitalisierung, UVK Verlag, München 2020

Projektgruppe Gemeinschaftsdiagnose (2023): Inflation im Kern hoch – Angebotskräfte jetzt stärken. Gemeinschaftsdiagnose Frühjahr 2023, abgeschlossen in München am 3. April 2023

Projektgruppe Gemeinschaftsdiagnose (2024): Deutsche Wirtschaft im Umbruch – Konjunktur und Wachstum schwach, Gemeinschaftsdiagnose Herbst 2024, abgeschlossen in Berlin am 19. September 2024

Projektgruppe Gemeinschaftsdiagnose (2025): Geopolitischer Umbruch verschärft Krise – Strukturreformen noch dringlicher, Gemeinschaftsdiagnose Frühjahr 2025, abgeschlossen in Essen am 4. April 2025

Rusche, Christian (2024): Deindustrialisierung: Aktuelle Entwicklungen von Direktinvestitionen, IW-Kurzbericht 15/2024, 14. März 2024

Scheuermeyer, Phillip (2025): Investitionsentwicklung in Deutschland – eine Bestandsaufnahme, KfW Research Fokus Volkswirtschaft Nr. 485, 23. Januar 2025

SVR, Sachverständigenrat zur Begutachtung der gesamtwirtschaftlichen Entwicklung (2919): Jahresgutachten 2019/2020, Wiesbaden 2019

SVR, Sachverständigenrat zur Begutachtung der gesamtwirtschaftlichen Entwicklung (2020): Jahresgutachten 2020/2021, Wiesbaden 2020

SVR, Sachverständigenrat zur Begutachtung der gesamtwirtschaftlichen Entwicklung (2023): Jahresgutachten 2023/2024, Wiesbaden 2023

SVR, Sachverständigenrat zur Begutachtung der gesamtwirtschaftlichen Entwicklung (2024): Jahresgutachten 2024/2025, Wiesbaden 2024

Statistisches Bundesamt (2025): Klassifikation der Wirtschaftszweige, Ausgabe 2025 (WZ 2025), https://www.destatis.de/DE/Methoden/Klassifikationen/Gueter-Wirtschaftsklassifikationen/klassifikation-wz-2025.html, zugegriffen am 24. September 2025

Straubhaar, Thomas (2021): Der Rückgang des Produktivitätsfortschritts: Worum geht es?, in: Straubhaar, Thomas (Hrsg.): Neuvermessung der Datenökonomie, Hamburg University Press, Hamburg 2021, S. 41–59

United Nations (2023): Percentage Distribution (Shares) of GDP, latest Data Upload: December 2023, https://unstats.un.org/unsd/snaama/downloads, zugegriffen am 30. August 2025

Weyerstraß, Klaus (2018): Entwicklung, Determinanten und Bedeutung der totalen Faktorproduktivität, in: Kompetenzzentrum Forschungsschwerpunkt Internationale Wirtschaft, Policy Brief Nr. 38, Jänner 2018, S. 1–8

Ziegler, Dieter (2012): Die Industrielle Revolution, 3. Aufl., Wissenschaftliche Buchgesellschaft, Darmstadt 2012

3 Strukturelle Herausforderungen für die Industrie

Ein Vergleich der ökonomischen und politischen Entwicklungen der frühen 2000er- mit den 2020er-Jahren in Deutschland bringt bemerkenswerte Parallelen zum Vorschein. Beide Phasen sind durch manifeste und anhaltende Rezessionen gekennzeichnet und in beiden Fällen schied eine Bundesregierung vorzeitig aus dem Amt, um den Weg für außerplanmäßige Neuwahlen zu ebnen. Die Vorgänge zeigen die Interdependenzen zwischen Ökonomie und Politik auf: Strukturell verfestigte Wirtschaftskrisen ziehen politische Verwerfungen nach sich, die einen Machtwechsel einleiten können.

Vor gut 20 Jahren, während der zweiten Regierung Schröder, hatte sich die deutsche Wirtschaft zum ersten Mal seit der deutschen Vereinigung im Krisenmodus festgefahren, mit einem sinkenden BIP in den Jahren 2002 und 2003. Die Investitionen der privaten Unternehmen gingen vier Jahre nacheinander zurück. Der Arbeitsmarkt lief mit rund 5 Mio. Erwerbslosen in der Spitze des Jahres 2005 aus dem Ruder und die Verteilungsspielräume wurden kleiner. Die Bundesregierung reagierte mit den Hartz-Reformen des Arbeitsmarktes und mit der Agenda 2010. Sie leitete damit einen radikalen Kurswechsel ein, der Impulse für mehr Beschäftigung und einen neuen Wachstumszyklus setzen sollte. Sein Ziel verfehlte er nicht, aber die ökonomische Trendwende kam zu spät, um die bereits verfestigte politische Wechselstimmung im Land zu drehen. So erfolgte noch im Jahr 2005 die politische Vollbremsung in Form vorgezogener Neuwahlen mit anschließendem Machtwechsel im Bund.

Die ökonomischen Entwicklungen der Jahre 2023 und 2024 ähnelten denen zum Beginn des Jahrtausends. Wieder folgten zwei Rezessionsjahre aufeinander, und das Jahr 2025 hat nicht mehr als eine faktische Stagnation gebracht. Für 2026 deutet sich eine leichte Belebung des Wachstums an, die aber nicht selbsttragend fundiert, sondern eher staatsfinanzierter Natur ist. Die Investitionstätigkeit tendiert wie in den frühen 2000er-Jahren notorisch schwach und vermehrt fließt Kapital ins europäische und internationale

W. Horstmann, *Industriepolitik und Wohlstand*,
https://doi.org/10.1007/978-3-658-50739-8_3

Ausland. Das vorzeitige Aus der Ampelregierung im Bund im Herbst 2024 resultierte letztendlich aus unvereinbaren Positionen der beteiligten politischen Parteien über den Umgang mit dieser Krise, insbesondere was die Frage einer Ausweitung der öffentlichen Kreditaufnahme unter Aufweichung der grundgesetzlich verankerten Schuldenbremse anging. Es erscheint wie eine Ironie der Geschichte, dass die seit dem 6. Mai 2025 amtierende Bundesregierung in der 21. Legislaturperiode des Bundes jenen Kurs einer massiven Ausweitung der öffentlichen Verschuldung verfolgt (vgl. Abschn. 5.6), an dessen konfliktärem Potenzial die Ampelregierung im Herbst 2024 zerbrochen ist.

Die Parallelen zwischen den Entwicklungen nach dem Jahrtausendwechsel und der aktuellen Wirtschaftslage sind unübersehbar, die Unterschiede allerdings auch. Damals waren es im Schwerpunkt Verkrustungen des Arbeitsmarktes, die die deutsche Wirtschaft zurückwarfen und die Erwerbslosigkeit auf Rekordhöhen klettern ließen. Heute verhindert die demografische Entwicklung (jedenfalls bislang), dass Massenarbeitslosigkeit in einem Ausmaß wie 2005 entsteht und die politische Debatte prägt. Stattdessen ist der Fachkräftemangel allgegenwärtig und die strukturellen Herausforderungen für die Industrie sind vielschichtiger. Sie beinhalten kostenseitige und regulative Nachteile des Standorts Deutschland im internationalen Wettbewerb. Sie umfassen klimapolitische Sonderlasten ebenso wie vergleichsweise restriktive Regelwerke für die Anwendung von KI-Modellen und den Aufwuchs der Datenökonomie, die die europäischen Industrien in der Konkurrenz mit US-amerikanischen und chinesischen Unternehmen zurückwerfen. Zu all dem gesellen sich noch der generell steigende Wettbewerbsdruck aus der Volksrepublik China, deren ökonomische und geopolitische Ambitionen darauf abzielen, bis 2049 zur industriell und wirtschaftlich führenden Macht überhaupt zu avancieren, und am aktuellen Rand die zollprotektionistischen Eingriffe der zweiten Trump-Administration in den freien Welthandel.

Einige besonders gravierende strukturelle Herausforderungen für die deutsche Industrie werden in den folgenden Abschnitten erläutert. Sie definieren die ökonomische Ausgangslage und damit den Punkt, an dem Industriepolitik, wie immer sie auch im Detail ausgestaltet sein mag, ansetzen muss, wenn sie die Wettbewerbsfähigkeit des Verarbeitenden Gewerbes erfolgreich stärken will. Die Ausführungen werden jedoch auf ein unverzichtbares Maß begrenzt, das im Sinne einer Lageanalyse genannt werden sollte, um den industriepolitischen Handlungsbedarf zu verdeutlichen. Alles andere würde zu einer Duplizierung der inzwischen zahlreich verfügbaren standortanalysen führen, die den Zustand der deutschen Ökonomie und ihre strukturellen Schwachstellen detailliert ausleuchten.

3.1 Platzverluste im Standortranking

Seit der großen Weltfinanzkrise des Jahres 2007/2008 hat die Politik kaum noch Initiativen ergriffen, um Deutschland zu einem attraktiven Ort für global anlagesuchendes Investitionskapital zu machen. Die letzten wirtschaftspolitischen Schritte mit durchschlagend positiver Wirkung auf die Leistungsfähigkeit Deutschlands in der globalen Konkurrenz der Standorte waren die Hartz-Reformen des Arbeitsmarktes in 2005 und die Senkung der Ertragsbesteuerung für die Unternehmen im Jahr 2008. Beide Schritte waren erfolgreich und entfalteten auch in ihrem Zusammenwirken erhebliche Wachstumseffekte, indem sie Investitionen wieder attraktiver und den Faktor Arbeit wettbewerbsfähiger machten. Aus heutiger Sicht erscheinen sie als ein ökonomisches Traumduo, das die Angebotsseite der Wirtschaft mit großem Erfolg gestärkt hat.

Die Hartz-Wende mündete jedoch in dem weiter oben bereits erwähnten politischen Erdbeben. Das Parteiensystem erweiterte sich am linken Rand und die politische Landschaft in Deutschland wurde regelrecht erschüttert. Vielleicht ist dieser Umstand maßgeblich dafür, dass, von kleineren Schritten abgesehen, seit mehr als 15 Jahren weitgehend Funkstille herrscht, wenn es um die Reform des hiesigen Wirtschafts- und Industriestandortes geht. Schon seit Jahren werden Unternehmensverbände nicht müde, auf diese Problematik und ihre langfristig wohlstandsgefährdenden Wirkungen hinzuweisen. Die Politik in Bund und Ländern hat über mehrere Legislaturperioden hinweg jedoch nicht die Kraft gefunden, den sich Jahr für Jahr weiter verfestigenden Standortdefekten wirtschaftspolitisch etwas entgegenzusetzen.

Nicht zuletzt aus diesem Grund entwickelten wir im Bundeswirtschaftsministerium 2019 ein Konzept, mit dem die Standortthematik wieder mehr in den politischen Fokus gerückt werden sollte. Wir beauftragten ein entsprechendes Gutachten, das im Mai 2020 vorlag. Viele der ökonomischen Schwachstellen, die inzwischen zum Dauerthema in der medialen Berichterstattung geworden sind, wurden in dieser Untersuchung und einer Folgestudie aus dem Jahr 2022 bereits benannt (IfW 2020; IW Consult GmbH 2022). Der damalige Bundeswirtschaftsminister Peter Altmaier diskutierte die Ergebnisse im Juni 2020 mit IG Metall-Chef Jörg Hofmann und Dieter Kempf, dem Präsidenten des BDI, sowie mit weiteren Wirtschaftsvertretern im Rahmen eines Konferenzformates. Dem Resümee der Veranstaltung mit der Botschaft „Wachstum und Wettbewerbsfähigkeit. Jetzt muss gehandelt werden“ (BMWE 2020a) folgten allerdings keine Taten. Politische Mehrheiten für den Start eines Reformprogramms waren nicht vorhanden und sie stellten sich auch nach der Bundestagswahl 2021 nicht ein. Dennoch war es immerhin gelungen, mit dem dualen Format aus wissenschaftlicher Begleitung und politischer Diskussion das Thema „Standort Deutschland“ in einem strukturierten Prozess zu adressieren.

Schon eine nur stichwortartige Nennung der ökonomisch relevanten Lastfaktoren, mit denen Unternehmen hierzulande umzugehen haben, gerät zu einer umfangreichen Mängelliste: Energie- und Arbeitskosten am oberen Rand und eine Unternehmensbesteuerung auf Spitzenniveau. Erhebliche Nachholbedarfe, was die Durchdringung der Republik mit Breitbandnetzen in Gigabit-Qualität angeht. Verkehrsinfrastrukturen in teilweise marodem Zustand. Ein Übermaß an Bürokratie bei der Planung und Genehmigung von Investitionen, das gleichermaßen Zeit, Geld und Nerven kostet. Leistungswerte deutscher Schülerinnen und Schüler in dem von der Organization for Economic Co-operation and Development (OECD) durchgeführten und koordinierten Programme for International

Student Assessment (PISA), die eine Bildungsmisere größeren Ausmaßes im Lande Wilhelm von Humboldts anzeigen.[1]

Hinzu kommt ein Fachkräftemangel, der nicht nur als direkte Folge des demografischen Wandels zu begreifen ist, sondern auch als Konsequenz veränderter Präferenzen der Erwerbsbevölkerung mit Blick auf die Allokation ihres Zeitbudgets auf Phasen der Einkommenserzielung und der Freizeit (vgl. Abschn. 9.5). Die Knappheit des Faktors Arbeit zieht sich wie ein roter Faden durch die Industriebranchen sowie auch durch andere Segmente der Volkswirtschaft. Mit nur 1331 Arbeitsstunden (2024) pro Erwerbstätigem und Jahr weist Deutschland die mit Abstand kürzesten Jahresarbeitszeiten unter allen Mitgliedstaaten der OECD auf, dem zwischenstaatlichen Kooperationsformat von inzwischen 38 Industrie- und fortgeschrittenen Schwellenländern. Der OECD-Durchschnitt liegt bei 1736 (OECD 2024).

Natürlich bietet die größte Volkswirtschaft Europas als Lokation für Industrie und Gewerbe nach wie vor auch eine Reihe von Aktivposten. Die Qualifikation und die Arbeitsethik der im Berufsleben stehenden aktiven Erwerbstätigen hierzulande gehören dazu. Ebenso die Forschungs- und Innovationslandschaft mit einer hohen FuE-Intensität in großen Teilen der Industrie. Sie ist zwar, wie weiter oben erwähnt, inzwischen weniger leistungsfähig als noch vor einigen Jahren, rangiert aber immer noch auf einem hohen Niveau. Das Rechtssystem ist verlässlich, was für eine Demokratie mit einer funktionierenden Gewaltenteilung allerdings nicht mehr als eine selbstverständlichkeit ist. Vergleichsweise geringe Streikzeiten als Indikator des sozialen Friedens hierzulande und ein jedenfalls bislang solider Zustand der öffentlichen Finanzen sind weitere Pluspunkte.

Aufs Ganze gesehen können die Aktivposten, über die der Standort Deutschland noch verfügt, seine komparativen Nachteile im internationalen Wettbewerb jedoch schon seit längerem nicht mehr kompensieren. Darauf weisen, neben den oben genannten Studien, auch zahlreiche weitere Analysen hin, in denen die Stärken und Schwächen Deutschlands als Lokation für industrielle Wertschöpfung und als Magnet für Investitionen aus dem In- und Ausland systematisch untersucht worden sind. Diese Studien sehen mit jeweils unterschiedlichen Akzenten erheblichen Reformbedarf und sie stellen fest, dass die größte Ökonomie Europas deutlich an Wettbewerbsfähigkeit verliert:

(1) Im Ranking des ZEW-Zentrums für Europäische Wirtschaftsforschung Mannheim ist Deutschland wiederholt zurückgestuft worden. Diese im Auftrag der Stiftung Familienunternehmen regelmäßig erstellte und umfassend angelegte Studie wurde bereits zum zehnten Mal durchgeführt und kann daher auch mit Vergleichsqualität in der

[1] Deutsche Schülerinnen und Schüler kamen 2022 in den Grundfertigkeiten der Mathematik nur noch auf den 22. Rang und in Lesen und Naturwissenschaften auf ebenfalls nur noch mittelmäßige Werte unter 81 teilnehmenden Nationen. Es dauert bis zu 40 Jahre, bis die wohlstandsdämpfenden Effekte derartiger Schwächen sich vollständig herauswachsen (Piopiunik und Wößmann 2011, S. 34 ff.) – das allerdings natürlich nur dann, wenn entsprechend zielgerichtete und wirksame Reformen in der Bildungspolitik eingeleitet werden.

Zeitreihe aufwarten. Sie bescheinigt dem hiesigen Standort in Relation zu den G7-Staaten und ausgewählten europäischen Ländern einen Abstieg von Platz 12 im Jahr 2006 auf inzwischen nur noch Rang 17 von 21 einbezogenen Ländern. Lediglich ungarn, Frankreich, Spanien und Italien schneiden schlechter ab (Stiftung Familienunternehmen 2025, S. 100 ff.). Die aus der Untersuchung ersichtlichen Gründe für diese Entwicklung decken sich weitgehend mit den oben bereits aufgelisteten Faktoren.

(2) Aufschlussreich ist eine 2023 vom ifo Institut in München gemeinsam mit dem IWP-Institut für Schweizer Wirtschaftspolitik durchgeführte Befragung von rund 8000 internationalen Wirtschaftsexpertinnen und -experten aus 130 Ländern. Sie wurden gebeten, ihre Einschätzung bezüglich der Qualität verschiedener europäischer und internationaler Wirtschaftsstandorte abzugeben. Im Ergebnisbericht heißt es: „Die deutschen Expertinnen und Experten stellen ihrem Heimatland ein sehr negatives Zeugnis der vergangenen Standortentwicklung aus [...]. Die überwiegende Mehrheit (72 %) schätzt, dass sich die Standortbedingungen in Deutschland in den letzten zehn Jahren verschlechtert haben" (Dörr et al. 2024, S. 10 f.). Die relevanten inhaltlichen Punkte decken sich mit den bereits benannten Mängeln: Eine ausgeprägte Bürokratie und eine hohe Regulierungsdichte, Schwächen im Bildungssystem, Defizite in der digitalen und Verkehrsinfrastruktur, hohe Energie- und Arbeitskosten sowie eine relativ hohe Unternehmensbesteuerung.

(3) Ebenfalls mittels der Methode der Befragung hat die Deutsche Industrie- und Handelskammer (DIHK) Einschätzungen relevanter Akteure zur Standortqualität ermittelt. In ihrer repräsentativen Umfrage vom Dezember 2023 unter 2200 Industriebetrieben stellte sie fest, dass die Werte für nahezu alle der 24 abgefragten Standortparameter sich gegenüber der letzten Umfrage verschlechtert haben (DIHK 2023, S. 1). Als besonders belastend für die Unternehmen erwiesen sich in dieser Umfrage die nach wie vor als extrem empfundenen bürokratischen Belastungen und die auf hohem Niveau rangierenden Energiekosten.

(4) Der BDI hält aufgrund der zahlreichen Nachteile des hiesigen Standorts im internationalen Wettbewerb inzwischen ein Fünftel der industriellen Substanz in Deutschland für gefährdet (BDI 2024, S. 17 und S. 40 ff.). Die Gründe für diese Einschätzung decken sich weitgehend mit den zahlreichen Schwachstellen, die in den bereits aufgeführten Studien identifiziert worden sind.

3.2 Klimapolitische Transformation

Der rechtliche Ankerpunkt der klimapolitischen Transformation Deutschlands ist das im Bundesklimaschutzgesetz enthaltene Ziel der Treibhausgasneutralität bis 2045. Der Ausstoß von klimaschädlichen Gasen darf ab diesem Zeitpunkt im Volumen nicht höher liegen als diejenigen Mengen, die etwa durch sogenannte CO_2-Senken, beispielsweise Moore und Wälder, laufend absorbiert werden. Deutschland soll damit fünf Jahre eher als der

Rest der EU und Jahrzehnte früher als die Hauptemittenten von Treibhausgasen, China, Indien und die USA, neutral im Hinblick auf den Ausstoß von Greenhouse-Gasen werden.

Im März 2025 hat das deutsche Klimaziel Eingang in das Grundgesetz gefunden: „Der Bund kann ein Sondervermögen mit eigener Kreditermächtigung für zusätzliche Investitionen in die Infrastruktur und für zusätzliche Investitionen zur Erreichung der Klimaneutralität bis zum Jahr 2045 mit einem Volumen von bis zu 500 Mrd. € errichten" (GG Art. 143h, Abs. 1, Satz 1). Damit sind die Treibhausgasneutralität und ihr Erfüllungszeitpunkt 2045 zwar nicht als Staatsziel verankert worden. der mit dem Begriff „Sondervermögen" eingekleidete, aber komplett per Verschuldung zu finanzierende Nebenhaushalt über 500 Mrd. € hat jedoch Verfassungsrang erlangt. Klimapolitik (weitgehend) mittels kreditfinanzierter öffentlicher Subventionen hat seither also grundgesetzlichen Segen – eine Regelungskonstellation, die die Architekten der Sozialen Marktwirtschaft von Ludwig Erhard (1897 bis 1977) bis Alfred Müller-Armack (1901 bis 1978) wohl kaum für möglich gehalten hätten.

Für die Zeit nach 2045 geht die klimapolitische Selbstbindung Deutschlands sogar noch weiter, denn im Anschluss an eine fünfjährige Phase von 2045 bis 2050 soll der größte Mitgliedstaat der EU sogar negative Treibhausgasemissionen aufweisen (Erstes Gesetz zur Änderung des Bundes-Klimaschutzgesetzes, Art. 1, Abs. 3). Diese Regelung erfährt in der öffentlichen Debatte hierzulande kaum Beachtung. Sie hat aber weitreichende Folgen, denn sie verpflichtet Deutschland nach 2050, klimaschädliche Gase aus dem globalen Kreislauf zu nehmen, während die weltweit größten Emittenten zu diesem Zeitpunkt noch immer große Mengen dieser Gase ausstoßen werden. Diese Staaten vermeiden es, juristisch bindende Emissionsziele festzulegen und sie positionieren sich mit weichen klimapolitischen Ankündigungen, die ihnen große Spielräume lassen.

3.2.1 Ambitionsniveaus im internationalen Vergleich

Der weltweite Ausstoß an Treibhausgasen in Drittstaaten wird aller Voraussicht nach auch dann noch erheblich sein, wenn Deutschland und die EU schon längst klimaneutral sind. Die Internationale Energieagentur (IEA) hat Zahlenwerte ermittelt, die die zu erwartenden Emissionen von Kohlendioxid (CO2) zur Mitte des Jahrhunderts ausweisen. CO2 steht für 90 % aller Klimagase und dominiert insofern den Greenhouse-Effekt. Den Schätzungen der IEA zufolge wird die Welt in 2050 noch immer 29,6 Mrd. t CO_2 emittieren, also rund drei Viertel des Volumens von 2023 (vgl. Tab. 3.1). Die Zahlen wurden auf Basis des sogenannten Stated Policy Scenarios (STEPS) der IEA ermittelt, das die bereits eingeleiteten Maßnahmen der Klimapolitik berücksichtigt, einschließlich solcher, die in Vorbereitung sind.

Die Ergebnisse sind ernüchternd, aber in keiner Weise überraschend. Sie bestätigen im Wesentlichen, was die maßgeblichen Treibhausgasemittenten der Welt, allen voran die Volksrepublik China, offiziell verkünden. Das Reich der Mitte, das derzeit mit rund einem Drittel der weltweiten Kohlendioxidemissionen die mit Abstand größte Menge an Klima-

Tab. 3.1 CO2-Ausstoß von 1990 bis 2050 in Mrd. t CO_2. (Quellen: European Commission 2024; IEA 2023b)

	1990	2005	2020	2023	2050
EU	3,8	3,7	2,6	2,5	0,8
USA	5,0	5,9	4,5	4,7	1,9
IND	0,6	1,2	2,3	3,0	3,3
CHN	2,4	6,3	12,2	13,3	6,8
WELT	22,7	30,0	36,2	39,0	29,6

gasen erzeugt, hat lediglich angekündigt, bis 2060 CO2-neutral sein zu wollen. Wie das allerdings bewerkstelligt werden soll, ist offen. Denn China will neben Kernenergie und erneuerbarer Elektrizität in großem Stil auch die Kohleverstromung langfristig nutzen. Allein in den fünf Jahren von 2018 bis 2023 hat das Land neue Kohlekapazitäten von durchschnittlich 40 Gigawatt (GW) pro Jahr, also in Summe rund 200 GW, ans Netz gebracht. Dieser Zuwachs entspricht der Leistung von 200 Großkraftwerken, mehr als der Rest der Welt an kohlebasierter Kraftwerkskapazität in diesem Zeitraum installiert hat. Diese Anlagen können rechnerisch den gesamten Stromverbrauch Deutschlands, Frankreichs und Italiens decken. Zusätzlich wurde 2022 in China der Bau neuer Kohlekraftwerke mit einer Kapazität von 90 GW genehmigt und es wurden noch weitere 50 GW in die Planung gegeben. Der Aufbau der fossilen Kraftwerksflotte im Reich der Mitte dürfte noch bis 2030 anhalten und die Anlagen werden dann viele Jahrzehnte lang in Betrieb sein (IEA 2023b, S. 239).

In welchem Umfang die dabei entstehenden Emissionen mittels Abscheidung und Verpressung von Kohlendioxid (Carbon Capture and Storage, CCS) neutralisiert werden, wird sich zeigen. China setzt zwar auch auf CCS und entwickelt seit 2017 entsprechende Projekte (Vahrenholt 2023, S. 95). Ob diese Technologie allerdings in der Volksrepublik so weit ausgerollt wird, dass tatsächlich CO2-Neutralität erreicht wird, bleibt unklar. Letztendlich werden dafür nicht alleine klimapolitische Notwendigkeiten, sondern auch die Kosten der Implementierung von CCS maßgeblich sein.

Indien, das aktuell rund 7 % der weltweiten CO2-Emissionen verursacht, ist noch vorsichtiger mit klimapolitischen Zielfestlegungen. Man plant, bis 2070 treibhausgasneutral zu werden. Die Rivalität mit der Volkrepublik China prägt den politischen Kurs. Indien will zu seinem ökonomisch potenteren Nachbarland aufschließen und hat die wirtschaftliche Entwicklung weit oben auf die Prioritätenliste gesetzt. Das inzwischen bevölkerungsreichste Land der Erde mit seinen 1,4 Mrd. Menschen dürfte daher in den nächsten drei Jahrzehnten die weltweit höchsten Zuwächse des Energieverbrauchs verzeichnen. Dieses umfasst auch einen Anstieg der Nachfrage nach Öl und Gas um geschätzt knapp 70 % bis 2050 und einen langfristig hohen Anteil an fossilen Energieträgern in der Elektrizitätswirtschaft. Im Ergebnis wird Indien einen Zuwachs seiner Kohlendioxidemissionen mindestens bis 2050 verzeichnen (IEA 2023b, S. 242).

Auch die USA mit ihrem 13 %-igen Anteil am weltweiten CO2-Ausstoß verfolgen einen weniger konsequenten Kurs in der Klimapolitik als Europa. Die Ziele der im Januar

2025 abgelösten Biden-Administration sahen vor, die US-Kohlendioxidemissionen bis zum Jahr 2030 gegenüber 2005 zu halbieren und bis 2050 auf Null zurückzuführen. Dieses alles unter fortdauernder Nutzung der CO2-freien Kernkraft für die Stromerzeugung. Trotz großzügiger Subventionen von rund 560 Mrd. US Dollar[2] für den Klimaschutz und eines weitgehenden klimapolitischen Engagements einzelner Bundestaaten war allerdings auch schon vor dem Machtwechsel in Washington am 20. Januar 2025 klar, dass die ergriffenen Maßnahmen in den USA nicht ausreichen würden, um Klimaneutralität bis 2050 zu erreichen. Die IEA erwartete für die Mitte des Jahrhunderts einen Kohlendioxidausstoß des Landes von immerhin noch 1,9 Mrd. t.

Die ersten klimapolitischen Schritte der zweiten Trump-Administration, die unmittelbar nach Amtseinführung von Donald Trump als 47. Präsident der Vereinigten Staaten am 20. Januar 2025 in die Wege geleitet wurden, führen das Land allerdings auf einen klimapolitisch kontraproduktiven Kurs. Er zeigt sich in einer Intensivierung von Exploration, Nutzung und Export fossiler Energierohstoffe, einer restriktiveren Gangart was den Zubau erneuerbarer Energien angeht und einem Rückzug der USA aus dem Pariser Klimaabkommen.

Europa dürfte der IEA-Prognose zufolge sein Ziel, bis 2050 klimaneutral zu werden, ebenfalls nicht vollständig erreichen, wird aber den Ausstoß von Greenhouse-Gasen weitgehend absenken und mit geschätzten 800 Mio t CO2 zur Mitte des Jahrhunderts die mit Abstand niedrigsten Emissionswerte ausweisen. Aus heutiger Perspektive spricht viel dafür, dass die europäischen und deutschen Ambitionen zur Dekarbonisierung zwar nicht vollständig, aber dennoch weitgehend, eingelöst werden, oder anders formuliert, dass die diesbezüglichen Alleingänge der EU gegenüber dem Rest der Welt und Deutschlands gegenüber der EU tatsächlich umgesetzt werden.

Die Frage, die sich stellt, ist diejenige nach der Sinnhaftigkeit derartiger Alleingänge. Die globale Handelbarkeit der fossilen Rohstoffe Öl, Gas und Steinkohle spricht dagegen. Letztendlich bedeutet jede Mengeneinsparung, beispielsweise von Rohöl in Europa, einen Nachfragerückgang für diesen Energierohstoff an den Weltmärkten. Drittstaaten können sich dann umso kostengünstiger mit Rohöl eindecken und sie tun es auch (Sinn 2023; Weimann 2023). Die Vorreiterrolle Deutschlands erzeugt auch keine Anreize für mehr Klimaschutz in der EU. Denn jede Tonne Kohlendioxid, die hierzulande vor 2050 eingespart wird, kann an anderer Stelle der Union emittiert werden, ohne das europäische Ziel der Klimaneutralität zu gefährden. Deutschland generiert mit seinem Vorreiteranspruch insofern kaum klimapolitischen Mehrwert, sondern eher Anreize für andere EU-Mitgliedstaaten, die eigenen Anstrengungen zur Dekarbonisierung zeitlich zu strecken.

Solange es kein international umfassend abgestimmtes Vorgehen in der Klimapolitik gibt, bewirken Alleingänge einzelner Staaten oder Weltregionen kaum Erfolge im Kampf gegen den Treibhausgaseffekt, aber erhebliche ökonomische Lasten, die die Wettbewerbsfähigkeit der eigenen Industrien beeinträchtigen. In Deutschland zeigen sie sich in

[2] Rund 190 Mrd. US-Dollar aus dem Bipartisan Infrastructure Investment and Jobs Act of 2021 und rund 370 Mrd. US-Dollar aus dem IRA (IEA 2023b, S. 206).

Strompreisen auf internationalem Spitzenniveau, Abwanderungsszenarien in den energieintensiven Industrien und Dämpfern für die Produktivität. China, Indien, die USA und andere Staaten setzen ihre Unternehmen nicht derartigen Risiken aus.

Die klimapolitische Debatte in Deutschland ist von einer doppelten Fehleinschätzung geprägt: In der Innenperspektive zeigt sich dieses in einer Unterschätzung der retardierenden Effekte der Dekarbonisierung auf Produktivität und Wirtschaftswachstum (vgl. Abschn. 3.2.4) und in der Außenperspektive zeigt es sich in einer Überschätzung der Bereitschaft anderer, dem deutschen Beispiel zu folgen. Gesinnungsethisches scheint über verantwortungsethisches Handeln zu dominieren. In seinem berühmten Vortrag „Politik als Beruf" aus dem Jahre 1919 beschreibt der deutsche Soziologe Max Weber (1864 bis 1920) eine Politik als gesinnungsethisch, die sich streng wertegebunden an moralisch für richtig erachteten Zielen orientiert, dabei aber Umsetzungsmöglichkeiten und kontraproduktive Effekte außer Acht lässt oder nicht angemessen einbezieht. gesinnungsethisch getriebene Politik berücksichtigt die Folgen ihres Handelns nicht oder nur unvollständig und übernimmt insoweit auch keine oder nur unzureichende Verantwortung für das, was sie auslöst: „‚Verantwortlich' fühlt sich der Gesinnungsethiker nur dafür, dass die Flamme der reinen Gesinnung [...] nicht erlischt" (Weber 1919, S. 71). Die Flamme des klimapolitischen Alleingangs in Deutschland ist, ungeachtet der Zurückhaltung des Auslandes bei der Lösung der nur international wirksam zu bekämpfenden Erderwärmung, so weit hochgefahren worden, dass sie hierzulande hochgradig kontraproduktive Wirkungen erzeugt. Weit oben in der Reihe dieser Probleme steht das notorisch hohe Niveau der hiesigen Strompreise, um das es im folgenden Abschnitt gehen wird.

3.2.2 Albtraum Strompreise

Wer sich davon überzeugen will, wie sehr das private, wirtschaftliche und öffentliche Leben abhängig von einer funktionsfähigen Stromversorgung ist, kann dieses im Roman „Blackout" von Marc Elsberg aus dem Jahr 2012 nachlesen. Er beschreibt detailliert, welche Güter und Dienstleistungen nicht mehr verfügbar sind, wenn die Stromversorgung zusammenbricht. Es sind weit mehr, als es bei oberflächlicher Betrachtung scheint, und wenn sie längerfristig fehlen, kommt es nicht nur zum wirtschaftlichen, sondern auch zum gesellschaftlichen Kollaps.

Zu derartigen Zuständen hat die Klima- und Energiepolitik in-Deutschland nicht geführt und Szenarien dieser Qualität sollen hier auch nicht diskutiert werden. Aber genauso wie ein kompletter Blackout eine Volkswirtschaft regelrecht zum Einsturz bringen kann, so kann eine überteuerte oder ineffiziente Elektrizitätsversorgung für einzelne Industrien zu einem Kardinalproblem werden und Prozesse einer Deindustrialisierung auslösen. In den energieintensiven Branchen der deutschen Wirtschaft ist dieses de facto schon der Fall, andere Industrien sind bedroht (vgl. Abschn. 2.3).

Ein Maß für die Effizienz der Stromerzeugung ist der sogenannte Erntefaktor.[3] Er beschreibt die Menge an Energie, die eine Anlage während ihrer Lebenszeit als Output liefert, und setzt sie ins Verhältnis zur Summe des dafür aufgewendeten Energieinputs. Bei einem Kraftwerk gehören dazu die Herstellung der Komponenten, der Transport der Bauteile, die Montage, der Betrieb, die Stilllegung und die Entsorgung. Die Betrachtung erstreckt sich auf den kompletten Lebenszyklus der Anlage. Berechnungen eines Teams von Physikern haben Erntefaktoren von 75 bis 105 für die Kernkraft (Druckwasserreaktoren) in Deutschland ergeben. Kohlekraft rangiert zwischen 29 (Steinkohle) und 31 (Braunkohle) und für ein modernes Gaskraftwerk liegt der Wert bei rund 28. Für die Stromerzeugung aus Solar- und Windenergie ergeben sich Erntefaktoren unter fünf, wenn die notwendigen Investitionen in die Speicherung des erneuerbaren Stromes eingerechnet werden (Weissbach et al. 2013, S. 215 ff.). Ohne diese Investitionen ins System gehen die Werte hoch bis knapp unter 20. Andere Schätzungen weisen Erntefaktoren bis zu zehn für die Erneuerbaren Energien aus (Vahrenholt 2023, S. 35).

Die relativ hohen Erntefaktoren von Kern-, Kohle- und Gaskraftwerken sind nicht nur eine Funktion der Energiedichte ihres Brennstoffs. Sie sind auch ein Ergebnis ihrer Grundlastfähigkeit. Ein Aufbau von Speicherkapazitäten für diese Kraftwerkstypen ist nicht erforderlich, und ihr Leistungsprofil hängt nicht vom Wetter ab. Sie können, abgesehen von planbaren Wartungszeiten, das ganze Jahr über durchlaufen und bringen es, wenn man Zeiten des Stillstandes für den Service abzieht, auf durchaus rund 7500 bis 8000 Volllaststunden jährlich. Windkraft hingegen läuft selbst auf See witterungsbedingt nur etwa 3000 und an Land etwa 2600 bis 2700 Stunden pro Jahr. Für die Photovoltaik veranschlagt die Bundesnetzagentur im Durchschnitt rund 950 Volllaststunden pro Jahr (Bundesnetzagentur 2025, S. 50 und S. 53).

Baut man die Stromversorgung auf regenerative Quellen um, so muss also weit mehr Kraftwerksleistung dezentral installiert werden als in einem System der konventionellen Stromerzeugung, um die gleiche Strommenge (Bruttostromerzeugung, BSE)[4] generieren zu können. Der Auslastungsgrad des Kraftwerksparks (auch mit dem Begriff „Kapazitätsfaktor" bezeichnet) geht zurück, wenn der Anteil der Wind- und Solarkapazitäten steigt. Er kann ermittelt werden, indem der Quotient aus der tatsächlich generierten BSE und der Strommenge, die mit der bestehenden Kraftwerkskapazität potenziell generiert werden kann, gebildet wird.[5] Wie der fallende Kurvenverlauf in Abb. 3.1 zeigt, befindet sich dieser

[3] Der englischsprachige Begriff „Energy Returned on Invested Energy (EROI)" vermittelt einen direkteren Eindruck von der inhaltlichen Bedeutung des Erntefaktors.

[4] Bezogen auf einzelne Kraftwerke ist die BSE die gesamte Menge an Elektrizität, die das jeweilige Kraftwerk generiert, einschließlich des Anteils an Strom, den es selbst verbraucht. Subtrahiert man den Eigenverbrauch von der BSE, so erhält man die Nettostromerzeugung. Bezogen auf die ganze Volkswirtschaft sind zusätzlich noch die Verluste durch die Stromübertragung und -verteilung im Netz zu berücksichtigen, um von der BSE zur Nettostromerzeugung zu gelangen.

[5] Die Auslastung wurde folgendermaßen ermittelt: Zur Berechnung der mit dem installierten Kraftwerkspark potenziell generierbaren Strommenge wurde unterstellt, dass rein technisch bedingt – also aufgrund unvermeidbarer Wartungszeiten und nicht wetterabhängig – die theoretisch mögliche

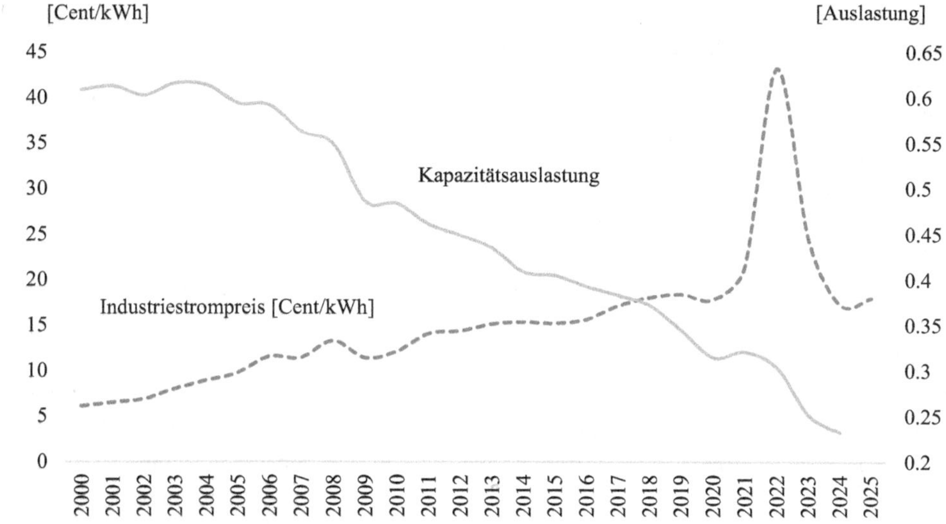

Abb. 3.1 Industriestrompreis und durchschnittliche Auslastung des Kraftwerksparks. (Quellen: BDEW 2020, 2025a, b, c, eigene Berechnungen)

Quotient in Deutschland im Sinkflug. Während er im Jahr 2000 noch bei rund 60 % lag, erreichte er im Jahr 2015 nur noch einen Wert von 40 % und 2024 sogar nur noch 23 %. Eine ähnliche Analyse, deren Daten bis 2017 reichen, weist ebenfalls ab Anfang der 2000er-Jahre stark abnehmende Auslastungsgrade des deutschen Kraftwerksparks aus, die allerdings sogar auf einem noch niedrigeren Niveau verlaufen. Zutreffend erinnern die Autoren an den ökonomisch grundlegenden Zusammenhang steigender Kosten, wenn ein Aufbau überdimensionierter Kapazitäten erfolgt, der natürlich auch in der Elektrizitätsversorgung gilt (Heymann und Bauer 2019, S. 2). Wind- und Sonnenkraftwerke können eben wetterbedingt nur relativ geringe Volllaststundenzahlen realisieren, müssen aber dennoch dauerhaft vorgehalten, gewartet und finanziert werden.

Da sich der Anteil von Erzeugungskapazitäten auf Basis regenerativer Energien, der aktuell bei rund 70 % des bestehenden Kraftwerksparks liegt (BDEW 2025a), gemäß der Zielsetzung, Klimaneutralität bis 2045 erreichen zu wollen, auf 100 % erhöhen wird, dürfte der Auslastungsgrad des deutschen Kraftwerksparks langfristig noch weiter zurückgehen. Auf welchem Niveau sich diese für die Versorgung der Industrie mit kostengünstigem Strom wesentliche Größe einpendeln wird, kann aus heutiger Sicht nicht exakt prognostiziert werden. Zieht man den von der Bundesnetzagentur 2025 genehmigten

Maximallaufzeit des Kraftwerksparks im Durchschnitt nur 11 und nicht 12 Monate pro Jahr beträgt. Daraus ergeben sich 8040 Jahresstunden. Im Jahr 2000 waren 117 GW installierte Kraftwerksleistung verfügbar. Wären diese Erzeugungskapazitäten die genannten 8040 h durchgelaufen, so wäre eine BSE von 940,7 TWh erreicht worden. Tatsächlich wurde im Jahr 2000 aber nur eine BSE von 572 TWh realisiert. Der Quotient 572/940,7 ergibt einen Wert von 0,608, was im Durchschnitt einer 60,8 %-igen Auslastung des Kraftwerksparks entspricht.

Szenariorahmen für die Elektrizitätsversorgung heran, so wird es im Jahr der Klimaneutralität 2045 installierte Kraftwerkskapazitäten – dann auf komplett erneuerbarer Basis, inklusive der mit grünem Wasserstoff laufenden Back-up-Anlagen – in einer Größenordnung von je nach Szenario 601 GW bis 790 GW geben, mit denen Elektrizität in einer Spanne von voraussichtlich 928 TWh bis 1168,9 TWh generiert wird (Bundesnetzagentur 2025, S. 4 und S. 62). Aus diesen Zahlen leitet sich ein Kapazitätsfaktor von nur noch knapp 20 % ab, wenn die Relationen zwischen Windkraftwerken an Land und auf See sowie Photovoltaikanlagen 2045 in etwa den heutigen entsprechen. Sofern es so kommt, wird also im Jahr 2045 ein Kraftwerkspark die deutsche Industrie, die Mobilität, das sonstige Gewerbe sowie die privaten Haushalte und öffentlichen Verwaltungen bedienen, dessen Kapazität zu einer atemberaubend geringen Rate von nur noch weniger als einem Fünftel genutzt wird. Auch ein großflächiger Einsatz von Stromspeichern kann dieses Auslastungsproblem nicht vollständig aus der Welt schaffen, sondern lediglich mindern und die Verfügbarkeit von Elektrizität über die Zeit erhöhen (Versorgungssicherheit).

Der Komplettumbau der Elektrizitätsversorgung in Deutschland auf erneuerbare Energien erzeugt aber nicht nur einen Absturz des Kapazitätsfaktors. Er erfordert darüber hinaus enorme Investitionen in den ausbau der Transport- und Verteilnetze, die zwingend erforderlich sind, um die Stromversorgung von privaten Haushalten und Wirtschaft im dezentral aufgestellten Elektrizitätssystem der Zukunft sicherzustellen. Schätzungen zufolge werden die zusätzlichen Netzinvestitionen sich bis 2045 auf 651 Mrd. € aufsummieren, davon 328 Mrd. € für die Übertragungs- und 323 Mrd. € für die Verteilnetze (Bauermann et al. 2024, S. 8 und S. 14). Sie werden auf die Netzentgelte umgelegt und dürften damit den Strompreis für Haushalte und Industrie tendenziell weiter erhöhen. Stabilisierungsmaßnahmen in kritischen Wetterlagen schlagen ebenfalls auf die Kosten, etwa wenn Überlastungen der Stromnetze durch Starkwind oder eine Unterversorgung mit Elektrizität in einer Dunkelflaute ausgeglichen werden müssen.[6] Ein Reservekraftwerkspark zwecks Netzstabilisierung muss aufgebaut werden, der laut aktueller Kraftwerksstrategie des BMWE einen Zubau von 12 GW installierter Leistung erfordert, also der Kapazität von rechnerisch 12 Großkraftwerken entspricht (BMWE 2026), und dessen Kosten im mittleren zweistelligen Milliardenbereich zu veranschlagen sind.[7]

---

[6] Dunkelflauten, also Wetterlagen mit gleichzeitiger Windstille und einer anhaltenden Bewölkung, die die Sonneneinstrahlung abblockt, stellen sich in etwa jedes zweite Jahr für einen Zeitraum von bis zu zwei Wochen ein (Energy Brainpool GmbH & Co KG 2017, S. 1). Siehe dazu exemplarisch die detaillierte Aufarbeitung der Dunkelflaute des Zeitraums vom 16. bis 26. Januar 2017 in Deutschland im Energieportal Vernunftkraft. Es mussten damals alle noch verfügbaren Kraftwerke einschließlich ältester fossiler Anlagen hierzulande und in Österreich hochgefahren wurden, um einen Netzkollaps zu verhindern (Vernunftkraft. Bundesinitiative für vernünftige Energiepolitik 2017). Der umgekehrte Fall, der von Überlastungen des Netzes durch eine zu hohe Stromproduktion und entsprechende Ausgleichsmaßnahmen gekennzeichnet ist, firmiert unter dem Begriff „Netzengpassmanagement". Die durch dieses Instrument verursachten Kosten sind von 1,3 Mrd. € im Jahr 2019 auf 3,1 Mrd. € 2023 gestiegen (Bundesnetzagentur 2024).

[7] Die Ampelregierung im Bund (Dezember 2021 bis November 2024) schätzte im Entwurf ihrer Kraftwerksstrategie, dass für neue Anlagen mit Gasbefeuerung und Wasserstoff-Ready-Option in einer Größenordnung von insgesamt 10 GW installierter Leistung bis zu 20 Mrd. € zu investieren

Es kann aus all diesen Gründen nicht überraschen, dass der Industriestrompreis (Jahresverbrauch von 160.000 kWh bis zu 20 Mio. kWh) in Deutschland sich seit der Jahrtausendwende von damals etwa 6 Cent/kWh auf rund 18 Cent/kWh bis kurz vor Ausbruch der Coronakrise hochgeschraubt hat (Abb. 3.1). Er lag damit auch schon vor dem Überfall Russlands auf die Ukraine sehr viel höher als in anderen Industrieländern. Nach dem kriegsbedingten Peak im Jahr 2022 hat er sich auf 17 Cent/kWh bis 2024 zurückgebildet, um anschließend auf gut 18 Cent/kWh im ersten Quartal 2025 zu klettern und damit wieder an das Strompreisniveau anzuknüpfen, das auch schon vor der Pandemie erreicht worden war und das schon damals ein Kardinalproblem für die Wettbewerbsfähigkeit der deutschen Industrie darstellte.

Bei der Interpretation dieser Zahlen ist allerdings zu beachten, dass sie die EEG-Umlage seit 2023 nicht mehr enthalten (BDEW 2025c, Folie 25), denn diese Umlage ist seither in den Bundeshaushalt integriert. Sie wird daher nicht mehr von den Stromkunden, sondern von den Steuerzahlern aufgebracht. Der Industriestrompreis tendiert also – unabhängig davon, welches Kollektiv ihn bezahlt – seit 2023 de facto höher als durch den Linienverlauf in Abb. 3.1 indiziert. Und die Diskrepanz zwischen den tatsächlich sichtbaren Strompreisen und den faktischen Stromkosten weitet sich aufgrund der Bezuschussung der Netzentgelte durch den Bund ab 2026 sogar noch weiter aus. Es dürfte ein Doppelmotiv sein, das hinter der Subventionierung der Elektrizitätsversorgung mit zweistelligen Milliardenbeträgen pro Jahr steht: Zum einen handelt es sich schlichtweg um „politische Camouflage“, die die Kostentransparenz einer ökonomisch ineffizienten Energie- und Klimapolitik für die Wählerinnen und Wähler reduziert. Zum anderen geht es um den Versuch, den Substanzabbau in den Branchen der energieintensiven Industrien aufzuhalten. Er dürfte allerdings auf lange Sicht kaum durchhaltbar sein, weil er eine strukturelle Last im öffentlichen Haushalt erzeugt, die Jahr für Jahr mit zweistelligen Milliardenbeträgen zu Buche schlägt und die unter dem Druck der steigenden Staatsverschuldung früher oder später zurückgeführt werden muss.

Anders als im politischen Debattengeschehen bisweilen behauptet wird, dürften sich die Strompreise hierzulande keineswegs auf einem langfristig wettbewerbsfähigen Niveau einpendeln. Wind und Sonne, stellen zwar keine Brennstoffrechnungen und sind daher, was die reine Stromerzeugung angeht, vergleichsweise günstig. Sie rangieren dementsprechend (und aufgrund des gesetzlichen Einspeisevorrangs) in der sogenannten Merit-Order des Kraftwerkseinsatzes vorne.[8] Ihr großer ökonomischer Nachteil liegt aber darin, dass

sind (BMWK 2024a). Alternativen Rechnungen zufolge werden sich die Kosten jedoch eher in Größenordnungen von 60 Mrd. € bewegen (Geinitz 2024; Stratmann 2024). In der laufenden Legislaturperiode wurde die Dimension auf 12 GW erhöht. Die Finanzbedarfe werden per Ausschreibung ermittelt, dürften aber insgesamt nach wie vor auf einen mittleren zweistelligen Milliardenbereich hinauslaufen.

[8] Die Merit-Order des Kraftwerkseinsatzes entscheidet über die Höhe der Stromgestehungskosten, also der reinen Kosten für die Erzeugung von Strom. Dabei werden zunächst die Kraftwerke mit den geringsten variablen Kosten herangezogen und dann nach und nach die jeweils kostenträchtigeren Anlagen. Die zuletzt ans Netz genommenen Kraftwerke (Grenzkraftwerke) weisen die höchsten Kosten pro erzeugter kWh Strom auf. Sie bestimmen den Erzeugerpreis des Stroms am Markt. Dieser Erzeugerpreis ist vom Endpreis für die Kunden zu unterscheiden, der zusätzlich noch die Netzentgelte, sonstigen Umlagen und Steuern sowie die Kosten für die Stabilisierung der Stromnetze

sie nicht unbedingt dann Strom liefern, wenn er nachfrageseitig gebraucht wird, sodass sie nur mit erheblichen Zusatzinvestitionen ins System (Reservekraftwerke, Speicher) betrieben werden können und einen massiven Netzausbau bedingen. Die reinen Kosten der Stromerzeugung durch Wind und Sonne geben daher keinen zuverlässigen Aufschluss über die künftige Kostenentwicklung im Elektrizitätssektor (Grimm et al. 2024, S. 387 ff.) und sie bieten erst recht keinen Anlass, sinkende Industriestrompreise zu erwarten.

Im internationalen vergleich zeigt sich zusätzlich auch noch, dass selbst die reinen Gestehungskosten für regenerativen Strom in Deutschland nur begrenzt wettbewerbsfähig sind, weil die Lokationen für Wind- und Sonnenkraftwerke hierzulande eben nicht so ertragreich sind wie etwa zahlreiche Standorte in Südeuropa oder den USA. Unmissverständlich sind die Resultate einer Studie der Forschungsinstitute IW Consult und Frontier Economics vom August 2023, der zufolge schon die volatilen Gestehungskosten des Stroms aus regenerativen Quellen in Deutschland „im Jahr 2045 voraussichtlich bis zu 100 % über den Kosten der günstigsten globalen Industriestandorte liegen" werden (Bähr et al. 2023, S. 9 und S. 58). Selbst die besten deutschen Spots für Windkraft, verortet in den Offshore-Windparks der Nordsee, können mit den internationalen Top-Lokationen nicht konkurrieren.

Wenn es nicht gelingt, eine Erhöhung des Angebotes an Elektrizität mittels Nutzung CO_2-freier und gleichzeitig grundlastfähiger Kraftwerkskapazitäten herbeizuführen, werden die persistent hohen Kosten für Elektrizität in der größten Volkswirtschaft Europas jedenfalls keine Trendumkehr erfahren und der Albtraum Strompreise der Industrie wird sich nicht auflösen. Ein partieller Beitrag von Kohlekraft zum Strommix unter Abscheidung und Einlagerung des dabei anfallenden Kohlendioxids mittels CCS-Technologie dürfte ebenso wie eine neue Technologieoffenheit für die Kernkraft und eine perspektivische Nutzung von kleinen modularen Nuklearreaktoren (Small Modular Reactors, SMR) zur langfristigen Verlässlichkeit und ökonomischen Tragfähigkeit einer CO_2-freien Stromversorgung beitragen können (vgl. Abschn. 9.2).

Immerhin scheint die Problematik der enorm hohen Systemkosten, die sich mit der Dekarbonisierung der Elektrizitätsversorgung verbinden, auf Seiten des energiepolitisch verantwortlichen BMWE inzwischen erkannt worden zu sein. In den politischen Schlussfolgerungen aus dem Energiemonitoring vom September 2025 kündigt das Ressort jedenfalls an, sie zum „Entscheidungskriterium in der Zukunft" (BMWE 2025a, S. 4) erheben zu wollen. Operativ soll daraus eine Begrenzung des Ausbaus der regenerativen Energien und der Netzinfrastrukturen auf das energiewirtschaftlich unabdingbare Maß folgen, um kostspielige Überkapazitäten zu vermeiden. Unter anderem will man die finanziellen Anreize zur Einspeisung von erneuerbarem Strom durch eine Flexibilisierung der Tarife anpassen, sodass sich das Angebot an Strom aus erneuerbaren Quellen stärker als bislang an die jeweilige Netzsituation anpasst. Dieses kann zu einer Absenkung der in Summe ge-

mittels des Netzengpassmanagements und ab voraussichtlich 2030 der Flotte von Reservekraftwerken enthält. Diese Komponenten machen zusammengenommen den weitaus größten Teil des Strompreises aus. Da die erneuerbaren Energien zu variablen Kosten von Null arbeiten (Wind, Sonne und Wasserkraft), liegen sie in der Merit-Order vorne. Unabhängig davon gibt es in Deutschland allerdings auch noch einen gesetzlich verbrieften Einspeisevorrang für die regenerativen Energien (§ 11 EEG).

zahlten Einspeisevergütung führen. Es bleibt abzuwarten, ob das BMWE mit seinem fachlichen Antritt für mehr ökonomische Rationalität bei der industriepolitisch bedeutsamen Dekarbonisierung des Stromsektors Erfolg haben wird.

3.2.3 Wunschtraum Wasserstoff

„Wasserstoff ist das Zauberwort der Energiewende" (Vahrenholt 2023, S. 154). In der Tat, ohne Wasserstoff in ausreichenden Mengen werden sowohl die Transformation der Industrie hin zur Klimaneutralität als auch die Dekarbonisierung Deutschlands im Ganzen scheitern. Aber herbeizaubern lässt sich diese Substanz nicht, schon gar nicht in der erwünschten Erscheinungsform als grüner Wasserstoff. Zur Höhe des Bedarfs an Wasserstoff, den Deutschland auf dem Weg zur Klimaneutralität benötigen wird, gibt es unterschiedliche Schätzungen. Eine Auswertung verschiedener Studien durch den Wissenschaftlichen Dienst des Deutschen Bundestages gelangt zu einer Bandbreite von 400 bis 800 TWh für das Jahr 2050, davon bis zu 500 TWh für die Industrie (Deutscher Bundestag 2022, S. 7). Die Bundesregierung schätzt den Bedarf „bis zum Jahr 2045 auf 360 bis 500 TWh an Wasserstoff sowie etwa 200 TWh an synthetischen Kohlenwasserstoffen und anderen Wasserstoffderivaten" (BMWK 2024b, S. 10).

Um Wasserstoff in einer energetischen Größenordnung von 500 TWh herzustellen, wäre selbst dann, wenn der Wirkungsgrad der Wasserstoffproduktion sich beispielsweise mittels eines relativ neuen in Australien entwickelten Verfahrens[9] von derzeit rund 70 % auf 95 % erhöhen ließe, in etwa so viel Elektrizität erforderlich, wie Deutschland heute schon produziert, einschließlich des Stroms aus den noch laufenden fossilen Kraftwerken. Zum Vergleich: Der deutsche Kraftwerkspark hat im Jahr 2024 eine Bruttostrommenge von rund 490 TWh erzeugt. Diese Größenordnung würde in der langfristigen Klimaneutralität rein rechnerisch durch die Wasserstoffherstellung absorbiert, wenn die Versorgung zu 100 % aus heimischer Produktion stammen würde. Die größte Volkswirtschaft Europas ist weit davon entfernt, die notwendigen Mengen an Wasserstoff auf Basis von Sonne, Wind und Wasserkraft produzieren zu können. Der europäische Binnenmarkt gibt sie auch nicht her, denn schließlich planen auch andere EU-Länder den Einsatz grünen Wasserstoffs zur Dekarbonisierung ihrer Wirtschaft.

Ein Weg kann in der Herstellung des begehrten Gases aus fossilen Energiequellen unter Abscheidung und Speicherung von CO_2 bestehen (blauer Wasserstoff). Die Nationale Wasserstoffstrategie der Bundesregierung aus dem Jahr 2020 räumt dafür aber nur ein Zeitfenster von rund 10 Jahren als Übergangsphase ein. Langfristig soll lediglich grüner Wasserstoff zum Einsatz gelangen, also solcher, „der auf Basis erneuerbarer Energien hergestellt wurde" (BMWE 2020b, S. 3). Immerhin scheint die Politik in der laufenden 21. Legislaturperiode des Bundes bereit zu sein, diese Festlegung zu öffnen. Jedenfalls hat das BMWE

[9] Wissenschaftler der University of Wollongong und des ARC Centre of Excellence for Electromaterials Science in Australien haben eine entsprechende Technologie entwickelt. Sie benötigt 40 kWh Strom für die Herstellung von einem Kilogramm Wasserstoff (Colditz 2025).

im Juli 2025 den Entwurf eines Wasserstoffbeschleunigungsgesetzes in die Ressortabstimmung gegeben, das den Hochlauf der Wasserstoffwirtschaft nicht ausschließlich, sondern nur noch „insbesondere zur Erreichung der nationalen Klimaschutzziele“ (BMWE 2025b, § 1) vorsieht. Im Koalitionsvertrag ist zudem explizit festgehalten: „Wir werden den Aufbau einer Wasserstoffwirtschaft beschleunigen und pragmatischer ausgestalten. Im Hochlauf müssen wir alle Farben nutzen“ (CDU, CSU und SPD 2025, Zeile 141 f.).[10] Es wird sich zeigen, ob trotz dieser politischen Absichtserklärung im Koalitionsvertrag am Ende des Gesetzgebungsverfahrens zum Wasserstoffbeschleunigungsgesetz die vom BMWE gezeigte Offenheit für Wasserstoff verschiedener Farben Bestand haben wird. Falls nicht, werden andere Ressorts interveniert und sich durchgesetzt haben. Dann würde dieses Dossier ein Beispiel für die Vielfalt der industriepolitischen Akteure liefern, die einer Industriepolitik aus einem Guss entgegensteht und die in Abschn. 4.1.3 erläutert wird.

„Alle Farben“, diese oben zitierte Formulierung aus dem Koalitionsvertrag, schließt auch roten oder violetten Wasserstoff ein, also solchen, der unter Einsatz von Nuklearstrom in der Elektrolyse hergestellt wird. De facto hat sich diese Option mit der Abschaltung der letzten drei hiesigen KKW zum 15. April 2023 bis auf Weiteres erledigt. Möglich wäre allerdings der Import von mit Nuklearstrom erzeugtem Wasserstoff aus dem europäischen Binnenmarkt. Natürlich sind auch diese Potenziale begrenzt, aber ihre Nutzung könnte die Transformation der deutschen Industrie hin zur Klimaneutralität zumindest in einem begrenzten Umfang erleichtern. Die Substanz würde dann zwar nicht mehr das Prädikat „grün“ tragen. Für die Bekämpfung des Klimawandels ist sie jedoch nicht weniger wertvoll. Zudem dürfte ein Bezug des Gases aus Europa unter dem Kriterium der energiepolitischen Versorgungssicherheit dem Import aus Drittstaaten überlegen sein. Deutschland ist auch vor diesem Hintergrund gut beraten, eine konstruktivere Haltung mit Blick auf die Kernenergienutzung in Europa und der Welt einzunehmen.

Unabhängig von der Inanspruchnahme europäischer Bezugsquellen werden jedoch in jedem Fall Importe von Wasserstoff aus Drittstaaten in großem Stil erforderlich sein (BMWK 2024b). Die deutsche Energieaußenpolitik ist dementsprechend international unterwegs, etwa auf der arabischen Halbinsel, und schmiedet Kooperationen. Nur: Der

[10] Die „politische Farbenlehre“ des Wasserstoffs weist diesem Gas die Farbe „grün“ zu, wenn es mit erneuerbarem Strom in der Elektrolyse hergestellt wird. Bei Verwendung von Nuklearstrom werden die Adjektive „rot“ oder „violett“ verwendet. Diese Varianten sind klimaneutral, weil im Verfahren kein CO_2 anfällt. Wird Erdgas mittels des Verfahrens der Methanpyrolyse aufgespalten, so fällt Kohlenstoff in fester Form an, der jedoch eingelagert werden kann, beispielsweise unterirdisch. Dieser türkise Wasserstoff kann zumindest als CO_2-befreit gelten. Ähnlich verhält es sich mit dem blauen Wasserstoff. Er wird aus Erdgas gewonnen, wobei das anfallende CO_2 mittels CCS abgeschieden und geologisch eingelagert werden kann. Grauer Wasserstoff wird ebenfalls aus fossilen Energierohstoffen hergestellt. Das dabei anfallende Kohlendioxid entweicht jedoch in die Atmosphäre. Dann spricht man noch von weißem Wasserstoff, der in natürlichen Vorkommen gebunden ist, sowie von gelbem, der per Elektrolyse unter Nutzung des jeweils aktuellen Strommixes im Netz erzeugt wird. Die „Farbenlehre“ des Wasserstoffs bietet in Abhängigkeit von der eingesetzten Energie und den Ausgangsrohstoffen noch weitere Varianten, deren Ausdifferenzierung für den hier maßgeblichen Analysezweck jedoch nicht erforderlich ist.

Bedarf an grünem Wasserstoff wird nicht alleine in Deutschland, sondern in ganz Europa und weltweit zunehmen. Und das weltweite Angebot bleibt noch für viele Jahre viel zu schmal, als dass es die steigende Nachfrage befriedigen könnte. Die IEA beklagt einen zu schleppenden Aufbau der technologischen Basis (Elektrolyseure, Pipelines, Speicher) für eine wasserstoffbasierte Ökonomie. In ihrem Gobal Hydrogen Report 2023 stellt sie fest, dass die weltweite Produktion von „low-emission hydrogen" bis 2030 um mehr als das Hundertfache ansteigen müsste, um die Bedarfe in der globalen Treibhausgasneutralität ab 2050 abzudecken (IEA 2023a, S. 14).

Die Vision von einer wasserstoffbasierten Ökonomie und einer auf dieser Basis dekarbonisierten Industrie bis 2045 erscheint vor dem Hintergrund der geschilderten Engpässe kaum realisierbar. Nicht ohne Grund brechen zahlreiche Marktakteure in Deutschland ihre Wasserstoffprojekte ab oder setzen sie auf der Zeitschiene zurück (Schäbitz und Arnold 2025). Den vermutlich spektakulärsten Fall stellt die Absage der geplanten Investitionen in entsprechende Anlagen zur Stahlerzeugung von ArcelorMittal in den Werken Bremen und Eisenhüttenstadt dar, die trotz zugesagter Subventionen in Höhe von 1,3 Mrd. € aufgrund einer fehlenden Profitabilität und bestehender Unsicherheiten bezüglich der Verfügbarkeit des „Zaubermittels der Energiewende" nicht zustande kommen. Der Vorgang zeigt, wie groß die Sorgen der unter Dekarbonisierungsdruck stehenden Industrien sind. Für sie geht es inzwischen nicht allein um die Kosten, sondern auch um die schiere Machbarkeit der klimapolitischen Transformation, die in erster Linie von einer ausreichenden Verfügbarkeit klimaneutralen Stroms und CO_2-freien Wasserstoffs abhängt.

3.2.4 Wachstumsdämpfer Dekarbonisierung

Die klimapolitische Transformation wird in der politischen Debatte schon seit Jahren als vermeintlicher Wachstumsmotor für die deutsche Industrie narrativ eingekleidet. Investitionen in die Dekarbonisierung stellen in dieser Sichtweise eine Variante angewandter Industriepolitik dar, die nicht nur der CO_2-Neutralität dient, sondern auch langfristige Einnahmenströme erzeugt, die die Kosten der jeweiligen Investitionen übertreffen. Abgeleitet aus dieser Argumentation wird die Dekarbonisierung von Teilen der Politik, der Verbandslandschaft und nicht überraschend von Anbietern klimatechnologischer Ausrüstungsgüter zum Garanten künftigen Wohlstands hochstilisiert. Derartige Rhetorik ist übrigens nicht erst seit der Wirtschaftswunder-Einlassung vom Frühjahr 2023 des damaligen Bundeskanzlers Olaf Scholz zu vernehmen. Er hatte eine klimaindustrielle Wachstumswelle prophezeit, die mit dem Wirtschaftswunder der 1950er- und 1960er-Jahre vergleichbar sei (Freytag et al. 2023). Auch die Regierungen unter seiner Amtsvorgängerin Angela Merkel haben die vermeintlich stimulierenden Effekte des Klimaschutzes auf die gesamtwirtschaftliche Entwicklung notorisch überhöht.

Ein Wohlstandsversprechen der Klimaneutralität wäre nachvollziehbar, wenn die Dekarbonisierung das volkswirtschaftliche Produktionspotenzial ausweiten würde. De facto bewirkt sie jedoch das Gegenteil. Große Teile des volkswirtschaftlichen Kapitalstocks, die noch technologisch und ökonomisch leistungsfähig sind, müssen früher als sonst notwendig aus der Verwendung genommen und durch klimaneutrale Anlagen substituiert werden, damit sich der Emissionspfad der Treibhausgase im Zulauf auf das Klimaziel 2045 bereits jetzt absenkt. Hinzu kommt, dass viele der neuen Ausrüstungsgüter in Anschaffung und Betrieb teurer sind als die zu ersetzenden, sodass die Umrüstung des volkswirtschaftlichen Anlagenbestandes auf Klimaneutralität einer massiven Subventionierung bedarf, um überhaupt zustande zu kommen. Diese Effekte binden Ressourcen, die für Investitionen zur Ausweitung und Modernisierung des volkswirtschaftlichen Produktionsapparates an anderer Stelle nicht mehr zur Verfügung stehen. Der Pfad der Kapitalintensität, also der Bestand an maschinellen Anlagen pro Beschäftigtem, wird sich daher für viele Jahre unterhalb des Niveaus bewegen, das er ansonsten erreichen könnte. Diese Zusammenhänge wirken dämpfend auf die Produktivitätsdynamik, schmälern damit die Wohlstandsbasis und begrenzen die Verteilungsspielräume.

Die fünf Forschungsinstitute, die im Auftrag der Bundesregierung zweimal jährlich die Gemeinschaftsdiagnose zur Wirtschaftslage und -politik erstellen, sind unter der Annahme eines beschleunigten Ausbaus der erneuerbaren Energien, der notwendig ist, um die Treibhausgasneutralität bis 2045 zu erreichen, zu dem Schluss gelangt, dass die Investitionen in den volkswirtschaftlichen Kapitalstock dekarbonisierungsbedingt bis 2030 sinken werden (Projektgruppe Gemeinschaftsdiagnose 2023, S. 85 ff. und S. 87, Abb. 5.10 (a) 4). Der Regelverlauf eines langfristig wachsenden Produktionspotenzials in der Marktwirtschaft wird damit unterbrochen: Die „Modellsimulationen zeigen, dass […] das Produktionspotenzial am Ende des Jahrzehnts mit hoher Wahrscheinlichkeit etwas niedriger sein dürfte als in einem Szenario ohne Energiewende“ (Projektgruppe Gemeinschaftsdiagnose 2023, S. 88). Zum Vergleich: Im Zeitraum von 1996 bis 2022 hatte der volkswirtschaftliche Produktionsapparat noch um jahresdurchschnittlich 1,3 % zugenommen.[11]

---

[11] Der SVR hält die dämpfenden Auswirkungen dieser Zusammenhänge auf das Wachstum des Produktionspotenzials für quantitativ gering, weil ein Großteil des Kapitalstocks auf der Zeitstrecke bis zur Klimaneutralität 2045 ohnehin ersetzt werden müsse. In seinen Berechnungen abstrahiert das Gremium allerdings vom oben beschriebenen Preiseffekt der Dekarbonisierung und unterstellt zumindest für energieintensive Herstellungsverfahren „vereinfachend, dass klimaneutrale Produktionskapazitäten zu denselben Kosten geschaffen werden können wie energieintensive Kapazitäten“ (SVR 2023, Ziff. 114). Diese Prämisse erscheint angesichts der sehr hohen Staatsgelder, mit denen die Dekarbonisierung subventioniert wird, allerdings nicht realistisch. Betrachtet man beispielsweise die vergleichsweise hohen Investitionskosten der Dekarbonisierung allein in der Stahlindustrie, die die Branche selbst mit rund 30 Mrd. € veranschlagt hat und für die man öffentliche Förderung erwartet, so erscheint diese Annahme allzu vereinfachend (Wirtschaftsvereinigung Stahl 2021, S. 7). Der Effekt einer hohen transformationsbedingten Kapitalbindung, die Investitionen an anderer Stelle erschwert, erscheint mittels einer derart gesetzten Prämisse kleiner, als er tatsächlich ausfallen dürfte. Ob technischer Fortschritt, auf dessen mögliche kostensenkende Effekte der SVR hinweist, tatsächlich den Preiseffekt entschärfen wird, ist offen, aber zumindest auf mittlere Sicht nicht zu erwarten. Vorübergehende Einbußen des Produktivitätswachstums aufgrund der Lernprozesse beim Einsatz neuer klimaneutral funktionierender Kapitalgüter, die erst einmal durchlaufen werden müssen, bevor die volle Leistung dieser neuen Anlagen erreicht wird, schließt der Rat nicht aus (SVR 2023, Ziff. 114, Ziff. 142 und Ziff. 176 f.).

Die Gegenposition zu dieser eher angebotsseitig fundierten Sichtweise stellt auf Aspekte der gesamtwirtschaftlichen Nachfrage ab und eröffnet die bereits angesprochene wachstumsoptimistische Perspektive. Sie gründet sich auf die hohen Bedarfe an Ausrüstungsgütern, die für die Dekarbonisierung notwendig sind und die weitestgehend in den Unternehmen des Verarbeitenden Gewerbes hergestellt werden: Industrieanlagen auf wasserstoffbasierter Technologie, Wind- und Sonnenkraftwerke, energieeffiziente Wärme- und Kälteerzeuger, elektromobile Transportmittel, hybridelektrische Fluggeräte, Ausrüstungen für den Ausbau der Übertragungs- und Verteilnetze im Stromsektor und vieles mehr. Man erwartet sich von der Anschaffung dieser und weiterer Klima- und Umweltgüter nachfrageseitige Wachstumsimpulse, die sich dann nach dem Muster altbekannter Multiplikatoreffekte keynesianischer Prägung über die gesamte Wirtschaft verteilen.

Eine Reihe von Studien scheint diese industriepolitische Interpretation zu untermauern. Das Bundesumweltministerium (BMU) veranschlagt das Umsatzvolumen auf den Märkten für Klima- und Umwelttechnologien auf global 9,4 Bill. € im Jahr 2030 (BMU 2021, S. 7). Die Unternehmensberatung McKinsey & Company erwartet 9 bis 12 Bill. US-Dollar Jahresumsatz bis 2030 (Birshan et al. 2022, S. 2). Der BDI prognostiziert im Kontext der Klimatransformation eine Zunahme der globalen Umsätze mit den entsprechenden Technologien auf jährlich 7 Bill. € bis 2030 (BDI 2024, S. 48).

Die Methodik dieser und ähnlicher Untersuchungen folgt zumeist einem simplen Muster: Es wird Land für Land und Sektor für Sektor festgestellt, wie hoch die Minderung von Treibhausgasen sein muss, um die gesetzten Ziele zu erreichen. Daraus werden technologische Umrüstungsbedarfe abgeleitet und die zugehörigen Investitionsvolumina geschätzt, die gegebenenfalls dann noch im Hinblick auf ihre Wachstumswirkungen gehebelt werden (Multiplikatoreffekte). So kommen Zahlen zustande, die beeindruckende Höhen erreichen, deren Aussagekraft aber zu hinterfragen ist. Denn die Angebotsseite der Wirtschaft erfährt dabei zumeist keine oder eine zu geringe Beachtung und der Mangel an Wettbewerbsfähigkeit, der für zahlreiche der klimarelevanten Technologien aufgrund ihrer hohen Kosten charakteristisch ist, wird systematisch unterschätzt.

Wenn sich im Inland überhaupt klimaindustrielle Konjunktureffekte einstellen sollen, so bedürfen sie eines steten Flusses an Staatsgeld. Kommt es zu einem Wegfall der Förderung, wie beispielsweise Ende 2023 mit dem Auslaufen der Kaufprämie für die Anschaffung von Elektromobilen in Deutschland, so brechen die Absatzzahlen ein. Insofern erzeugt die Dekarbonisierung von Wirtschaft und Industrie, jedenfalls so lange, wie der technische Fortschritt keine Klimatechnologien hervorbringt, die selbsttragend wettbewerbsfähig sind, lediglich eine subventionspolitisch angeheizte Konjunkturphase. Sie wird immer dann kollabieren, wenn die Fördertöpfe leer sind. Ob das Exportgeschäft dann ausgleichen kann, ist eine offene Frage. Hier schlagen die komparativen Vorteile im Wettbewerb der Wirtschaftsstandorte durch, von denen Deutschland inzwischen jedoch nur noch über wenige verfügt (vgl. Abschn. 3.1). Jedenfalls garantiert die pure Existenz eines globalen Nachfrageschubs nach bestimmten Gütern für sich genommen noch keinen industriellen Geschäftserfolg. Man muss auch wettbewerbsfähig anbieten können, um davon zu profitieren.

Das alles spricht nicht gegen eine entschlossene Politik zur Bekämpfung des Treibhausgaseffektes. Sie ist unverzichtbar, geht es doch um die Lösung der Aufgabe, die Menschheitsbedrohung Nummer Eins, den Klimawandel, unter Kontrolle zu bringen. Ökonomisch vorteilhafter könnte die Transformation hin zur Klimaneutralität allerdings umgesetzt werden, wenn sie stärker als bislang auf den Emissionshandel als marktnahe Lösung sowie auf Technologieoffenheit für die nukleare Erzeugung von Elektrizität und eine Kohleverstromung mit kombinierter CO_2-Abscheidung und Einlagerung (CCS) setzen würde.

3.3 Datenökonomische Bremsen und KI-Regulierung

Heerscharen von Analysten haben in zahlreichen Untersuchungen ein ganzes Bündel von Problemen identifiziert, die die digitale Transformation der Industrie und der deutschen Wirtschaft generell verlangsamen und die es zu beheben gilt: Breitbandnetze in Gigabitqualität sind hierzulande nicht in ausreichender Dichte verfügbar und IT-Fachkräfte nicht in hinreichender Zahl. Luft nach oben gibt es beim Schutz vor Cyberkriminalität. Insbesondere in Teilen des industriellen Mittelstandes ist eine zu geringe Aufgeschlossenheit und technologische Aufnahmefähigkeit für digitale und datenbasierte Verfahren (Data-Readiness) zu beobachten. Die Cloudstrukturen deutscher und europäischer Anbieter sind bezüglich ihrer Anteile am Weltmarkt nicht annähernd mit denen der großen Anbieter (Hyperscaler) aus den USA und China vergleichbar. Die Chipfabrikation ist gemessen am Bedarf zu schmal aufgestellt. Der öffentliche Sektor ist, jedenfalls in Deutschland, stark unterdigitalisiert. Nicht umsonst verortet das Institut für Management Development (IMD) im schweizerischen Lausanne in seinem Digitalranking 2024 Deutschland nur noch an 23. Stelle und damit fünf Plätze unter dem Rang von 2020 (IMD 2024, S. 104).

Alle diese Schwächen bremsen den Standort Deutschland in seiner digitalen Entwicklung und sind der industriellen Wettbewerbsfähigkeit nicht zuträglich. Sie haben aber nicht den Charakter unüberwindbarer Hürden, sondern den von Baustellen, an denen nach übereinstimmender Einschätzung gearbeitet werden muss und auch gearbeitet wird. Es besteht ein Konsens in Deutschland und Europa über die Notwendigkeit, die genannten Schwachstellen möglichst zu beseitigen und dafür auch materielle Ressourcen einzusetzen. Zahlreiche Initiativen und politische Programme wechselnder Bundesregierungen und der Europäischen Kommission zielen darauf ab. Mit Berechtigung kann man allerdings mehr Effizienz in der Digitalpolitik anmahnen und ein höheres Handlungstempo einfordern auf diesem Weg, der grundsätzlich zielführend ist.

Anders verhält es sich bezüglich zweier Problemkomplexe, die, wenn sie nicht (rasch) gelöst werden, die deutschen und europäischen Digitalstandorte von den Entwicklungen in den USA und China tatsächlich uneinholbar abkoppeln könnten. Es geht um den regulatorischen Umgang mit den Technologien der KI und um die Bestimmungen für die ökonomische Nutzung von Daten. Geschäftsmodelle, die die gewaltigen Datenmengen aus der modernen Internetökonomie und Computervernetzung verwerten, haben inzwischen eine so große wirtschaftliche Relevanz erlangt, dass eine wissenschaftliche Diskussion darüber eingesetzt hat, ob Daten in der Produktionstheorie einen herausgehobenen Stellenwert erhalten sollten und auf welcher Stufe des Wertschöpfungsprozesses sie anzusiedeln sind (Petersen 2020, S. 133 ff.).

Teile der Forschung plädieren dafür, Daten als einen eigenständigen Produktionsfaktor zu behandeln, der auf gleicher Ebene mit den klassischen Produktivkräften Arbeit und Kapital rangiert (Vöpel 2021, S. 30 f.). Daraus würde allerdings eine Neuformulierung der volkswirtschaftlichen Produktionsfunktion resultieren, die erhebliche methodische Fragen aufwirft. So sind etwa die Substitutionsbeziehungen zwischen Daten und dem klassischen produktionsfaktor Arbeit, sofern sie überhaupt größere empirische Relevanz haben, ganz anders gelagert als diejenigen im Verhältnis von Arbeit und Kapital. Auch unterliegen Daten, anders als etwa maschinelle Anlagen, keinem physischen Verzehr im Produktionsprozess.

Argumente gibt es auch für eine systematische Behandlung von Daten als Rohstoff. Sie wären dann in ihrer ökonomischen Qualität vergleichbar etwa mit der großen Bedeutung der Energieträger Kohle und Öl für die wirtschaftliche Entwicklung im 19. und auch noch im 20. Jahrhundert. Diese Sichtweise erscheint allerdings insofern nicht schlüssig, als Daten sich im Prozess ihrer Verwertung, anders als materielle Rohstoffe, physisch nicht verbrauchen. Sie unterliegen keiner Rivalität im Konsum, sind nicht standortgebunden und können daher zu außerordentlich geringen Kosten international transferiert und geteilt werden. Kommerzielle Faktoren und eine Veraltung von Daten über die Zeit können ihrer mehrfachen Verwendung entgegenstehen, aber selbst diese Einschränkungen sind vielfach nicht gegeben. Sofern die Infrastrukturen (Cloudkapazitäten, Breitbandnetze, Computerhardware, Softwareprogramme), auf denen datenökonomische Geschäftsmodelle laufen, eingerichtet sind, „können Daten mit sehr geringen Grenzkosten, also nahezu ohne Zusatzkosten, von vielen anderen verarbeitet, verbreitet und weiterverwendet werden" (Straubhaar 2021, S. 13 f.).

In einer anderen Sichtweise werden Daten dem Produktionsfaktor Kapital zugeschlagen, dessen Bestand sich dementsprechend erweitert (Petersen 2020, S. 135 f.). Diese Perspektive wird auch im Rahmen dieses Buches eingenommen. Daten beeinflussen dann die Lage der gesamtwirtschaftlichen Transformationskurve, die bereits im Zusammenhang mit den Ausführungen zum sektoralen Strukturwandel in Abschn. 2.2 diskutiert worden ist. Die Transformationskurve schiebt sich umso weiter nach außen, je größer das Volumen ökonomisch nutzbarer Daten ist, weil das Produktionspotenzial steigt, wenn der Faktor Kapital datenbedingt aufwächst.

Dieses dürfte insbesondere dann der Fall sein, wenn sehr große Datenmengen in Form von Big-Data-Paketen[12] in Verbindung mit den Technologien der KI im volkswirtschaftlichen Produktionsprozess ökonomisch genutzt werden. Die Zusammenhänge sind dabei wechselseitig: Einerseits wird die Verarbeitung von Big-Data-Paketen durch die hohen Rechenleistungen der KI effizienter und ertragreicher. Andererseits bedarf es enormer Datenmengen, damit die KI-Systeme so trainiert werden können, dass sie präzise arbeiten und ökonomisch produktiv einsetzbar sind. In dieser Symbiose aus Big Data und KI entstehen perspektivisch sehr große Produktivitätsfortschritte, die die Wettbewerbsfähigkeit der deutschen Industrie potenziell auf ein neues Niveau heben können.

In der ökonomischen Realität Europas werden diese Effekte jedoch nicht voll realisiert. Die Gründe dafür liegen unter anderem in der hiesigen Regulierung des Datenschutzes. Sie erlauben zwar eine Verarbeitung von nicht personenbezogenen Daten, die großenteils in Industrie-4.0-Prozessen generiert werden, und bieten der Industrie insofern Möglichkeiten, datenbasierte Geschäftsmodelle aufzubauen. Die europäische Datenschutzgrundverordnung (DSGVO) verbietet aber prinzipiell die Verarbeitung und kommerzielle Verwendung von personenbezogenen Daten. Ökonomisch handelt es sich um ein Technologieverbot bezogen auf die Prozedierung solcher Daten, das in dreifacher Weise gravierende ökonomische Nachteile für die Industrien Deutschlands und Europas in der Konkurrenz mit ihren Wettbewerbern aus Asien und Nordamerika zur Folge hat:

(1) Angesichts des Nutzungsverbotes personenbezogener Daten liegen die Gewinne aus dem Geschäft mit den Daten hierzulande sehr viel niedriger als jenseits des Atlantiks und dementsprechend begrenzt sind auch die Mittel der Wirtschaft für Investitionen in die digitalen Strukturen am Wirtschaftsstandort. Industrielle Produktivität ist jedoch zu einem guten Teil systemisch bedingt und auch von der Leistungsfähigkeit dieser Strukturen abhängig. Ihr Fortschritt über die Zeit verlangsamt sich merklich, wenn das digitale Umfeld schwach entwickelt ist.

(2) Neue Geschäftsfelder können aus der Verwertung personenbezogener Daten angesichts der europäischen Rechtslage von den Unternehmen kaum entwickelt werden. Dieses, so könnte man meinen, ist für die Industrie kaum problematisch, denn ihr Kerngeschäft besteht nicht im Handel mit personenbezogenen Daten. Eine derartige Sicht wird der ökonomischen Relevanz von Daten für die Industrie jedoch nicht gerecht. Unter den Bedingungen des internationalen Wettbewerbsdrucks können weder industrieller Mittelstand noch Großkonzerne es sich leisten, auf eine Verwertung potenziell nutzbarer Wirtschaftsgüter zu verzichten.

(3) Schließlich verlaufen auch die Trennlinien zwischen personenbezogenen und maschinengenerierten Daten zum Teil fließend, so dass die Nutzung der zuletzt genannten Daten-

---

[12] Big-Data-Pakete zeichnen sich durch besonders große Datenmengen (Volume), eine heterogene Zusammensetzung aus verschiedenen Quellen, also eine Mischung aus Audio-, Text- und Bilddateien (Variety), und das Erfordernis sehr leistungsfähiger Rechenprogramme insbesondere auf KI-Basis für eine Verarbeitung mit hoher Geschwindigkeit (Velocity) aus (Petersen 2020, S. 16).

kategorie, die in Europa prinzipiell zugelassen ist, in der Geschäftsrealität doch partielle Einschränkungen erfährt. Damit wird der enorm große Schatz an maschinengenerierten Daten, über den die deutsche Industrie verfügt, ein Stück weit entwertet.

3.3.1 Ein Elefant im Datenraum

Die EU selbst hat mit der DSGVO den Elefanten in den Raum geführt, der nun im Wege steht, wenn europäische Unternehmen in das Geschäft mit Big Data einsteigen wollen. Der europäische Regulierungsrahmen untersagt die Verarbeitung, Speicherung und erst recht den Verkauf von personenbezogenen Daten. Dieses Verbot betrifft „alle Informationen, die sich auf eine identifizierte oder identifizierbare natürliche Person beziehen" (DSGVO 2016, Artikel 4, Nr. 1).

Es wurden Ausnahmen von dieser Vorschrift definiert. So besteht die Möglichkeit, bei den betroffenen Personen um eine Einwilligung zur Erfassung und Verwertung ihrer personenbezogenen Daten nachzusuchen. Der Genehmigungsprozess ist aber vergleichsweise komplex, denn er muss transparent machen, „welche Daten für welche Zwecke von wem verarbeitet werden, was die Art der Datenverarbeitung ist und wer die Empfänger sind" (Der Landesbeauftragte für Datenschutz 2023, S. 11). Es handelt sich um einen detaillierten und aufwendigen Vorgang, der die Datennutzung kostspielig macht und eine hohe Hürde darstellt. Kleinen und mittleren Unternehmen fällt es besonders schwer, sie zu überwinden (SVR 2021, Ziff. 474, S. 345).

Ein leichterer Zugang zum Geschäft mit Big Data in Europa ist im Segment der maschinell generierten Daten gegeben. Sie fallen nicht in den Anwendungsbereich der DSGVO und können also grundsätzlich verarbeitet und kommerziell verwendet werden. Gerade die deutsche Industrie mit ihrer führenden Position im Technologiesegment der Industrie-4.0-Verfahren verfügt über große Bestände an derartigen Informationen. Führende Unternehmen sehen insbesondere in der Auswertung dieser Datenpakete mit KI-Modellen zusätzliche Wertschöpfungs- und Exportpotenziale (Klawitter und Grundel 2024).

Die Dinge liegen jedoch weniger eindeutig, als es auf den ersten Blick scheint. Denn bestimmte Daten können, obwohl sie maschinell generiert und entkoppelt von konkreten Personen sind, dennoch auch einen personenbezogenen Charakter aufweisen. So lassen sich gegebenenfalls aus Mobilitätsdaten, die ein Fahrzeug speichert und weitergibt, Informationen über die Person des Fahrers oder des Fahrzeughalters gewinnen. Menschen supervisieren und führen maschinelle Anlagen oder auch ein ganzes Produktionsnetzwerk. Sie kontrollieren die Leistungs- und Verbrauchsdaten, ändern die Einstellungen der Maschinen oder greifen ein, falls Auffälligkeiten im System es verlangen. Derartige Interaktionen können Rückschlüsse auf das Arbeitsverhalten der involvierten Mitarbeiter ermöglichen und damit den Datenströmen aus einer automatisierten Industriefertigung personenbezogene Komponenten verleihen.

Es ist anspruchsvoll, alle denkbaren Konstellationen, die einen Mischcharakter aus Anonymität und konkreter Zurechenbarkeit von Daten aufweisen, rechtlich präzise und trennscharf abzubilden. Die Leitlinien zu diesem Thema, die der Europäische Datenschutzausschuss herausgegeben hat, illustrieren exemplarisch verschiedenste Konstellationen anhand zahlreicher Fallbeispiele (Europäischer Datenschutzausschuss 2019). Dass es einer derartigen Handreichung überhaupt bedarf, verdeutlicht die Komplexität und bürokratische Komponente dieses Themas.

Die Unschärfen in der Abgrenzung personenbezogener von maschinengenerierten Daten erzeugen also rechtliche Grauzonen. Sie können dazu führen, dass ein Verzicht auf die Verwertung bestimmter Datensätze zur überlegenen Option wird. Bevor man sich durch Verstöße gegen die DSGVO einen Reputationsschaden am Markt und obendrein noch eine Strafzahlung einhandelt, die mit bis zu 4 % des Unternehmensumsatzes durchaus schmerzhaft ausfallen kann, ist es gegebenenfalls ökonomisch vorteilhafter, auf die Nutzung von Daten zu verzichten, deren Charakter nicht mit vertretbarem Aufwand zweifelsfrei zu klären ist.

Solche Konstellationen sind keine Seltenheit. Im Querschnitt der Unternehmen über alle Wirtschaftsbereiche mussten nach Angaben des Bundesverbandes Informationswirtschaft, Telekommunikation und neue Medien (Bitkom) bereits „44 % […] häufig oder mehrfach Pläne für Innovationen im Zusammenhang mit der Nutzung von Daten wegen rechtlicher Vorgaben oder Unsicherheiten stoppen" (Bitkom 2024a). Potenziale zur Senkung von Kosten oder zur Optimierung von Produkten und Dienstleistungen bleiben damit in Europa ungenutzt, während die Industrien Asiens und Nordamerikas sich datenökonomisch aufrüsten und Wettbewerbsvorteile generieren können.

Dies macht sich nicht nur im direkten Geschäft mit der Vermarktung von Daten bemerkbar, sondern auch beim industriellen Einsatz von KI-Systemen, die den künftigen Produktivitätsfortschritt der Industrie stark prägen werden. Auch hier erzeugen die Regelungen der DSGVO bremsende Effekte. KI-Modelle bedürfen bekanntlich des Trainings mit sehr großen Datenpaketen verschiedenster Qualität, die auch personenbezogene Informationen enthalten können. Schon eines der Grundprinzipien der DSGVO, die Minimierung des Aufkommens an Daten, steht jedoch in einem diametralen Gegensatz zum gigantischen Datenbedarf von KI-Systemen (Gausling 2020, S. 43 f.).

Natürlich stellen die im autokratischen China geltenden Mechanismen eines Zugriffs staatlicher Stellen oder staatlich beeinflusster Privatunternehmen auf Daten aller Art kein akzeptables Modell für Europa und generell für demokratisch verfasste Systeme dar. Die Bestimmungen zum Datenschutz in den USA bieten aber Ansatzpunkte, an die mit einer Reform des europäischen Datenschutzregimes angeknüpft werden könnte.[13] Grundsätzlich sind Bearbeitung und Handel mit Daten in den Vereinigten Staaten auch dann zugelassen, wenn Informationen über natürliche Personen berührt werden. Wer derartige Daten

[13] Die Regelungen des Datenschutzes werden in den USA von den Bundesstaaten getroffen und sie weisen dementsprechend eine unterschiedliche regionale Qualität auf. Die Dominanz des Opt-Out-Prinzips bleibt davon aber unberührt. Diskussionen über die Einführung einer bundeseinheitlichen Regelung werden schon seit Jahren geführt, haben aber noch keinen Niederschlag in der Regulierung gefunden.

prozediert, muss darüber allerdings Transparenz schaffen und eine Opt-Out-Möglichkeit vorsehen. Dieses erfolgt im Regelfall durch einen Hinweis in den Erläuterungen zur Privacy Policy. Die Betroffenen erhalten damit die Chance, der kommerziellen Nutzung ihrer Daten zu widersprechen und dieses über einen gut erkennbaren Link klarzustellen (El-Dbeissi 2024). Das System wahrt so die Souveränität der Menschen über ihre personenbezogenen Informationen und bildet gleichzeitig einen Rahmen, innerhalb dessen die hohen Gewinne erwirtschaftet werden können, die das dynamische Wachstum der US-amerikanischen Digitalcluster ermöglichen.

Aber wäre ein datenschutzrechtlicher Ansatz, der sich an den Regelungen in den USA orientiert, in Deutschland und Europa überhaupt politisch umsetzbar? Selbstverständlich würden sich kontroverse Diskussionen entwickeln, wenn das strenge Regime der DSGVO angefasst und mit Freiheitsgraden für die Verarbeitung und Verwertung personenbezogener Daten angereichert würde. Klassische Argumentationslinien in diesen Debatten verweisen auf das europäische Wertesystem, mit dem eine freizügigere Handhabung dieser Informationen nicht vereinbar sei. Sie heben Risiken einer Überwachung der Bürgerinnen und Bürger durch den Staat hervor oder sie beziehen sich auf das Urteil des Bundesverfassungsgerichtes von 1983 (Volkszählungsurteil), das „die Befugnis des Einzelnen, grundsätzlich selbst über die Preisgabe und Verwendung seiner persönlichen Daten zu bestimmen" (Bundesverfassungsgericht 1983, Leitsatz Nr. 1) als Maßstab für den Datenschutz definiert hat. Die Rechtsprechung des Verfassungsgerichtes schließt aber Lösungen nicht generell aus, die dem in den USA gängigen Opt-Out-Modell nahe kommen oder gar entsprechen.

Auch bei großen Teilen des Publikums könnte ein Datenschutzregime dieser Provenienz auf Akzeptanz treffen. Bei weitem nicht alle Menschen hierzulande stehen einer Nutzung personenbezogener Daten skeptisch gegenüber. Interessante Ergebnisse dazu finden sich in einer Befragung von 1021 Personen vom Dezember 2021, die im Auftrag des Deutschen Dialogmarketing Verbandes (DDV) durchgeführt wurde. Für Deutschland zeigen sie einen Anteil der sogenannten Datenpragmatiker von durchschnittlich 40 %. Sie sind bereit, einer Nutzung personenbezogener Informationen zuzustimmen, wenn sie daraus konkrete Vorteile etwa in Form qualitativ höherer Serviceleistungen ziehen können. 37 % haben generell keine Bedenken („unconcerned") bezüglich des Datenschutzes im Internet. Der Anteil der sogenannten Fundamentalisten, die eine Weitergabe ihrer Daten komplett ablehnen, beläuft sich hingegen nur auf 22 % (DDV 2022, S. 8 f.).

Neuere Ergebnisse des European Centers for Digital Competitiveness im Digitalreport 2024 zeigen Zustimmungsraten von 70 % bis 85 % für das Sammeln und Auswerten von Daten für medizinische Zwecke, für die Verfolgung von Straftaten und Steuervergehen oder für die Verkehrsplanung. 73 % lehnen es jedoch ab, wenn Unternehmen Daten sammeln, um Kundenprofile zu erstellen. Die Hälfte stimmt jedoch wiederum zu, wenn Daten zum Zweck der Information über Produkte erhoben werden, die dem eigenen Interessenprofil entsprechen (European Center für Digital Competitiveness 2024, S. 26 ff.).

Alles in allem zeigt sich, dass größere Bevölkerungsgruppen im Umgang mit ihren personenbezogenen Daten eine unkomplizierte Grundhaltung einnehmen. Es dürfte dementsprechend nicht nur Kritik, sondern durchaus auch Zuspruch geben, wenn die europäischen Institutionen etwa über Opt-Out-Modelle den Datenschutz in einer Weise regeln würden, die mehr kommerzielle Spielräume eröffnet und gleichzeitig die Souveränität der Menschen über ihre personenbezogenen Daten gewährleistet. Damit würde die Basis für datenbasierte Geschäftsmodelle in der Wirtschaft insgesamt, aber auch im Verarbeitenden Gewerbe, breiter und wirksame Impulse für die Weiterentwicklung der digitalen Cluster in Europa würden gegeben.

Welch enorme Gewinne sich mit diesen Geschäftsmodellen generieren lassen, zeigt beispielhaft der Blick auf einige Kennziffern der Meta Platforms Inc., die mit ihren Netzwerken Facebook und Instagram ein zentraler Spieler in der Datenökonomie sind: „Substantially all of our revenue is currently generated from advertising on Facebook and Instagram" erläutert das Unternehmen dazu in seinem Geschäftsbericht 2023 (Meta Platforms Inc. 2023, S. 61). Auf 137,9 Mrd. US-Dollar beliefen sich diese Revenues im Jahr 2023 und sie generierten einen Gewinn (Net Income) von 39,1 Mrd. US-Dollar. Bezieht man diese Größen auf die Zahl der damals jahresdurchschnittlich rund 3,1 Mrd. aktiven Teilnehmer an den Meta-Plattformen (Average Revenue per User, ARPU) so ergeben sich für 2023 Einnahmen von 44,6 US-Dollar pro Nutzer (Meta Platforms Inc. 2023, S. 70). Der Gewinn liegt bei knapp 13 US-Dollar pro Kopf.

Die großen Finanzströme, die die internet- und plattformbasierten Unternehmen aus den USA generieren, lassen sich nur aufrecht erhalten, wenn die Unternehmen laufend in Forschung und Entwicklung (FuE) investieren. Sie tun es in Größenordnungen der Superlative, weil sie ihre Spitzenposition als Innovationsführer in der internet- und datenbasierten Ökonomie ansonsten gefährden würden und in der Folge auf lukratives Geschäftsvolumen verzichten müssten. Allein die fünf führenden US-Technologiekonzerne haben es ausweislich ihrer Geschäftsberichte im Jahr 2023 zusammengenommen auf ein Investitionsvolumen von rund 200 Mrd. US-Dollar für Zwecke der FuE gebracht. Die Big Five investierten damit deutlich mehr in FuE als Wirtschaft und Staat in Deutschland gemeinsam (umgerechnet rund 130 Mrd. US-Dollar). Mit ihren Forschungsausgaben stärken die fünf führenden US-Konzerne nicht nur ihre eigene Innovationskraft. Sie entwickeln Technologien, die an anderer Stelle der Wirtschaft produktivitätsfördernd zur Anwendung gelangen, beispielsweise KI-Modelle, und generieren darüber hinaus positive externe Effekte, indem sie Know-how erzeugen, das längerfristig in die Ökonomie diffundiert und sich positiv auch auf die industrielle Wettbewerbsfähigkeit auswirkt.

Datenökonomische Impulse in Größenordnungen, die geeignet sind, den europäischen Rückstand gegenüber den USA und zunehmend auch gegenüber China zumindest zu verkleinern, werden sich in Europa auch dann, wenn das Datenschutzregime im oben erläuterten Sinne reformiert würde, erst auf längere Sicht einstellen. Die sogenannten Netzwerkeffekte stehen einem raschen Aufholprozess Europas entgegen. Sie werden insbesondere durch die Größe der jeweiligen Plattformen bestimmt. Je mehr Teilnehmer ein Netzwerk nutzen, desto attraktiver wird es für alle Beteiligten. Suchmaschinen werfen umso mehr verwertbare Ergebnisse aus, je mehr Menschen Informationen und Angebote beisteuern. Handelsplattformen können potenzielle Geschäftspartner umso eher zufriedenstellen, je mehr Akteure auf der Angebots- und auf der Nachfrageseite teilnehmen (Petersen 2020, S. 33 ff.). Da die großen Plattformunternehmen in den USA und China bereits Netzwerke mit sehr großen Nutzerzahlen und immensen Datenbeständen aufgebaut haben, ist ihre Marktposition überragend. Neue Kunden wenden sich eher diesen schon bestehenden Verbünden zu und docken seltener bei kleinen oder unbekannten Netzwerken an. Die Durststrecke, die relativ kleine Plattformanbieter durchlaufen müssen, bis sie eine substanzielle Marktposition erreichen, ist daher zumeist lang.

Diese Zusammenhänge zeigen, dass die Marktstrukturen im Plattformgeschäft nur schwer in Fluss zu bringen sind. Aber dennoch ist es möglich und im Interesse der Wettbewerbsfähigkeit der deutschen und europäischen Industrien auch geboten, den Unternehmen Chancen für eine Nutzung jenes „Datengoldes" zu eröffnen, das in den Tiefen der Internetökonomie schlummert. Eine Umstellung des Regulierungsregimes für personenbezogene Daten in Europa auf Opt-Out-Verfahren in ähnlicher Konfiguration wie in den USA könnte dazu einen entscheidenden Beitrag leisten. Europa muss sich entscheiden, ob es am Katzentisch der Datenökonomie verharren und die damit verbundenen Wettbewerbsnachteile für die eigenen Industrien hinnehmen will, oder ob es die regulatorischen Weichen so stellt, dass die europäische Wirtschaft zumindest noch die Chance hat, auf Tuchfühlung mit den führenden Digitalclustern Nordamerikas und Asiens zu gelangen. Mehr als das dürfte bei Lichte betrachtet allerdings auf absehbare Zeit auch nicht realisierbar sein.

3.3.2 Künstliche Intelligenz: Die Tür ist nur halb offen

In einer bemerkenswerten Studie hat das Massachusetts Institute of Technology (MIT) in Boston USA die potenziellen Wirkungen der generativen KI auf die Arbeitsproduktivität und -qualität untersucht. 453 Testpersonen wurde die Aufgabe gestellt, einfache Schriftstücke zu verfassen (E-Mails, Briefkommunikation). Die Hälfte der Teilnehmer hat dabei ohne Hilfsmittel gearbeitet, die andere Hälfte mit Chat GPT. Die Nutzung dieses Softwaretools führte zu einer 40 %-igen Zeitersparnis. Unabhängige Fachleute haben zudem die Qualität der Arbeitsergebnisse in einem Blindverfahren bewertet. Sie befanden, dass die unter Verwendung des KI-Programms erstellten Beiträge qualitativ um 18 % überlegen waren (Noy und Zhang 2023). Angesichts solcher Zahlen ist es kein Wunder, dass sich Programme der generativen KI im Rekordtempo verbreiten. Innerhalb von nur fünf Tagen hat Chat GPT eine Mio. Nutzer erreicht. Der Musikstreaminganbieter Spotify benötigte dafür 150 Tage und Twitter 730 (VDE 2023, S. 2).

KI wird auf lange Sicht enorme Effizienzreserven heben, wenn der regulatorische Rahmen dieses zulässt. Möglich werden diese Effekte durch das weite Anwendungsspektrum der KI in Wirtschaft und öffentlichen Verwaltungen. Es umfasst sehr viel mehr als die Fähigkeiten der Spracherkennung und Textverarbeitung, die mit dem Hype um Programme der generativen KI in den Mittelpunkt der öffentlichen Aufmerksamkeit gerückt sind. KI-Technologien können, wenn sie entsprechend trainiert sind, beispielsweise Computerprogramme für die Industrie schreiben, maschinelle Prozesse optimieren,

Logistikprozesse steuern, öffentliche Dienstleistungen effizienter machen oder Big-Data-Pakete in einer Geschwindigkeit analysieren, die ansonsten nicht ansatzweise erreichbar wäre. KI ist „kein monolithisches Fachgebiet" (Osterhage 2023, S. 99), sondern sie zerfällt in zahlreiche Teildisziplinen und erzeugt Rationalisierungseffekte in nahezu der gesamten Breite der Volkswirtschaft.

Zudem können KI-Modelle vielfach auch hoch qualifizierte Arbeitskräfte ersetzen und insofern besonders große Kosteneinsparungen erzeugen. Der darin liegenden ökonomischen Rationalität einer Substitution menschlicher Arbeitskraft durch Technologie steht natürlich eine soziale Dimension gegenüber. Angesichts des aus demografischen Gründen langfristig knappen Angebotes an Arbeitskräften erscheint diese Dimension jedoch beherrschbar. In Zeiten des Fachkräftemangels werden auf diese Weise wertvolle Arbeitskräfte für die Industrie und andere Verwendungen frei, sodass das gesamtwirtschaftliche Wachstumspotenzial gestärkt wird.

Eine von der Projektgruppe Gemeinschaftsdiagnose vorgenommene Auswertung verschiedener Studien zeigt eine Bandbreite von KI-bedingt erwartbaren Produktivitätszuwächsen in einer Größenordnung von jährlich 0,8 % bis 1,3 %, jedenfalls dann, wenn die Wirkungen der KI einem Ausbreitungsmuster folgen, das dem in den Phasen des Vordringens der Computertechnologie und der Elektrizität ähnelt. Dabei entstehen die größten Effekte, wenn etwa 50 % der Unternehmen die neue Technologie zur Anwendung bringen. Eine zusätzliche Beschleunigung des Produktivitätswachstums kann sich aus den Anwendungsräumen der KI im Innovationsprozess selbst ergeben. Sowohl die Grundlagenforschung als auch die marktnahe FuE der Industrieunternehmen dürfte mit KI auf ein neues Niveau gehoben werden können. Unter Berücksichtigung dieser Wirkungskette prognostizieren einzelne Studien zusätzliche Produktivitätseffekte von 0,4 bis 1,0 Prozentpunkten jährlich (Projektgruppe Gemeinschaftsdiagnose 2025, S. 81 f.).

Die großen Effizienzpotenziale, die mit KI-Systemen gehoben werden können, erzeugen ökonomische Anreize zum Einsatz dieser Technologie. Dennoch hatten zur Jahresmitte 2023 nur 13 % der deutschen Unternehmen Programme der KI in Anwendung und lediglich 9 % planten deren Einsatz. In der Industrie lagen die Zahlen mit 17 % und 12 % etwas höher (Schaller et al. 2023, S. 6). Offensichtlich gibt es Barrieren, die der Nutzung dieser Technologie noch im Wege stehen. Althergebrachte Vorbehalte in Teilen des Mittelstands und Finanzierungsprobleme sind klassische Bremsfaktoren, wenn es um die Einführung moderner IT-Systeme geht. Sie mögen auch bezüglich der Zurückhaltung der Wirtschaft bei KI-Investitionen einen gewissen Erklärungsgehalt für sich in Anspruch nehmen können.

Eine maßgebliche Ursache für die relativ langsame Einführung von KI-Systemen dürfte aber in Unklarheiten über die rechtlichen Grenzen für die Anwendung dieser Technologie liegen. Mit dem KI-Gesetz hat die EU den Versuch unternommen, diese Unklarheiten zu beseitigen und möglichst konkrete Anwendungsräume zu definieren. Auf diese Weise sollen die Risiken der KI eingehegt und Rechtssicherheit für die Anwender geschaffen werden. Der Versuch, so jedenfalls die Rückmeldungen aus großen Teilen der Wirtschaft, scheint misslungen. Das Dossier ist von einem risikobasierten Ansatz dominiert und verleiht dieser Methodik einen derart hohen Stellenwert, dass es scheint, als ob hier eher ein Brems- als ein Gaspedal getreten wird. Man hätte auch ein stärker ausbalanciertes Konzept wählen können, vorrangig bestehend aus einer klaren Chancenorientierung bei gleichzeitiger Sensibilität für die Risiken.

Konkret unterscheidet das KI-Gesetz vier Risikostufen (Europäische Kommission 2024), in deren höchste (inakzeptable Risiken) unter anderem manipulative oder sozial bewertende KI-Systeme eingeordnet werden. Die Nutzung derartiger Programme ist nicht zugelassen und durch Verbot klar geregelt. Unkompliziert sind auch die KI-Lösungen der niedrigsten Risikoklasse (minimale oder keine Risiken), beispielsweise bei der Verwendung von KI-unterstützten Spamfiltern, denn ihr Einsatz ist nicht regulatorisch eingeschränkt. Schwieriger in der Handhabung sind die beiden mittleren Kategorien, die Systeme mit begrenzten und solche mit hohen Risiken betreffen.

Vor allem KI-Programme mit hohen Risiken erzeugen in den Unternehmen und Behörden, die sie nutzen, einen erheblichen Aufwand. Die Kommission versteht unter derartigen KI-Modellen beispielsweise solche, die ein Profiling von natürlichen Personen vornehmen können, die einer Bewertung der Anspruchsgrundlagen für den Erhalt öffentlicher Unterstützung dienen, die die Kreditwürdigkeit von Personen analysieren, die im Rahmen der Strafverfolgung eingesetzt werden oder die im Kontext kritischer Infrastrukturen stehen.

Wer hochriskante KI-Systeme einsetzt, ist verpflichtet, sich registrieren zu lassen und vor deren Nutzung eine Bewertung abzugeben. Es muss ein Risikomanagementsystem für die jeweilige KI „eingerichtet, angewandt, dokumentiert und aufrechterhalten werden" (Verordnung [EU] 2024, Art. 9, Abs. 1) und zwar als „kontinuierlicher, iterativer Prozess, der während des kompletten Lebenszyklus eines Hochrisiko-Systems geplant und durchgeführt wird und eine regelmäßige systematische Überprüfung und Aktualisierung erfordert" (Verordnung [EU] 2024, Art. 9 Abs. 2). Zusätzlich ist ein Qualitätsmanagementsystem zu implementieren, eine technische Dokumentation zu erstellen und es bestehen laufende Aufzeichnungs- und Berichtspflichten.

Die Fallkonstellationen, in denen KI-Systeme mit hohem Risikopotenzial zur Anwendung gelangen können, sind mannigfaltig und sie ändern sich angesichts der rasanten Entwicklung der Technologie laufend. Vor diesem Hintergrund ist es zwar verdienstvoll, dass die Kommission eine „umfassende Liste praktischer Beispiele für Anwendungsfälle für KI-Systeme, die hochriskant oder nicht hochriskant sind" (Verordnung [EU] 2024, Art. 6, Abs. 5), erstellen will. Es zeigt aber auch, dass die Unschärfen und Abgrenzungsprobleme erheblich sind. Zudem kann eine exemplarische Liste zur praktischen Nutzung von innovativen Technologien nie erschöpfend sein, schon gar nicht, wenn sie so dynamisch voranschreiten wie die KI.

Weniger komplex in der Anwendung als die hochriskanten Systeme sind solche, denen in der Klassifikation der Kommission begrenzte Risiken zugeordnet werden. Hier geht es unter anderem darum, Transparenz zu schaffen, etwa indem Personen, die im Internet mit KI-gesteuerten Anwendungen operieren, explizit über diesen Umstand informiert werden (Europäische Kommission 2024). Die Problematik im Umgang mit KI-Anwendungen begrenzter Risikoqualität liegt insofern weniger in diesen spezifischen Systemen selbst als in den Grauzonen, die eine Abgrenzung zu KI-Lösungen mit hohen Risiken erschweren.

Die Quintessenz, die sich aus den geschilderten Problemen der europäischen KI-Regulierung ergibt, kann aus industriepolitischer Sicht nicht zufriedenstellend sein: Das erklärte Ziel der Kommission, Rechtssicherheit für die Anwendung von KI zu schaffen und die bürokratischen Belastungen zu minimieren, die sich mit dem Dossier verbinden, wird mit der derzeitigen Ausgestaltung des KI-Gesetzes nicht zu erreichen sein. Nicht zu Unrecht merkt der Branchenverband Bitkom an: „In seiner gegenwärtigen Form wird der AI Act kaum für mehr Rechtssicherheit bei Entwicklung und Einsatz von KI sorgen. Dafür kommt es maßgeblich auf eine praktikable Auslegung und Anwendung der Vorgaben in den EU-Mitgliedsländern an" (Bitkom 2024b). Die Umsetzung des Dossiers in den 27 Staaten der EU wird in der Tat mit beeinflussen, ob das KI-Gesetz als weltweit erste Regulierung dieser Technologie einen Aufholprozess Europas oder eher das Gegenteil bewirken wird. Die Nationalstaaten haben hier allerdings nur begrenzte Spielräume. Sie können mit ihrer jeweiligen rechtlichen Implementation die Regelungsabsicht des Dossiers nicht umgehen. Entscheidend ist daher ein grundsätzlicher Reformantritt, der das europäische KI-Gesetz mit einer ausgewogeneren Chancen-Risiken-Balance sowie deutlich mehr Anwenderfreundlichkeit und regulativer Klarheit ausstattet.

3.4 Chinas Griff nach den Weltmärkten

Als Deng Xiaoping im Jahr 1978, zwei Jahre nach dem Tod Mao Zedongs, die Reform- und Öffnungspolitik im Reich der Mitte einleitete, war die politische Lebensdauer dieses Experimentes ungewiss. Vorsichtige und begrenzte Preisfreigaben auf einzelnen Märkten bildeten den Anfang. Waren sie erfolgreich, so gelangten sie landesweit zur Anwendung (Jungbluth 2022, S. 87). Immer größere Segmente der chinesischen Wirtschaft wurden so mit Freiheiten ausgestattet, die unter der langjährigen Staatsführung Mao Zedongs undenkbar gewesen waren. Der Reformkurs verfestigte sich und wurde zu einem langfristigen Prozess.

Privateigentum an den Produktionsmitteln wurde zugelassen. Unternehmen erzielten zum Teil sehr hohe Gewinne und Privatpersonen akkumulierten Vermögen. Die Versorgungslage der Bevölkerung verbesserte sich rapide. Das BIP pro Einwohner in China erhöhte sich im Zeitraum von 1980 bis 2024 in etwa um das 45-Fache. Ausgedrückt in Kaufkraftparitäten liegt es inzwischen bei rund 20.000 US-Dollar (vgl. Abb. 2.1 zum Vergleich der G7- mit den BRICS-Staaten). Zahlreiche Güter aus China avancierten zu unverzichtbaren Vorprodukten für die Volkswirtschaften der westlichen Welt. Vor allem aber entwickelte sich ein wettbewerbsstarker Industriesektor im Reich der Mitte, dessen Unternehmen inzwischen auf einer Reihe von internationalen Märkten Technologieführerschaft erlangt haben und den Industrien Europas und Nordamerikas Paroli bieten.

Der Staat bot Flankenschutz für die aufblühende Wirtschaft Chinas. Dieses erfolgte nur allzu oft mit Instrumenten der Marktabschottung, des illegalen Technologietransfers und mit Subventionen, angewandt zumeist mit der Begründung der Schutzbedürftigkeit der erst im Aufbau befindlichen Industrien des – so die offizielle Diktion – Entwicklungslandes China. Gewiss erklärt sich ein Teil des chinesischen Siegeszuges auf den Weltmärkten auch mit dieser Protektion (Lamade 2020, S. 62). Wie weitreichend sie, ausgedrückt in pekuniären Werten, tatsächlich war und immer noch ist, lässt sich allerdings nicht exakt quantifizieren. Zu vielfältig sind die Subventionen und regulatorischen Vergünstigungen, die der Industrie von verschiedenen Ebenen des chinesischen Staates gewährt werden. Das Kieler Institut für Weltwirtschaft hat den Versuch einer Quantifizierung unternommen und dabei für das Jahr 2019 ein Finanzvolumen von 211 Mrd. € bzw. 1,7 % des BIP ermittelt, mit dem das Verarbeitende Gewerbe in der Volksrepublik staatlich unterstützt wurde (Bickenbach et al. 2024, S. 8). Regierung und Partei in China scheuen sich nicht großzügig zu flankieren, wenn es darum geht, die heimischen Industrien zu protegieren.

Ein weiterer Faktor, der den chinesischen Aufstieg begünstigt hat, soll hier nicht außer Acht gelassen werden. Er liegt vor allem im Verantwortungsbereich der deutschen und europäischen Industrien selbst, jener Industrien, die heute eine übermächtige chinesische Konkurrenz beklagen. Der riesige chinesische Markt und die dort in Aussicht stehenden Gewinne haben bekanntlich zahlreiche Unternehmen aus den europäischen und G7-Ländern veranlasst, ihre Geschäftsaktivitäten so stark auf das Reich der Mitte auszurichten, dass sie sich in große Abhängigkeiten von der dortigen Wirtschaftslage und Politik (Regulierungen) begeben haben.

Die deutsche Automobilindustrie beispielsweise erwirtschaftete phasenweise rund ein Drittel ihrer Umsätze in China. Auch die Chemieindustrie, der Maschinen- und Anlagenbau und zahlreiche weitere Industriebranchen weiteten ihr Chinageschäft massiv aus. Man baute Produktionsstätten auf und richtete Vertriebs- und Servicenetze im Reich der Mitte ein. Dementsprechend schossen die deutschen Direktinvestitionen in der Volksrepublik in die Höhe. Ihr Bestand nahm von Werten nahe Null im Jahre 1978 bis auf rund 135 Mrd. € im Jahr 2022 zu, ging dann allerdings bis 2023 auf 127 Mrd. € zurück (Deutsche Bundesbank 2024, S. 56).[14]

Den mit einer Investition in China verbundenen Joint-Venture-Zwang sowie einen teilweise erzwungenen und illegalen Technologietransfer nahm man zwar ungern, aber letztendlich doch in Kauf. So wurde der wirtschaftliche Aufstieg Chinas von den Industrien der westlichen Welt unterstützt: Jahr für Jahr ein wenig Know-how-Abfluss gegen einen florierenden Handel mit dem Reich der Mitte. Das bedeutete eine höhere Auslastung der heimischen Produktionskapazitäten, die für den Export nach China arbeiten konnten, und im Gegenzug die Möglichkeit des Imports von kostengünstigen Produkten für die Märkte des

[14] Einbezogen sind die unmittelbaren und die mittelbaren Direktinvestitionen. Letztere erfolgen nicht durch eine direkte Beteiligung des Kapitalgebers an den ausländischen Zielunternehmen, sondern über Dachgesellschaften: „Bei der konsolidierten Darstellung mittelbarer Direktinvestitionen handelt es sich um mittelbare Kapitalbeziehungen aus Beteiligungen von Inländern an Unternehmen im Ausland über abhängige Holdinggesellschaften mit Sitz im Ausland" (Deutsche Bundesbank 2024, S. 59, Fußnote 1).

Alten Kontinents. So stellte sich über rund zwei Jahrzehnte das Vorteilsschema auf Gegenseitigkeit zwischen der Volksrepublik und den Industriestaaten der westlichen Welt dar.

Im Rückblick scheint die Bereitwilligkeit des Westens, sich derart massiv von der Wirtschaft und letztendlich auch von der Kommunistischen Partei des autokratisch regierten Chinas abhängig zu machen, schwer nachvollziehbar. Aus der Perspektive der Jahrtausendwende, sahen die Dinge jedoch anders aus. In den westlichen Industrienationen hoffte man, dass die Kräfte der freien Märkte über kurz oder lang auch zu einer Liberalisierung und Demokratisierung des Landes führen würden. Man sah schon eine Volksrepublik China am Horizont, die sich zu einer wirtschaftlichen Supermacht entwickelt, mit vielleicht noch einigen wenigen autokratischen Restanten im politischen Machtapparat, aber ansonsten mit einer offenen Gesellschaft, einem freiheitlichen Wirtschaftssystem und mit Respekt für den freien Welthandel.

Mit dem Beitritt Chinas zur Welthandelsorganisation (WTO) im Jahr 2001 wurde ein Schritt in diese Richtung getan und man ging davon aus, dass sich das Land weiter in die internationalen Regelwerke integrieren würde. Eingebunden in die bestehende internationale Architektur, kostengünstiger Standort für den Aufbau von Produktionsstätten, lieferant preiswerter Waren für den Konsum, dankbarer Absatzmarkt für Produkte aus den Industrieländern Europas und der G7-Staaten und über die Zeit auch auf demokratischen Pfaden unterwegs. Das waren die optimistischen Erwartungen, die zahlreiche politische Beobachter zur damaligen Zeit mit Blick auf China hegten.

Diese Erwartungen haben sich bekanntlich als „Illusion erwiesen“ (Wuttke 2021, S. 54). Von einer Demokratisierung Chinas konnte während der gesamten Zeitstrecke nicht ernsthaft die Rede sein. Stattdessen hat sich das chinesische System einer staatskapitalistischen Autokratie gefestigt, in dem politische Kontrolle der Bürgerinnen und Bürger durch die öffentlichen Institutionen und begrenzte marktwirtschaftliche Freiheiten nebeneinander her existieren. Letztere erfahren allerdings schon seit längerem wieder Einschränkungen. Unter der Führung von Staatspräsident Xi Jinping wird der Einfluss von Regierung und Partei auf die Wirtschaft gestärkt. Staatliche Interventionen in das Marktgeschehen nehmen zu und die Macht privater Konzerne wird eingehegt. Die Wirtschaftsförderung durch Kredite kommt nicht wie noch vor zehn Jahren überwiegend den privaten Unternehmen zugute. Inzwischen erhalten vor allem Staatsbetriebe Kredit. Auch die Gründung von Freihandelszonen wurde teilweise zurückgenommen oder gar nicht erst umgesetzt (Lamade 2020, S. 56).

Die China-Euphorie, die jahrelang in Politik und Wirtschaft vorherrschte, ist vor dem Hintergrund dieser Entwicklungen einer Ernüchterung gewichen. Der Rückbau marktwirtschaftlicher Freiheiten im Reich der Mitte ist der ökonomischen Entwicklung der chinesischen Volkswirtschaft, und damit auch ihrer Attraktivität für Unternehmen aus den westlichen Industrieländern, nicht zuträglich. Es bleibt abzuwarten, auf welchem Niveau sich die Präsenz deutscher und europäischer Unternehmen in der Volksrepublik in der längerfristigen Perspektive einpendeln wird.

Vorerst festigt die chinesische Industrie ihre Positionen auf den internationalen Märkten weiter. Spürbar ist dieses genau dort, wo das industrielle Herz der deutschen Wirtschaft besonders laut schlägt: Im Anlagen- und Maschinenbau, der Chemieindustrie und der Automobilindustrie, die auf ihrem Weg in die Elektromobilität mit einer besonders stark aufgestellten Konkurrenz aus China konfrontiert ist.

3.4.1 Von der Photovoltaik zur Elektromobilität

Welche industriellen Flurschäden eine stark aufgestellte Konkurrenz in einer Industrielandschaft auslösen kann, die aufgrund einer jahrelangen und quasi subventionsartigen Unterstützung wettbewerbsentwöhnt ist, hat sich ab 2012 in der deutschen Photovoltaikbranche gezeigt. Sie erlebte damals innerhalb kurzer Zeit ein regelrechtes Desaster. Obgleich die Einspeisung von Photovoltaikstrom bereits in den Jahren zuvor über den Fördermechanismus der EEG-Umlage mit milliardenschweren Beträgen unterstützt wurde – die zwar für die Einspeisung von Solarstrom an die Anlagenbetreiber gezahlt wurden, letztendlich aber über die Investitionskosten für die Solarmodule vorwiegend bei der damals noch führenden deutschen Photovoltaikindustrie landeten – erlebte die Branche ab 2012 zunächst den Verlust ihrer damaligen Stellung als Weltmarktführer und anschließend einen dramatischen Niedergang. Dabei wurde die Einspeisung von Solarstrom bis 2020 kumuliert mit der enorm hohen Summe von rund 100 Mrd. € gefördert (Wirth 2025, S. 13).[15] Die außerordentlich hohen Förderbeträge in Deutschland haben jedoch nicht verhindern können, dass die Anbieter aus dem Reich der Mitte sich damals, allerdings ebenfalls mit Unterstützung des chinesischen Staates, an der Spitze der globalen Photovoltaikindustrie festsetzten. Inzwischen stammen mehr als 80 % der Solarmodule für den Weltmarkt aus China und das Land erzielte damit 2021 Exporterlöse von mehr als 30 Mrd. US-Dollar (IEA 2022, S. 8).

Der Elektromobilität könnten krisenhafte Entwicklungen bevorstehen, die denen in der deutschen Photovoltaikbranche vor mehr als zehn Jahren ähneln. Die chinesische Offensive auf den Märkten für batterie und hybridelektrische Kraftfahrzeuge setzt die deutschen und europäischen Hersteller massiv unter Druck. Sie trifft ins Herz der hiesigen Industrielandschaft und nutzt eine offene Flanke, die Europa selbst geöffnet hat, nämlich das politisch beschlossene Ende der Verbrennertechnologie im europäischen Kraftfahrzeugsektor. Mittels des selbstgewählten Zulassungsverbotes für diesel- und benzingetriebene Kraftfahrzeuge ab 2035, das inzwischen zwar formell geöffnet ist, aber aufgrund der Kombination von strikten CO2-Flottengrenzwerten und Strafzahlungen bei deren Überschreitung faktisch weiterhin greift, meldet sich Europa von diesen Märkten

[15] Die Betreiber von Anlagen der erneuerbaren Energien haben, wie bei einer genehmigten Subvention üblich, einen einklagbaren Anspruch auf Förderung und der führte allein bis 2020 nur für die Photovoltaik zu dem im Text genannten kumulierten Zahlungsstrom von etwa 100 Mrd. €. Dieser Zahlungsstrom wälzte sich großenteils auf die Photovoltaikindustrie weiter, also auf die Hersteller von Anlagen zur Solarstromerzeugung. Das EEG-Fördersystem hatte insofern auch schon vor 2022 einen subventionsartigen Charakter, und seit die Einspeisevergütung mit Beginn des Jahres 2023 komplett aus dem Bundeshaushalt finanziert wird ohnehin.

ab. Es ist kein Wunder, dass ein industriepolitisch ambitioniertes China in diese Lücke stößt und mit voller Kraft auf die Elektromobilität setzt. Auf den Märkten für verbrennergetriebene Mobile hätten die Anbieter aus dem Reich der Mitte wohl kaum Chancen gehabt, die deutsche Kraftfahrzeugindustrie einzuholen.

Und die Hersteller aus dem Reich der Mitte leisten dabei ganze Arbeit. Ihre Elektromobile setzen sich auf den Weltmärkten fest. Die Reaktion der Biden-Administration in den Vereinigten Staaten auf diese Entwicklung fiel drastisch aus. Mit einer Verhängung von Importzöllen in Höhe von 100 % auf Elektromobile ist der chinesische Marktantritt in den USA massiv erschwert worden. Der Schritt dürfte allerdings auch dem damals bevorstehenden US-Präsidentschaftswahlkampf 2024 geschuldet gewesen sein, der allerdings bekanntlich vom damaligen republikanischen Kandidaten Donald Trump gewonnen wurde.

Die Europäische Kommission hat ebenfalls Zölle auf den Import von Elektroautos aus China verfügt, ist aber moderater vorgegangen. Seit Oktober 2024 gelten differenzierte Einfuhrzölle, die je nach Hersteller zwischen 7,8 und 35,3 % rangieren. Sie werden zusätzlich zu den ohnehin bestehenden Importtarifen auf Pkw in Höhe von 10 % erhoben und sind auf fünf Jahre befristet. Wirtschaftsforscher gehen davon aus, dass diese Abgaben zu einem Rückgang der Autoimporte aus China um 42 % führen werden (IfW 2024). Unterdessen hat die Volksrepublik den Schritt der Europäischen Kommission mit Gegenzöllen beantwortet und die chinesischen Autobauer haben beim Europäischen Gerichtshof Klage gegen die von der Kommission verhängten Einfuhrabgaben eingereicht. Die Schritte beider Seiten verdeutlichen das Eskalationspotenzial, das internationale Handelsstreitigkeiten bergen.

Experten sind sich darüber einig, dass die Preisvorteile der chinesischen Anbieter in der Tat zum Teil auf eine generöse Subventionspolitik des Staates zurückzuführen sind. Das IfW Kiel schätzt allein den Entlastungseffekt, der sich aus einer Aussetzung der Verkaufssteuer auf Elektrofahrzeuge in China ergibt, für die Jahre 2024 bis 2027 auf kumuliert 68 Mrd. € (Bickenbach et al. 2024, S. 13). Unabhängig von den großzügigen Unterstützungsmaßnahmen des chinesischen Staates deutet jedoch einiges darauf hin, dass die Automobilindustrie aus dem Reich der Mitte auch ohne Subventionen in ihrer Wettbewerbsfähigkeit nicht weit entfernt von der europäischen Konkurrenz rangiert. Schon die sehr viel geringeren Kosten für Arbeit und Energie in China definieren einen Klassenunterschied in der Standortqualität, ganz besonders gegenüber Deutschland, aber auch im Verhältnis zu anderen EU-Staaten. 2023 lag der Bruttomonatslohn im chinesischen Verarbeitenden Gewerbe bei 1230 US-Dollar bzw. rund 1130 € (Herzner und Merle 2025) gegenüber etwa 5500 € in Deutschland. Die Industriestrompreise betragen im Reich der Mitte mit rund 8 Cent/kWh (vbw 2023, S. 3) weniger als die Hälfte dessen, was in Deutschland zu zahlen ist. Die Skalenerträge im riesigen chinesischen Binnenmarkt ermöglichen weitere Kostenvorteile. Selbst wenn das chinesische Subventionselement in der Elektromobilität durch die europäischen Importzölle ausgeglichen wird, dürften die Anbieter aus der Volksrepublik noch immer in der Lage sein, ihre Produkte günstiger anzubieten als die europäische Konkurrenz.

Es ist erkennbar, dass die Herausforderungen für die deutsche Automobilindustrie trotz der europäischen Importzölle bestehen bleiben. Hier im Interesse wettbewerbsfähiger

Rahmenbedingungen für die Industrie gegenzusteuern, erfordert die Korrektur einer Vielzahl von Standortparametern in Deutschland (vgl. Abschn. 3.1). Zusätzliche Subventionen, die nicht rigoros auf den Ausgleich unfairer Wettbewerbsverzerrungen begrenzt und zeitlich befristet bleiben, schaffen keine Abhilfe, sondern beeinträchtigen über die damit verbundenen Belastungen der öffentlichen Haushalte die Investitionsbedingungen hierzulande und dürften eher kontraproduktive Wirkungen mit Blick auf Kreativität und unternehmerisches Engagement entfalten.

3.4.2 Made in China 2025: Offensive mit Ansage

Die goldenen Zeiten, in denen die chinesische Wirtschaft mit zweistelligen Wachstumsraten zulegte, waren ab 2011 vorbei. Zuwächse des BIP in Größenordnungen von rund 11 %, wie sie im Durchschnitt der Jahre 2000 bis 2010 noch zu verzeichnen gewesen waren, wurden ab 2011 von Werten in Höhe von 6 bis 7 % abgelöst. „Neue Normalität" war der Begriff, mit dem Staatspräsident Xi Jingping diese Entwicklung beschrieben hat.

Ökonomisch drohte dem Land ein Szenario, das für sich entwickelnde Volkswirtschaften im Wachstumsprozess nicht untypisch ist: Die sogenannte mittlere Einkommensfalle (Lamade 2020, S. 54 ff.; Posch 2020, S. 15 f.). Sie tritt auf, wenn die Multifaktorproduktivität (vgl. Abschn. 2.1) nach einer vorherigen dynamischen Entwicklung nicht mehr wesentlich steigt, weil die technologische Leistungsfähigkeit kaum noch zunimmt. Im Falle Chinas drohte diese Konstellation, weil die bislang verfolgte Strategie einer Adaption bereits existierender Technologien und Produktionsverfahren aus den westlichen Industrieländern immer geringere Produktivitätsfortschritte erzeugte. Mit dieser weitgehend auf erzwungenem und illegalem Technologietransfer beruhenden Strategie konnten zwar relativ große Produktivitätszuwächse mit vergleichsweise geringem Aufwand erreicht werden. Der Aufstieg aus dem Kreis der ärmsten Länder in die Gruppe der Nationen mit Spitzenwohlstand und globaler Technologieführerschaft gelingt so aber nicht. Um nicht in der mittleren Einkommensfalle mit einem stagnierenden Pro-Kopf-Einkommen zu verharren, musste China sich neues technologisches Know-how erarbeiten, den heimischen Kapitalstock erweitern und modernisieren und mit innovativen Industrieprodukten an den Weltmärkten antreten.

Die 2015 beschlossene Strategie „Made in China 2025", mit der das Land zum Technologieführer auf zahlreichen globalen Industriemärkten aufsteigen will, dient letztendlich diesem Ziel (Jungbluth 2022, S. 91 ff.; Posch 2020, S. 13 ff.). Was sie für den Westen so gefährlich macht, ist die Tatsache, dass sie eben nicht einfach nur auf Subventionierung und Protektion heimischer Industrien setzt, sondern auch auf einen erfolgreichen Kurs der Technologieentwicklung, mit dem durchschlagende Impulse für Produktivität und Wettbewerbsfähigkeit der chinesischen Industrien gegeben werden. De facto ist Made in China 2025 eine Kampfansage an die Industrien der G7-Länder und insbesondere an das Verarbeitende Gewerbe in Deutschland, das auf zahlreichen Industriemärkten noch immer die Pole Position hält.

Schon die Entstehung von Made in China 2025 unterstreicht die große Bedeutung, die Regierung und Kommunistische Partei der Strategie beimessen. Das Konzept wurde von mehreren Ministerien und etwa 200 Experten aus Wissenschaft und Wirtschaft über einen Zeitraum von zweieinhalb Jahren erarbeitet und nach Abschluss dieses Prozesses im Jahr 2015 politisch beschlossen. Sein Zielkanon sieht vor, dass die chinesische Wirtschaft bis 2025 in zehn Sektoren die westlichen Industrieländer technologisch und wirtschaftlich einholt. Bis zum hundertjährigen Gründungsjubiläum der Volksrepublik im Jahr 2049 will man den Westen überflügelt haben und zur global führenden Industrienation aufgestiegen sein. Dann sollen Werkzeugmaschinen und Robotik, Elektromobilität, Luft- und Raumfahrt, maritime und Energietechnologien, neue Werkstoffe, bio- und pharmakologische Erzeugnisse sowie Agrar-, Schienen-, Informations- und Telekommunikationstechnologien aus chinesischer Produktion die Weltmärkte dominieren.

Inzwischen hat das Land die Ziele der Strategie großenteils erreicht. Auf einer Reihe industrieller Geschäftsfelder hat man Technologieparität und zum Teil sogar Vorsprünge gegenüber den Industrieländern Europas und der G7 realisieren können. Elektromobilität und Photovoltaik wurden bereits erwähnt. In der KI verfügt die chinesische Wirtschaft über Technologien, die nur von der Konkurrenz aus den USA übertroffen werden. Europa folgt mit großem Abstand. Im Dezember 2023 ging in der Volksrepublik der weltweit erste Nuklearreaktor der vierten Generation für den kommerziellen Betrieb ans Netz – übrigens auf Basis einer Technologie, die in den 1960er-Jahren vom Kernforschungszentrum Jülich in Deutschland entwickelt worden ist (Kugelhaufenreaktor). Die Raumfahrt ist mit Projekten wie der Mission „Chang'e 6“ vom Juni 2024 sichtbar, die erstmals Proben von der erdabgewandten Seite des Mondes auf die Erde brachte. In der Telekommunikationsausrüstung ist das Land schon seit Jahren technologisch auf Augenhöhe und ein international dominanter Player.

Es ist offensichtlich, dass die Volksrepublik sich schon längst nicht mehr alleine auf ihre jahrzehntelang eingeübte Praxis des Kopierens und der illegalen Aneignung bestehender Technologien verlässt. Sie investiert massiv in Wissenschaft und Forschung, um eine eigenständige Innovationskompetenz aufzubauen. So wurden die Aufwendungen für FuE in China von einem geringen zweistelligen Milliardenbetrag im Jahr 2000 auf mehr als 500 Mrd. US-Dollar in 2019 hochgeschraubt. Sie lagen damit kaufkraftbereinigt nicht mehr weit hinter den entsprechenden Ausgaben der USA von damals gut 600 Mrd. US-Dollar (Siebel 2021). Diese Investitionen dürften zum Anstieg des chinesischen Anteils am globalen Handel mit FuE-intensiven Gütern beigetragen haben. Er ist von 13,1 % in 2011 auf 18,3 % im Jahr 2022 geklettert. Der Anteil Deutschlands ist im gleichen Zeitraum von 12,3 % auf 9,6 % gesunken und auch die Zahlen für die USA, Japan, Großbritannien und Frankreich sind rückläufig (EFI 2024).

Die von Staat und Wirtschaft in China genutzten Instrumente des erzwungenen Technologietransfers durch Joint-Venture-Verpflichtungen dürften an Bedeutung verlieren, je mehr die Kapitalausstattung der chinesischen Wirtschaft an Modernität und Breite gewinnt und je mehr chinesische Unternehmen selbst zum Halter von Patenten werden. Denn wer selbst Rechte am geistigen Eigentum hält, erlebt einen Perspektivwechsel hin zu einem größeren Respekt für die Entwicklungsleistungen anderer – so zumindest eine optimistische Sichtweise auf das Thema des „Technologieklaus".

Weitgehend unterhalb des Radars der öffentlichen Meinung in Deutschland vollzieht sich die Flankierung von Made in China 2025 durch Einflussnahme von Vertretern der Volksrepublik auf die Gestaltung internationaler Industriestandards und -normen. Während die Debatten in Politik, Wirtschaft und Medien vorwiegend von der Frage unfairer Subventionen und Marktabschottungen geprägt werden, arbeiten Industrie und Staat in der Volksrepublik daran, mehr Mitsprache und Einfluss in den internationalen Normungsorganisationen zu erlangen. Die Industrien der Welt sollen sich an chinesische Standards anpassen und nicht umgekehrt. Bereits seit einigen Jahren ist eine deutlich verstärkte Aktivität Chinas bei der International Organization for Standardization (ISO) zu beobachten.

So hat sich die Zahl der chinesisch geleiteten Sekretariate in der ISO bis 2022 auf 76 erhöht. Ein Jahr zuvor war sie noch halb so hoch (Mischler 2023). Im Zentrum des Interesses stehen dabei vor allem Standards rund um die Zukunftstechnologien der KI und des Internets der Dinge, der Industrie 4.0, neuer Werkstoffe, smarter Stromnetze und erneuerbarer Energien. Die strategischen Vorarbeiten für die zunehmende Präsenz von Vertretern aus dem Reich der Mitte in den internationalen Normungsorganisationen wurden seit 2018 im Projekt China Standards 2035 geleistet. Dass dieses Thema politisch auf Top-Level läuft, zeigt die Einbindung des Zentralkomitees der Kommunistischen Partei. Sie hat eine eigene Standardisierungsstrategie verabschiedet.

Der industriepolitische Antritt der Volksrepublik wird des Weiteren mittels der Belt and Road Initiative (BRI), den Neuen Seidenstraßen, flankiert. In seiner Rede am 7. September 2013 an der Nasarbayev Universität in der kasachischen Hauptstadt Astana verdeutlichte Staatspräsident Xi Jingping den Stellenwert, den die chinesische Staatsführung der BRI beimisst. Er sprach vom größten Binnenmarkt der Welt, der sich mit rund 3 Mrd. Einwohnern um dieses Projekt der Superlative entwickeln könne (Jingping 2013). Auch wenn für die Binnenmarktvisionen um die neuen Seidenstraßen wenig Chancen auf Realisierung erkennbar sind, ist ihre Bedeutung für die chinesische Industrie erheblich. Die Investitionen im Kontext der BRI sollen den Absatz chinesischer Industriegüter auf den Weltmärkten erleichtern und die internationale Reputation Chinas erhöhen. Das Interesse an dem Projekt ist groß. 136 Nationen und 30 internationale Organisationen hatten bereits bis Juli 2019 Unterlagen zur Kooperation gezeichnet (Hehl et al. 2020, S. 377).

Neben den eurasischen Strängen der BRI, die bis nach Europa unter anderem zum Duisburger Hafen verlaufen, führt das System der neuen Seidenstraßen nach Südostasien, Lateinamerika und Afrika sowie über die polare Route bis nach Russland und Nordeuropa. Zudem begreift sich die BRI mit ihren Varianten einer digitalen und einer grünen Seidenstraße auch in inhaltlichen Dimensionen. Sie ist damit geographisch wie programmatisch breit angelegt und bildet eine gigantische logistische Basis, die von der chinesischen Industrie zur Stärkung ihrer internationalen Präsenz genutzt werden kann.

Instrumentell unterlegt ist die BRI mittels finanzieller Begleitung durch chinesische Großbanken und die 2016 gegründete Asian Infrastructure Investment Bank (AIIB). Die AIIB wurde als internationale Finanzinstitution eingerichtet, die Projekte zur wirtschaftlichen Entwicklung Asiens finanzieren soll. Mit Sitz in Peking, chinesischer Präsidentschaft und 25,6 %-igem Stimmrechtsanteil Chinas dürfte sie ein zusätzlicher Gestaltungshebel für die Umsetzung des ökonomischen und geopolitischen Führungsanspruchs sein, den die Volksrepublik sich gesetzt hat.

Die westlichen Demokratien haben in der Frage des Umgangs mit der AIIB keine einheitliche Position finden können. Während die USA sich gegen den Aufbau der neuen Finanzinstitution unter chinesischer Führung wandten, haben Deutschland und andere EU-Länder den Weg der Konfrontation mit China gescheut und die Kooperation gewählt (Holslag 2022, S. 19 f.). Deutschland stellt den Vizepräsidenten der Bank und ist mit 4,6 %-igem Kapital- und Stimmrechtsanteil viertgrößter Anteilseigner nach China, Indien und Russland. Durch die Einbindung Deutschlands und anderer europäischer Länder ist es der chinesischen Regierung gegen den Willen der USA gelungen, Glaubwürdigkeit für die neue Bank zu gewinnen. Für die Legitimation der AIIB ist dieses ein nicht zu unterschätzender Vorteil.

Trotz des enormen Aufwandes, den die Volksrepublik mit den neuen Seidenstraßen und ihren Finanzierungsstrukturen betreibt, ist die von China betriebene Politik einer geopolitisch flankierten Industrie- und Handelspolitik kein Selbstläufer. Kritik an der Finanzierung und umweltpolitischen Qualität von einzelnen Vorhaben hat den Enthusiasmus für die neuen Seidenstraßen gebremst. „Oberflächliche Kreditvergabe, minderwertige Bautätigkeit und endemische Korruption“ (Senz 2022, S. 8) bei einzelnen BRI-Projekten haben zum Teil erhebliche Skepsis ausgelöst. Die Investitionen in Infrastrukturprojekte der BRI haben vor dem Hintergrund dieser Schwierigkeiten in den letzten Jahren abgenommen. Die anfängliche Begeisterung ist vergangen und die Seidenstraßen-Initiative hat sich auf einem niedrigeren Niveau stabilisiert (Godehard 2022, S. 15). Die chinesische Regierung agiert inzwischen vorsichtiger und achtet genauer als in den ersten Jahren der Initiative auf eine solide Finanzierung von Vorhaben im BRI-Kontext.

Dennoch tragen die neuen Seidenstraßen dazu bei, Märkte für die chinesische Industrie zu erschließen und geopolitisch Einfluss zu gewinnen, und sie erhöhen die Sichtbarkeit des chinesischen Modells einer staatskapitalistischen Autokratie. Es soll der Welt als Alternative zum demokratisch-marktwirtschaftlichen Weg Europas und der G7-Länder entgegengestellt werden. Unterstützend wirkt dabei das Kooperationsformat der BRICS-Staaten, dessen Benennung eine Abkürzung aus den Anfangsbuchstaben der fünf Gründungsmitglieder Brasilien, Russland, Indien, China und Südafrika darstellt. Beim Gipfel im August 2023 in Johannesburg hat die BRICS-Gruppe unter internationaler Beachtung demonstriert, dass sie der westlich geprägten Weltwirtschaftsarchitektur ein eigenes Modell der Zusammenarbeit entgegensetzen will. Seit 2024 erweitert um Ägypten, Äthiopien, den Iran, Saudi-Arabien und die Vereinigten Arabischen Emirate repräsentieren die BRICS inzwischen etwa 25 % des Weltsozialproduktes, mehr als die EU. Weitere Beitrittsgesuche liegen vor und darüber hinaus eine Vielzahl von Interessenbekundungen (XV BRICS Summit 2023, S. 14, Ziff. 91).

Ob man sich eines Tages so weit annähert, dass beispielsweise ein gemeinsamer Binnenmarkt unter Abbau von Zollgrenzen und nichttarifären Handelshemmnissen möglich wird, ist allerdings fraglich. Erhebliche Interessenunterschiede und -gegensätze zwischen den BRICS-Staaten, bis hin zum Kashmir-Konflikt zwischen Indien und China, sprechen vorläufig dagegen. Käme es dennoch auf längere Sicht zur Bildung eines derartigen Binnenmarktes der Superlative, so könnten die Industrien Europas und der G7-Länder unter zusätzlichen Wettbewerbsdruck geraten. Aufgrund der Größe, die ein solcher Markt hätte, könnten Industrieunternehmen aus China ihre ohnehin schon signifikanten Kostenvorteile dann noch weiter ausbauen und so den globalen Wettbewerb weiter verschärfen.

3.4.3 Industrielle Supermacht bis 2049?

Läuft alles nach den Plänen der politischen Entscheider in der Volksrepublik, so stellt sich die Zukunft der Weltwirtschaft spätestens im Jahr 2049 als ein globales Paradies für die chinesische Industrie dar. China würde spätestens zu seinem 100-jährigen Staatsjubiläum kaum mehr Güter der Spitzentechnologie aus den G7-Ländern und Europa kaufen, sondern umgekehrt. Die Terms of Trade hätten sich gedreht. Die europäischen und nordamerikanischen Märkte wären dann vor allem Absatzräume für hochbepreiste Produkte aus dem Reich der Mitte. Die Industrien aus den hoch entwickelten Volkswirtschaften des Westens hätten ihre technologischen Spitzenpositionen weitgehend verloren und würden großenteils zur „Fabrik für China" (Jungbluth 2022, S. 105) werden. Der Untergang der deutschen Photovoltaikindustrie ab 2012 würde sich dann im Nachhinein als ein früher Vorbote für die strukturellen Umbrüche der Weltwirtschaft zugunsten der Industrien in der Volksrepublik darstellen.

Ob es der chinesischen Wirtschaft tatsächlich gelingen wird, einen derartigen Durchmarsch zur global führenden Technologiemacht hinzulegen und internationale Dominanz ihrer Industrien zulasten der Verarbeitenden Gewerbe in Europa, Nordamerika, Japan und Südkorea zu erreichen, ist jedoch offen. Wahrscheinlicher ist es, dass die wirtschaftlichen und industriellen Kraftzentren der Triade aus Nordamerika, Europa und Asien mit Akzentverschiebungen langfristig weiter nebeneinander bestehen bleiben. Anpassungsprozesse wird es geben, die den Industrien der westlichen Welt ein hohes Maß an Flexibilität abverlangen werden. Die globalen Wirtschaftsbeziehungen und die geopolitischen Verhältnisse dürften langfristig jedoch eher von einer Multipolarität als von einer politischen und wirtschaftlichen Marginalisierung der westlichen Industrieländer geprägt sein (Jungbluth 2022, S. 110).

Warum sollte es so kommen und ein Durchmarsch der Volksrepublik bei der Umsetzung ihrer Ambition, bis 2049 zur industriellen Führungsmacht zu avancieren, unwahrscheinlich sein? Die Gründe liegen in verschiedenen strukturellen Problemlagen, die dem weiteren wirtschaftlichen Aufstieg der Volksrepublik nicht zuträglich sind. Die anspruchsvoller werdende Modernisierung des Kapitalstocks, die nicht mehr primär mithilfe der Adaptionen bestehender Technologien aus dem Westen vorangebracht werden kann, wurde als wesentlicher Faktor bereits genannt. Korruption ist in China nach wie vor ein verbreitetes Problem, das Fehlallokationen von Ressourcen begünstigt, auf die Produktivität durchschlägt und sich damit tendenziell wachstumsbremsend auswirkt. Die Verschuldung von Staat, Unternehmen und privaten Haushalten liegt je nach Schätzung in Größenordnungen von rund 300 % des BIP und mehr (Ennoson 2024; Beer 2022, S. 5). Sie hat das Potenzial, sich bremsend auf die Investitionstätigkeit auszuwirken. Die enormen Strukturprobleme des Immobiliensektors sind nach wie vor nicht gelöst.

Besonders weit vorne auf der Liste der wirtschaftlichen und gesellschaftlichen Schwierigkeiten dürfte jedoch die demografische Entwicklung stehen. Sie könnte sich als Bremsfaktor erweisen bei der Umsetzung des Zieles, bis 2049 die Industrieländer der G7 und Europas zu überholen. Bereits 2022, also zehn Jahre früher als von offizieller Seite erwartet, hat der Bevölkerungsrückgang in China eingesetzt. Prognosen sagen bis 2050 eine Schrumpfung der Einwohnerzahl von aktuell noch rund 1,4 Mrd. auf 1,3 Mrd. Einwohner voraus. Die bislang ergriffenen Gegenmaßnahmen der politischen Führung, insbesondere die Abschaffung der Ein-Kind-Politik, zeigen wenig Wirkung. Denn über die Jahrzehnte hat sich ein Familienbild in der Breite der Gesellschaft etabliert, in dem größere Familien kaum Platz finden. Eine Trendwende in der demografischen Entwicklung ist daher nicht in Sicht und ein sinkendes Arbeitskräftepotenzial ist vorprogrammiert. Das Durchschnittsalter der Erwerbsfähigen nimmt zu und das Verhältnis von Rentnern zur aktiven Erwerbsbevölkerung steigt dramatisch. 2020 kam noch eine Person mit 65 und mehr Jahren Lebensalter auf fünf Beschäftigte im Alter von 20 bis 64 Jahren. 2050 wird diese Relation voraussichtlich bei 1 zu 1,5 liegen (taz 2023).

Dem Reich der Mitte stehen hohe Rentenlasten, eine gravierende Knappheit an Arbeitskräften und langfristig steigende Reallöhne bevor. Schon allein um das aktuelle Pro-Kopf-Einkommen in China zu stabilisieren, muss die gesamtwirtschaftliche Leistung pro Beschäftigtem spürbar zunehmen. Das erfordert vor allem weitere Zuwächse in den Industriebranchen, denn sie erwirtschaften überdurchschnittlich hohe Produktivitätszuwächse.

Man könnte einwenden, dass die Zahlen zur Demografie sich in China nicht dramatischer darstellen als in Deutschland. Die größte Volkswirtschaft Europas ist sogar mit einem durchschnittlichen Alter der Bevölkerung von 48 Jahren noch schlechter aufgestellt als das Reich der Mitte mit aktuell rund 38 Jahren. Allerdings gibt es einen entscheidenden Unterschied: Deutschland ist bereits ein Hocheinkommensland und viele Menschen haben in den Jahrzehnten des Wachstums seit dem Zweiten Weltkrieg Vermögen aufbauen können. Die Ausgangsposition für den Umgang mit den Anpassungslasten einer alternden Gesellschaft ist in Deutschland wie auch in anderen G7-Staaten daher günstiger als in China. Und dennoch stellt selbst hierzulande die Finanzierung von Renten, Pflegeleistungen und Gesundheitsvorsorge für den steigenden Anteil alter Menschen bekanntlich eine enorm große Herausforderung dar. Im Reich der Mitte dürften die Lasten, bezogen auf das wirtschaftliche und finanzielle Potenzial des Landes, noch deutlich größer sein. Diese ökonomischen und gesellschaftlichen Problemlagen deuten darauf hin, dass Chinas Aufholprozess kein Selbstläufer ist. Umso größere Bedeutung hat der mit Made in China 2025 angestoßene Prozess. Die Eroberung internationaler Märkte durch hochproduktive Industrien kann die ökonomischen und sozialen Auswirkungen der demografischen Problemlage, in der China sich befindet, zumindest abfedern.

Auch wenn es offen ist, ob der hohe Anspruch Chinas, bis 2049 zur global führenden Technologiemacht aufzusteigen, eines Tages tatsächlich Realität werden wird, ist eines klar: Schon in der mittleren Frist werden sich noch erhebliche Kompetenzzuwächse der chinesischen Industrie einstellen. Mit der Kombination aus Standortvorteilen, technologischen Fortschritten, dem riesigen Binnenmarkt sowie auch Subventionen und einer konsequenten geopolitischen Flankierung durch Regierung und Partei dürften die chinesischen Industrien noch auf viele Jahre hinaus das Verarbeitende Gewerbe in Deutschland, den anderen G7-Ländern und Europa unter erheblichen Wettbewerbsdruck setzen. Es kommt daher darauf an, der deutschen Industrie einen Rahmen zu geben, innerhalb dessen sie ihre Stärken zur Geltung bringen kann. Dafür bedarf es eines Kurswechsels hin zu mehr Marktwirtschaft, einer höheren Standortqualität und einer neuen Technologieoffenheit. Die in diesem Kontext erforderliche Arbeitsteilung zwischen einer horizontalen und einer vertikalen Industriepolitik wird im dritten Teil dieses Buches beschrieben. Im jetzt anschließenden zweiten Teil geht es darum, die verschiedenen Spielarten der Industriepolitik, ihre polit-ökonomischen Hintergründe und ihre praktische Ausprägung in Deutschland und Europa zu erörtern.

Literatur

Bähr et al. (2023): Die Zukunft energieintensiver Industrien in Deutschland. Eine Studie von IW Consult und Frontier Economics im Auftrag des Dezernat Zukunft, Köln 2023

Bauermann, Tom et al. (2024): Ausbau der Stromnetze: Investitionsbedarfe, Institut für Makroökonomie und Konjunkturforschung, Study 97, Dezember 2024

BDEW, Bundesverband der Energie- und Wasserwirtschaft e.V. (2020): Strompreisanalyse Juli 2020, https://ewerk-geiger.de/wp-content/uploads/2024/04/BDEW-Strompreisanalyse_Juli-2020.pdf, zugegriffen am 12. August 2025

BDEW, Bundesverband der Energie- und Wasserwirtschaft e.V. (2025a): Installierte Leistung der Stromerzeugung in Deutschland. Stromerzeugungsanlagen in Deutschland nach Energieträgern und installierter Leistung, 15. Juli 2025, https://www.bdew.de/service/daten-und-grafiken/stromerzeugung-installierte-leistung/, zugegriffen am 12. August 2025

BDEW, Bundesverband der Energie- und Wasserwirtschaft e.V. (2025b): Bruttostromerzeugung in Deutschland. Wie viel Strom brutto in Deutschland erzeugt wird – absolut in Kilowattstunde und relativ in Prozent je nach Art der Erzeugung, 15. Juli 2025, https://www.bdew.de/service/daten-und-grafiken/bruttostromerzeugung-deutschland/, zugegriffen am 12. August 2025

BDEW, Bundesverband der Energie- und Wasserwirtschaft e.V. (2025c): BDEW Strompreisanalyse Juli 2025, https://www.bdew.de/media/documents/BDEW_Strompreisanalyse_072025_1.pdf, zugegriffen am 30. August 2025

BDI, Bundesverband der Deutschen Industrie (2024): Transformationspfade für das Industrieland Deutschland. Eckpunkte für eine neue industriepolitische Agenda, Studie der Boston Consulting Group und des Instituts der Deutschen Wirtschaft im Auftrag des BDI, September 2024

Beer, Sonja (2022): Chinas Immobilien-Sektor: Wie groß ist die Krise?, in: IW-Report 19/2022

Bickenbach, Frank et al. (2024): Foul Play? On the Scale and Scope of Industrial Subsidies in China, Kiel Policy Brief No. 173, April 2024

Birshan, Michael et al. (2022): Spiel, Satz, Sieg: Mit der Klimawende gewinnen, McKinsey & Company, 3. Mai 2022, https://www.mckinsey.com/de/publikationen/2022-05-03-spiel-satz-sieg, zugegriffen am 6. März 2025

Bitkom, Bundesverband Informationswirtschaft, Telekommunikation und neue Medien (2024a): Deutsche Unternehmen nutzen ihre Daten kaum, Presseinformation, 11. Juni 2024

Bitkom, Bundesverband Informationswirtschaft, Telekommunikation und neue Medien (2024b): Umsetzung des AI Acts entscheidet über Europas Chancen bei KI, Berlin, Februar 2024

BMU, Bundesministerium für Umwelt, Naturschutz und nukleare Sicherheit, Hrsg. (2021): GreenTech Made in Germany 2021. Umwelttechnik-Atlas 2021 für Deutschland, Berlin, Februar 2021

BMWE, Bundesministerium für Wirtschaft und Energie (2020a): Wachstum und Wettbewerbsfähigkeit. Jetzt muss gehandelt werden – Das ist das Resümee der Standortkonferenz 2020 in Berlin, in: Schlaglichter der Wirtschaftspolitik, September 2020

BMWE, Bundesministerium für Wirtschaft und Energie (2020b): Die Nationale Wasserstoffstrategie, Berlin, Juni 2020

BMWE, Bundesministerium für Wirtschaft und Klimaschutz (2025a): Klimaneutral werden, wettbewerbsfähig bleiben, September 2025, https://www.bundeswirtschaftsministerium.de/Redaktion/DE/Downloads/J-L/klimaneutral-werden-wettbewerbsfaehig-bleiben.pdf?__blob=publicationFile&v=22, zugegriffen am 23. September 2025

BMWE, Bundesministerium für Wirtschaft und Klimaschutz (2025b): Entwurf eines Gesetzes zur Beschleunigung der Verfügbarkeit von Wasserstoff und zur Änderung weiterer rechtlicher Rahmenbedingungen für den Wasserstoffhochlauf sowie zur Änderung weiterer energierechtlicher Vorschriften, Bearbeitungsstand: 7. Juli 2025, 13:42 Uhr, https://www.bundeswirtschaftsministerium.de/Redaktion/DE/Downloads/W/wasserstoffbeschleunigungsgesetz-bmwe-anhoerung.pdf?__blob=publicationFile&v=8, zugegriffen am 31. August 2025

BMWE, Bundesministerium für Wirtschaft und Energie (2026): Grundsatzeinigung mit der Europäischen Kommission über Eckpunkte der Kraftwerksstrategie, Pressemitteilung vom 15. Januar 2026

BMWK, Bundesministerium für Wirtschaft und Klimaschutz (2024a): Einigung zur Kraftwerksstrategie, Presseerklärung vom 5. Februar 2024

BMWK, Bundesministerium für Wirtschaft und Klimaschutz (2024b): Importstrategie für Wasserstoff und Wasserstoffderivate, Berlin Juli 2024

Bundesnetzagentur (2025): Genehmigung des Szenariorahmens für den Netzentwicklungsplan Strom 2025-2037/2045, Bonn, April 2025

Bundesnetzagentur (2024): Netzengpassmanagement im Jahr 2023, 17. Mai 2024, https://www.smard.de/page/home/topic-article/444/213590, zugegriffen am 31. August 2025

Bundesverfassungsgericht (1983): BVerfG, Urteil des Ersten Senats vom 15. Dezember 1983, 1 BvR 209/83, Rn. 1-215

CDU, CSU und SPD (2025): Verantwortung für Deutschland. Koalitionsvertrag zwischen CDU, CSU und SPD, 21. Legislaturperiode

Colditz, Tom (2025): Effizienz-Durchbruch bei Wasserstoff-Elektrolyse, in: Edison, 25. August 2024, https://edison.media/energie/effizienz-durchbruch-bei-wasserstoff-elektrolyse/25229279/, zugegriffen am 31. August 2025

DDV, Deutscher Dialogmarketing Verband (2022): Datenschutz in Deutschland: Was Verbraucher wirklich denken 2022, https://www.ddv.de/verband/studien/datenschutz-report-datenschutz-in-deutschland-was-verbraucher-wirklich-denken.html, Registrierung beim DDV erforderlich, zugegriffen am 3. September 2025

Der Landesbeauftragte für Datenschutz und Informationsfreiheit Baden-Württemberg (2023): Diskussionspapier: Rechtsgrundlagen im Datenschutz beim Einsatz von Künstlicher Intelligenz. Wann und wie dürfen personenbezogene Daten für das Training und die Anwendung von Künstlicher Intelligenz verarbeitet werden?, Version 1.0 vom 7. November 2023

Deutsche Bundesbank (2024): Direktinvestitionsstatistik. Tabellen der statistischen Fachreihe, https://www.bundesbank.de/de/statistiken/aussenwirtschaft/direktinvestitionen/direktinvestitionsstatistiken-804078, zugegriffen am 3. September 2025

Deutscher Bundestag (2022): Wasserstoffbedarf, Ausarbeitung WD 5 – 3000 – 024/22, 02. März 2022

DIHK, Deutsche Industrie- und Handelskammer (2023): Industriestandort Deutschland: Strukturschwächen beseitigen. DIHK-Umfrage im Netzwerk Industrie 2023, Berlin 2023

Dörr, Luisa et al. (2024): Experteneinschätzungen zum globalen Standortwettbewerb. ifo Forschungsbericht 142/2024, München März 2024

DSGVO, Verordnung (EU) 2016/679 des Europäischen Parlamentes und des Rates vom 27. April 2016 zum Schutz natürlicher Personen bei der Verarbeitung personenbezogener Daten, zum freien Datenverkehr und zur Aufhebung der Richtlinie 95/46/EG (Datenschutz-Grundverordnung), in: Amtsblatt der Europäischen Union, L 119/1

EFI, Expertenkommission Forschung und Innovation (2024): F&I-Dashboard. Anteil ausgewählter Länder am Welthandel mit FuE-intensiven Gütern, https://www.e-fi.de/dashboard/dev/wertschoepfung-und-spezialisierung/welthandelsanteile, zugegriffen am 23. Januar 2025

El-Dbeissi, Louisa (2024): Datenschutzgesetze in den USA – Ein Überblick, 30. Januar 2024, https://www.datenschutzkanzlei.de/datenschutzgesetze-in-den-usa-ein-ueberblick/, zugegriffen am 4. September 2025

Elsberg, Marc (2012): Blackout. Morgen ist es zu spät, Blanvalet, München 2012

Energy Brainpool GmbH & Co KG (2017): Greenpeace Energy und Energy Brainpool veröffentlichen Studie über die kalte Dunkelflaute, Pressemeldung vom 29. Juni 2017

Ennoson, Doi (2024): China: Die 12-Billionen-Schuldenbombe – Stabilität oder Risiko?, in: Finanzmarktwelt, 11. November 2024. Abrufbar unter: https://finanzmarktwelt.de/china-die-12-billionen-schuldenbombe-stabilitaet-oder-risiko-329419/

European Center for Digital Competitiveness by ESCP Business School (2024): Digitalreport 2024, Berlin 2024

European Commission (2024): GHG emissions of all world countries. 2024 report. Luxembourg. Publications Office of the European Union, 2024

Europäische Kommission (2024): Gestaltung der digitalen Zukunft Europas. KI-Gesetz, 22. Juli 2024, https://digital-strategy.ec.europa.eu/de/policies/regulatory-framework-ai, zugegriffen am 04. September 2025

Europäischer Datenschutzausschuss (2019): Leitlinien 3/2018 zum räumlichen Anwendungsbereich der DSGVO (Artikel 3) Version 2.0 vom 12. November 2019

XV BRICS Summit (2023): Johannesburg II Declaration, Sandton, Gauteng, South Africa, 23. August 2023

Freytag, Bernd et al. (2023): Die Mär vom Wirtschaftswunder, in: FAZNET, 16. Mai 2023

Gausling, Tina (2020): KI und DS-GVO im Spannungsverhältnis, in: Ballestrem, Johannes Graf et al. (2020): Künstliche Intelligenz. Rechtsgrundlagen und Strategien der Praxis, Springer Gabler, Wiesbaden 2020, S. 11–53

Geinitz, Christian (2024): Ampel-Koalition plant weiteren Strompreisaufschlag, in: FAZNEZ, 8. Juli 2024

Godehardt, Nadine (2022): Andocken-Diskursmacht-Versicherheitlichung. Chinas geopolitischer Code und die Belt and Road Initiative, in: Aus Politik und Zeitgeschichte. Zeitschrift der Bundeszentrale für politische Bildung. Beilage zur Wochenzeitung Das Parlament, 72. Jahrgang 43-45/2022, S. 11–17

Grimm, Veronika et al. (2024): Stromgestehungskosten von Erneuerbaren sind kein guter Indikator für zukünftige Stromkosten, in: Wirtschaftsdienst, 2024 Vol. 104, S. 387–394

Hehl, Johanna et al. (2020): Außenhandel, in: Darimont, Barbara (Hrsg.): Wirtschaftspolitik in der Volksrepublik China, Springer Gabler, Wiesbaden 2020, S. 355–390

Herzner, Robert und Merle, Julia (2025): Arbeitsmarkt China. Bei schwacher Konjunktur steigt das Angebot an Arbeitskräften, GTAI Germany Trade & Invest, 20. Dezember 2024, https://www.gtai.de/blueprint/servlet/gtai-de/trade/china-wirtschaft/arbeitsmarkt, zugegriffen am 4. September 2025

Heymann, Eric und Bauer, Josef (2019): Kapazitätsauslastung im deutschen Stromsektor sinkt stetig, Deutsche Bank Research, Aktueller Kommentar, 5. Juni 2019

Holslag, Jonathan (2022): Im Wettstreit um Konnektivität, in: Aus Politik und Zeitgeschichte. Zeitschrift der Bundeszentrale für politische Bildung. Beilage zur Wochenzeitung Das Parlament, 72. Jahrgang 43 – 45/2022, S. 18–24

IEA, International Energy Agency (2022): Solar PV Global Supply Chains. An IEA Special Report, revised version Paris, August 2022.

IEA, International Energy Agency (2023a): Global Hydrogen Review 2023, Revised Version, Paris, September and December 2023

IEA, International Energy Agency (2023b): World Energy Outlook 2023, Paris, October 2023

IfW, Institut für Weltwirtschaft Kiel (2020): Analyse der industrierelevanten wirtschaftlichen Rahmenbedingungen im internationalen Vergleich, Projekt Nr. 24/19, Studie im Auftrag des Bundesministeriums für Wirtschaft und Energie, Endbericht 29. Mai 2020

IfW, Institut für Weltwirtschaft Kiel (2024): Ausgleichszölle auf chinesische Elektroautos: Chance für EU, offen, nachhaltig, und entschlossen zu agieren, Medieninformation, 4. Juli 2024

IMD, Institute for Management Development (2024): World Digital Competitiveness Ranking, https://imd.widen.net/s/xvhldkrrkw/20241111-wcc-digital-report-2024-wip, zugegriffen am 8. August 2025

IW Consult GmbH (2022): Monitoring zur industriellen Entwicklung im Rahmen der Industriestrategie 2030. Studie im Auftrag des Bundesministeriums für Wirtschaft und Klimaschutz, Köln 2022

Jingping, Xi (2013): Promote Friendship Between Our People and Work Together to Build a Bright Future, Rede gehalten am 7. September 2013 an der Nasarbayev Universität in Astana, Kasachstan

Jungbluth, Cora Francisca (2022): Aufstieg des Ostens, Abstieg des Westens? Was Chinas wirtschaftliche Entwicklung für die Welt bedeutet, in: Rupprecht, Manuel (Hrsg.): Herausgeforderte Wirtschaft. Chinas Aufstieg, Post Corona-Ökonomie, Klimawandel, Verlag W. Kohlhammer, 1. Aufl., Stuttgart 2022, S. 85–116

Klawitter, Alicia und Gründel, Marleen (2024): Wir haben alle Chancen, um ein Wirtschaftswunder 2.0 zu initiieren, Interview mit Siemens-Chef Roland Busch, in: Managermagazin vom 25. Juli 2024

Lamade, Johannes (2020): Wirtschaftspolitische Ziele und Diskurse, in: Darimont, Barbara (Hrsg.): Wirtschaftspolitik in der Volksrepublik China, Verlag Springer Gabler, Wiesbaden 2020, S. 51–68

Meta Platforms Inc. (2023): Form 10-K. Annual Report Pursuant to Section 13 OR 15(d) of the Securities Exchange Act of 1934 For the fiscal year ended December 31

Mischler, Gerd (2023): EU reagiert auf China Standards 2035, in: Produktion, 19. April 2023. Abrufbar unter: https://www.produktion.de/wirtschaft/eu-reagiert-auf-china-standards-2035-629.html

Noy, Shakked und Zhang, Whitney (2023): Experimental Evidence on the Productivity Effects of Generative Artificial Intelligence, in: Science, Vol. 381, Issue 6654, pp. 187–192, 13th July 2023

OECD (2024): Average annual hours actually worked per worker, OECD Labour Force Statistics, https://stats.oecd.org/index.aspx?DataSetCode=ANHRS, zugegriffen am 31. August 2025

Osterhage, Wolfgang (2023): Vom Ding an sich zum Internet der Dinge. Löst Künstliche Intelligenz das Problem der subjektiven Erkenntnis?, Springer Vieweg, Wiesbaden 2023

Petersen, Thieß (2020): Diginomics verstehen. Ökonomie im Lichte der Digitalisierung, UVK Verlag, München 2020

Piopiunik, Marco und Wößmann, Ludger (2011): Folgekosten unzureichender Bildung durch entgangenes Wirtschaftswachstum, in: Wirtschaftsdienst, 2011 Vol. 91, Sonderheft, S. 34–41

Posch, Daniel (2020): Made in China 2025: Vorsprung durch Technik?, in: „Zeitschrift für gesellschafts-, wirtschafts- und umweltpolitische Alternativen", 2020 (Heft 4), S. 13–25

Projektgruppe Gemeinschaftsdiagnose (2023): Kaufkraft kehrt zurück – Politische Unsicherheit hoch. Gemeinschaftsdiagnose Herbst 2023, abgeschlossen in Halle (Saale) am 22. September 2023

Projektgruppe Gemeinschaftsdiagnose (2025): Geopolitischer Umbruch verschärft Krise – Strukturreformen noch dringlicher, Gemeinschaftsdiagnose Frühjahr 2025, abgeschlossen in Essen am 4. April 2025

Schäbitz, Til und Arnold, Ben (2025): Nationale Wasserstoffstrategie. Ziele werden „krachend verfehlt", Tagesschau, Stand: 12.08.2025, 05:31 Uhr, https://www.tagesschau.de/investigativ/mdr/gruener-wasserstoff-108.html, zugegriffen am 31. August 2025

Schaller, Daria et al. (2023): KI, Cloud Computing und Blockchain – wo steht die deutsche Wirtschaft?, in: ifo Schnelldienst, 76. Jahrgang, 8/2023, 16. August 2023, S. 3–9

Senz, Anja D. (2022): Von Gürteln, Straßen und Ambitionen. China und die neuen Seidenstraßen, in: Aus Politik und Zeitgeschichte. Zeitschrift der Bundeszentrale für politische Bildung. Beilage zur Wochenzeitung Das Parlament, 72. Jahrgang 43 – 45/2022, S. 4–10

Siebel, Thomas (2021): USA und China investieren mehr in Forschung als die EU, Springer Professional, 31. März 2021, https://www.springerprofessional.de/unternehmen%2D%2D-institutionen/werkstofftechnik/usa-und-china-investieren-mehr-in-forschung-als-die-eu/19019602, zugegriffen am 6. September 2025

Sinn, Hans-Werner (2023): Ein Plädoyer gegen Alleingänge in der Klimapolitik, in: Frankfurter Allgemeine Zeitung, 24. August 2023

Stiftung Familienunternehmen (Hrsg. 2025): Länderindex Familienunternehmen, 10. Aufl., erstellt vom ZEW-Leibniz-Zentrum für Europäische Wirtschaftsforschung, München 2025

Stratmann, Klaus (2024): Deutschland braucht Reservekraftwerke – und 60 Milliarden Euro, in: Handelsblatt, 5. Januar 2024

Straubhaar, Thomas (2021): Datenwirtschaft: Was ist neu und anders?, in: Straubhaar, Thomas (Hrsg.): Neuvermessung der Datenökonomie, Hamburg University Press, Hamburg 2021, S. 9–25

SVR, Sachverständigenrat zur Begutachtung der gesamtwirtschaftlichen Entwicklung (2021): Jahresgutachten 2021/22, Wiesbaden 2021

SVR, Sachverständigenrat zur Begutachtung der gesamtwirtschaftlichen Entwicklung (2023): Jahresgutachten 2023/2024, Wiesbaden 2023

taz (2023): China fehlen bald die Arbeitskräfte, 17. Januar 2023

Vahrenholt, Fritz (2023): Die große Energiekrise und wie wir sie bewältigen können, 3. Aufl., Langen Müller Verlag, München 2023

VDE, Verband der Elektrotechnik, Elektronik, Informationstechnik e.V. (2023): Chat GPT und andere Generative KI: Einordnung, Herausforderungen, Handlungsräume, in: VDE Kurzbriefing, Juni 2023

vbw, Vereinigung der Bayerischen Wirtschaft e.V., Hrsg. (2023): Internationaler Energiepreisvergleich für die Industrie, (Studie der Prognos AG), München, Oktober 2023

Vernunftkraft. Bundesinitiative für vernünftige Energiepolitik (2017): Energiewende trifft frostige Wirklichkeit, Januar 2017, https://www.vernunftkraft.de/kaltflaute/, zugegriffen am 30. August 2025

Verordnung (EU) 2024/1689 des Europäischen Parlamentes und des Rates vom 13. Juni 2024 zur Festlegung harmonisierter Vorschriften für künstliche Intelligenz und zur Änderung der Verordnungen (EG) Nr. 300/2008, (EU) Nr. 167/2013, (EU) Nr. 168/2013, (EU) 2018/858, (EU) 2018/1139 und (EU) 2019/2144 sowie der Richtlinien 2014/90/EU, (EU) 2016/797 und (EU) 2020/1828 (Verordnung über künstliche Intelligenz), in: Amtsblatt der Europäischen Union, Reihe L, 12. Juli 2024

Vöpel, Henning (2021): Die digitale Revolution. Der große Übergang in die Datenökonomie, in: Straubhaar, Thomas (Hrsg.): Neuvermessung der Datenökonomie, Hamburg University Press, Hamburg 2021, S. 29–39

Weber, Max (1919): Politik als Beruf, Reclams Universal-Bibliothek Nr. 8833, Nachdruck der Erstveröffentlichung aus dem Jahre 1919

Weimann, Joachim (2023): Womit Hans-Werner Sinn recht hat, in: Frankfurter Allgemeine Zeitung, 13. September 2023

Weissbach, Daniel et al. (2013): Energy intensities, EROIs (energy returned on invested) and energy payback times for electricity generating power plants, in: Energy, 52 (2013), pp. 210–221

Wirth, Harry (2025): Aktuelle Fakten zur Photovoltaik in Deutschland, Fraunhofer ISE, Freiburg, Fassung vom 18. August 2025

Wirtschaftsvereinigung Stahl (2021): Ein Transformationsprogramm für die Stahlindustrie in Deutschland. 10 Forderungen an eine neue Bundesregierung für die ersten 100 Tage, Oktober 2021, www.wvstahl.de/wp-content/uploads/WV-Stahl_Positionspapier_Transformationsprogramm_2021-RZ_Web.pdf, zugegriffen am 15. März 2025

Wuttke, Jörg (2021): China: Ansporn oder Bedrohung für die deutsche Wirtschaft?, in: Thomaschewsky, Dieter und Völker, Rainer (Hrsg.): Standort Deutschland. Herausforderungen und notwendige Reformen, Verlag W. Kohlhammer, Stuttgart 2021

Teil II

Der industriepolitische Kurs in Deutschland und Europa

4 Warum Industriepolitik attraktiv ist

Zu Zeiten Ludwig Erhards als amtierender Bundeswirtschaftsminister hätte man es nicht geglaubt, aber gezielte Subventionspolitik zur Stützung von Industrieunternehmen hat sich über die Jahrzehnte zu einem festen Bestandteil der Wirtschaftspolitik in Deutschland entwickelt. Was für die Ikone der Wirtschaftswunderjahre noch interventionistisches Teufelszeug war, ist mit jeder der Wirtschaftskrisen und ökonomischen Umbrüche der letzten Jahrzehnte weiter ausgebaut worden.

Einen besonders groß dimensionierten und über Jahre anhaltenden Förderschub erfuhr die Industrie im Kontext der deutschen Vereinigung. Die im planwirtschaftlich organisierten System der DDR heruntergewirtschafteten Unternehmen des Verarbeitenden Gewerbes waren im marktwirtschaftlichen Wettbewerb nicht konkurrenzfähig, schon gar nicht unter den Bedingungen der deutsch-deutschen Währungsunion, deren Umtauschverhältnis den großen Produktivitätsrückständen der DDR-Unternehmen gegenüber den westdeutschen nicht Rechnung trug. Die Überführung des ostdeutschen Industriesektors in moderne Strukturen und in großen Teilen auch seine Abwicklung erforderte einen massiven Einsatz fiskalischer und regulativer Instrumente. Es war allerdings ein historischer Ausnahmefall, der ein industriepolitisches Eingreifen unausweichlich machte. So wurden die entsprechenden Unterstützungsmaßnahmen im Zeitablauf auch wieder reduziert, was zum Rückgang der Subventionsquote beitrug, die von rund 3,4 % des BIP kurz nach der deutschen Vereinigung auf etwa 2 % bis zur Weltfinanzkrise der Jahre 2007/2008 fiel.

In eben dieser Krise vollzog sich ein weiterer Subventionsschub. Es wurden Rettungsprogramme der Superlative verabschiedet, die primär die Kapital- und Finanzmärkte stützten, aber darüber hinaus – mehr mittelbar als unmittelbar – auch den auf eine funktionierende Versorgung mit Investitionskapital angewiesenen Unternehmen der Industrie zugutekamen. Die Bundesregierung richtete den Finanzmarktstabilisierungsfonds ein, der staatliche Kreditgarantien in Höhe von 400 Mrd. € für den Bankensektor vorsah und

W. Horstmann, *Industriepolitik und Wohlstand*,
https://doi.org/10.1007/978-3-658-50739-8_4

80 Mrd. € für Beteiligungen der öffentlichen Hand (Rekapitalisierung) an Finanzinstituten. Zudem wurde mit dem Wirtschaftsfonds Deutschland (Deutschlandfonds) ein Instrument eingerichtet, das für Kredite und Bürgschaften für Unternehmen aus dem Dienstleistungs- und Industriesektor ein Finanzvolumen von gut 100 Mrd. € bereitstellte.

Zehn Jahre später, in der Coronakrise, traf man erneut Unterstützungsmaßnahmen im Großformat. Die Politik setzte mit dem Wirtschaftsstabilisierungsfonds (WSF) ein Instrument ein, das Finanzmittel in Höhe von 600 Mrd. € bereitstellte, die überwiegend für eine Gewährung von staatlichen Kreditgarantien und zu einem kleineren Teil auch für die Rekapitalisierung von Unternehmen vorgesehen waren. Ab Januar 2022 wurde das Volumen auf 250 Mrd. € begrenzt und neue Förderanträge konnten nur noch bis Ende Juni 2022 gestellt werden. Insofern schien hier zunächst ein Sunsetprozess eingeleitet worden zu sein. Allerdings beschloss die damalige Bundesregierung, den WSF in anderer Weise fortzuführen: Sie wies dem Fonds den Zweck zu, die Folgen aus der Energiekrise abzufedern, die nach dem russischen Überfall auf die Ukraine im Februar 2022 vorübergehend zu einer Explosion der Gas- und Strompreise geführt hatte. Der Fonds verfügte über die Ermächtigung, sich durch Schuldenaufnahme am Kapitalmarkt in Höhe von bis zu 200 Mrd. € zu refinanzieren. Letztendlich wurde der WSF aber dennoch aufgelöst, dieses aber nicht auf Betreiben der Politik, sondern weil das Bundesverfassungsgericht ein weitreichendes Urteil fällte: Am 15. November 2023 erklärte es das Zweite Nachtragshaushaltsgesetz 2021 im Bund für verfassungswidrig (Bundesverfassungsgericht 2023). In der Folge wurde auch der WSF aufgelöst (DIHK 2024).

Das verbindende Element all dieser Krisenbewältigungsprogramme ist die Vorgehensweise einer mit hohen Finanzvolumina und großer Intensität eingreifenden öffentlichen Hand. Sie hat den Interventionsstaat enttabuisiert. In der Folge dieser Enttabuisierung rückte Industriepolitik mehr und mehr ins Blickfeld der politischen Parteien. Inzwischen gelangt sie nicht nur zur Anwendung, um die Industrie in Zeiten epochaler Krisen zu begleiten, sondern sie wird zur Erfüllung einer Vielzahl unterschiedlicher Zwecke ins Feld geführt. Industriepolitische Eingriffe sollen die Dekarbonisierung der deutschen Industrie begleiten und voranbringen, die digitale Transformation beschleunigen, den internationalen Konkurrenzdruck auf das Verarbeitende Gewerbe mindern, die Lieferketten stabilisieren, gut bezahlte Beschäftigungsmöglichkeiten herbeiführen sowie – mit besonderer Dringlichkeit im Vorfeld politischer Wahlen – gelegentlich auch drohende Verluste von Arbeitsplätzen in insolvenzbedrohten Industrieunternehmen abwenden.

Für die industriepolitischen Entscheider in Regierungen und Parlamenten ergeben sich aus all dem zusätzliche Profilierungsmöglichkeiten im politischen Wettbewerb, denn Industriepolitik bietet eine sichtbare Bühne. Wer sie klug nutzt, kann in der Wählergunst punkten: Als Kümmerer um Industriearbeitsplätze vor Ort, als Verhinderer regionaler Einbußen an Wertschöpfung, etwa wenn Industrieunternehmen ihren Standort verlagern, sowie ganz generell als vorausschauender Denker und Lenker, der heraufziehende Gefahren für das industrielle Herz der deutschen Wirtschaft frühzeitig erkennt, konsequent gegensteuert oder Transformationsstrategien entwirft. Industriepolitik bietet sich an als Trumpf im demokratischen Wettbewerb. Die Ausführungen in diesem Kapitel konzentrieren sich auf diese polit-ökonomischen Zusammenhänge. Bevor diese dargelegt werden, gilt es jedoch zu klären, was unter Industriepolitik überhaupt zu verstehen ist.

4.1 Begriffsbestimmung in Dualismen

Historische Tatsache ist, dass Regierungsapparate sich zu keiner Zeit aus dem Wirtschaftsgeschehen herausgehalten haben. Wie sollte das auch möglich sein angesichts derjenigen Aufgaben, die schon in einem engen Staatsverständnis mindestens zu erfüllen sind? Ein funktionsfähiges Rechtssystem muss etabliert werden und die Sicherheit des Gemeinwesens gegen innere und äußere Bedrohungen ist zu gewährleisten. Um all dieses finanzieren zu können, bedarf es zudem noch eines effektiven Steuer- und Haushaltswesens. Schon allein mit der Ausübung dieser staatlichen Grundfunktionen beeinflusst die öffentliche Hand das Umfeld, innerhalb dessen sich Wirtschaft und Industrie entfalten oder eben nicht entfalten können. Sie tut es umso mehr mit der Wahrnehmung der sehr viel weiter gefassten Aufgaben, die in den modernen Industriegesellschaften mit ihrem sozialpolitischen Anspruch und einem raschen technologischen Wandel zum Gegenstand regierungsamtlicher Aktivitäten geworden sind.

Die Staatsquote vermittelt einen Eindruck vom Ausmaß dieser Aktivitäten. Sie misst das „Grundrauschen" von Gebietskörperschaften und Sozialversicherungen in Form des Anteils der von ihnen verausgabten Finanzmittel am BIP. In Deutschland ist diese Quote seit 1960 von 33 % auf inzwischen rund 50 % angestiegen. Auswirkungen auf industrielle Produktion am Wirtschaftsstandort bleiben bei einer solchen Entwicklung aufgrund der damit verbundenen Besteuerung, Ausgabentätigkeit und Verwaltungsaktivität nicht aus.

Was in der Staatsquote nicht erfasst wird, aber dennoch enorme Auswirkungen auf die Ökonomie und ihre strukturelle Zusammensetzung erzeugt, ist die Regulierungstätigkeit der öffentlichen Hand. Ob es um das Datenschutzregime, Bauvorschriften, umweltrechtliche Regelungen, verkehrsrechtliche Bestimmungen oder handelspolitische Entscheidungen geht: Der Einfluss des Staates auf das wirtschaftliche Geschehen im Allgemeinen und die Industrie im Speziellen geht weit über seine in monetären Größen bezifferbare Ausgaben- und Einnahmentätigkeit hinaus.

Allerdings ist nicht alles, was industrierelevant ist, auch zugleich industriepolitisch motiviert. Eine Erhöhung oder auch Rückführung der Staatsquote wird man nicht als einen industriepolitisch begründeten Schritt, sondern als Maßnahme der allgemeinen Wirtschaftspolitik begreifen. Und sie bietet nicht das, was beispielsweise Förderprogramme zugunsten einzelner Industrien besonders attraktiv für Akteure im politischen Wettbewerb macht: Konkretes Handeln auf der öffentlichen Bühne mit direkt zurechenbaren Nutzen für die jeweiligen Subventionsempfänger. Die politischen Adressaten sind die begünstigten Wählerinnen und Wähler, von denen trotz des Trends zu einem volatilen Abstimmungsverhalten und erstarkender politischer Ränder das Gros sich immer noch in der Mitte des politischen Spektrums bewegt.

Im Zeitablauf hat sich ein vielfältiges Instrumentarium der Industriepolitik entwickelt. Die unterschiedlichsten Maßnahmen sind ins Werk gesetzt worden, um industrielle Aktivität anzuregen oder auch zu bremsen. Es ging in alle Richtungen: Der Staat hat liberalisiert und Industriebranchen entfesselt. Er hat Technikverbote erlassen und Märkte abgewürgt. Er hat mit Forschungsgeldern Innovationen angeregt, aber auch marode Firmen am Leben gehalten. Als Auftraggeber hat die öffentliche Hand Geschäftsvolumen kreiert und durchaus auch das eine oder andere Einzelunternehmen vor der Insolvenz bewahrt. Und schließlich lassen Regierungen mit exportfördernden Maßnahmen und Einfuhrabgaben ihren Heimatindustrien immer wieder Protektion angedeihen, eine Strategie, die aktuell von der zweiten Trump-Administration in den USA mit Vehemenz verfolgt wird (vgl. Abschn. 9.7).

In einer weit gefassten Sichtweise beinhaltet Industriepolitik alle „Maßnahmen des Staates zum Erhalt, zur Anpassung, Gestaltung und Wachstumsförderung der Industrie" (Simons 1997, S. 8). Die Definition drückt aus, was Industriepolitik in ihrem vollen Spektrum letztendlich darstellt: Ein „Multitool", das Steuerungshebel für zahlreiche wirtschaftspolitische Zwecke bietet, sofern sie auch nur in einem entfernten Zusammenhang mit industrieller Wertschöpfung stehen. Alle diese Maßnahmen im Detail systematisch zu erläutern und einzuordnen, würde ganze Bibliotheken füllen. Praktikabel ist eine Begriffsannäherung in Dualismen, die zwischen horizontalen und vertikalen Ansätzen einerseits und zwischen aktiven und aktivierenden Eingriffen der Industriepolitik andererseits unterscheidet.[1]

4.1.1 Horizontale versus vertikale Industriepolitik

Eine horizontal angelegte Industriepolitik zielt darauf ab, die Standortbedingungen für industrielle Wertschöpfung zu stärken, ohne dabei Verfälschungen des Wettbewerbs oder diskriminierende Wirkungen zu erzeugen. Sie geht „sektorunabhängig" vor und „vermeidet daher kleinteilige Eingriffe zugunsten einzelner Interessengruppen" (SVR 2019, S. 145). Stattdessen beinhaltet horizontale Industriepolitik „Maßnahmen, die (weitgehend) alle Branchen und Unternehmen betreffen" (Wissenschaftlicher Beirat 2025, S. 6). Auf einer gedanklichen Skala, die sich von marktliberalen bis hin zu staatlich-interventionslastigen Ansätzen erstreckt, bewegt sich diese Ausprägung der Industriepolitik relativ nahe am marktwirtschaftlichen Pol. Strategien eines „Picking the Winners", die Technologien, Unternehmen oder Branchen identifizieren, die man mit öffentlichen

[1] Ergänzend sei auf den angelsächsischen Sprachgebrauch hingewiesen. Dort hat der Terminus „Industry" eine allgemeinere Bedeutung als im Deutschen. Im Englischen wird beispielsweise von der „Financial Industry" oder sogar von „Service Industries" gesprochen, bei denen es sich um Dienstleistungsbranchen handelt. Im Rahmen dieses Buches wird der Begriff „Industrie" hingegen im engeren Sinne, also die Branchen des Verarbeitenden Gewerbes umfassend, verwendet (vgl. Kap. 2, Fußnote 5).

Geldern oder regulatorischen Vergünstigungen fördert, sind mit horizontalen Ansätzen nicht vereinbar.

Horizontale Industriepolitik stellt die regulatorischen und förderpolitischen Hebel des Staates jedoch nicht nur in einer möglichst strukturneutralen und diskriminierungsfreien Form ein. Sie zielt zusätzlich darauf ab, die Attraktivität des jeweiligen Wirtschaftsstandorts in der Konkurrenz der internationalen Lokationen für anlagesuchendes Kapital hochzuhalten. Standortspezifische Parameter wie beispielsweise die Kosten für Energie und den Faktor Arbeit, die Qualität der digitalen und sonstigen Infrastrukturen, die Höhe der Unternehmensbesteuerung oder die Leistungsfähigkeit des Bildungssystems stehen im Fokus dieses Ansatzes. Horizontale Industriepolitik schafft auf diese Weise attraktive Rahmenbedingungen für die Investitionstätigkeit des Privatsektors und ist damit der Ausweitung der gesamtwirtschaftlichen Produktionsmöglichkeiten im Wachstumsprozess zuträglich, die anhand des einfachen Modells einer Zwei-Sektoren-Ökonomie bereits erläutert worden ist (vgl. Abschn. 2.2.1). Im Ergebnis schafft horizontale Industriepolitik die Voraussetzungen dafür, dass nicht nur der Output von Industriegütern, sondern auch der von Dienstleistungen steigt.

Die ordnungspolitischen Vorteile horizontaler Industriepolitik liegen auf der Hand. Sie fügt sich ein in das System der Sozialen Marktwirtschaft, weil sie nicht diskretionär in das freie Spiel von Angebot und Nachfrage oder die Preisbildung an den Güter- und Faktormärkten eingreift. Stattdessen hält sie die Märkte offen (Wettbewerbspolitik) und die Kostenschwellen für die Investoren niedrig (Standortpolitik). Sie tätigt substanzerhaltende und qualitätsverbessernde Investitionen in die öffentlichen Infrastrukturen und versucht, mit einem schlanken Staat möglichst regulierungs- und bürokratiezurückhaltend aufzutreten. In einer strengen Auslegung kann man sagen, dass horizontale Industriepolitik nichts anderes ist als eine marktwirtschaftlich angelegte allgemeine Wirtschaftspolitik, die die Angebotsbedingungen am jeweiligen Standort attraktiv hält, damit aber große ökonomische Vorteile für die Industrie schafft, die besonders stark im internationalen Wettbewerb steht.

Eine vertikal-lenkende Industriepolitik setzt im Gegensatz dazu selektive Akzente. Sie adressiert gezielt einzelne Firmen, Branchen oder Technologien mittels finanzieller Förderprogramme oder branchenspezifischer Regulierungen. Der staatliche Anschub bei der Gründung des europäischen Aeronautikkonzerns Airbus im Jahr 1970 (vgl. Abschn. 6.5) ist ein Klassiker vertikaler Industriepolitik und der Ad-hoc-Eingriff zugunsten der Adam Opel AG im Jahr 2009 ebenso (vgl. Abschn. 4.4). Europäische Zölle zum Schutz der Hersteller von Elektromobilen vor Importkonkurrenz, wie sie 2024 auf die Einfuhr von Elektrofahrzeugen aus China eingeführt worden sind, fallen ebenfalls in die Kategorie vertikaler Industriepolitik. Gleiches gilt für das 2024 operativ geschaltete Subventionsprogramm der Carbon Contracts for Difference, das mit einem zweistelligen Milliardenvolumen ausgestattet ist und die deutsche Industrie mittels einer gezielten Unternehmensförderung auf dem Weg in die Klimaneutralität unterstützen soll.

Die wesentliche Problematik, die vertikalen Eingriffen der Industriepolitik innewohnt, besteht in ihren diskriminierenden Wirkungen. Sie sind schon finanzierungsseitig unvermeidbar, weil die Unternehmen, die nicht mit staatlichen Fördergeldern bedacht werden, diese über ihre Beiträge zum Steueraufkommen mitfinanzieren müssen. Und natürlich entstehen manifeste realwirtschaftliche Effekte in Form von Wettbewerbsverzerrungen, wenn bestimmte Unternehmen subventionsbedingt kostengünstiger anbieten können als ihre Konkurrenten oder wenn Erwerbspersonen aufgrund staatlicher Fördermaßnahmen an Industriestandorten verbleiben, die ihre Wettbewerbsfähigkeit im marktwirtschaftlichen Strukturwandel bereits verloren haben. Diese Arbeitskräfte fehlen dann an anderer Stelle der Ökonomie. Über all dem schweben die Informationsdefizite auf Seiten des Staates, wenn es darum geht, einzuschätzen, ob eine Technologie oder Unternehmung, die industriepolitisch unterstützt werden soll, tatsächlich selbsttragend wettbewerbsfähig wird oder ob ein notorischer Subventionsfall herangezogen wird (vgl. Abschn. 8.1). Diese Probleme fallen besonders stark ins Gewicht, wenn es um eine sogenannte aktive oder lenkende Industriepolitik geht, die im anschließenden Abschnitt erläutert wird.

In den methodischen Kategorien der bereits erwähnten Zwei-Sektoren-Ökonomie (vgl. Abschn. 2.2.1) lässt sich vertikal-lenkende Industriepolitik als eine Verschiebung des Punktes G_0 auf der gesamtwirtschaftlichen Transformationskurve nach G_1 darstellen (vgl. Abb. 4.1). Anders als im Falle horizontaler Industriepolitik erweitern sich die volkswirtschaftlichen Produktionsmöglichkeiten dabei in der Regel nicht. Die Produktion nimmt zwar im Industriesegment zu ($I_1 > I_0$), aber gleichzeitig sinkt der Output an anderer Stelle der Volkswirtschaft ($D_1 < D_0$). Im hier betrachteten Fall ist das der Output von Dienstleistungen. Vertikale Industriepolitik generiert insofern vor allem Struktureffekte, aber kaum gesamtwirtschaftliche Wachstumsimpulse. Diese Struktureffekte kommen voll zum Tragen, wenn die Produktionsfaktoren vollbeschäftigt sind, und sie wirken sich immer noch stark aus, wenn, wie in Deutschland schon seit Jahren, ein Mangel an Arbeitskräften

Abb. 4.1 Struktureffekt vertikaler Industriepolitik bei vollbeschäftigten Produktionsfaktoren. (Eigene Darstellung)

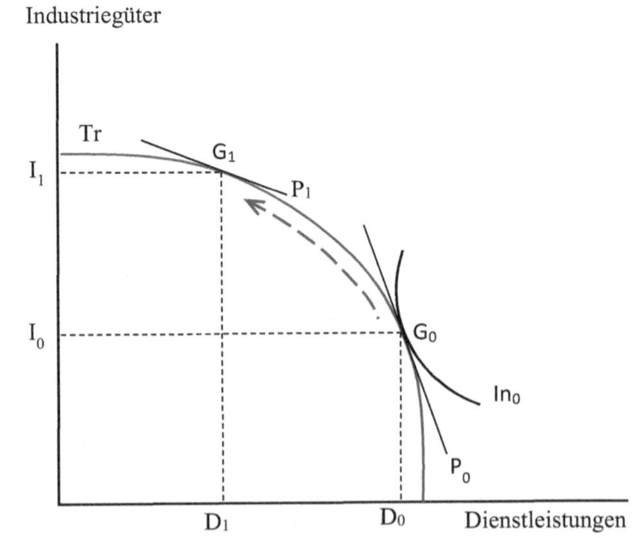

besteht und der gesamtwirtschaftliche Kapitalstock aufgrund zahlreicher Standortdefekte und einer persistenten Investitionsschwäche nur relativ langsam expandiert.

Sofern das mittels staatlicher Industriepolitik herbeigeführte „Interventionsgleichgewicht“ G_1 in Abb. 4.1 nicht die Präferenzen an den Märkten widerspiegelt – und davon ist auszugehen, denn sonst wäre die neue Güterstruktur mit mehr Industrieprodukten und weniger Dienstleistungen ja über die Marktbeziehungen zustande gekommen und es hätte keinen Anlass gegeben, sie künstlich herbeizuführen – kommt noch ein weiterer Aspekt hinzu: Es müssten Services importiert werden, denn die Nachfrage nach Dienstleistungen bliebe in einer derartigen Konstellation ja nach wie vor hoch. Sie kann aber nicht mehr vollständig vom inländischen Produktionsapparat befriedigt werden, denn der wird nun aufgrund des industriepolitischen Eingriffes in vermehrtem Maße für die Herstellung von Industriegütern genutzt. Der Staat erzeugt mit vertikal-lenkenden Maßnahmen der Industriepolitik also nicht nur binnen-, sondern auch außenwirtschaftliche Wirkungen. Wie diese sich im Detail darstellen, hängt maßgeblich von den sogenannten Terms of Trade ab, dem Verhältnis der Ausfuhr- zu den Einfuhrpreisen. Diese Zusammenhänge werden hier jedoch nicht weiter vertieft. Sie sind in der hier verwendeten einfachen Zwei-Sektoren-Ökonomie auch nicht darstellbar, da es sich annahmegemäß um eine geschlossene Volkswirtschaft handelt. In der Quintessenz kann festgehalten werden, dass vertikale Industriepolitik im Regelfall Struktureffekte erzeugt, aber keine Ausweitung der gesamtwirtschaftlichen Produktionsmöglichkeiten, die zu mehr Wohlstand und größeren Verteilungsspielräumen führen würden. Ausnahmen von dieser Wirkungskonstellation können dann eintreten, wenn mit vertikaler Industriepolitik, unter anderem in Form der Forschungs- und Technologieförderung, positive externe Effekte erzeugt werden oder auf ein anderweitiges Versagen des Marktes reagiert wird (vgl. Abschn. 10.1).

Im Verlauf der weiteren Ausführungen wird der Dualismus aus horizontalen und vertikalen Schritten der Industriepolitik eine zentrale Rolle spielen. Er bietet eine anschauliche Leitplanke für die Unterscheidung von Wirkungsweise und ordnungspolitischer Qualität industriepolitischer Maßnahmen, die in einer horizontalen Ausgestaltung eben (weitgehend) wettbewerbsneutrale Züge trägt und in einem vertikalen Format selektiv und strukturlenkend ausfällt. Dennoch ermöglicht dieses Begriffspaar nicht immer eine 100-prozentig trennscharfe Abgrenzung und Einordnung industriepolitischer Eingriffe (Wissenschaftlicher Beirat 2025, S. 7). So kann beispielsweise die staatliche Förderpolitik zum Ausbau der Breitbandnetze in Gigabitqualität als ein Schritt vertikaler Industriepolitik interpretiert werden, weil deren unmittelbare Wirkungen auf die industriellen Hersteller dieser Ausrüstungen entfallen. Funktionsfähige Breitbandnetze kommen aber der Wirtschaft insgesamt zugute und heben die Qualität des Wirtschaftsstandortes, so dass man von einer Maßnahme horizontaler Industriepolitik sprechen kann.

Der Mischcharakter, der dem industriepolitischen Handeln des Staates vielfach zu eigen ist, soll hier nicht weiter exploriert werden. Er lässt sich in der konkreten Analyse von Einzelmaßnahmen nicht vollständig auflösen. Dennoch bietet die gedankliche Unterscheidung zwischen horizontalen und vertikalen Ansätzen einen nützlichen Dualismus, der zur Beurteilung industriepolitischer Eingriffe beiträgt. Für die Zwecke dieses Buches wird bezüglich der Einordnung industriepolitischen Handelns in eine der beiden Kategorien eher auf die Wirkung als auf den Ansatzpunkt der jeweiligen Intervention rekurriert.

4.1.2 Aktive und aktivierende Industriepolitik

Mit einer besonders hohen Eingriffsintensität geht die öffentliche Hand vor, wenn sie Industriestrukturen aktiv prägen will. Die hierfür prinzipiell verfügbaren Instrumente werden dann zielgerichtet, systematisch und über einen längeren Zeitraum zur Anwendung gebracht. Sie gehen über vertikale Maßnahmen in Einzelfällen hinaus und zielen darauf ab, Ressourcen planmäßig in Bereiche zu steuern, die politisch vorgegeben sind und in die sie das freie Spiel der Marktkräfte nicht gelenkt hätte. Es handelt sich dabei zwar nicht um den Versuch, die ökonomischen Prozesse so wie in den Zentralverwaltungswirtschaften des ehemaligen Rates für Gegenseitige Wirtschaftshilfe (COMECON), umgangssprachlich als „Ostblock“ bezeichnet, bis zu dessen Zusammenbruch 1991 zu steuern. Aktivlenkende Industriepolitik trägt aber durchaus Züge einer „Planwirtschaft en detail“.

Das Paradebeispiel für eine derartige Politik bilden die industriepolitischen Eingriffe im Kontext der Energie- und Klimapolitik, denn sie zielen explizit darauf ab, die Produktionsfaktoren Arbeit und Kapital in ganz bestimmte politisch vorgegebene Verwendungen umzulenken. Abgeleitet aus dem Oberziel der gesetzlich verankerten Klimaneutralität bis 2045 in Deutschland und bis 2050 in der EU sind sie mit zahlreichen Förderprogrammen und Detailregulierungen auf deutscher und europäischer Ebene instrumentell unterlegt: Das Verbot der Neuzulassung von Verbrennerkraftwagen ab 2035 in Europa bei gleichzeitigem Ausbau der Elektromobilität. Detailregelungen zur Energieeffizienz in industriellen Produktionsprozessen. Die Subventionsprogramme des Klima- und Transformationsfonds (KTF) der Bundesregierung. Sogar eine industriepolitisch-außenwirtschaftliche Komponente, nämlich der europäische Klimazoll CBAM, zählt zum Instrumentenkasten der klimapolitisch induzierten aktiven Industriepolitik (vgl. Abschn. 6.4).

Unter den einflussreichen gesellschaftlichen Kräften tritt unter anderem die Gewerkschaftsbewegung für eine aktive Industriepolitik ein. Nachstehend einige Eindrücke aus den entsprechenden Konzepten: Ein Transformationsfonds wird gefordert, der langfristiges Kapital im Volumen von zunächst 120 Mrd. € für eine direkte Beteiligung des Staates an Industrieunternehmen bereitstellt (vgl. Abschn. 5.5). Förderprogramme der öffentlichen Hand sollen die Industrie in der klimapolitischen Transformation langfristig unterstützen. Zudem soll „das europäische Wettbewerbsrecht […] eine aktive Industriepolitik der Mitgliedstaaten zur Gestaltung der Transformation erlauben“ (IG Metall Vorstand 2021, S. 2).

Aber auch die erste, im Februar 2019 vom damaligen Bundeswirtschaftsminister Peter Altmaier in die öffentliche Diskussion geworfene, Nationale Industriestrategie 2030 trug in Teilen Züge einer aktiven Industriepolitik (vgl. Abschn. 5.2). Nicht überraschend traf sie auf eine grundsätzliche Offenheit bei der IG Metall, auch wenn man dort insbesondere eine Berücksichtigung der betrieblichen Mitbestimmung und der Auswirkungen der klimapolitischen Transformation auf Arbeitnehmerinnen und Arbeitnehmer in dem Papier vermisste (Gerlach und Ziegler 2019, S. 654). Die zweite und offizielle Version dieses Dokumentes vom November 2019 war allerdings von einem stärker standortpolitisch angelegten Duktus durchzogen. Altmaiers Amtsnachfolger Robert Habeck hat das Rad der aktiven Industriepolitik jedoch weiter gedreht. Mit seinem Konzept einer Transformativen Angebotspolitik hat er der klimaindustriellen Strukturgestaltung einen zentralen Stellenwert im Arbeitsspektrum des von ihm geführten Bundeswirtschaftsministeriums zugewiesen (vgl. Abschn. 5.3).

Die Europäische Kommission hat mit ihren Förder- und Regulierungsprogrammen Green Deal Industrial Plan und Next Generation EU, die hohe dreistellige Milliardenbeträge für die Umgestaltung der europäischen Industrie vorsehen, ebenfalls den Weg einer aktiven Industriepolitik eingeschlagen. Mario Draghi, der ehemalige italienische Ministerpräsident und Ex-Chef der Europäischen Zentralbank (EZB), plädiert in seinem von der Europäischen Kommission beauftragten und im September 2004 veröffentlichten Papier zur europäischen Wettbewerbsfähigkeit dafür, den industriepolitischen Ansatz der Kommission finanziell noch reichhaltiger auszustatten und damit im Grunde in ein Subventionsregime der Superlative einzutreten (vgl. Abschn. 6.3).

Die realwirtschaftlichen, fiskalischen und ordnungspolitischen Auswirkungen dieses Kurses sind problematisch. Sie bergen erhebliche systemverändernde Potenziale (vgl. Abschn. 8.4). Wenn es für die Unternehmen einfacher wird, statt Eigeninitiative zu ergreifen, zunächst auf den Staat zu warten, der Technologiefelder identifiziert, in die zu investieren sich lohnen soll, und der gleichzeitig ein dementsprechend zielgerichtetes Instrumentarium bereitstellt, leiden Kreativität, Innovationsfreude und Leistungsbereitschaft. Es ist ein Kurs, der den Staat selbst in eine aktive Rolle bringt, der aber gleichzeitig Motivation und Eigeninitiative in Wirtschaft und Gesellschaft schwächt und der sich damit retardierend auf die Bereitschaft der Privaten auswirkt, sich mit Investitionen und Neugründungen von Unternehmen einzubringen.

Industriepolitik sollte, so wie Wirtschaftspolitik generell, stattdessen aktivierend wirken und privatwirtschaftliches Engagement anregen. Erreichen kann sie das, indem sie die in ihrer Gestaltungsmacht liegenden Standortparameter so einstellt, dass sowohl die Investoren, die den Produktionsfaktor Kapital in den marktwirtschaftlichen Prozess einbringen, als auch die Beschäftigten, die den Faktor Arbeit repräsentieren, mit hinreichend hohen Erträgen rechnen können. Der Staat sollte also jene Anteile am Ertrag dieser Produktionsfaktoren, die er mit seinem unternehmens- und einkommenssteuerlichen Instrumentarium abschöpft, nicht so hoch ansetzen, dass die Investitions- und Arbeitsanreize leiden. Es sind im Wesentlichen die Instrumente einer horizontalen Industriepolitik, die einen aktivierenden Charakter aufweisen, weil sie den Investoren und Arbeitskräften in der Breite der Volkswirtschaft wirksame ökonomische Anreize bieten.

Insofern verbirgt sich hinter dem Begriff der „aktivierenden Industriepolitik" keine neue Konzeption industriepolitischen Handelns. Die Bezeichnung macht aber deutlich, dass industrielle Wertschöpfung angeregt werden sollte, nicht indem der Staat sich selbst zu einem aktiven industriepolitischen Spieler macht, sondern indem er privatwirtschaftliche Initiative aktiviert. Es ist kontraproduktiv, wenn die öffentliche Hand sich zum Wirtschaftslenker aufschwingt und damit trotz ihrer komparativen Informations- und Umsetzungsnachteile letztendlich in einer Art „Quasi-Unternehmertum" die Faktorallokation in der Ökonomie gestaltet.

4.1.3 Vielfalt der Akteure

Mitentscheidend für das Ergebnis politischer Prozesse sind die Festlegungen darüber, welcher Akteur welchen Schalthebel bedient. Es geht auch in der Industriepolitik nicht nur darum, welches Spiel gespielt wird, das vertikale oder das horizontale, sondern auch darum, wer den Spielablauf steuert. Wie die nachstehenden Ausführungen zeigen werden, ist die Vielfalt der faktischen Akteure, gerade in der Industriepolitik außerordentlich groß. Industrielle Wertschöpfung ist von herausragender Bedeutung für Produktivität und Wohlstand, aber die industriepolitischen Schalthebel sind fragmentiert.

In Deutschland verfügen verschiedenste Bundes- und Landesministerien sowie nachgeordnete Behörden, wie das Bundeskartellamt oder die Bundesnetzagentur, über industriepolitisch relevante Kompetenzen. Einige Beispiele: Formell federführend für die Industriepolitik ist das Bundesministerium für Wirtschaft und Energie (BMWE). Die auch für Anlagen des Verarbeitenden Gewerbes maßgeblichen Luftreinhaltungswerte (Technische Anleitung Luft) oder umweltrechtliche Genehmigungen für neue Produktionsstätten obliegen aber den Umweltministerien des Bundes und der Länder. Sie orientieren ihre Genehmigungspraxis nicht in erster Linie an industriepolitischen Erwägungen. Die Höhe der Lohnnebenkosten, ein wesentlicher Parameter horizontaler Industriepolitik, ist weitestgehend ein Ergebnis sozialpolitischer Entscheidungen, deren Gestaltung vom Bundesministerium für Arbeit und Soziales (BMAS) gesteuert wird. Die Zuständigkeiten für Steuerfragen werden von den Finanzministerien des Bundes und der Länder wahrgenommen und auch sie sind natürlich hochrelevant für die Industrie. Die Verantwortung für die Förderung industrienaher Forschung und die Raumfahrtpolitik liegt beim Bundesministerium für Forschung, Technologie und Raumfahrt.

In der Europäischen Kommission stellen sich die institutionellen Gegebenheiten ähnlich dar. Auch dort liegen zahlreiche der industriepolitisch wirksamen Hebel nicht bei der Generaldirektion Industrie. Die Außenhandelspolitik beispielsweise wird dort von einer anderen Generaldirektion betreut, ebenso wie die Umwelt- und Klimapolitik und die Wettbewerbs- und Beihilfenpolitik. Auf internationaler Ebene treffen einflussreiche Organisationen, wie etwa die WTO oder die ISO, Entscheidungen von großer Tragweite für die Wettbewerbsbeziehungen und die Marktzugangsschwellen an den Industriemärkten.

Das Problem: Die Vielfalt der nationalen, europäischen und internationalen Akteure schafft eine Vielfalt der inhaltlichen Perspektiven und Interessen. Alle industrierelevanten Institutionen versuchen, diese Interessen politisch durchzusetzen, und arbeiten kontinuierlich an Modifikationen der Regulierungen in ihrem Zuständigkeitsbereich sowie auch an der Entwicklung neuer Dossiers. In den dynamisch voranschreitenden technologischen und ökonomischen Zusammenhängen der modernen Industriegesellschaften entsprechen derartige Anpassungen auch der fachlichen Normalität und Notwendigkeit. Problematisch können diese Prozesse jedoch werden, wenn das aus der Theorie der Bürokratie bekannte Eigeninteresse von Institutionen durchschlägt, mit neuem Regelungsoutput die eigene Bedeutung nach außen zu dokumentieren und in der Konkurrenz um finanzielle und personelle Ressourcen zu punkten.

Die Quintessenz aus diesen Beobachtungen lautet: Industriepolitik kann nur erfolgreich sein, wenn sie abgestimmt erfolgt und von einer hinreichend starken Koordinierungsinstanz nicht nur formell, sondern faktisch gesteuert wird. In Deutschland wurde diese Funktion bis in die 1980er-Jahre hinein vom damaligen Bundesministerium für Wirtschaft (BMWI) ausgefüllt. Es hatte bei allen wirtschaftspolitisch relevanten Dossiers der Bundesregierung ein starkes Mitspracherecht, auch wenn Zuständigkeiten anderer Fachressorts berührt wurden. Diese Position erwuchs dem Haus aus der „ordnungspolitischen Wächterfunktion", die das BMWI seit den Zeiten Ludwig Erhards als Wirtschaftsminister (1949 bis 1963) wahrnahm. Eingebüßt hat das Ministerium diese Funktion aus vielerlei Gründen, von denen ein wesentlicher die zahlreichen Eingriffe der Politik in die internen Strukturen der Behörde sind. Sie haben das ordnungspolitische Selbstverständnis dieser Institution vielleicht nicht komplett pulverisiert, aber gewiss beschädigt. Wiederholte Namensänderungen des Hauses haben zudem auch seinen Erkennungswert nach außen hin geschmälert.

Es begann 1972 mit der Herauslösung der bedeutenden Abteilung Geld und Kredit aus dem damaligen BMWI und ihrer Verortung im Bundesministerium der Finanzen (BMF). 1998 wurden dann die Europaabteilung und Teile der Grundsatzabteilung an das BMF abgegeben. Diese Umstrukturierung wurde allerdings später wieder revidiert. Zudem erhielt das Haus aus dem Bundesforschungsministerium Zuständigkeiten für die Technologiepolitik, was zu einer Umbenennung in Bundesministerium für Wirtschaft und Technologie führte.

Die Eingliederung zweier Abteilungen aus dem Arbeits- und Sozialministerium in das Haus 2002 war ein weiterer großer Schritt. Für eine Legislaturperiode firmierte man als Bundesministerium für Wirtschaft und Arbeit. Hier ist letztendlich der Versuch unternommen worden, die Kompetenzfragmentierung in der wirtschafts- und industriepolitisch bedeutsamen Arbeitsmarktpolitik durch Umstrukturierung der beiden einschlägigen Bundesressorts zu überwinden und unter dem damaligen Bundeswirtschaftsminister Wolfgang Clement in eine Hand zu geben. In dieser Phase setzte die Behörde die Hartz-Reformen des Arbeitsmarktes um. Auch wenn diese Reformen am Ende erfolgreich implementiert wurden, stellte die Zusammenführung ordnungspolitisch-ökonomischen Denkens mit arbeitsmarkt- und sozialpolitisch geprägtem in einem Ressort durchaus eine kulturelle Hürde dar. Der Schritt wurde, sicher nicht deswegen, sondern natürlich aufgrund der politischen Konstellationen nach dem Regierungswechsel 2005, wieder rückgängig gemacht.

Anschließend entschloss man sich, die energiepolitische Kompetenz des Hauses hervorzuheben, und änderte seine Benennung in Bundesministerium für Wirtschaft und

Energie (BMWE). Es folgte eine Übernahme der klimapolitischen Zuständigkeiten aus dem BMU und 2021 die Umbenennung in Bundesministerium für Wirtschaft und Klimaschutz (BMWK). Im gleichen Atemzug gab das Ministerium große Teile seiner Digitalabteilung an das damalige Bundesministerium für Digitales und Verkehr ab.

Auch in der laufenden 21. Legislaturperiode des Bundes ist das Haus nicht zur Ruhe gekommen. Verfügt durch Organisationserlass des Bundeskanzlers (Merz 2025) wurden gerade am Wirtschaftsressort wieder massive Operationen durchgeführt, und sie haben die Form eines regelrechten Substanzabbaus angenommen: Die Klimapolitik, die sich nach anfänglichen Schwierigkeiten in den vorangegangenen Jahren als integraler Bestandteil dieses Traditionsressorts und als sachlogisches Komplement zur Energiepolitik im Wirtschaftsministerium etabliert hatte, ist wieder zurück in das BMU geführt worden und das Wirtschaftsministerium ist wieder dort angelangt, wo es früher schon einmal war: Es erhielt erneut den Namenszusatz „Energie" und wurde so ein weiteres Mal zum BMWE. Die noch verbliebenen Restkompetenzen in der Digitalpolitik sind in das neue Bundesministerium für Digitalisierung und Staatsmodernisierung überführt worden. Die Transformationspolitik, großenteils zu verstehen als Flankierung des digitalwirtschaftlichen und klimapolitischen Wandels der Industrie, wurde dem BMF übertragen. Schließlich musste man auch noch die industrienahen technologie- und forschungspolitischen Kompetenzen abgeben, inklusive der Raumfahrtpolitik und der Zuständigkeiten für die European Space Agency, das Deutsche Zentrum für Luft- und Raumfahrt und die Innovationsagentur SPRIND. Eine Stärkung des Ressorts an anderer Stelle, erst recht nicht über die Zuweisung einer ordnungspolitischen Machtposition, so wie sie bis in die 1980er-Jahre noch bestanden hatte, ist nicht erfolgt.

Während der langen Abfolge von Umstrukturierungen hat das ordnungspolitische Profil des Bundeswirtschaftsministeriums gelitten. Konzeptionelle Vorstellungen, wie die von einer staatslenkend angelegten „transformativen Angebotspolitik", die 2023 von der Grundsatzabteilung des Hauses entwickelt wurden (vgl. Abschn. 5.3), sind ein Ausdruck dieses Wandels. Zudem hat auch das politische Gewicht des Ministeriums insgesamt deutlich abgenommen. Vom Flaggschiffcharakter dieses Ressorts innerhalb der Administration des Bundes, der zu Ludwig Erhards Zeiten ohnehin, aber auch noch bis in die ersten Jahre nach der deutschen Vereinigung Bestand hatte, kann schon seit vielen Jahren nicht mehr die Rede sein.

Das Ergebnis aus diesen langfristigen Entwicklungen ist eine Dilemmasituation am aktuellen Rand: Einerseits ist die industriepolitische Koordinierung grundsätzlich am besten im Bundeswirtschaftsministerium aufgehoben, weil es noch immer mehr als alle anderen Ressorts für die Funktionsfähigkeit der Sozialen Marktwirtschaft steht und damit auch einen Kurswechsel hin zu einer horizontalen Industriepolitik und einer Rückführung staatlicher Interventionen glaubwürdiger vertreten kann als andere Häuser. Andererseits ist dem Ministerium in seiner wechselvollen Geschichte schlichtweg das politische Gewicht abhanden gekommen, das erforderlich ist, um eine solchermaßen angelegte Industriepolitik durchzusetzen. Es gilt, dieses Gewicht wieder herzustellen, und mit entsprechenden politischen Richtungsentscheidungen aus der Regierungszentrale zu stützen. Auch wenn diese Chance für die laufende Legislaturperiode vertan zu sein scheint, bleibt die Option auf einen derartigen Schritt erhalten.

4.2 Industriepolitik und die Wähler

Die Ökonomische Theorie der Demokratie unterwirft das Handeln der politischen Akteure in der Konkurrenz um Wählerstimmen im Wesentlichen dem Kalkül der Stimmenmaximierung. Dieses Erklärungsmuster stellt in seiner Pauschalität natürlich eine Vereinfachung dar. Das Elektorat setzt sich aus verschiedenen Gruppierungen zusammen, die differenziert beispielsweise nach Bildungsstand, Einkommen, Alter oder Geschlecht bekanntlich unterschiedliche Vorstellungen zu einzelnen politischen Sachthemen ausbilden und auch dementsprechend abstimmen. Gruppenspezifische Vorgehensweisen machen den Prozess der Stimmenmaximierung komplex. Entscheidungen der Politik mögen in bestimmten Gruppen der Wählerschaft auf Zustimmung treffen, in anderen wiederum lösen sie gegebenenfalls eher Kritik aus.

Aber auch unabhängig von derartigen Differenzierungen wäre es zu einfach, die Akteure an den Schalthebeln der Macht alleine auf das simple Motiv der Stimmenmaximierung zu reduzieren. Die individuellen Wertvorstellungen, Motivationslagen und Idealvorstellungen der politischen Entscheider sind verschieden und sie streben je nach Maßgabe ihrer persönlichen Wertvorstellungen selbstverständlich auch danach, die gesellschaftlichen und wirtschaftlichen Verhältnisse zu gestalten. Der deutsche Soziologe Max Weber (1864 bis 1920) formulierte dazu bereits 1919, lange bevor es die Ökonomische Theorie der Demokratie überhaupt gab, in seinem berühmten Vortrag zur „Politik als Beruf" folgende Sätze: „Wer Politik treibt, erstrebt Macht, – Macht entweder als Mittel im Dienst anderer Ziele – idealer oder egoistischer – oder Macht ‚um Ihrer selbst willen': um das Prestigegefühl, das sie gibt, zu genießen" (Weber 1992, S. 7).

In der Realität zeigt sich kein durchgängig stimmenmaximierendes Kalkül der Politik in dem Sinne, dass jede Einzelentscheidung diesem Kalkül unterworfen wäre. Maßgeblich ist die Nettobilanz aus Zustimmung und Ablehnung, die politischen Parteien und ihren Vertretern in Reaktion auf ihren inhaltlichen Kurs vom Elektorat entgegengebracht wird. Diese Bilanz muss positiv ausfallen, und zwar nicht zu irgendwelchen beliebigen Zeitpunkten in der Legislaturperiode, sondern genau dann, wenn der Wahltag als relevante machtpolitische Hürde ansteht. Wer in einer Demokratie am Gesetzgebungsprozess mitwirken oder Regierungsverantwortung erlangen und somit Macht ausüben will, kann insofern zwischenzeitlich durchaus in der Wählergunst abrutschen, solange seine Popularitätsbilanz dann ins Positive dreht, wenn die Bürgerinnen und Bürger ihr Votum für die Neubestimmung des Parlamentes abgeben. Da ein solches zeitpunktbezogenes Management der eigenen Beliebtheitswerte jedoch nur schwer umzusetzen ist, lastet auf den politischen Akteuren in einer Demokratie letztendlich doch ein gewisser Druck, die eigene Popularität möglichst permanent hoch zu halten.

Es bleibt festzuhalten, dass das Kalkül der Wählerstimmenmaximierung als wesentliches Funktionsprinzip in der Demokratie – zwar nicht alleine, aber doch substanziell – das Verhalten von Akteuren erklären kann, die nach politischer Macht streben. Eigenständige Zielsetzungen können von Politikerinnen und Politikern im demokratischen Wettbewerb in der Regel nur dann umgesetzt werden, wenn damit auch ein Beitrag zur Verwirklichung der politischen Anliegen des Elektorats verbunden ist (Kirsch 1993, S. 223). Die Figur des Stimmenmaximierers stellt insofern eine hinreichend gute Annäherung an die Realität dar. Wie sich im Folgenden zeigen wird, ist sie auch auf Fragen der Industriepolitik anwendbar.

4.2.1 Ökonomische Theorie der Demokratie

In einem schon in den 1950er-Jahren entwickelten, aber auch heute noch erklärungsmächtigen Modell des US-Wissenschaftlers Anthony Downs wird auf Basis eines Zwei-Parteien-Systems argumentiert, bestehend aus einer links- und einer rechtsorientierten Partei. Ausgedrückt in industriepolitischen Kategorien würde die Partei auf der linken Seite des politischen Spektrums eine eher aktive und eingriffslastige Industriepolitik betreiben, mittels Industriesubventionen, Technologielenkung und Marktabschottungen zur Protektion heimischer Unternehmen. Auf der anderen Seite der politischen Werteskala wären eher marktliberale Positionen pro Wettbewerb, für eine horizontale Industriepolitik und die Korrektur von Marktversagen verortet.

Die Wählerhäufigkeiten werden mittels einer Normalverteilung dargestellt (Abb. 4.2). Sie zeigt in der Mitte der politischen Werteskala einen Gipfel, da die Mehrheit des Elektorates inhaltlich weder links noch rechts, sondern im Zentrum des Meinungsspektrums positioniert ist. Zu den Rändern hin fällt diese symmetrische Kurve ab. Die Verteilung der

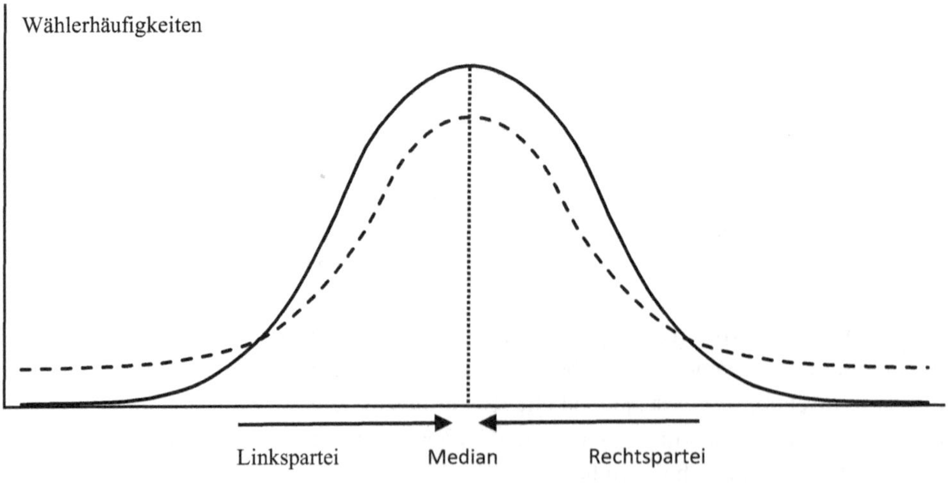

Abb. 4.2 Medianwählermodell. (Eigene Darstellung in Anlehnung an Downs 1968)

Wählerhäufigkeiten folgt im Standardmodell der Neuen Politischen Ökonomie also dem Verlauf einer gaußschen Glockenkurve. In der Realität nähert sich diese Kurve nicht exakt ihrem symmetrischen Idealtyp an. Je nach Maßgabe der soziokulturellen Einstellungen und Wertvorstellungen der Menschen kann es links- bzw. rechtsschiefe Verläufe oder auch mehrgipfelige Verteilungen geben (Downs 1968, S. 114 ff.; Franke 1996, S. 36).

Dem Modell liegt die zum Eingang dieses Abschnittes bereits diskutierte Prämisse der Stimmenmaximierung zugrunde. Dem Homo Oeconomicus der Wirtschaftswissenschaften, der alleine an einem möglichst hohen Gewinn interessiert ist, wird damit ein Homo Politicus zur Seite gestellt, der ausschließlich nach politischer Macht strebt (Eigennutz-Axiom): „Die Parteien treten mit politischen Konzepten hervor, um Wahlen zu gewinnen; sie gewinnen nicht die Wahlen, um mit politischen Konzepten hervortreten zu können“ (Downs 1968, S. 27 f.).

Im Zwei-Parteien-Ansatz des downsschen Modells bewegen sich die Akteure inhaltlich in einem gewissen Ausmaß auf die Wählerschaft der politischen Konkurrenz zu. Demzufolge tendieren eher rechtsorientierte Parteien dazu, im Zeitablauf auch Inhalte zu vertreten, die im politischen Spektrum weiter links liegen als diejenigen ihrer Kernklientel. Mit dieser Strategie wird das eigene Angebot an politischen Inhalten so erweitert, dass nicht nur die Wähler aus dem eigenen Milieu, sondern auch noch welche aus dem Konkurrenzlager angesprochen werden. Linksorientierte Parteien bewegen sich spiegelbildlich auf Positionen aus dem konservativeren Spektrum zu. Voraussetzung für diese Strategie ist vollständige Kenntnis der Parteien über die Präferenzverteilung im Elektorat und umgekehrt vollständige Information der Stimmbürgerinnen und -bürger über die politischen Ziele der Parteien.[2] Im Ergebnis erzeugt das Zwei-Parteien-System eine Konzentration parteipolitischer Programmatik in der Mitte des politischen Spektrums, wo die Medianwähler verortet sind (Downs 1968, S. 111 ff.).

4.2.2 Industriepolitik und die politischen Ränder

Das Werben der Parteien um die Gunst von Teilen des gegnerischen Lagers erzeugt jedoch nicht nur Gewinne an politischer Zustimmung, sondern auch Einbußen. Es gibt Verluste an Popularität, die zu beachten sind (Franke 1996, S. 39 ff.). Wenn Parteien ihr inhaltliches Spektrum überdehnen, werden Teile ihres Kernelektorates möglicherweise mit Stimmenthaltung reagieren oder sich sogar gänzlich abwenden, bis hin zur Gründung neuer politischer Parteien. Das Entstehen der Wahlalternative Arbeit und Soziale Gerechtigkeit

[2] Diese Annahme ist essenziell für den Erklärungsgehalt des Modells. Downs selbst diskutiert sie ausführlich und weist unter anderem auf die Kosten der Informationsbeschaffung hin. Er thematisiert Spielräume für ideologiebehaftete Parteipositionen, die aufgrund bestehender Ungewissheiten und Informationsdefizite im Elektorat in den politischen Diskurs eingebracht werden etc. Die Wählerinnen und Wähler investieren so lange in zusätzliche Informationen, bis sich Grenzkosten und Grenzertrag der Informationsbeschaffung ausgleichen (Downs 1968, S. 93 ff., 202 ff. und S. 210; Kirsch 1993, S. 204 ff.).

(WASG) im Jahre 2005 und ihre spätere Fusion mit der Partei Demokratischer Sozialismus (PDS) zur damals neuen Partei Die Linke sind Beispiele für diesen Mechanismus. Diese Bewegung im Parteienspektrum war eine Reaktion auf die Agenda 2010 und die Hartz-Reformen, die der damalige Bundeskanzler Gerhard Schröder angestoßen hatte. Sie haben tiefgehende sozialpolitische Einschnitte, aber auch einen lang anhaltenden Wettbewerbsschub für die deutsche Wirtschaft gebracht. Jahre später machten die Unionsparteien während der zweiten Kanzlerschaft von Angela Merkel eine ähnliche Erfahrung. Die Alternative für Deutschland (AfD) gründete sich im Jahr 2013 unter tatkräftiger Mithilfe enttäuschter Mitglieder von CDU und CSU und sie gewann vor allem unter dem Eindruck der ultraliberalen Migrationspolitik des Jahres 2015 deutlich an Stärke. Im Ergebnis hat ein Erstarken der politischen Ränder in Deutschland bei abnehmendem Wählerbesatz in der Mitte stattgefunden. Es ist in Abb. 4.2 durch den gestrichelten Verlauf der Glockenkurve unter der vereinfachenden Annahme einer symmetrischen Entwicklung am linken und rechten Rand bildlich dargestellt.

De facto steht das Erstarken der politischen Ränder in Deutschland aber zu einem gewissen Teil auch im Zusammenhang mit Verlusten an industrieller Substanz auf regionaler Ebene. Signifikant sind derartige Entwicklungen vor allem dort, wo Landstriche betroffen sind, die eine lange industrielle Tradition aufweisen. Wenn sich über mehrere Generationen und Zeiträume von zum Teil 100 Jahren und mehr ein industriekulturelles Selbstverständnis aufgebaut hat, sind die Verlusterfahrungen umso größer, die durch den Zusammenbruch lokaler Industrien ausgelöst werden. Diese Erfahrungen können bei den Betroffenen auch einen Verlust an Vertrauen in das politische System auslösen und deren Hinwendung zu radikalen Parteien am linken oder rechten Rand begünstigen.

Eine Studie zum Thema „Deindustrialisierung und Wahlverhalten" (Schneider 2020) liefert empirische Anhaltspunkte für diesen Zusammenhang. Untersucht wurden traditionelle Industrieregionen in Ost- und Westdeutschland mit Blick auf die Beschäftigungsentwicklung in den letzten Jahrzehnten. Dort, wo schon in den 1930er-Jahren eine industrielle Prägung vorlag, aber inzwischen regelrechte Einbrüche der Beschäftigung (minus 41 % und mehr) eingetreten sind, fielen die Wahlergebnisse für die AfD bei der Bundestagswahl 2017 besonders günstig aus. Dieses Ergebnis bestätigte sich durchgängig für alle der berücksichtigten ostdeutschen und für 42 der 69 in Westdeutschland einbezogenen Regionen. Der „Interaktionseffekt" (Schneider 2020, S. 791) aus althergebrachter Industrietradition und einer massiven Erosion von industrieller Wertschöpfung und Beschäftigung scheint die Tendenz von Wählern, sich aus der politischen Mitte zu verabschieden, jedenfalls zu verstärken.

Aus diesem Zusammenhang leiten Verfechter eines Eingriffsstaates bisweilen eine gewisse demokratiestabilisierende Funktion industriepolitischer Maßnahmen ab. Industriepolitik gewinnt aus dieser Perspektive zusätzliche politische Attraktivität, und die Neigung, entsprechende Eingriffe zu implementieren, die gleichzeitig Impulse für die regionale Wirtschaftsentwicklung geben, steigt. Umgekehrt werden mittels einer zielgerichteten Struktur- und Regionalpolitik auch Industrieinvestitionen angeregt. Die Förderung der regionalen Wirtschaftsentwicklung in den deutschen Kohleregionen kann auch in diesem

Sinne interpretiert werden. Staatsgelder in Höhe von bis zu 40 Mrd. €, die den Ausstieg aus der Braun- und Steinkohleverstromung in Deutschland spätestens bis 2038 flankieren sollen (Die Bundesregierung 2023), sehen Investitionen in die Verkehrsinfrastruktur sowie in die Ansiedlung von Forschungsinstitutionen, Behörden und Industrieunternehmen in den betroffenen Regionen vor. Sie zielen nicht zuletzt darauf ab, die wirtschaftlichen Ökosysteme so zu entwickeln, dass sich mittelfristig mehr Industrieunternehmen ansiedeln.

Ob diese Strategie aufgehen wird, ist allerdings fraglich, denn die anhaltende Schwächung des politischen Zentrums in Deutschland ebenso wie in anderen Teilen Europas kann nicht monokausal erklärt werden. Die Ursachen für die Skepsis, die viele Wählerinnen und Wähler den etablierten Parteien und überhaupt dem demokratischen System gegenüber inzwischen an den Tag legen, sind vielfältig: Die Nachwirkungen der Migrationskrise 2015 und die von vielen Menschen noch immer als zu hoch empfundenen Zuwanderungsraten, Funktionsdefizite im Alltag der Bildungs- und Gesundheitssysteme, die ausufernde Bürokratie, Problemlagen in der inneren Sicherheit und natürlich auch die erwähnten ökonomischen Herausforderungen und industriellen Substanzverluste auf regionaler Ebene, erzeugen bei vielen Menschen den Eindruck, dass die Demokratie überfordert ist.

4.2.3 Parteienkonvergenz in der Industriepolitik

Die ökonomische Theorie der Demokratie kann einen Beitrag zur Klärung der Frage leisten, warum die Unionsparteien seit einigen Jahren die Industriepolitik als Handlungsfeld für sich entdeckt haben. Illustrieren lässt sich dieses mittels der im Februar 2019 veröffentlichten Nationalen Industriestrategie 2030 (vgl. Abschn. 5.2) des damals CDU-geführten Bundeswirtschaftsministeriums. Sie fügte sich faktisch in den Weg ins Mitte-Links-Spektrum ein, den die CDU im Zeitraum von 2005 bis 2021 beschritten hat. Mit ihrem Plädoyer für Staatsbeteiligungen an Unternehmen in bestimmten Technologiesegmenten, für eine Aufweichung der europäischen Fusionskontrolle zwecks Bildung sogenannter industrieller Champions oder für ein Verhältnismäßigkeitsprinzip, das die Spielräume für staatliche Eingriffe in den Wirtschaftsprozess generell deutlich ausweiten würde, enthielt die Nationale Industriestrategie 2030 einige Punkte, die auch in den Programmen von politisch weit links stehenden Parteien enthalten sein könnten.

Die Strategie stand in einer derart großen Distanz zu traditionell konservativ-liberalen Vorstellungen in der Wirtschaftspolitik, dass eine politische Gegenbewegung einsetzte. Die oben beschriebenen Mechanismen aus dem Kontext der Verlustfunktion begannen zu wirken. Nicht zuletzt als Reaktion darauf wurde die Industriestrategie überarbeitet und in einer zweiten, weniger interventionistisch und stärker marktwirtschaftlich angelegten Version schließlich im November 2019 verabschiedet. Man rückte also wieder ein Stück in Richtung konservativ-liberaler Vorstellungen, ging aber nicht zurück auf die klassische Position der Unionsparteien in industriepolitischen Fragen. Im Ergebnis hat eine asymmetrische Bewegung in der industriepolitischen Programmatik der Parteien stattgefunden:

Die CDU führte eine gewisse Annäherung an industriepolitische Positionen des linken Spektrums aus, während die politischen Kräfte dieses Spektrums damals keineswegs Elemente aus dem marktliberalen Konzept übernahmen.

Was allerdings in der anschließenden 20. Legislaturperiode des Bundes (2021 bis 2025) folgte, war eine Bewegung des damals von Bündnis 90/Die Grünen geführten Bundeswirtschaftsministeriums. Mit seinem Konzept einer Transformativen Angebotspolitik unternahm das Ministerium im Jahr 2023 den Versuch, Elemente einer ökologisch-lenkenden Industriepolitik mit Maßnahmen zur Stärkung des Angebotes zu verknüpfen. Man kann auch diese Bewegung im Sinne der Ökonomischen Theorie der Politik interpretieren und darin einen Schritt sehen, mit dem das links-grüne Spektrum sich wirtschaftsliberalen Positionen in einem begrenzten Ausmaß annäherte, um Zuspruch auch aus Teilen dieses Lagers zu erhalten.

Zweifelsfrei verifizieren lassen sich diese Überlegungen zu einer gegenseitigen Parteienkonvergenz in der Industriepolitik natürlich nicht. Keiner der involvierten Akteure wird einräumen, eine industriepolitische Konzeption primär aus politisch-taktischen und nicht aus fachlichen Motiven heraus formuliert und in die politische Debatte gebracht zu haben. Dennoch harmonieren die industriepolitischen Bewegungsmuster der letzten Jahre auffällig eng mit den grundlegenden Aussagen des Medianwählertheorems.

Unabhängig von gegenseitigen „Beutezügen" im jeweils anderen politischen Lager, wie sie das downssche Modell beschreibt, bietet Industriepolitik jedoch ganz generell die Chance, das Elektorat anzusprechen. Es geht gerade in Zeiten einer sinkenden Parteienbindung der Menschen und eines steigenden Anteils an Wechselwählern[3] darum, Themen von hoher Relevanz für breite Bevölkerungsschichten zu besetzen, sie inhaltlich auszufüllen und öffentlich zu vertreten, um im „strategischen Themenwettbewerb" (Detterbeck 2020, S. 90) zu punkten. Die 7 Mio. Beschäftigten des Verarbeitenden Gewerbes bilden für derartige Strategien einen Resonanzraum. Die breite Palette industriepolitischer Eingriffsmöglichkeiten bietet zahlreiche Anknüpfungspunkte, über die die Menschen in Zeiten eines wachsenden Anteils von Wechselwählern prinzipiell erreicht werden können. In der aktuell schwierigen ökonomischen Lage der deutschen Industrie dürfte dieses noch mehr der Fall sein als in wirtschaftlich einfacheren Zeiten.

4.3 Der Verwaltungsapparat als industriepolitischer Treiber?

In Max Webers Verständnis eines funktionsfähigen Staates hat die Beamtenschaft sich vollständig auf ausführende Aufgaben zu konzentrieren und zu beschränken: „Der echte Beamte […] soll seinem eigentlichen Beruf nach nicht Politik treiben, sondern: ‚verwalten',

[3] Eine Analyse des Deutschen Instituts für Wirtschaftsforschung (DIW) zeigt, dass sich 1990 rund 60 % des westdeutschen Elektorats inhaltlich an eine Partei gebunden fühlten. 2018 waren es nur noch weniger als 50 %. In Ostdeutschland oszillierten die Werte zwischen 30 und 40 %, lagen also deutlich unterhalb denen Westdeutschlands (Brenke und Kritikos 2020, S. 308).

unparteiisch vor allem“ (Weber 1992, S. 32). Wären die respektiven Rollen der politischen Leitungen der Ministerialbürokratie und der Beamtenschaft konsequent nach diesem Verständnis verteilt, so würde sich die Frage nach dem Einfluss der staatlichen Bürokratie auf politische Entscheidungen erübrigen. In der Realität ist das Zusammenspiel zwischen den politischen Leitungsebenen und den Mitarbeiterinnen und Mitarbeitern des Verwaltungsapparates allerdings vielschichtiger und komplexer, als Weber es in seiner idealtypischen Beschreibung aus dem Jahr 1919 umreißt.

Die Ökonomische Theorie der Bürokratie unternimmt den Versuch, diese Realität abzubilden (Fritsch 2018, S. 260 ff.; Niskanen 1979). Ausgehend von der Annahme, dass die Mitarbeiter öffentlicher Institutionen in erster Linie auf eine Ausweitung der Budgets und Personalressourcen in ihrem Zuständigkeitsbereich hinarbeiten, gelangt diese Forschungsrichtung im Ergebnis zu der Aussage, dass die Interessen des Beamtenapparates im politischen Prozess über Durchschlagskraft verfügen und insofern einen der Kausalfaktoren für die langfristige Zunahme der Staatstätigkeit darstellen, die in den Industrieländern zu beobachten ist. Es ist die Figur des nutzenmaximierenden Bürokraten, die in dieser Sichtweise im Mittelpunkt der Betrachtung steht, ein Parallelkonzept zum stimmenmaximierenden Homo Politicus, der im Medianwählermodell eine zentrale Stellung einnimmt.

Spielräume dafür eröffnen typischerweise die Principal-Agent-Relationen, die sich aus den in Verwaltungsorganisationen bestehenden Informationsgefällen ergeben (Fritsch 2018, S. 260 ff. und S. 365; Oehlrich 2016, S. 115 ff. und 126 ff.). Die politische Führung beispielsweise eines Ministeriums ist in diesem Modell der Prinzipal, der unter Nutzung von Zuarbeiten und Empfehlungen aus der Fachebene seines Hauses die wesentlichen Entscheidungen trifft. Den Mitarbeiterinnen und Mitarbeitern des Apparates kommt die Funktion der Agenten zu, die über tiefgehende Kenntnisse zu den Details der praktischen Exekutivarbeit verfügen. Sie können beispielsweise mit Blick auf neue Industriesubventionen die erforderlichen Finanzierungsbedarfe, Umsetzungsmöglichkeiten oder beihilferechtlichen Grenzen in der Regel besser einschätzen als ihr Prinzipal. Diese asymmetrische Verteilung von Informationen kann die Fachebene nutzen, etwa um Finanzbedarfe höher erscheinen zu lassen, als sie tatsächlich zwingend sein müssen, oder um neue Fördertatbestände zu entwickeln, mit dem Ziel, größere oder zusätzliche Budgets verwalten zu können. Die behördeninterne Rollenverteilung kann in derartigen Fällen als eine Interaktion zwischen Anbietern (Agenten) und Nachfragern (Prinzipalen) von Verwaltungsoutput interpretiert werden, die in einem Umfeld asymmetrischer Informationsverteilung stattfindet (Kirsch 1993, S. 304 ff.).[4]

[4]Letztendlich begründet die Principal-Agent-Problematik eine Tendenz in den politischen Leitungen etwa eines Ministeriums, den Personalkörper des eigenen Hauses möglichst mit Beamtinnen und Beamten auszustatten, die der eigenen politischen Programmatik zugeneigt oder sogar selbst Mitglied in der jeweiligen Partei sind. Diese Praxis ist unkritisch, solange sie sich auf die Ebene der politischen Beamten (Abteilungsleiter und verbeamtete Staatssekretäre) beschränkt. Die Mitarbeiter in diesen Spitzenpositionen haben die Aufgabe, ihre jeweiligen Minister politisch zu unterstützen, und sie können aufgrund dieser Funktion anders als Fachbeamte auch jederzeit aus dem aktiven

Es überrascht nicht, dass die Mitarbeiterinnen und Mitarbeiter des staatlichen Verwaltungsapparates ebenso wie diejenigen von Kirchen, Nichtregierungsorganisationen, Wirtschaftsverbänden, Gewerkschaften, Unternehmen und sonstigen Institutionen sich die jeweils bestehenden Principal-Agent-Konstellationen zunutze machen. So gibt es in der Praxis einen Argumentationsdruck der Förderabteilungen eines Ministeriums, die für eine Aufstockung bestehender und die Einführung neuer Subventionsprogramme unter ihrer Regie werben. Er wird durch die Konkurrenz der Abteilungen untereinander angetrieben, denn es findet ein hausinterner Wettbewerb um personelle Ressourcen, Finanzmittel, Zuständigkeiten und Karrierechancen statt. Natürlich wird dieser Wettbewerb auch unter Ausnutzung der informativen Vorteile, über die man gegenüber den politischen Entscheidern verfügt, ausgefochten. Regelmäßig gewinnt diese Konkurrenz an Intensität, wenn Haushaltsverhandlungen bevorstehen, wenn also der finanzielle Kuchen für das nächste Jahr verteilt wird.

So gibt es in der Regel eine Vielzahl von gut begründeten Fördervorschlägen aus den Fachreferaten eines Ministeriums, die den jeweiligen Abteilungsleitungen mit der Bitte präsentiert werden, dieses nun gegenüber dem Minister zu vertreten. Schon hier können Principal-Agent-Konstellationen entstehen, nun allerdings zwischen den Fachreferaten und Unterabteilungen einerseits und der Abteilungsleitung andererseits. Sie sind mittels ergänzender Fachgespräche allerdings zumeist leichter zu entschärfen, als es im Verhältnis zwischen einer Ministerin oder einem Minister und den Organisationseinheiten des Hauses der Fall ist. Letztendlich geht es in der Vorselektion auf Abteilungsebene auch darum, die Principal-Agent-Problematik für die Hausleitung schon im Vorfeld zu reduzieren. Nicht alles, was vom Apparat konzipiert, zur Umsetzung vorgeschlagen und im Grundsatz auch fachlich sinnvoll ist, hat eben eine so hohe Qualität, dass es andere Projekte, die auch gut begründet sind, in der Konkurrenz um Ressourcen aus dem Feld schlägt. Derartige Prozesse gehören, ebenso wie in Unternehmen, die über ihre Investitionspläne zu entscheiden haben, zur Normalität der Verwaltungspraxis.

Es bleibt festzuhalten, dass der Ministerialbürokratie durchaus Einflusskanäle zur politischen Mitgestaltung zur Verfügung stehen, die über eine rein technisch-operative Umsetzung politischer Vorgaben hinausgehen. Sie sind tendenziell umso größer, je stärker der Beamtenapparat initiativ tätig wird, Vorschläge für neue Projekte einbringt, diese klug auf ihre Umsetzbarkeit prüft und so die politischen Spitzen überzeugt. Die Fachebene kann vor allem dann gestaltend wirken, wenn sie qualitativ hochwertige Faktenpapiere, Konzeptvorschläge und Argumentationshilfen liefert. Sie ist nicht nur mit der praktischen Umsetzung politisch getroffener Entscheidungen betraut, sondern nimmt auch die wichtige Aufgabe der verwaltungsinternen Politikberatung wahr, der in den hochgradig aus-

Dienstverhältnis entfernt und in den sogenannten Einstweiligen Ruhestand versetzt werden. Problematisch ist allerdings eine Personalpolitik, die bis in die Arbeitsebene hinein, beispielsweise auf Ebene der Referatsleitungen, parteipolitisch eingefärbt ist. Dann reduziert sich tendenziell das inhaltliche Spektrum, das die Fachreferate ihren Hausleitungen im Zuge der internen Politikberatung anbieten.

differenzierten Gesellschaften der Industrieländer eine größere Bedeutung zukommt als noch zu Lebzeiten Max Webers im frühen 20. Jahrhundert. Die abschließenden Entscheidungen werden allerdings vom politischen Führungspersonal in Regierungen und Parlamenten getroffen. Sie sind bekanntlich Gegenstand von komplexen und zum Teil kontroversen Verhandlungsprozessen und werden unter den Bedingungen der Konkurrenz um die Stimmen der Wählerinnen und Wähler getroffen.

Letztendlich ist es kaum möglich, exakt zu bestimmen, in welchem Ausmaß die Zunahme regulatorischer und subventionsgestützter Interventionen der Industriepolitik in Deutschland auf den internen Einfluss der Beamtenschaft auf die politischen Leitungen in Regierungsinstitutionen und Parlamenten zurückzuführen ist. Das Gesamtbild einer steigenden Interventionshäufigkeit und -intensität in der Industriepolitik dürfte allerdings in weit höherem Maße auf die Konkurrenz der politischen Entscheider im Werben um die Gunst des Elektorates zurückzuführen sein als auf Eigeninteressen des Beamtenapparates.

Forschungsergebnisse, die unter den Begriffen „Democratic Responsiveness Trap" und „Policy Accumulation" firmieren, stützen diese Sichtweise. Diese Denkrichtung sieht in den politischen Entscheidungsebenen die wesentlichen Treiber des zunehmenden staatlichen Eingriffsgeschehens. Die in Summe steigenden regulatorischen und gesetzgeberischen Aktivitäten des Staates sind demzufolge eine Reaktion auf sich permanent ändernde Herausforderungen und Komplexitäten in Wirtschaft und Gesellschaft. So erzeugen etwa der technologische Fortschritt, ökologische Problemlagen oder der demografische Wandel Anpassungserfordernisse, die sich in den Präferenzen des Elektorates niederschlagen. Die Politik reagiert darauf mit zusätzlichen Interventionen (Schmidt 2024, S. 12), allerdings ohne in gleichem Maße einen Abbau von nicht mehr zwingend erforderlichen Regulierungen und Gesetzen vorzunehmen. Auf diese Weise baut der Staat sein Aufgabenportfolio kontinuierlich aus, mit der Folge eines zunehmenden Bestandes an Regierungs- und Verwaltungsaufgaben (Policy Accumulation). Da ein äquivalenter Aufbau der Kapazitäten in den staatlichen Administrationen jedoch nicht stattfindet, steigt die Arbeitslast der Mitarbeiterinnen und Mitarbeiter des öffentlichen Dienstes. In einer vergleichenden Untersuchung der Administrationen von 21 OECD-Ländern wird festgestellt, dass die „öffentlichen Verwaltungen […] heute im Verhältnis zu ihren Kapazitäten sehr viel mehr Regeln und Maßnahmen bearbeiten als noch vor ein oder zwei Jahrzehnten" (Knill et al. 2024, S. 18). Natürlich ist dieser Trend auch auf ein gewisses Beharrungsvermögen des Beamtenapparates zurückzuführen, das den Abbau von obsolet gewordenen Regulierungen oder Förderprogrammen verlangsamt. Die Durchschlagskraft dieses Beharrungsvermögens bleibt allerdings hinter der internen Wirkungsmacht der jeweiligen politischen Leitungen in den einzelnen Ministerien deutlich zurück. Zudem stehen Regierungen mit ihren Ministerialapparaten unter der demokratischen Kontrolle der Parlamente und setzen letztendlich deren politische Programme um. Wie könnte es auch anders sein in einer funktionsfähigen Demokratie.

4.4 Eingriffsaffinität unendlich: Die Ad-hoc-Unternehmensrettung

Jenseits aller strategischen Überlegungen zum Medianwählertheorem und seiner Anwendbarkeit auf die Industriepolitik oder zur Rolle der Bürokratie im industriepolitischen Geschehen gibt es den immer wiederkehrenden Fall krisenhafter Zuspitzungen, wenn ein Unternehmen mit industriellem Leuchtturmcharakter in eine ökonomische Schieflage gerät und Insolvenzgefahr droht. Alarmiert ist die Politik zumeist dann, wenn Großunternehmen mit hohen Beschäftigtenzahlen, wie im Jahr 1999 der deutsche Baukonzern Phillip Holzmann AG, betroffen sind oder wenn es um Firmen geht, die einen regionalen Arbeitsmarkt dominieren, auch wenn sie nicht zu den Großkonzernen gehören. Aus politischer Sicht werden derartige Szenarien superkritisch, wenn sie sich zudem auch noch im Vorfeld einer nahenden Landtags- oder Bundestagswahl ereignen. Die Neigung des Staates, eine industriepolitische Rettungsaktion zu starten, tendiert dann zumeist gegen unendlich. Die polit-ökonomische Logik hinter diesen Konstellationen bedarf, wie im Falle der Adam Opel AG im Jahr 2009, keiner weiteren Erläuterung. Wir belassen es im Folgenden daher bei einer bloßen Schilderung der Ereignisse dieser denkwürdigen industriepolitischen Rettungsaktion.

Wir befinden uns im Herbst 2008, zehn Monate vor der Bundestagswahl, die für den 27. September 2009 angesetzt ist. Die Adam Opel AG macht internationale Schlagzeilen. Absatzeinbrüche in Folge der großen Weltfinanzkrise setzen das Unternehmen unter Druck. Schlimmer noch: General Motors, der Mutterkonzern des deutschen Autobauers, hat im Jahr 2008 einen gigantischen Verlust von rund 31 Mrd. US-Dollar eingefahren und droht nun, Opel mit in den Abgrund zu reißen. Es geht um 28.000 Arbeitsplätze an den deutschen Opel-Standorten. Hinzu kommen die Beschäftigten im europäischen Ausland und bei den Zulieferern. Der Konzernbetriebsrat schlägt Alarm. Er versucht, eine Abspaltung des Unternehmens von General Motors durchzusetzen. Die vier Ministerpräsidenten der Bundesländer mit Standorten des Autobauers sind in Sorge, und auch die Regierungen von Belgien und Großbritannien fordern den Erhalt der Opel-Produktionsstätten in ihren Ländern.

Ein halbes Jahr später, in der Nacht vom 30. auf den 31. Mai 2009, wird im Kleinen Kabinettsaal des Bundeskanzleramtes in Berlin ein Hilfspaket des Bundes für das notleidende Unternehmen verhandelt. Eine Runde, bestehend aus Bundeskanzlerin Angela Merkel sowie den zuständigen Bundesministern und Ministerpräsidenten, hat sich nach stundenlangen Verhandlungen auf eine Lösung verständigt. Es ist schon der zweite Versuch dieses Kreises, den Knoten durchzuschlagen. Ein erstes Treffen zwei Tage zuvor an gleicher Stelle hatte noch keinen Erfolg gebracht.

Ein Kredit des Bundes über 1,5 Mrd. € für die Adam Opel AG soll gewährt werden, um eventuelle Liquiditätsengpässe in der Krise überbrücken zu können. Der kanadisch-österreichische Automobilzulieferer Magna, der mit der russischen Sperbank eine Mehrheit der Opel-Aktien erwerben will, soll für diesen Schritt mit einem staatlichen Kredit über 4,5 Mrd. € unterstützt werden. Bis dieses in trockenen Tüchern ist, werden die im Besitz von General Motors befindlichen Opel-Aktien von einem Treuhänder verwaltet. So will man verhindern, dass die Adam Opel AG zwischenzeitlich noch von einer etwaigen Insolvenz ihres Mutterkonzerns erfasst wird. Die Gespräche bewegen sich inhaltlich auf diese Lösung zu. Einzig der damalige Bundeswirtschaftsminister Karl-Theodor zu Guttenberg setzt einen Kontrapunkt, indem er eine geordnete Insolvenz für den Autobauer fordert. Er kann sich allerdings nicht durchsetzen (Weiland 2009).

Als in den frühen Morgenstunden des 31. Mai 2009 weißer Rauch aufsteigt, herrscht Erleichterung. Nun scheint die schwierigste Etappe des industriepolitischen Opel-Marathons gemeistert, der das Unternehmen, die Politik, Heerscharen von Vertretern der involvierten Firmen, aber auch uns als fachliche und organisatorische Betreuer des Prozesses seit November 2008 in Atem hält. Der Weg in eine vorerst gesicherte Zukunft für die Adam Opel AG unter den Fittichen von Magna scheint geebnet.

Am Ende kommt jedoch alles anders: Die Obama-Administration leitet einen vorübergehenden Einstieg der Vereinigten Staaten von Amerika bei General Motors in die Wege, um die Insolvenzgefahr abzuwehren. Das Unternehmen entscheidet sich im Herbst 2009 dafür, den deutschen Autobauer doch im Konzern zu behalten. Damit bleibt alles beim Alten. Der amerikanische Staat zieht sich nach kurzer Zeit wieder zurück, Opel begleicht seine Schulden aus dem in Anspruch genommenen Teil des 1,5 Mrd.-Euro-Kredites und kommt wirtschaftlich wieder auf die Beine. Acht Jahre später wird das deutsche Traditionsunternehmen allerdings von der französischen PSA-Gruppe übernommen.

Die Maßnahmen zur Stabilisierung der Adam Opel AG stellten in ihrer politischen Dimension eine Besonderheit dar. Einem international bekannten Traditionsunternehmen, das schon seit den Wirtschaftswunderjahren ein Aushängeschild des Standorts Deutschland war, drohte das Aus. Geht solch ein Flaggschiff unter, so geht auch ein Stück Heimat verloren. Wer da in Regierungsverantwortung steht und nicht die helfende Hand reicht, öffnet eine Flanke für den politischen Gegner. Und diese Flanke wollte wenige Monate vor der Bundestagswahl keiner der Akteure ungeschützt lassen.

Der Umgang mit der Opel Krise 2009 zeigt, dass industriepolitische Entscheidungen, wenn sie unter den verschärften Einfluss des Wettbewerbs um Wählerstimmen im Vorfeld von Wahlen geraten, sich schnell der marktwirtschaftlichen Logik entziehen können. Diese Logik pocht auf ein strikt wettbewerbsneutrales Vorgehen, das alleine dem Markt die Entscheidung überlässt, welche Firmen im Strukturwandel ausscheiden und welche nicht. Sie durch Ad-hoc-Eingriffe außer Kraft zu setzen, hat etwas Willkürliches. Der Staat als Rosinenpicker, das ist die Gefahr politischer Interventionen zur Rettung von Einzelunternehmen. Sie bergen das Risiko, dass marode Unternehmen künstlich im Markt gehalten werden und die betroffenen Arbeitskräfte sich trügerische Hoffnungen auf eine langfristige Weiterbeschäftigung machen.

Der Fall Opel stellt allerdings eine Ausnahme von dieser Regel dar. Die Rettungsaktion war in der Sache erfolgreich und hat auch den Staat finanziell nicht belastet. Aber das war im Vorfeld nicht klar erkennbar und es steht zu vermuten, dass die Politik wohl auch dann eingeschritten wäre, wenn die gesamtwirtschaftlichen und fiskalischen Kosten der Aktion den Nutzen eindeutig überstiegen hätten. Es wäre naiv anzunehmen, dass die Politik auf derartige Schritte kurz vor einer Parlamentswahl verzichtet. Die politischen Konsequenzen eines Nichthandelns in einer derartigen Situation werden von der wahlkämpfenden Politik als zu gravierend eingeschätzt, als dass Nichtstun eine realistische Option wäre.

Literatur

Brenke, Karl und Kritikos, Alexander (2020): Wohin die Wählerschaft bei der Bundestagswahl 2021 wanderte, in: DIW Wochenbericht 17/2020, S. 299–310

Bundesverfassungsgericht (2023): Zweites Nachtragshaushaltsgesetz 2021 ist nichtig, Pressemitteilung Nr. 101/2023, 15. November 2023

Detterbeck, Klaus (2020): Parteien im Auf und Ab. Neue Konfliktlinien und die populistische Herausforderung, Verlag W. Kohlhammer, Stuttgart 2020

Die Bundesregierung (2023): Von der Kohle zur Zukunft, 24. Februar 2023, https://www.bundesregierung.de/breg-de/bundesregierung/gesetzesvorhaben/kohleausstieg-1664496, zugegriffen am 6. September 2025

DIHK, Deutsche Industrie- und Handelskammer (2024); Neustart bei den „Sondervermögen" nach dem Urteil des Bundesverfassungsgerichtes, 14. Mai 2024, https://www.dihk.de/de/themen-und-positionen/neustart-bei-den-sondervermoegen-nach-urteil-des-bundesverfassungsgerichts-112842, zugegriffen am 7. September 2025

Downs, Anthony (1968): Ökonomische Theorie der Demokratie, Nachdruck der ersten deutschen Ausgabe, Mohr Siebeck, Tübingen 1968

Franke, Siegfried F. (1996): (IR)Rationale Politik? Grundzüge und politische Anwendungen der Ökonomischen Theorie der Politik, Metropolis-Verlag, Marburg 1996

Fritsch, Michael (2018): Marktversagen und Wirtschaftspolitik. Mikroökonomische Grundlagen staatlichen Handelns, 10. überarbeitete und ergänzte Aufl., Verlag Franz Vahlen, München 2018

Gerlach, Frank und Ziegler, Astrid (2019): Industriepolitik in Deutschland und Europa. Zur Debatte um das industriepolitische Papier von Peter Altmaier, in: Wirtschaftsdienst, 99. Jg. 2019, Heft 9, S. 650–655

IG Metall Vorstand (2021): Eine aktive Politik für die Zukunft der Industrie, Metallpositionen – Stand: Juni 2021, https://www.igmetall.de/download/20210625_2021_06_25_metallpositionen_1_Industriepolitik_e9f2a71af394c53d87cabedd25bbd59116059615.pdf, zugegriffen am 6. September 2025

Kirsch, Guy (1993): Neue Politische Ökonomie, 3. überarbeitete und erweiterte Aufl., Werner-Verlag GmbH, Düsseldorf 1993

Knill, Christoph et al. (2024): Produziert die Politik über ihre Verhältnisse? Bürokratische Überlastung durch Politikakkumulation, in: ifo Schnelldienst 11/2024, 77. Jahrgang, 13. November 2024, S. 16–20

Merz, Friedrich (2025): Organisationserlass des Bundeskanzlers vom 6. Mai 2025. In: Bundesgesetzblatt Teil I 2025. Ausgegeben zu Bonn am 9. Mai 2025, Nr. 131

Niskanen, William A. (1979): Ein ökonomisches Modell der Bürokratie, in: Frey, Bruno S. und Pommerehne, Werner W.: Ökonomische Theorie der Politik, Springer-Verlag, Berlin Heidelberg New York 1979, S. 349–368

Oehlrich, Marcus (2016): Organisation. Organisationsgestaltung, Principal-Agent-Theorie und Wandel von Organisationen, Verlag Franz Vahlen, München 2016

Schmidt, Klaus M. (2024): Ergebnisorientierte Bürokratie gestalten, in: ifo Schnelldienst 11/2024, 77. Jahrgang, 13. November 2024, S. 11–16

Schneider, Lutz (2020): Deindustrialisierung und Wahlverhalten. Eine regionale Analyse der Bundestagswahlen 2017, in: Wirtschaftsdienst, 2020, Vol. 100, S. 787–792

Simons, Jürgen (1997): Industriepolitik, Schäfer-Poeschel Verlag, Stuttgart 1997

SVR, Sachverständigenrat zur Begutachtung der gesamtwirtschaftlichen Entwicklung (2019): Jahresgutachten 2019/2020, Wiesbaden 2019

Weber, Max (1992): Politik als Beruf, Reclams Universal-Bibliothek Nr. 8833, Phillip Reclam jun. GmbH & Co. KG, Ditzingen 1992

Weiland, Severin (2009): Guttenberg gibt den einsamen Kämpfer, in: Der Spiegel, 30. Mai 2009

Wissenschaftlicher Beirat beim Bundesministerium für Wirtschaft (2025): Industriepolitik in Europa, Berlin, August 2025

Strategien, Konzepte, Positionen

5

Als erster Politiker im Amt des Bundeswirtschaftsministers buchstabierte Peter Altmaier in einem eigenständigen Konzept aus, was unter einem industriepolitisch eingreifenden Staat zu verstehen sein könnte. Sein selbst verfasster Vorschlag vom Februar 2019 mit dem Titel „Nationale Industriestrategie 2030" löste allerdings ein geteiltes Echo aus: Er erhielt Beifall aus industriepolitisch affinen Kreisen, etwa der Gewerkschaftsbewegung und der Sozialdemokratie, sowie aus dem europäischen Umfeld. Eine massive Welle der Kritik kam allerdings aus den Reihen eher ordnungspolitisch-marktwirtschaftlich positionierter Medien, des industriellen Mittelstandes und aus großen Teilen der Wirtschaftswissenschaft.

Die industriepolitischen Strategien Peter Altmaiers und seines Amtsnachfolgers Robert Habeck werden ebenso wie die Ansätze der Industrieverbände und Gewerkschaften im weiteren Verlauf dieses Kapitels diskutiert. Keines dieser Konzepte prägt für sich genommen die praktische Industriepolitik in Reinkultur. Aber alle enthalten Elemente, die Eingang in das politische Tagesgeschäft gefunden haben und die in der laufenden 21. Legislaturperiode des Bundes – soweit absehbar – weitgehend fortgeführt werden. Sie formieren sich in Summe zu einem Eingriffsinstrumentarium, das die Soziale Marktwirtschaft in Teilbereichen um Elemente einer staatlichen Lenkung ergänzt.

Eine argumentative Grundlage für diesen Trend bilden die Überlegungen der italienisch-amerikanischen Forscherin Mariana Mazzucato. Sie reklamiert in ihrem Werk „Das Kapital des Staates" eine weit ausgreifende Steuerungskompetenz für die öffentliche Hand. Bei genauem Hinsehen zeigt sich allerdings, dass die dort enthaltenen Überlegungen letztendlich einige erfolgreich verlaufene innovations- und industriepolitische Impulse der US-Regierung zu einem generellen Erfolgsmodell hochstilisieren und daraus voreilig einen Blankoscheck für eine interventionistische Industriepolitik ableiten. Um diesen Ansatz wird es im Folgenden zunächst gehen.

W. Horstmann, *Industriepolitik und Wohlstand*,
https://doi.org/10.1007/978-3-658-50739-8_5

5.1 Missionsorientierte Industriepolitik

Den Kern missionsorientierter Industriepolitik bildet ein Plädoyer für die Neugewichtung der Rollen von marktwirtschaftlicher Steuerung und staatlicher Lenkung. Nicht Angebot und Nachfrage sollen aus dieser Perspektive die unangefochtenen Treiber des Strukturwandels sein, sondern Politik und Regierung gestalten aktiv mit und definieren gesellschaftliche Großaufgaben, zu deren Umsetzung sich die Wirtschaft formieren soll. Die Unternehmen investieren in die politisch vorgegebenen Technologien und, sofern notwendig, gleicht die öffentliche Hand die damit verbundenen Zusatzkosten unter Einsatz ihres subventionspolitischen Instrumentariums aus. Über seine öffentliche Beschaffungspolitik erzeugt der Staat Anreize für das Entstehen von neuen Märkten.

Finanzieren soll die öffentliche Hand all dieses in der Logik missionsorientierter Industriepolitik unter anderem durch eine Partizipation an den Erträgen aus solchen industriepolitisch geförderten Projekten, die langfristig profitabel sind. Der Übernahme von Risiken in der Innovationsförderung durch die öffentliche Hand soll also eine Gewinnbeteiligung an rentablen Projekten gegenüberstehen (Mazzucato 2014, S. 240, 2020a, S. 95 ff.). Mit dieser Konstruktion schafft der Staat sich allerdings selbst Anreize, industriepolitisch zu intervenieren, unternehmerisch aktiv zu werden und es auch zu bleiben. Ein Exit aus dem Eingriffspfad der öffentlichen Administrationen ist in diesem Konzept also nicht vorgesehen (vgl. Abschn. 8.3).

Die Eckpunkte des Konzeptes einer missionsorientierten Industriepolitik wären unproblematisch, wenn sie sich auf die Korrektur von Funktionsmängeln der Märkte beziehen würden, die beispielsweise dort vorliegen, wo externe Effekte verhindern, dass das freie Spiel von Angebot und Nachfrage optimale Resultate erzeugt. Missionsorientierte Industriepolitik geht jedoch weit darüber hinaus. Sie soll „sich sowohl darauf konzentrieren, bestehendes Marktversagen zu reparieren, als auch darauf – was genauso wichtig ist -, künftige Märkte zu gestalten, um öffentliche Werte zu schaffen" (Mazzucato 2020a, S. 85) und durch staatliche „Investitionen eine ‚visionäre' Strategie" umzusetzen (Mazzucato 2014, S. 36).

Das Spektrum der Missionen ist ebenso umfangreich wie vielfältig. Sie sollen beispielsweise die Herausforderungen des demografischen Wandels adressieren, Defizite in den Bildungs- und Sozialsystemen beseitigen oder die Umsetzung der Nachhaltigkeitsziele der Vereinten Nationen (Sustainable Development Goals, SDGs) befördern (Mazzucato 2020a, S. 87). Auch auf der instrumentellen Ebene wird in großen Dimensionen gedacht. Die wirtschafts- und finanzpolitischen Hebel sollen in ihrer gesamten Breite missionsorientiert eingestellt werden. Staatsgeld soll auf der Angebots- und der Nachfrageseite der Ökonomie ausgereicht werden, um den politisch gewünschten Wandel in Wirtschaft und Gesellschaft herbeizuführen. Die öffentliche Beschaffung, Finanzmarktregulierungen, die Forschungspolitik, Steuergesetze und vieles mehr, eben die gesamte Palette der wirtschafts- und finanzpolitischen Instrumente, wird zum Erfüllungsgehilfen missionsorientierter Industriepolitik.

Damit verbindet sich zugleich eine Vereinnahmung von wirtschafts- und finanzmarktpolitisch relevanten Institutionen: „Ein marktgestaltender Politikrahmen [...] muss den Innovationsauftrag auch auf die Finanzregulierung, das Beschaffungswesen und allgemeinere wirtschaftspolitische Institutionen wie Zentralbanken übertragen" (Mazzucato et al. 2020b, S. 761). Damit wird das gut fundierte und historisch bewährte Prinzip einer klaren Verteilung der wirtschaftspolitischen Aufgaben auf entsprechend spezialisierte Institutionen in Frage gestellt. Notenbanken sind gut beraten, sich in politischer Unabhängigkeit auf die Wahrung der Preisstabilität zu konzentrieren, die in der Europäischen Währungsunion als Zunahme des Harmonisierten Verbraucherpreisindex um 2 % auf mittlere Sicht definiert ist. Die EZB leistet einen wesentlichen Beitrag zur Entwicklung einer starken und produktiven Industrie, wenn sie diese Aufgabe erfolgreich erfüllt, denn eine Geldpolitik, die niedrige und stetige Inflationsraten sichert, ist ein wesentliches Element erfolgreicher horizontaler Industriepolitik (vgl. Abschn. 9.6).

Die Begründungslogik hinter dem Konzept missionsorientierter Industriepolitik ist denkbar einfach. Sie wurde aus einigen wenigen, dafür aber spektakulären und innovationspolitisch wirksamen Schritten staatlicher Behörden in den Vereinigten Staaten von Amerika abgeleitet. Diese Eingriffe sind „oft wohl eher als positive externe Effekte staatlicher Interventionen zu sehen, denn als absichtlich geplante Resultate industriepolitischer Maßnahmen" (Mingardi 2017, S. 6). So sollen etwa die Beiträge der US-Agentur für die Militärforschung (DARPA) zur Entstehung des Internets oder das US-Raumfahrtprogramm als Man-to-the-Moon-Projekt eine generelle Qualität der öffentlichen Hand in der Wirtschaftslenkung belegen. Gleiches gilt für das Global Positioning System (GPS), das unsere Navigationssysteme leitet, die US-Nanotechnologieinitiative und das Orphan-Arzneimittel-Gesetz, mit dem die Entwicklung neuer Medikamente gegen seltene Krankheiten in den USA unterstützt wird. Sie werden ebenfalls als Erfolgsnachweise eines industriepolitisch aktiven Staates angeführt (Mazzucato 2014, S. 98 f.).

Letztendlich beruht das Konzept der missionsorientierten Industriepolitik auf einer Überdehnung der induktiven Forschungsmethode, bei der aus Einzelbeobachtungen auf eine allgemeine Gesetzmäßigkeit geschlossen wird. Würde man eine Liste von Innovationen erstellen, die ohne Zutun der öffentlichen Hand entstanden sind und die sich an den Märkten durchgesetzt haben, so wäre sie ungleich länger als diejenige der staatlich angestoßenen Erfolgsprojekte. Um eine generelle Überlegenheit staatlicher Lenkung über die marktwirtschaftliche Selbststeuerung überzeugend begründen zu können, wären zudem die Risiken eines Politik- und Bürokratieversagens zu betrachten und zu entkräften (Conrad 2020, S. 217 und 223 f.; Fritsch 2018, S. 360 ff. und 374 ff.). Einen systematischen und aussagekräftigen Vergleich von Markt- und Staatsversagen sucht man in der Welt missionsorientierter Industriepolitik allerdings vergeblich.

Auf diese Weise entsteht ein realitätsfernes Bild von einem Staat, dessen vermeintliche Wirtschaftskompetenz ihm die Fähigkeit verleiht, die Industriemärkte von morgen zu schaffen. Dem stehen allerdings Informationsasymmetrien zwischen Privatwirtschaft und öffentlicher Hand (vgl. Abschn. 8.1) sowie die Organisationsstrukturen innerhalb des öffentlichen Sektors entgegen, die auf die Wahrnehmung von (hoheitlichen) Funktionen des

Staates ausgerichtet sind und die nicht ohne Weiteres so umgestaltet werden können, dass sie auf die Bedarfe in den wettbewerblich organisierten Segmenten der Wirtschaft anwendbar sind. Aus diesen Beobachtungen sollte allerdings nicht der Schluss gezogen werden, dass die öffentlichen Institutionen im Vergleich zum Privatsektor generell weniger leistungsfähig sind. Das ist lediglich dann der Fall, wenn der Staat sich in die Rolle des Unternehmers begibt und damit versucht, Aufgaben auszufüllen, für deren Wahrnehmung er über keine komparativen Vorteile verfügt.

Trotz seiner insgesamt schwachen Begründungslogik erfährt das Konzept der missionsorientierten Industriepolitik große politische Beachtung. So werden die Thesen Mazzucatos beispielsweise in der Gewerkschaftsbewegung in einem legitimierenden Sinne für die eigenen industriepolitischen Vorstellungen genutzt. Die IG Metall und die Hans-Böckler-Stiftung beispielsweise sehen in ihnen einen Ansatz, der mit „empirisch gut begründeten Argumenten für einen Paradigmenwechsel in der Bestimmung der Rolle des Staates als Treiber für Innovationen und Gestalter neuer Märkte" (Gerlach und Ziegler 2019, S. 654) wirbt. Auch vom Bundeswirtschaftsministerium wurde das Konzept jedenfalls in der 20. Legislaturperiode des Bundes in den Jahren 2021 bis 2025 goutiert (Junge 2022).

In der Quintessenz bleibt festzuhalten, dass missionsorientierte Industriepolitik als Steuerungsmodell mit nicht zuletzt gesellschaftspolitischen Zielsetzungen den Charakter eines interventionspolitischen Allrounders hat. Missionen sind gesetzt und sie werden von sendungsbewussten Akteuren ausgeführt, die „das Spielfeld in Richtung der gewünschten gesellschaftlichen Ziele […] kippen" (Mazzucato et al. 2020b, S. 760). Mit einer funktionalen Industriepolitik, die selbsttragende und langfristig subventionsfreie Wertschöpfung anregt, hat das wenig bis gar nichts zu tun.

5.2 Nationale Industriestrategie 2030

Im Februar 2019 hallte ein Paukenschlag durch die wirtschaftspolitische Szene Deutschlands und Europas. Ausgelöst hatte ihn der damalige Bundeswirtschaftsminister Peter Altmaier mit seiner Nationalen Industriestrategie 2030. Sie bestand im Kern aus einem Plädoyer für einen industriepolitisch aktiven Staat, und sie löste eine kontroverse Debatte über die Frage aus, ob und wie stark die öffentliche Hand in die Wirtschaftsprozesse eingreifen sollte, um industrielle Wertschöpfung anzuregen.

Für den Industrieanteil an der BWS in Deutschland sah das Papier einen Anstieg von 23 % (2019) auf 25 % (2030) als Zielwert vor. In Parallelität dazu wurde für die EU eine Zunahme von rund 16 % auf 20 % bis 2030 vorgeschlagen (BMWE 2019a, S. 4).[1] Auf dem

[1] Die Zahlen beziehen sich auf das Produzierende Gewerbe, das nicht nur die Industriebranchen im eigentlichen Sinne, also das Verarbeitende Gewerbe, sondern zusätzlich die Energie-, Wasser- und Abwasserwirtschaft, die Abfallentsorgung, den Bergbau und die Gewinnung von Steinen und Erden umfasst. Daraus erklärt sich der hohe Anteilswert von 23 % für 2019. Das Verarbeitende Gewerbe trug 2019 etwa 21 % zur BWS bei. Zur Abgrenzung siehe Fußnote 5 in Kap. 2.

Weg zu dieser Sektorengröße sollte die Industrie mit aktiven Maßnahmen der Industriepolitik unterstützt werden. Prominent in der Strategie waren Überlegungen zur Relevanz großindustrieller Strukturen im internationalen Wettbewerb unter der Überschrift „Nationale und europäische Champions: Größe zählt – Size matters!" Vorschläge, wie eine „unmittelbare staatliche Beteiligung" bei den „überragend wichtigen Fragen von Plattformökonomie, Künstlicher Intelligenz und Autonomem Fahren" (BMWE 2019a, S. 14), standen im Gegensatz zur Tradition eines zurückhaltenden Staates. Als ordnungspolitische Leitplanke für staatliche Eingriffe in die Wirtschaftsstruktur wurde ein „neues volkswirtschaftliches Verhältnismäßigkeitsprinzip" vorgeschlagen, demzufolge „jeder Eingriff auf dasjenige Maß zu beschränken" sei, „das zur Erreichung des volkswirtschaftlichen Zieles notwendig und geeignet erscheint" (BMWE 2019a, S. 14). Als entsprechende Ziele wurden exemplarisch der Aufbau einer Batteriezellproduktion oder die bereits oben erwähnten Anschübe für das autonome Fahren benannt.

Diese Elemente verliehen dem Papier Züge eines aktiven industriepolitischen Antritts, der auf erhebliche Eingriffskompetenzen der öffentlichen Hand in die Marktprozesse setzt. Mit dem ordnungspolitischen Erbe Ludwig Erhards war das Konzept kaum in Einklang zu bringen. Daran änderte auch die explizite Betonung des Verhältnismäßigkeitsprinzips nichts. Es hat den aktivistischen Charakter der Nationalen Industriestrategie 2030 nicht ausräumen können, zumal es auch kaum in einer praktikablen Form ausgestaltet werden kann. Die große Vielfalt der industriepolitisch möglichen Eingriffskonstellationen lässt es kaum zu, allgemeingültige Trennlinien zu ziehen, anhand derer jeweils im konkreten Einzelfall die ordnungspolitische Verhältnismäßigkeit von Interventionen in die Marktprozesse exakt bestimmt werden kann. Die noch am ehesten geeigneten Kriterien zur Beurteilung dieser Frage bieten die Theorien des Markt- und Staatsversagens, die einen Orientierungsrahmen für staatliche Interventionen in die Marktprozesse formulieren.

Große Teile der Unternehmerschaft und des wirtschaftsliberal-konservativen Spektrums in Deutschland waren angesichts dieser Stoßrichtung regelrecht alarmiert. Der Verband der Familienunternehmen, ein Protagonist ordnungspolitisch-marktwirtschaftlichen Denkens, ging sogar so weit, sein 70-jähriges Jubiläum ohne eine Teilnahme des Bundeswirtschaftsministers zu begehen. Die Entscheidung des Verbandes, ihren zentralen Ansprechpartner in der Politik zu diesem Jubiläum nicht einzuladen, war weit überzogen, verschärfte die Tonlage zwischen Wirtschaft und Politik erheblich und stellte einen regelrechten Affront dar. Mit der Nationalen Industriestrategie 2030 hatte der Minister offenbar in ein Wespennest gestochen. Es hagelte Kritik mit Blick auf den relativ hohen Stellenwert, den das Papier großindustriellen Strukturen zubilligte, und bezüglich der Vernachlässigung von Belangen kleiner und mittlerer Unternehmen. Ein Mangel an angebotsseitiger Fundierung machte aus Sicht der Kritiker das Maß voll. Der gesamte Duktus der Strategie wurde von wirtschaftsliberal eingestellten Kreisen als deutlich zu interventionistisch und damit ordnungspolitisch bedenklich wahrgenommen.

Aus den Wirtschaftswissenschaften meldeten sich kaum unterstützende, dafür aber zahlreiche skeptische Stimmen. Sie kritisieren den ordnungspolitisch fragwürdigen Lenkungsanspruch der Strategie als „Machbarkeitsillusion" (Feld et al. 2019) und ein quantitatives Industrieziel als „nicht seriös" zu bestimmen (Dohse et al. 2019, S. 5).

Gegenwind aus Teilen der Forschung provozierte auch der Vorschlag, mittels einer Änderung der Fusionskontrollverordnung die Bildung industrieller Champions zu erleichtern (Fuest 2019; Wambach 2019).

Eine vergleichsweise breite Unterstützung erfuhr die Nationale Industriestrategie 2030 hingegen aus der Sozialdemokratie und den organisierten Arbeitnehmervertretungen (IG Metall 2019), auch wenn Vertreter der Gewerkschaftsseite befanden, dass das Papier zu kurz greife, weil es insbesondere den Themenkreis der betrieblichen Mitbestimmung und die Belange der Beschäftigten in der industriellen Transformation nicht aufgegriffen habe (Gerlach und Ziegler 2019, S. 654). Angesichts der traditionellen Sympathie für einen industriepolitisch aktiven Staat auf dieser Seite des politischen Spektrums kam dieser Zuspruch nicht überraschend.

Soviel zur hochkontroversen inländischen Debatte über die Nationale Industriestrategie 2030. In Europa erfuhr der Ansatz allerdings deutlich mehr Zustimmung als in Deutschland. Insbesondere in der französischen Politik, mit ihrer traditionell eher lenkungsaffinen Ausrichtung (Etatismus), wurden die Vorschläge positiv aufgenommen. So veröffentlichten der Bundeswirtschaftsminister und sein französischer Kollege Bruno Le Maire bereits am 19. Februar 2019, nur zwei Wochen nach Erscheinen der Industriestrategie, ein gemeinsames industriepolitisches Manifest. Darin forderten sie die Europäische Kommission unter anderem dazu auf, eine „more ambitious European industrial strategy" (BMWE 2019c) zu verfolgen und eine aus Sicht der beiden Minister notwendige Anpassung des Wettbewerbsrechts umzusetzen, mit dem Ziel, die globalen Konkurrenzverhältnisse stärker als bislang in der Fusionskontrolle zu berücksichtigen. So sollten die Hürden für eine Bildung europäischer Industriechampions abgesenkt werden.

Was auf allen Seiten übersehen wurde, war ein wesentlicher Punkt zum Verfahren: Die Industriestrategie vom Februar 2019 war kein Papier, das in irgendeiner Form Regierungsbeschlüsse wiedergab. Sie hatte zwar den Impuls für das oben erwähnte deutsch-französische Manifest zur Industriepolitik gegeben, war aber dennoch ein reines Ressortpapier, das nicht mit den anderen Häusern der Bundesregierung abgestimmt und schon gar nicht vom Bundeskabinett beschlossen worden war. Das Dokument sollte vielmehr den Anstoß zu einer Diskussion über den künftigen Kurs der Industriepolitik bilden. Wir haben diese Diskussion beginnend mit einem Auftaktkongress am 6. Mai 2019 unter der Leitung Peter Altmaiers geführt.

Nach einem monatelangen Austausch mit Gewerkschaften und Wirtschaftsverbänden im Bündnis Zukunft der Industrie stand im November 2019 dann endlich die ressortabgestimmte und finale Version der Industriestrategie (BMWE 2019b). Sie lag wieder näher am ordnungspolitischen Leitbild der Sozialen Marktwirtschaft und stellte stärker auf das Miteinander von industriellem Mittelstand und Großindustrie ab als das Papier vom Februar des gleichen Jahres. Die industriepolitische Position des Bundeswirtschaftsministeriums wurde damit wieder näher an den traditionellen ordnungspolitischen Standort der Unionsparteien gerückt. Symbolisch verstärkt wurde diese Adjustierung mittels eines ergänzenden Schrittes, der darin bestand, die überarbeitete Industriestrategie ganz bewusst im Paket mit einem im Laufe des Jahres 2019 entwickelten Mittelstandskonzept zu beschließen (BMWE 2019d).

Eine Interpretation des gesamten Vorgangs aus Sicht des Medianwählertheorems der Ökonomischen Theorie der Politik hebt die Nationale Industriestrategie 2030 auf eine politisch-taktische Ebene. Dieser Interpretation zufolge reiht sich das Konzept in die jahrelange Linksbewegung der Unionsparteien in wirtschaftspolitischen Fragen ein (vgl. Abschn. 4.2.3). Ob die in den Kategorien des Medianwählertheorems damit verbundene Zielsetzung, Zugewinne von Wählerschichten links der Mitte zu erzielen, tatsächlich so intendiert war, dürfte sich aus heutiger Sicht kaum ergründen lassen. Unabhängig davon kann die Nationale Industriestrategie 2030 insofern ein wesentliches Verdienst für sich in Anspruch nehmen, als sie der Frage der industriellen Wettbewerbsfähigkeit eine hohe öffentliche Aufmerksamkeit verschafft hat.

5.3 Transformative Angebotspolitik – Industriepolitik in der Zeitenwende

Das Stichwort „Angebotspolitik" lässt das Herz von Ökonomen mit einem Faible für freie Märkte, Technologieoffenheit und privatwirtschaftliche Initiative höher schlagen. Es ist eine Politik, die die Faktoren Arbeit und Kapital in der Breite stärkt und deren Produktivitätszuwächse robuster macht. Der Staat greift in einem angebotsorientierten Politikdesign nur dort ein, wo der Markt Funktionsdefizite aufweist. Er hält sich regulatorisch so weit wie möglich zurück, setzt auf einen solide finanzierten öffentlichen Haushalt sowie auf geldpolitische Stabilität und verteilt Subventionen nur dort, wo sie Marktprozesse beschleunigen und nicht verzögern. Industriepolitik ist mit einem angebotsorientierten Paradigma vereinbar, wenn sie weitestgehend horizontal ausgestaltet wird. So bleibt Technologieoffenheit gewahrt und es wird nicht zwischen einzelnen Unternehmen und Branchen diskriminiert.

Angebotspolitik ist das, was diejenigen Kommentatoren, Verbände und Unternehmen vermissten, die im Jahre 2019 die Nationale Industriestrategie 2030 des damaligen Bundeswirtschaftsministers Peter Altmaier einer massiven Kritik unterzogen. Die Ausrufung einer Transformativen Angebotspolitik durch seinen Amtsnachfolger Robert Habeck stellte insofern einen klugen Schachzug dar. Er dürfte darauf abgezielt haben, ordnungspolitisch angelegter Kritik von vornherein zu begegnen. Mit seinem inhaltlichen Spektrum, das beispielsweise auch Forderungen zum Abbau von Bürokratie, zur Modernisierung von Infrastrukturen und zu einer Ausweitung des Angebotes an Fachkräften enthielt, präsentierte dieses Konzept durchaus einige Maßnahmen, die mit einem traditionellen angebotspolitischen Verständnis vereinbar sind und die insofern Wirtschaftskreise und Bevölkerungsgruppen ansprechen, die horizontale Lösungen und einen schlanken Staat bevorzugen. Aus Sicht der Ökonomischen Theorie der Demokratie kann der Ansatz daher auch im Sinne einer – allerdings moderaten – Bewegung vom links-grünen Standpunkt in der Wirtschaftspolitik hin zu eher wirtschaftsliberal geprägten Teilen des Elektorates im Medianwählerspektrum interpretiert werden.

Dennoch wird dieses Konzept dem marktwirtschaftlich-horizontalen Charakter einer Angebotspolitik, wie sie in ihrem eigentlichen Bedeutungsgehalt zu verstehen ist, nicht gerecht. Der Grund: Transformative Angebotspolitik schränkt die marktgetriebene Verwendung der Produktionsfaktoren Arbeit und Kapital ein und sieht stattdessen deren politische Lenkung vor. Das ist jedenfalls die Quintessenz aus den ministeriellen Ausführungen, die „eine zeitgemäße Interpretation angebotspolitischen Denkens im Sinne einer Sozialökologischen Marktwirtschaft" für politisch geboten halten und feststellen, dass „klassische angebotspolitische Maßnahmen, die auf eine undifferenzierte Ausweitung der Produktionskapazitäten abzielen, die Nachfrage nach dem knappen Faktor (Arbeitskräften) noch erhöhen und etwa Personalengpässe in der Klimatransformation verschärfen könnten." (BMWK 2023a, S. 15 f.).

Die marktwirtschaftliche Seite der Transformativen Angebotspolitik bleibt insofern Beiwerk eines ansonsten eher interventionistischen Ansatzes. Ökonomisch bedeutet dies einen Verzicht auf künftige Wachstumschancen zugunsten einer Verengung des gesamtwirtschaftlichen Fundaments auf die Belange des Klimaschutzes. Dem Kronberger Kreis, einem Zusammenschluss marktwirtschaftlicher Ökonomen, ist zuzustimmen, wenn er es für „höchst problematisch" hält, „die Versorgung mit allen anderen Gütern" dem Klimaschutz „pauschal unterzuordnen" (Kronberger Kreis 2023, S. 40).

Wie dieses Politikmodell umgesetzt werden sollte, ist einer weiteren Strategie vom Oktober 2023 zu entnehmen, die unter dem Titel „Industriepolitik in der Zeitenwende" firmiert. Sie adressiert einige der Defizite des Standorts Deutschland, insbesondere den Fachkräftemangel, die ausufernde Bürokratie und den Modernisierungsstau in der Infrastruktur. Vor allem aber spiegelt die Industriepolitik in der Zeitenwende das Selbstverständnis eines industriepolitisch aktiven Eingriffsstaates wider, der mit Subventionen als dominantem Instrument der Industrie- und Wirtschaftspolitik agiert und keinerlei Perspektive für eine Öffnung jener Technologieregulierungen und -verbote vorsieht, die die deutsche Industrie von ganzen Märkten abschneiden (vgl. Abschn. 9.2).

Stattdessen sprach man sich für eine Änderung der deutschen Finanzverfassung aus, die in Zeiten entstanden sei, „die noch von einer marktdominierten Globalisierung und von deutlich weniger geopolitischen Spannungen geprägt waren" (BMWK 2023b, S. 28). Dahinter stand bereits damals das Plädoyer für eine Aufhebung oder zumindest eine Aussetzung der Schuldenbremse mit dem Ziel, kreditfinanzierte Förderprogramme aufzulegen. Es ging – nicht alleine, aber maßgeblich – darum, die Industriesubventionen weiter zu erhöhen.

Was bleibt, ist ernüchternd: Das Bundeswirtschaftsministerium, das jahrzehntelang als Anwalt interventionsfreier Marktprozesse und eines unverfälschten Wettbewerbs in der Sozialen Marktwirtschaft wirkte, ist in der 20. Legislaturperiode des Bundes selbst zum Bittsteller um Subventionen und zu einer treibenden Kraft auf dem Weg in den Interventionsstaat mutiert. Es stellt sich die Frage, wer eigentlich diesem Trend entgegentreten soll, wenn nicht das Haus, in dessen Portfolio die ordnungspolitische Wächterfunktion im Interesse einer möglichst reibungslos funktionierenden Sozialen Marktwirtschaft liegen sollte.

5.4 Wirtschaft: Zwischen Ordnungspolitik und Geschäftsinteressen

Anders als das Bundeswirtschaftsministerium mit seinen unter den Ressortchefs Peter Altmaier und Robert Habeck entwickelten Industriestrategien sind die Unternehmen der Wirtschaft keine Anbieter industriepolitischer Maßnahmen, sondern Nachfrager. Diese Nachfrage erstreckt sich sowohl auf horizontales als auch auf vertikales Handeln der Industriepolitik. Im Kern werden die organisierten Interessenvertretungen der Industrie nicht müde, einen horizontalen Kurs der Industrie- und Wirtschaftspolitik anzumahnen, der die Qualität des Standortes Deutschland für die Gesamtheit der Unternehmen hebt und die angebotsseitigen Einsatzbedingungen für die Produktionsfaktoren Arbeit und Kapital stärkt: Möglichst niedrige Unternehmenssteuern, geringe Energie- und Arbeitskosten, ein Abbau von Bürokratie, Ausschöpfung der bestehenden Arbeitszeitpotenziale, Zuwanderung von Fachkräften, Reformen des Bildungssystems, Modernisierung der Infrastrukturen, makroökonomische Stabilität und offene Weltmärkte bilden die wichtigsten Punkte im Forderungskanon der Wirtschaft. Es ist ein Maßnahmenspektrum, das sich in das Design der Sozialen Marktwirtschaft einfügt und die Funktion von Angebot und Nachfrage als preisbildende Faktoren auf wettbewerblich organisierten Märkten nicht beeinträchtigt.

Diese grundsätzliche Positionierung hat zuletzt jedoch an Glaubwürdigkeit eingebüßt, weil sie mehr als in vorangegangenen Jahrzehnten mit Forderungen nach staatlichen Interventionen durchsetzt wird. So trat der BDI als Spitzenverband der Industrie im Jahre 2024 mit einem spektakulären Plädoyer für zusätzliche Staatsausgaben in dreistelliger Milliardenhöhe hervor, versehen mit der Option, diese Gelder gegebenenfalls auch mittels einer verstärkten Kreditaufnahme über Sondervermögen zu finanzieren. Auf Basis einer von ihm beauftragten Studie mit dem Titel „Transformationspfade" plädierte der BDI für einen mehrjährigen Investitionsprozess mit einem Volumen von 1430 Mrd. €, der notwendig sei, um den Standort Deutschland bis 2030 wieder auf ein international wettbewerbsfähiges Niveau zu heben und die Transformation der Industrie hin zu dekarbonisierten, digitalen und resilienteren Strukturen erfolgreich zu bewältigen. Rund 460 Mrd. € davon verortete der Verband beim Staat. Dabei handelte es sich zu großen Teilen um klassische Subventionen, beispielsweise für die „Lokalisierung neuer Produktion", vor allem durch eine „direkte Subventionierung & Steueranreize" über 112 Mrd. € oder die unmittelbare Unterstützung von „Industrietransformation & Dekarbonisierung" mit 35 Mrd. € (BDI 2024, S. 9). Letztendlich dürften alle in den Transformationspfaden vorgeschlagenen Maßnahmen auch Subventionselemente enthalten, von der Dekarbonisierung über die Digitalisierung bis hin zur Verminderung kritischer Abhängigkeiten bei Rohstoffen und der Beschaffung grüner Produkte. Letztendlich nahm der Spitzenverband der Industrie damit eine Erhöhung der Subventions-, Ausgaben- und Schuldenquoten des Staates in Kauf. Es ist ein Konzept, das mit einer marktwirtschaftlich horizontal angelegten Industriepolitik kaum vereinbar ist.

Auch der Verband Deutscher Maschinen- und Anlagenbauer (VDMA), der die vorwiegend mittelständischen Hersteller von Werkzeugmaschinen, industrie-4.0-basierten Produktionsanlagen und industriellen Ausrüstungsgütern verschiedenster Art vertritt, hat seine industriepolitische Position modifiziert. Er fordert inzwischen unverblümt staatlichen Schutz gegenüber der chinesischen Konkurrenz, beispielsweise mittels „Ausschlusskriterien beim Marktzugang" und „Local Content-Anforderungen in öffentlichen Ausschreibungen", bezogen auf strategische Technologien, die von Relevanz für die „sicherheitspolitischen Interessen und die Lebensgrundlagen Europas" sind (VDMA 2025). Es sind scharfe Eingriffe ins marktwirtschaftliche Geschehen, die der Verband fordert. Der VDMA revidiert damit nicht seine traditionell ordnungspolitisch geprägten Positionen zu Marktwirtschaft und unverfälschtem Wettbewerb, aber er ergänzt sie um Elemente, die mit einem marktwirtschaftlichen Kurs nicht ohne Weiteres kompatibel sind.

Je weiter die Betrachtung sich auf spezialisierte Branchenverbände erstreckt, desto konkreter werden die industriepolitischen Forderungen. Die Interessen der jeweiligen Mitgliedsunternehmen werden dann homogener und sie können von den auf ein relativ enges inhaltliches Spektrum fokussierten Fachverbänden stringenter artikuliert werden als von den Dachverbänden der Wirtschaft. Damit entfaltet sich eine fragmentierte Landschaft verschiedenster industriepolitischer Petita, die, je nach Geschäftsmodell und Technologie der jeweiligen Branchen, unterschiedlich beschaffen sind: Während der Automobilindustrie die inzwischen politisch beschlossene Wiedereinführung der staatlichen Prämie für den Kauf von Elektromobilen am Herzen liegt (Müller 2023), äußern die Verbände der Luft- und Raumfahrt- und der Sicherheits- und Verteidigungsindustrien Buy-European-Wünsche bei Rüstungsgütern (BDLI 2025). Die Stahlbranche tritt mit Subventionsforderungen für die Umrüstung ihrer Anlagen auf Wasserstofftechnologie in milliardenschwerer Größenordnung hervor, denen inzwischen ebenfalls großenteils nachgekommen wurde. Die Chemiebranche plädiert, wie andere energieintensive Industrien, für eine großzügige und dauerhafte Subventionierung der Stromkosten (Industriestrompreis). Auch diesem Petitum wird in der 21. Legislaturperiode des Bundes entsprochen. Man könnte Branche für Branche durchgehen und würde eine große Anzahl an Forderungen nach finanzieller oder regulatorischer Unterstützung finden, die mit einer horizontalen Industriepolitik wenig bis nichts zu tun haben.

Im Ergebnis bleibt festzuhalten, dass die industriepolitischen Positionen der Wirtschaft auf verschiedenen Ebenen zu verorten sind: Im generellen ordnungspolitischen Antritt wird für marktwirtschaftliche Lösungen mit möglichst wenig staatlichen Interventionen geworben. Vom konkreten industriepolitischen Förder- und Regulierungsgebaren des Staates will man aber dennoch profitieren. Letzteres wird allerdings durch zwei Treiber mit befördert, die einen gewissen Einfluss auch auf die Positionierung von Unternehmen und Wirtschaftsverbänden ausüben. Beim ersten handelt es sich um die Politik, die im Wettbewerb um die Stimmen der Wählerinnen und Wähler das Angebot an industriepolitischen Maßnahmen erhöht hat. Dieses Angebot schafft sich seine eigene Nachfrage, denn es weckt Begehrlichkeiten und schürt Subventionsmentalitäten (vgl. Abschn. 8.2). Beim zweiten Treiber handelt es sich um die organisierten Vertretungen der Arbeitnehmer, die industriepolitischen Eingriffen bis hin zur Staatsbeteiligung an Unternehmen traditionell zugeneigt sind. Dieses zeigt sich in entsprechenden Konzeptvorschlägen aus dem Gewerkschaftslager, die im anschließenden Abschnitt diskutiert werden.

5.5 Gewerkschaften: Fondskonzept und ein aktiver Staat

Es wäre zu weitgehend, die industriepolitischen Positionen der organisierten Arbeitnehmervertretungen und der Wirtschaftsverbände als gegensätzlich zu bezeichnen. Schnittmengen sind vorhanden, etwa bezüglich der Dringlichkeit des Bürokratieabbaus, der Modernisierung von Infrastrukturen oder einer Absenkung der Energiepreise. Die Forderungen der Gewerkschaften nach Unterstützung der öffentlichen Hand für industrielle Wertschöpfung sind jedoch sehr viel stärker auf den Instrumentenkasten der vertikalen als auf den der horizontalen Industriepolitik ausgerichtet als jene der Wirtschaft.

Während die Unternehmen der Industrie zwar einen Staat präferieren, der ihnen kostensenkende Rahmenbedingungen verschafft und zum Teil auch Subventionen gewährt, der aber ansonsten möglichst nicht in ihre Märkte und auch nicht in die Firmen (Staatsbeteiligungen) eingreift, haben die Gewerkschaften durchaus Sympathie für öffentliche Hände, die aktiv-lenkend in die Industrie- und Wirtschaftsstrukturen hinein intervenieren und sich dabei auch als Eigenkapitalgeber an Unternehmen beteiligen. Politik müsse den industriellen Wandel „aktiv begleiten und gestalten" und die industrielle Transformation dürfe „nicht den freien Marktkräften überlassen werden", stellt etwa die IG Metall in ihren Metallpositionen fest (IG Metall Vorstand 2021, S. 1). In Akzentuierung europäischer Handlungsmöglichkeiten fordert die Industriegewerkschaft Bergbau, Chemie, Energie (IGBCE) einen europäischen Industry Recovery Act (IGBCE 2023, S. 2), der analog zum US-Inflation Reduction Act ebenfalls mit der Buchstabenfolge „IRA" abgekürzt wird und insofern ein gewisses Verwechselungspotenzial birgt. Inhaltlich sind die beiden Ansätze aber tatsächlich nicht weit voneinander entfernt, denn der Vorschlag der IGBCE läuft auf eine subventionspolitische Erwiderung des US-amerikanischen IRA durch Europa hinaus. Auch der Deutsche Gewerkschaftsbund (DGB) sieht einen Schwerpunkt industriepolitischen Handelns bei den europäischen Institutionen (DGB 2025).

Der Instrumentenkasten, mit dem die Konzepte der Gewerkschaftsbewegung unterlegt sind, ist überwiegend vertikal und aktiv gestaltend angelegt und weist in seiner ordnungspolitischen Qualität durchaus Parallelen zum Konzept der missionsorientierten Industriepolitik auf, die im Abschn. 5.1 diskutiert wurde. Hier einige Beispiele: Eine zielgerichtete Ausrichtung der öffentlichen Beschaffung auf die Nachfrage nach europäischen industrieprodukten, staatliche Förderprogramme in großem Stil inklusive einer Lockerung der europäischen Beihilferegeln, eine Aufweichung der europäischen Fusionskontrolle, um die Bildung europäischer Champions zu erleichtern, eine Ausweitung der betrieblichen Mitbestimmung und die Beteiligung des Staates als Eigenkapitalgeber an Unternehmen, die in besonderem Maße unter dem Druck der klimapolitischen Transformation stehen.

Insbesondere die zuletzt genannte Forderung ist in den letzten Jahren mit einigem politischem Nachdruck in den öffentlichen Diskurs gebracht worden. So haben beispielsweise der Betriebsrat von thyssenkrupp Steel und die IG Metall bereits im Jahr 2020 hohe Wellen geschlagen, als sie öffentlichkeitswirksam unter anderem mit einer Demonstration von mehr als 3000 Beschäftigten vor der Düsseldorfer Staatskanzlei für eine milliardenschwere Kapitalbeteiligung des Staates an dem Traditionsunternehmen eintraten (Knitterscheidt 2020; IG Metall 2020). Zwar hatte der Technologiekonzern seine lukrative Aufzugsparte für 17 Mrd. € verkauft und damit erhebliche Eigenkapitalreserven gebildet. Diese wurden jedoch angesichts anhaltender Verluste von Monat zu Monat kleiner. Das Unternehmen schrieb rote Zahlen, das Effizienzprogramm des Konzerns hatte seine volle Wirkung noch nicht entfaltet und die klimapolitischen Transformationslasten drückten damals wie heute.

Die öffentliche Hand hätte als Eigenkapitalgeber in Milliardenhöhe allerdings den Druck von thyssenkrupp genommen, interne Sanierungsschritte zu ergreifen und darüber hinaus auch noch Begehrlichkeiten anderer Unternehmen nach einer Staatsbeteiligung geweckt. Zudem verfügte der Konzern über Eigenkapitalreserven aus dem Verkauf der Aufzugsparte. Es bestand daher ein politischer Konsens zwischen dem Bundeswirtschaftsministerium, den übrigen beteiligten Bundesressorts, dem Bundeskanzleramt und der Landesregierung Nordrhein-Westfalens, den Forderungen nach einer staatlichen Beteiligung an dem Traditionsunternehmen nicht zu entsprechen.

Die Forderung der IG Metall nach einem Staatseinstieg bei thyssenkrupp 2020 hatte für sich genommen noch einen singulären Charakter. Sie bezog sich auf ein einzelnes Flaggschiff der Industrie. Im Jahr 2021 ist dann von der gewerkschaftsnahen Hans-Böckler-Stiftung unter dem Titel „Ein Transformationsfonds für Deutschland“ ein detailliert ausgearbeitetes Konzept veröffentlicht worden, das das Modell eines breit aufgestellten Beteiligungsinstrumentes beschreibt. Dabei handelt es sich um einen Fonds mit einem Volumen von zunächst 120 Mrd. €, der vor allem Industrieunternehmen bei der Transformation hin zur CO_2-Neutralität und zu ökologisch nachhaltigen Produktionsverfahren unterstützen soll (Dullien et al. 2021, S. 22). Dies drückt sich auch in der Betitelung des Instrumentes als „German Sustainability Fonds (GSF)“ aus. Das Finanzkonstrukt soll sich über die Aufnahme von Krediten am Kapitalmarkt (Green Bonds) finanzieren. Diese wiederum, so der Vorschlag, wären vom deutschen Staat zu verbürgen. In der konkreten Ausgestaltung bringt das Modell der Hans-Böckler-Stiftung zusätzlich noch eine erweiterte Variante des GSF in die Diskussion, die zusätzlich zu der öffentlichen Komponente auch privaten Investoren den Erwerb von Fondsanteilen ermöglichen soll.

Seine Lenkungswirkung entfaltet der GSF, indem er langfristig und profitorientiert in Industrieunternehmen mit Börsennotierung sowie auch in kleine und mittlere Firmen investiert, die die Nachhaltigkeitskriterien der EU-Taxonomieverordnung erfüllen.[2] Konkret

[2] Die EU-Taxonomieverordnung legt Kriterien fest, anhand derer beurteilt wird, ob eine wirtschaftliche Aktivität als ökologisch nachhaltig zu qualifizieren ist. Dabei geht es um den Klima- und Umweltschutz, die Protektion von Wasser- und Meeresressourcen, kreislaufwirtschaftliche Kriterien sowie den Erhalt von Ökosystemen und Biodiversität (BAFIN 2025). Finanzmarktakteure müssen im Rahmen der Taxonomieverordnung über die Qualität ihrer Investments im Sinne der Nachhaltigkeit berichten. Das Dossier hat hohe Wellen geschlagen, nicht nur weil es große Wirkungen auf das Anlageverhalten an den Finanzmärkten erzeugt, sondern weil es zu einer kontroversen Debatte zwi-

heißt es dazu: „Eine direkte Beteiligung oder Finanzierung des Bundes in Schlüsselindustrien hat […] im Prinzip den Vorteil, dass ein direkter Einfluss auf die Umsetzung von Klima- und Nachhaltigkeitszielen genommen und beispielsweise eine aktive Beteiligung der Gewerkschaften unterstützt werden kann" (Dullien et al. 2021, S. 2 f.).

Bemerkenswert an dieser Formulierung ist nicht der Hinweis auf die Klima- und Nachhaltigkeitsziele. Er gehört zum Standardrepertoire, wenn Forderungen nach Staatsgeld erhoben werden. Aufschlussreich ist eher die ins Spiel gebrachte Einbindung der organisierten Arbeitnehmervertretungen in die Verteilung öffentlicher Gelder. Sie soll sich dem GSF-Konzept zufolge in Projektvorschlägen „beispielsweise aus den Gewerkschaften" (Dullien et al. 2021, S. 24) manifestieren, wird aber ansonsten in dem Konzept der Hans-Böckler-Stiftung nicht weiter ausdifferenziert. Deutlicher auf den Punkt gebracht wurden die diesbezüglichen Vorstellungen jedoch an anderer Stelle: „Die IG Metall befürwortet […] die Gewährung von Public Equity zugunsten des Erhalts von Standorten und Arbeitsplätzen im Fall strukturpolitischer Brüche. Öffentliches Beteiligungskapital solle unter strengen Auflagen sowie drittelparitätisch mit Vertretern der Sozialpartner und der öffentlichen Hand gewährt werden" (Gerlach und Ziegler 2019, S. 655).

Ein derartiges Vorgehen wäre problematisch, denn sowohl die Eigentümerseite eines Unternehmens als auch die organisierte Arbeitnehmervertretung – also die unmittelbar und die mittelbar Begünstigten – würden dann mit darüber entscheiden, ob Steuergelder für eine Kapitalzufuhr durch Unternehmensbeteiligung der öffentlichen Hand ausgereicht werden oder nicht. Die staatliche Beteiligungspolitik liefe Gefahr, unter einen verstärkten Druck zum Erhalt von Unternehmen zu geraten, die aus sich heraus nicht mehr wettbewerbsfähig sind. Gestärkt würde hingegen die Machtbasis gewerkschaftlicher Organisationen mit allen Konsequenzen, die dies für deren Einfluss auf politische Entscheidungsprozesse sowie für deren Wettbewerbsfähigkeit im Werben um neue Mitglieder mit sich brächte.

Aber auch unter Ausklammerung dieser Problematik ist die Wirkung des GSF-Modells kontraproduktiv. Es mindert generell den Druck auf die betroffenen Industrien, alle Möglichkeiten der internen Kosteneinsparung und Rationalisierung auszuschöpfen, wenn der Steuerzahler als Eigenkapitalgeber bereitsteht. Zudem wird eine finanzielle Haftung der öffentlichen Hand für Verluste von notleidenden Firmen begründet und es entsteht politischer Druck nachzuschießen, wenn die Unternehmenszahlen dauerhaft nicht aus dem roten Bereich herauswachsen.

Gerät eine Firma, die ganz oder teilweise dem Staat als Eigentümer gehört, gar in Insolvenzgefahr, so gibt es politisch unter den Bedingungen des Wettbewerbs um die Wählerstimmen kaum eine andere Möglichkeit, als weiteres Staatsgeld in die betroffenen indus-

---

schen Frankreich und Deutschland führte. Die französische Regierung bestand auf einer Anerkennung der Kernkraft als nachhaltige Technologie in der Verordnung, während die Bundesregierung dieses streitig stellte und sich stattdessen für die Gasbefeuerung von Anlagen als nachhaltig qualifizierte Technologie einsetzte. Im Ergebnis wurden beide Technologien als nachhaltig im Sinne des Dossiers anerkannt.

triellen Strukturen zu pumpen, unabhängig davon, ob dieses im Einzelfall ökonomisch vertretbar ist oder nicht. Welcher Wahlkämpfer versagt schon zusätzliche finanzielle Mittel, wenn ein Unternehmen, das sich teilweise in Staatshand befindet, kurzfristig in Schieflage gerät? Die Antwort in der Welt der Ökonomischen Theorie der Politik lautet: Keiner. Die Antwort in der realen Welt der Politik fällt kaum anders aus.

5.6 Industriepolitik in der 21. Legislaturperiode des Bundes

Prognosen zum politischen Handeln einer Regierung über den gesamten Verlauf ihrer Amtszeit sind mit einer hohen Fehlerwahrscheinlichkeit belastet. Erfahrungsgemäß bleibt ein doch recht großer Teil der in den jeweiligen Verhandlungen zur Regierungsbildung vereinbarten Projekte unerledigt. Die Gründe dafür sind vielfältig. Sie resultieren beispielsweise aus Dissonanzen über die detaillierte Ausgestaltung der in den Koalitionsverhandlungen vereinbarten politischen Projekte. Kleine Stellschrauben werden in diesen Gesprächen üblicherweise nicht fixiert, sie können in den komplexen Funktionszusammenhängen der modernen Industriegesellschaften aber von großer Bedeutung sein. Konflikte über die Einstellung derartiger Parameter brechen zum Teil erst dann auf, wenn die Gesetzgebungsprozesse anlaufen und die Feinheiten zu klären sind. Zudem können gesellschaftliche, technologische oder geopolitische Ereignisse, die abrupt und unerwartet auftreten, politische Kurswechsel erfordern, die in keinem Koalitionsvertrag ex ante so festgeschrieben werden können. Vor dem Hintergrund solcher Unwägbarkeiten ist ein Ausblick auf die Industriepolitik in der laufenden 21. Legislaturperiode des Bundes, die am 25. März 2025 mit der Konstituierung des Bundestages begann, natürlich mit gewissen Unsicherheiten behaftet.

Dennoch lassen die Weichenstellungen im Bund, die man im Dokument „Verantwortung für Deutschland. Koalitionsvertrag zwischen CDU, CSU und SPD. 21. Legislaturperiode" vom 9. April 2025 niedergelegt hat, Rückschlüsse auf den industriepolitischen Kurs von Bundeswirtschaftsministerin Katherina Reiche und der Regierung Merz zu.[3] Die grundlegende Ausrichtung dieses Kurses kann im Vergleich zur Industriepolitik der beiden Vorgängerregierungen folgendermaßen zusammengefasst werden: Während deren Industriepolitik stark vertikale Züge trug und kaum horizontale Maßnahmen vorsah, versucht es die fünfte schwarz-rote Koalition im Bund seit Gründung der Bundesrepublik Deutschland mit einer Mischung, die mit der geplanten Absenkung der Unternehmenssteuern und dem intendierten Bürokratieabbau zumindest zwei wesentliche Elemente horizontaler Industriepolitik enthält. Es ist ein Nebeneinander verschiedener Maßnahmen, das keinem übergreifenden industriepolitischen Ansatz in Form eines Gesamtkonzeptes folgt. Der Koalitionsvertrag vom 9. April 2025 stellt keine eigenständige, in sich geschlossene Industriestrategie in Aussicht. Die Negativdebatte des Jahres 2019, in der Peter Altmaiers Nationale Industriestrategie 2030 über Monate hinweg mit einer massiven Kritik überzo-

[3] Der Koalitionsvertrag bildet daher die wesentliche Grundlage der Ausführungen in diesem Abschnitt.

gen wurde, dürfte den politischen Entscheidungsträgern in der 21. Legislaturperiode noch in Erinnerung sein. Es steht zu vermuten, dass man derartige Protestfallen von vornherein vermeiden wollte. Das ändert aber nichts an der Tatsache, dass die vertikale industriepolitische Eingriffspraxis der Vorgängerregierungen unter Beimischung einiger horizontal wirkender Schritte in den kommenden Jahren fortgesetzt werden dürfte.

Der im Koalitionsvertrag adressierte überaus reichhaltige Branchencocktail besteht unter anderem aus Unterstützungsmaßnahmen für die Automobilindustrie, die chemischen und pharmazeutischen Industrien, die Stahlwirtschaft, den industriellen Leichtbau, die Wasserstoffwirtschaft, die Biotechnologien, die Raumfahrt, die maritime Wirtschaft, die Luftfahrtindustrie, den 3D-Druck, die Entwicklung von Computerspielen und die KI. Für einige dieser Wirtschaftszweige sind Strategiepapiere mit Branchenfokus vorgesehen, insbesondere eine Chemieagenda 2045, eine Nationale Pharmastrategie sowie eine Strategie zu Fragen der zivilen und militärischen Luftfahrtindustrie (CDU, CSU und SPD 2025, Zeilen 107 ff., 134 ff., 179 f. und 242 f.).

Ein dominantes Instrument der Industriepolitik in der 21. Legislaturperiode ist die subventionspolitische Unterstützung des Verarbeitenden Gewerbes in der klimapolitischen Transformation. Dazu gehört die fortgesetzte Finanzierung der EEG-Umlage aus Steuergeldern, die 2024 mit 18,5 Mrd. € und 2025 mit geschätzt 16,5 Mrd. € im Bundeshaushalt zu Buche schlug (Deutscher Bundestag 2025). Dieser Finanzierungsmodus senkt unter anderem die Industriestrompreise und dürfte angesichts des anhaltenden EE-Zubaus auch künftig Jahr für Jahr einen Fußabdruck in zweistelliger Milliardenhöhe im Staatshaushalt hinterlassen. Als neue oder wiederbelebte Förderelemente, von denen nicht zuletzt die Industrie profitiert, erhöhen die Übernahme der Gasumlage und von Teilen der Stromnetzentgelte in den Bundeshaushalt sowie die Wiederaufnahme der staatlichen Bezuschussung des Kaufs von Elektrofahrzeugen die Subventionsrechnung für die Steuerzahler. Die zuletzt genannte Fördermaßnahme stellt, obgleich sie unmittelbar den Käufern von Elektromobilen zufließt, de facto einen finanziellen Bonus für die zuliefernden Industrien dar, denn sie dürften die Zulage zumindest teilweise über ihre Preispolitik abschöpfen können.

Eine hohe Eingriffsintensität im klimaindustriellen Subventionsgeschehen weist das Flaggschiffprogramm der Klimaschutzverträge auf, das als Förderhebel zur Dekarbonisierung der Industrie mit Milliardensummen auch in der 21. Wahlperiode des Bundes fortgeführt wird (CDU, CSU und SPD 2025, Zeilen 165 ff.). Einen besonders ausgeprägten Interventionscharakter hat dieses Programm, weil es nicht nur die Anfangsinvestitionen in neue klimaneutrale Ausrüstungsgüter finanziell bezuschusst, sondern auch noch eine langfristige Subventionsperspektive für die Dekarbonisierung von Industrieunternehmen eröffnet. Inkludiert in das Förderspektrum der Klimaschutzverträge ist nämlich auch der Ausgleich von „Mehrkosten von klimafreundlichen Anlagen im Vergleich zu den herkömmlichen Optionen" einschließlich laufender Zusatzaufwendungen „etwa für Wasserstoff" (BMWK 2024, S. 2 f.) in der Industrie. Es handelt sich um eine langfristige Betriebsmittelförderung, die sich je nach Projekt auf Laufzeiten von bis zu 15 Jahren erstrecken kann. Die subventionsgestützte Dekarbonisierung der Wirtschaft wird also auch künftig nicht mit energie- und klimapolitischen Strukturreformen begleitet, sondern weiterhin und zunehmend generös mit Staatsgeld alimentiert. So kann es nicht überraschen, dass der KTF eine Mittelaufstockung von 100 Mrd. € in zehn Jahrestranchen zu jeweils 10 Mrd. € aus dem neuen und vollständig kreditfinanzierten 500 Mrd. € umfassenden Sondervermögen Infrastruktur und Klimaneutralität (SVIK) des Bundes erhält (Entwurf SVIK-Errichtungsgesetz 2025, § 4 Abs. 2).

Spezifisch industriepolitische Handlungsmöglichkeiten ergeben sich des Weiteren aus den Spielräumen, die der SVIK für eine Subventionierung von Industrieinfrastrukturen und für direkte Beteiligungen des Staates an Industrieunternehmen eröffnet. Diese Optionen sind nicht unmittelbar erkennbar, sie werden aber transparent, wenn man den einschlägigen § 4 Abs. 1 des SVIK-Errichtungsgesetzes, die dazugehörenden Erläuterungen und die Bundeshaushaltsordnung (BHO 1969) nebeneinanderlegt. Die Regelungen sehen vor, dass „aus dem Sondervermögen […] zusätzliche Investitionen des Bundes in die Infrastruktur innerhalb seiner Ausgabenzuständigkeit finanziert“ werden, „insbesondere solche in 1. den Zivil- und Bevölkerungsschutz, 2. die Verkehrsinfrastruktur, 3. die Krankenhausinfrastruktur, 4. die Energieinfrastruktur, 5. die Bildungs-, Betreuungs- und Wissenschaftsinfrastruktur, 6. die Forschung und Entwicklung und 7. die Digitalisierung“ (Entwurf SVIK-Errichtungsgesetz 2025, § 4 Abs. 1).

Es fällt auf, dass die inhaltlichen Abgrenzungen in dieser Formulierung nicht trennscharf und schon gar nicht abschließend sind, denn es sind Investitionen „insbesondere“, aber nicht ausschließlich, in den sieben benannten Bereichen vorgesehen. Eine nachträgliche Ergänzung der Förderzwecke dürfte also ohne Änderung des Gesetzes möglich sein. Durch Definition beispielsweise von sozialen oder lokalen Infrastrukturen (analog zur „Sozial- und Lokalwirtschaft“, die die europäische Kommission in ihre 14 industriellen Ökosysteme aufgenommen hat, vgl. Abschn. 6.1) oder eben auch durch Benennung von industriellen Infrastrukturen, könnte das Spektrum der Investitions- und Subventionsfelder des SVIK erheblich erweitert werden.

Optionen zur Umsetzung von SVIK-finanzierten Staatsbeteiligungen an Unternehmen ergeben sich aus dem Investitionsbegriff der BHO, der neben anderen Investitionszwecken auch Ausgaben für „den Erwerb von Beteiligungen und sonstigem Kapitalvermögen, von Forderungen und Anteilsrechten an Unternehmen, von Wertpapieren sowie für die Heraufsetzung des Kapitals von Unternehmen“ benennt (BHO § 13 Abs. 3, Nr. 2, Satz 2d). Die Erläuterungen zum Errichtungsgesetz verweisen ausdrücklich darauf, dass die Definition des § 13 BHO maßgeblich für die Investitionen des SVIK ist. Auch wenn kein explizites industriepolitisches Ziel in Form von Beteiligungen des Staates an Unternehmen definiert worden ist, hat man mit dem SVIK also ein Instrument geschaffen, das auch für diesen Zweck eingesetzt werden kann. Es mag Zufall sein oder das Ergebnis gezielter Einflussnahme auf die Politik, aber der SVIK kann damit Funktionen übernehmen, die denen des von den Gewerkschaften favorisierten Beteiligungsfonds GSF entsprechen (vgl. Abschn. 5.5).

Die Wirkungen des Fonds auf die industrielle Wettbewerbsfähigkeit dürften eher ambivalent ausfallen. Zwar tragen die mit dem Gros der Gelder zu unterlegenden Investitionen in die Verkehrsinfrastruktur oder die Digitalisierung grundsätzlich den Charakter einer standortstärkenden horizontalen Industriepolitik. Allerdings werden diese Effekte gedämpft, weil das Sondervermögen auch Möglichkeiten für eine konsumtive Mittelverwendung enthält (Feld 2025)[4] und weil die zu erwartende Auftragsflut aus dem SVIK die Kapazitäten der ausführenden Branchen, zu denen zahlreiche zuliefernde Industrien gehören, überfordern und so über steigende Preise zu einer realen Wertminderung der Mittel führen dürfte. Mit den 500 Mrd. € des Sondervermögens wird daher weniger infrastruktureller Gegenwert finanziert werden können, als es zunächst scheint. Was aber bleibt, sind die durchschlagenden Wirkungen des vollständig kreditfinanzierten SVIK auf den Anstieg der öffentlichen Verschuldung in Deutschland, die dem Investitionsklima im Verarbeitenden Gewerbe und der Wirtschaft insgesamt nicht zuträglich ist.

Derweil bleiben die industriepolitisch relevanten und von vorherigen Bundesregierungen übernommenen Technologieverbote auch in der 21. Legislaturperiode des Bundes unangetastet. Das im Atomgesetz niedergelegte Verbot von Genehmigungen für die Nutzung der Kernenergie zur Stromerzeugung wird nicht revidiert. Die Abscheidung und Speicherung von Kohlendioxid soll zwar selektiv für Industrieanlagen ermöglicht werden. Für die Kohleverstromung ist sie jedoch nicht vorgesehen und der Kohleausstiegsbeschluss wird dementsprechend auch nicht zur Disposition gestellt. Das Angebot an grundlastfähigem Strom in Deutschland, das für die Industrie von elementarer Bedeutung ist, wird also nicht steigen. Ein Antritt der Bundesregierung bei den europäischen Institutionen und den EU-Partnerländern, mit dem Ziel, das für 2035 geplante europäische Zulassungsverbot für diesel- und benzingetriebene Neufahrzeuge aufzuheben, mündete zwar formell in einer Öffnung dieses Technologieverbotes. Die CO2-Flottenemissionen müssen aber bis 2035 um 90 % gesenkt werden und bei Überschreitung sind hohe Strafzahlungen von den Herstellern zu leisten. Alles in allem greift nach wie vor ein faktisches Verbrennerverbot und zwar bereits 10 Jahre vor dem Datum der Klimaneutralität in 2045. Festzuhalten bleibt, dass die Eingriffe vertikaler Industriepolitik in Form von Technologieverboten weitestgehend Bestandsschutz erhalten haben.

Erneut auf der industriepolitischen Agenda zu finden ist auch der Dauerbrenner einer Aufweichung der europäischen Fusionskontrolle: „Wir wollen, dass internationale Wettbewerbsfähigkeit, europäische Souveränität und Sicherheit im europäischen Wettbewerbsrecht, insbesondere im Bereich der Fusionskontrolle, stärker als bisher berücksichtigt werden“ (CDU, CSU und SPD 2025, Zeilen 324 ff.). In ähnlicher Weise hatten sich schon der

[4] So werden etwa die im Errichtungsgesetz als Förderzweck explizit genannten Ausgaben für die Betreuungsinfrastruktur sehr viel geringere Produktivitätseffekte erzeugen als jene für eine Modernisierung und Ausweitung des Schienen- und Straßennetzes. Und hinter dem Förderzweck der Krankenhausinfrastrukturen, um ein weiteres Beispiel zu nennen, kann sich in der Praxis vom Ausbau der Kantine bis zur Neuanlage des Gartenareals vieles verbergen. Auch bezüglich der Finanzierungstranche für die Kommunen, die mit einem Volumen von 100 Mrd. € aus dem 500-Mrd.-Euro-Paket ausgestattet ist, bestehen große Spielräume bei der Mittelverwendung.

französische Wirtschafts- und Finanzminister Bruno Le Maire und der damalige Bundeswirtschaftsminister Peter Altmaier 2019 positioniert, nachdem die Europäische Kommission deren Herzensprojekt, den Zusammenschluss der Bahntechniksparten der Technologiekonzerne Siemens und Alstom, im Februar 2019 untersagt hatte (vgl. Abschn. 6.5). Eine rechtliche Umsetzung dieser wettbewerbspolitischen Thematik würde Spielräume für eine industriepolitische Gestaltung des Fusionsgeschehens eröffnen. Regierungsseitige Impulse zur Bildung sogenannter europäischer Industriechampions sind leichter realisierbar, wenn die europäische Zusammenschlusskontrolle offener gefasst wird als bislang.

In Relation zum massiven Einsatz vertikaler Steuerungsinstrumente nehmen sich die projektierten horizontalen Schritte der Industriepolitik in der laufenden 21. Wahlperiode eher schmal aus. Das gilt zunächst für die angekündigte subventionspolitische Mäßigung, die durch Überprüfung und Kürzung von Förderprogrammen erreicht werden soll (CDU, CSU und SPD 2025, Zeile 1639 ff. und 1687 f.). Der Beschluss, gleich zwei große und politisch sichtbare Geldschleusen für die Wirtschaft wieder zu öffnen, nämlich die steuerliche Vergünstigung für den Agrardiesel und den ermäßigten Mehrwertsteuersatz für das Gaststättengewerbe (CDU, CSU und SPD 2025, Zeilen 1497 ff.), nimmt den Bekenntnissen der Politik zur Rückführung der staatlichen Fördertätigkeit die Glaubwürdigkeit. Der geplante Deutschlandfonds, der mit staatlichem Kapital und öffentlichen Garantien über 10 Mrd. € „bestehende Finanzierungslücken im Bereich des Wachstums- und Innovationskapitals, insbesondere für Mittelstand und Scale-ups“ schließen soll, ist ein neues Instrument, das der erklärten Absicht, die Förderlandschaft zu verkleinern, ebenfalls zuwiderläuft.

Anders verhält es sich mit den Beschlüssen der fünften schwarz-roten Koalition zur Unternehmensbesteuerung in Deutschland. Sie dürften tatsächlich eine Aufwertung der horizontalen Standortbedingungen für die Industrie bewirken. Mit der 30 %-igen degressiven Abschreibung auf Ausrüstungsinvestitionen bis 2027 und der anschließenden Senkung des Körperschaftssteuersatzes um jährlich einen Prozentpunkt über fünf Jahre bis 2032 werden Anreize zur Erweiterung des Kapitalstocks in der Industrie und in der Wirtschaft insgesamt gegeben. Problematisch ist, dass diese Anreize zu schmal bemessen sind und auf der Zeitstrecke zu weit nach hinten geschoben werden, als dass sie durchgreifende Wirkungen auf die Investitionen in der Industrie und anderen Wirtschaftszweigen entfalten könnten (vgl. Abschn. 9.1.2). Man hat es zwar geschafft, einen Leuchtturm horizontaler Industriepolitik aufzustellen, aber es mangelt ihm an Strahlkraft.

Prominent ausgerollt im Regierungsprogramm ist das Thema „Bürokratieabbau“, das sich wie ein roter Faden durch den Koalitionsvertrag zieht. Eine Vereinfachung der Interaktion zwischen Staat und Unternehmen steht weit oben auf der Liste der Reformforderungen der Wirtschaft, und es ist auch das Konsensthema schlechthin aller im Bundestag vertretenen politischen Parteien. Gelingt es, die ambitionierten Ankündigungen umzusetzen, so wird in der Tat ein wesentliches Ziel horizontaler Industriepolitik erreicht: Die Handlungsfähigkeit des Privatsektors, wenn es um die Umsetzung geplanter Investitionen und ganz generell die Abwicklung von Geschäftsprozessen geht, wird steigen. Die Erfolgsperspektive des avisierten Bürokratieabbaus dürfte allerdings wesentlich von der Fähigkeit der politischen Akteure bestimmt werden, nicht allein auf die digitale Modernisierung der Verwaltung zu setzen, sondern couragiert auch einen Verzicht auf politische Leuchtturmprojekte mit einem hohen Vollzugsaufwand auf Seiten der Wirtschaft und des Staates selbst in Angriff zu nehmen (vgl. Abschn. 9.4).

Manifeste Lasteffekte für industrielles Wirtschaften dürften aus politisch induzierten Kostensteigerungen des Faktors Arbeit in der 21. Legislaturperiode resultieren. Der Verzicht auf eine Erhöhung des Renteneintrittsalters bei gleichzeitiger Festschreibung eines Rentenniveaus von 48 % der jeweiligen Bruttoverdienste bis zum Jahr 2031 (CDU, CSU und SPD 2025, Zeilen 586 ff.) ist hier ein Kardinalpunkt. Wenn die damit vorprogrammierten zusätzlichen Finanzbedarfe nicht durch eine Anhebung des mit 134 Mrd. € im Jahr 2025 ohnehin schon exorbitant hohen Bundeszuschusses zur Rentenkasse ausgeglichen werden sollen, bleibt als Variable, die sich in dieser Konstellation anpasst, nur noch der Pflichtbeitrag der Beschäftigten. Die Deutsche Rentenversicherung stellt dazu fest, dass „eine verlässliche obere Belastungsgrenze für die Beitragszahlenden […] zukünftig fehlen wird" (Deutsche Rentenversicherung 2024). Die Rentenbeiträge werden im Zuge der demografischen Entwicklung unter diesen politischen Maßgaben stark ansteigen und im Zusammenspiel mit Arbeitslosen-, Gesundheits- und Pflegebeiträgen die Lohnzusatzkosten schon bis 2035 auf Größenordnungen von etwa 50 % des Bruttoeinkommens hochschnellen lassen gegenüber aktuell noch rund 42 % (Schmidtutz 2024). Die Wahrscheinlichkeit, dass man mittels einer Reform der Altersvorsorge einschließlich Heraufsetzung des Renteneintrittsalters gegensteuert, sinkt im Zeitablauf, denn der Anteil der älteren Wählerkohorten steigt von Jahr zu Jahr weiter an, sodass deren Präferenzen für eine Wahrung des Status quo in der Altersvorsorge innerhalb des Elektorats und bei politischen Wahlen noch weiter an Gewicht gewinnen werden. Eine rentenpolitische Trendwende in Deutschland dürfte nach der nächsten Bundestagswahl also politisch vor noch größeren Hürden stehen als schon nach der letzten.

Auch wenn die Industrie in der Regel Arbeitsentgelte deutlich über dem Mindestlohn zahlt, sind die politischen Zielfestlegungen in der 21. Legislaturperiode für einen großen Sprung des Mindestlohnes nach oben (CDU, CSU und SPD 2025, Zeilen 544 ff.) industriepolitisch problematisch. Der damit verbundene Kostendruck wird sich zum einen über Vorleistungsverflechtungen in die Industrie weiterwälzen und dort Wirkung entfalten. Zum anderen ist zu erwarten, dass ein kräftiger Anstieg des Mindestlohnes nicht spurlos an der Lohnpyramide vorübergeht. Er wird auch in höher liegenden Entgeltgruppen Anpassungsprozesse nach oben auslösen. Die daraus resultierenden Effekte auf die Kostenstrukturen des Industriesektors dürften sich zwar in Grenzen halten.[5] Sie stellen aber dennoch ein weiteres Element in der Gesamtheit der zahlreichen Standortnachteile dar, die industrielles Wirtschaften in Deutschland inzwischen kostenseitig erschweren.

[5] Es sei ergänzend darauf hingewiesen, dass der in Deutschland seit 2015 geltende flächendeckende Mindestlohn, anders als es in der politischen Debatte bisweilen dargestellt wird, durchaus zum Wegfall von Arbeitsplätzen geführt hat. Knabe et al. (2020, S. 4) stellen nach Auswertung von zehn einschlägigen Studien zu diesem Thema fest, dass bei „der geringfügigen Beschäftigung […] bei fast allen Studien ein signifikanter negativer Effekt durch den Mindestlohn" beobachtbar ist.

Es bleibt abzuwarten, welchen Kurs die Industriepolitik über die gesamte Zeitstrecke der 21. Legislaturperiode einschlagen wird. Mit dem im Koalitionsvertrag angelegten Politikdesign einer in die Zukunft verlängerten vertikalen industriepolitischen Interventionslogik, die mit punktuellen horizontalen Qualitätsverbesserungen einzelner Rahmenbedingungen ergänzt wird, lassen sich die Strukturprobleme des Industriestandorts Deutschland allerdings nicht lösen. Den fünf führenden Wirtschaftsforschungsinstituten der Projektgruppe Gemeinschaftsdiagnose ist zuzustimmen, wenn sie einer Wirtschaftspolitik den Vorrang einräumen, die „auf Marktmechanismen setzt und industriepolitischen Interventionismus unterlässt, was mit einem Subventionsabbau einhergehen würde" (Projektgruppe Gemeinschaftsdiagnose 2025, S. 73).

Literatur

BAFIN, Bundesanstalt für Finanzdienstleistungsaufsicht (2025): EU-Taxonomieverordnung, https://www.bafin.de/DE/Aufsicht/SF/TaxonomieVO/TaxanomieVO_node.html, zugegriffen am 24. Februar 2025

BDI, Bundesverband der Deutschen Industrie (2024): Transformationspfade für das Industrieland Deutschland. Eckpunkte für eine neue industriepolitische Agenda, Studie der Boston Consulting Group und des Instituts der Deutschen Wirtschaft im Auftrag des BDI, September 2024

BDLI, Bundesverband der Deutschen Luft- und Raumfahrtindustrie (2025): Verbände fordern konsequente Industriepolitik bei Rüstungsgütern, 20. Februar 2025

BHO, Bundeshaushaltsordnung vom 19. August 1969 (BGBl. I S. 1284), die zuletzt durch Artikel 2 des Gesetzes vom 21. August 2024 (BGBl. 2024 I Nr. 361) geändert worden ist

BMWE, Bundesministerium für Wirtschaft und Energie (2019a): Nationale Industriestrategie 2030. Strategische Leitlinien für eine deutsche und europäische Industriepolitik, Berlin, Februar 2019

BMWE, Bundesministerium für Wirtschaft und Energie (2019b): Nationale Industriestrategie 2030. Leitlinien für eine deutsche und europäische Industriepolitik, Berlin, November 2019

BMWE, Bundesministerium für Wirtschaft und Energie und Ministère de L'Économie et des Finances (2019c): A Franco-German Manifesto for a European Industrial Policy fit for the 21st Century, 19. Februar 2019

BMWE, Bundesministerium für Wirtschaft und Energie (2019d): Wertschätzung. Stärkung. Entlastung. Mittelstandsstrategie, Berlin, Oktober 2019

BMWK, Bundesministerium für Wirtschaft und Klimaschutz (2023a): Zeit für eine transformative Angebotspolitik, in: Schlaglichter der Wirtschaftspolitik, 05/2023, S. 14–17

BMWK, Bundesministerium für Wirtschaft und Klimaschutz (2023b): Industriepolitik in der Zeitenwende, Berlin, Oktober 2023

BMWK, Bundesministerium für Wirtschaft und Klimaschutz (2024): Förderprogramm Klimaschutzverträge, Berlin, 12. März 2024

CDU, CSU und SPD (2025): Verantwortung für Deutschland. Koalitionsvertrag zwischen CDU, CSU und SPD, 21. Legislaturperiode

Conrad, Christian A. (2020): Wirtschaftspolitik. Eine praxisorientierte Einführung, Springer Gabler, Wiesbaden 2020

Deutsche Rentenversicherung (2024): Rentenpaket II, https://www.deutsche-rentenversicherung.de/DRV/DE/Ueber-uns-und-Presse/Presse/Meldungen/2024/240927-rentenpaket-2-erste-beratung-bundestag.html, 27. September 2024, zugegriffen am 17. April 2025

Deutscher Bundestag (2025): Bundesregierung zu EEG-Kostensteigerungen, 22. Januar 2025, https://www.bundestag.de/presse/hib/kurzmeldungen-1039794, zugegriffen am 25. Juli 2025

DGB, Deutscher Gewerkschaftsbund (2025): Gewerkschaftliche Anforderungen an eine europäische Industriepolitik, Positionspapier, Februar 2025

Dohse, Dirk et al. (2019): Zeit für eine neue Industriepolitik? Positionspapier des Kieler Instituts für Weltwirtschaft (IfW) zum Entwurf einer Nationalen Industriestrategie 2030, Kiel Policy Brief, No. 122, Kiel 2019

Dullien, Sebastian et al. (2021): Ein Transformationsfonds für Deutschland, Study Nr. 71, Institut für Makroökonomie und Konjunkturforschung (IMK) der Hans-Böckler-Stiftung, Düsseldorf, Januar 2021

Entwurf SVIK-Errichtungsgesetz (2025): Entwurf eines Gesetzes zur Errichtung eines Sondervermögens Infrastruktur und Klimaneutralität, 07. Juli 2025, https://dserver.bundestag.de/btd/21/007/2100779.pdf, zugegriffen am 25. Juli 2025

Feld, Lars P. et al. (2019): Altmaiers Industriepolitik ist ein Strategiewechsel in die falsche Richtung, in: Die Welt, 6. Februar 2019

Feld, Lars P. (2025): Ich hätte lediglich ein Sondervermögen für die Bundeswehr gebildet, Interview in: FAZNET, 6. März 2025

Fuest, Clemens (2019): Gute Industriepolitik setzt auf Wettbewerb und auf Europa, in: Fuest et al. (2019): Zäsur in der europäischen Wettbewerbs- und Industriepolitik: Freie Fahrt für europäische Champions?, ifo Schnelldienst, München, Vol. 72, Iss. 08, S. 3–5

Fritsch, Michael (2018): Marktversagen und Wirtschaftspolitik. Mikroökonomische Grundlagen staatlichen Handelns, 10. überarbeitete und ergänzte Aufl., Verlag Franz Vahlen, München 2018

Gerlach, Frank und Ziegler, Astrid (2019): Industriepolitik in Deutschland und Europa. Zur Debatte um das industriepolitische Papier von Peter Altmaier, in: Wirtschaftsdienst, 99. Jg., 2019, Heft 9, S. 650–655

IGBCE, Industriegewerkschaft Bergbau, Chemie, Energie (2023): Anforderungen an die Industriepolitik 2030+ für den Chemiestandort Deutschland und Europa, Stand: 03/2023, https://igbce.de/resource/blob/220434/cf3334d266e9f998160e85bb797ecd52/positionspapier-igbce-data.pdf, zugegriffen am 26. April 2025

IG Metall (2019): Nationale Industriestrategie 2030. Statement der IG Metall zur von Wirtschaftsminister Altmaier vorgestellten Nationalen Industriestrategie 2030, Pressemitteilung, 5. Februar 2019

IG Metall (2020): thyssenkrupp Steel: Jetzt muss der Staat einsteigen, 16. Oktober 2020, https://www.igmetall.de/im-betrieb/thyssenkrupp-steel-demonstration-staatskanzlei-duesseldorf, zugegriffen am 09. September 2025

IG Metall Vorstand (2021): Eine aktive Politik für die Zukunft der Industrie, Metallpositionen 2021-1, Stand: Juni 2021, https://www.igmetall.de/download/20210625_2021_06_25_metall-positionen_1_Industriepolitik_e9f2a71af394c53d87cabedd25bbd59116059615.pdf, zugegriffen am 9. September 2025

Junge, Svea (2022): Habecks Lieblingsökonomin, in: FAZNET, 6. August 2022

Knabe, Andreas et al. (2020): Alles im grünen Bereich?, in: ifo Schnelldienst 4/2020, 73. Jahrgang, 15. April 2020, S. 3–6

Knitterscheidt, Kevin (2020): IG Metall fordert Staatseinstieg bei ThyssenKrupp, in: Handelsblatt, 6. Oktober 2020

Kronberger Kreis (2023): Wirtschafts- und Industriestandort Deutschland in Gefahr? Was zu tun ist und was man unterlassen sollte, Stiftung Marktwirtschaft (Hrsg.), Berlin 2023

Mazzucato, Mariana (2014): Das Kapital des Staates. Eine andere Geschichte von Innovation und Wachstum, Verlag Antje Kunstmann, München 2014, Lizenzausgabe für die Büchergilde Gutenberg, Frankfurt am Main, Zürich, Wien

Mazzucato, Mariana (2020a): Das Wachstum in eine grüne Richtung umlenken, in: Vassiliadis, Michael und Borgnäs, Kajsa (Hrsg.): Nachhaltige Industriepolitik. Strategien für Deutschland und Europa, Campus Verlag, Frankfurt/New York 2020, S. 76–101

Mazzucato, Mariana et al. (2020b): Industriestrategie der nächsten Generation, in: Wirtschaftsdienst, 2020, Vol. 100, Heft 10, S. 757–762.

Mingardi, Alberto (2017): Der Staat als Unternehmer? Eine kritische Analyse von Mariana Mazzucatos „Das Kapital des Staates", Austrian Institute Paper No. 15/2017

Müller, Hildegard (2023): VDA-Kommentierung zum Auslaufen des Umweltbonus, 18. Dezember 2023

Projektgruppe Gemeinschaftsdiagnose (2025): Geopolitischer Umbruch verschärft Krise - Strukturreformen noch dringlicher, Gemeinschaftsdiagnose Frühjahr 2025, abgeschlossen in Essen am 4. April 2025

Schmidtutz (2024): Rentenökonom Raffelhüschen: „Wir müssen die Beamten bis 70 arbeiten lassen", in: Focus online, 6. September 2024

VDMA, Verband Deutscher Maschinen- und Anlagenbau (2025): China spielt nicht fair - darauf muss die Politik reagieren! Pressemitteilung vom 12. Juni 2025, aktualisiert am 6. August 2025, https://www.vdma.org/viewer/-/v2article/render/145376128, zugegriffen am 9. September 2025

Wambach, Achim (2019): Wettbewerbspolitik für die neuen Herausforderungen, in: Fuest et al. (2019): Zäsur in der europäischen Wettbewerbs- und Industriepolitik: Freie Fahrt für europäische Champions?, ifo Schnelldienst, München, Vol. 72, Iss. 08, S. 5–8

6 Elemente europäischer Industriepolitik

Dem beschleunigten Aufwuchs industriepolitischer Aktivität in Deutschland seit der Coronakrise steht ein Parallelprozess auf europäischer Ebene gegenüber. Bereits 2019 sprachen sich der französische Präsident Emmanuel Macron und die damalige Bundeskanzlerin Angela Merkel gemeinsam für ein stärkeres industriepolitisches Engagement auf europäischer Ebene aus. Ursula von der Leyen, die Präsidentin der Europäischen Kommission, hat die Industriepolitik zu einem Schwerpunkt der europäischen Wirtschaftspolitik erhoben und den ehemaligen EZB-Präsidenten und früheren italienischen Ministerpräsidenten Mario Draghi beauftragt, einen Bericht zur industriellen Wettbewerbsfähigkeit Europas zu erstellen.

Im September 2024 legte Draghi seinen Report vor. Er enthält weitreichende Vorschläge für eine finanzielle Förderung europäischer Industrien. Sollten sie Eingang in die praktische Politik finden, so würde der finanz- und wirtschaftspolitische Ordnungsrahmen der EU fundamentale Änderungen erfahren, denn erstens stünden subventionsbasiert weitere Staatseingriffe der Brüsseler Institutionen in die Marktprozesse bevor und zweitens würde die von Draghi vorgeschlagene Subventionspolitik per Kredit Änderungen der europäischen Fiskalordnung in Richtung einer gemeinschaftlichen Schuldenaufnahme erfordern.

Bevor im Laufe dieses Kapitels die wesentlichen Facetten europäischer Industriepolitik diskutiert werden, gilt es jedoch, eine vorgelagerte Frage zu beantworten: Wo sind überhaupt die Anfänge europäischer Industriepolitik zu verorten? Als Sachgebiet formell in den Europäischen Verträgen verankert ist sie seit 1992. Beschlossen wurde das Dossier vor allem auf Drängen Frankreichs, während sich andere Mitgliedstaaten der EU damals zurückhaltender positionierten. Skepsis bestand insbesondere in Deutschland. Der renommierte Wissenschaftliche Beirat beim Bundesministerium für Wirtschaft brachte die Bedenken seinerzeit in einer kritischen Stellungnahme auf den Punkt. Er sah in der neuen ge-

W. Horstmann, *Industriepolitik und Wohlstand*,
https://doi.org/10.1007/978-3-658-50739-8_6

meinschaftlichen Industriepolitik „ein Risiko von Protektion, Subvention und staatlich dirigierter Kooperation“ (Wissenschaftlicher Beirat 1992, S. 1626).

In der Tat eröffnet der einschlägige Artikel 173 der Europäischen Verträge erhebliche politische Eingriffsmöglichkeiten, schreibt er doch der Union und ihren Mitgliedstaaten unter anderem die Kompetenz zu, eine „bessere Nutzung des industriellen Potenzials der Politik in den Bereichen Innovation, Forschung und technologische Entwicklung“ in die Wege zu leiten. Garniert mit der Ergänzung, dass dieses alles in einem „System offener und wettbewerbsorientierter Märkte“ stattzufinden habe, war die Regelung für die damalige Bundesregierung jedoch akzeptabel (AEUV, Artikel 173 Abs. 1).

Der Wissenschaftliche Beirat sah es anders, stellte dabei aber nicht allein auf die konkreten Formulierungen im Text ab. Die Tatsache, dass überhaupt eine industriepolitische Kompetenz in die europäischen Verträge aufgenommen wurde, schaffte aus Sicht des Gremiums die Gefahr, dass es zu Beschränkungen des Wettbewerbs und zu einer diskretionären Industriepolitik in Europa kommen könnte, die die Effizienz des marktwirtschaftlichen Systems schwächen würde. Zutreffend stellte der Beirat fest, dass derartige Prozesse zumeist langfristiger Natur sind und daher am Beginn nicht unbedingt in ihrer Problematik erkannt werden. Am Beispiel der europäischen Agrarpolitik, die einmal „ganz harmlos“ (Wissenschaftlicher Beirat 1992, S. 1629) begonnen habe, erinnerten die Wissenschaftler daran, dass der lange Weg in den Interventionsstaat in der Regel nicht mehr verlassen wird, wenn der erste Schritt erst einmal getan ist.[1]

Schaut man zurück auf den mehr als 30-jährigen Werdegang der europäischen Industriepolitik, so zeigt sich, dass der Beirat mit seiner kritischen Einschätzung richtig lag. Die Industriepolitik hat sich über die Jahrzehnte zu einer ausdifferenzierten und fest etablierten Sachpolitik der EU mit einer hohen Eingriffsintensität und beträchtlichem Finanzbedarf entwickelt.

6.1 Vertikale Eingriffslogik

Den Kern der europäischen Industriepolitik in ihrer aktuellen Ausgestaltung bildet eine vertikale Steuerungslogik, die mit Subventionen und Regulierungen einzelne Branchen, Unternehmen und ökonomische Netzwerke fördert. „Industrielle Ökosysteme“, so lautet der Begriff, den man in Brüssel für diese Netzwerke geprägt hat. Die Europäische Kommission hat 14 industrielle Ökosysteme identifiziert (vgl. Tab. 6.1), deren Relevanz für die Wettbewerbsfähigkeit der europäischen Wirtschaft sie für besonders groß hält. Sie weist zutreffend darauf hin, dass diese 14 Komplexe aufgrund unterschiedlicher Marktstrukturen auf internen Teilmärkten, verschiedener Unternehmensgrößen und voneinander abweichender Kapitalintensitäten heterogen beschaffen sind und dass sie sich dynamisch entwickeln, also im Strukturwandel Anpassungen unterliegen.

[1] Inzwischen bilden die Subventionen für die europäische Landwirtschaft mit einem Betrag von zuletzt rund 60 Mrd. € jährlich den mit Abstand größten Ausgabenblock im Haushalt der EU.

Tab. 6.1 Die 14 industriellen Ökosysteme der EU. (Quelle: European Commission 2021a, Annex 3, S. 71 ff.)

	Beschäftigte in Mio.	Wertschöpfungsanteil in v. H.
Luft- und Raumfahrt, Verteidigung	3,920	1,99
Landwirtschaft und Ernährung	16,303	4,84
Bauwirtschaft	24,893	9,60
Kultur- und Kreativwirtschaft	8,016	3,95
Digitalwirtschaft	6,779	5,17
Elektronik	1,787	1,06
Energieintensive Industrien	7,760	4,55
Energie, Erneuerbare Energien	1,168	1,0
Gesundheit	24,805	9,5
Mobilität, Transport, Fahrzeugindustrie	14,615	7,5
Lokal- und Sozialwirtschaft, Sicherheit	22,876	6,54
Einzelhandel	29,774	11,5
Textilwirtschaft	2,388	0,70
Tourismus	20,345	7
Total	185,429	74,9

Bemerkenswert ist die Dimension des ökonomischen Segmentes, das die Kommission mit den 14 Ökosystemen beschreibt. Es umfasst 185 Mio. Beschäftigte, also mehr als 80 % der Erwerbstätigen und einen Anteil von 75 % an der Wertschöpfung der europäischen Wirtschaft. Diese Zahlen gehen weit über das hinaus, was die im klassischen Sinne definierte Industrie, also das Verarbeitende Gewerbe, das handelbare Güter erzeugt und damit in einem direkten internationalen Wettbewerb steht, zur Beschäftigung und zur gesamtwirtschaftlichen Leistung beiträgt.

Wie die überdehnte und von allen gängigen Definitionen abweichende Spannbreite der industriellen Ökosysteme in der Systematik der Kommission zustande gekommen ist, wird sich im Einzelnen nicht ergründen lassen. Ein gängiges Muster in derartigen Prozessen ist allerdings, dass die nationalen Regierungen der EU-Mitgliedstaaten politischen Druck in Brüssel erzeugen, um exakt jenen Wirtschaftsbereichen einen Platz im jeweils relevanten Dossier zu verschaffen, die für ihre nationale Volkswirtschaft von besonderer Bedeutung sind.

Zudem ist der gesamte Ansatz der Ökosysteme auch nicht praktikabel, weil sich die Schnittstellen zwischen den 14 Segmenten ständig im Wandel befinden. Die Kommission selbst stellt dazu Folgendes fest: „The boundaries and scope of the ecosystems are dynamic" und „Ecosystems are also linked to each other" (European Commission 2021a, Annex 3, S. 72). Die Grenzen verlaufen unscharf und im ständig fortlaufenden Strukturwandel verändern sich die industriellen Netzwerke und Wertschöpfungsstrukturen, sodass eine vertikale Politik, die diese Strukturen adressieren soll, stets nachsteuern muss. Über das hierfür erforderliche Wissen verfügen staatliche Stellen in aller Regel aber nicht, ein

Umstand, der, wie später noch zu erläutern sein wird (vgl. Abschn. 8.1), einen entscheidenden Nachteil vertikaler und aktiver Industriepolitik darstellt.

Die Kommission misst dem vertikalen Ansatz dennoch einen hohen Stellenwert bei. Er ist ein wichtiger Baustein der 2020 verabschiedeten „Neuen Industriestrategie für Europa" und ihrer Aktualisierung aus dem Jahr 2021 (Europäische Kommission 2020, 2021). Dies zeigen die zahlreichen branchen- und technologieorientierten Initiativen, Aktionspläne und Absichtserklärungen, die die Strategie kennzeichnen. Sie beziehen sich unter anderem auf sauberen Stahl, nachhaltige Chemikalien und Batterien, klimafreundliche Mobilität, erneuerbare Offshore-Energie, sauberen Wasserstoff, Arzneimittel, kritische Rohstoffe, die Textilwirtschaft, die Verteidigungs- und Weltraumindustrie, 5G-Netze, KI und Datenanalytik sowie auf europäisch übergreifende Investitionsprojekte auf Basis modernster Technologien, die Important Projects of Common European Interest (IPCEI), um die es im anschließenden Abschnitt geht.

Eine überwölbende Linie in der europäischen Industriestrategie bildet die sogenannte „Twin-Transformation". Sie beschreibt den in industriepolitischen Debatten auch auf nationaler Ebene regelmäßig adressierten „zweifachen ökologischen und digitalen Wandel" (Europäische Kommission 2020, S. 3) der Industrie, erstens hin zur Klimaneutralität und zweitens in sehr viel stärker digitaltechnologisch geprägte Strukturen hinein. Unter Beteiligung der Wirtschaft wurde dazu ein Begleitgremium eingerichtet (Industrial Forum), dem die Aufgabe zugedacht ist, entsprechende Transformationspfade für die jeweiligen Ökosysteme zu entwerfen: „A transition pathway is [...] an actionable plan for all stakeholders of a given industrial ecosystem to follow to successfully achieve the green (environmental and climate) and digital transition" (European Commission 2022, S. 5).

Das inhaltliche Portfolio der europäischen Industriestrategie zeigt eine große Vielfalt. Dies dürfte allerdings auch dem üblichen Vorgehen im politischen Geschehen geschuldet sein, (nahezu) alles, was dem jeweiligen – hier industriepolitischen – Zweck dienen könnte und politische Aktivität nach außen hin symbolisiert, mit aufzunehmen und zu präsentieren, und zwar auch dann, wenn die tatsächliche Realisierbarkeit einzelner Punkte nicht sicher ist. Schon alleine, weil Kommission, Parlament und Mitgliedstaaten in den wesentlichen europäischen Fragen gemeinsam entscheiden müssen, aber natürlich nicht immer übereinstimmende Interessen verfolgen, hat nicht alles auch tatsächlich Chancen auf Umsetzung, was narrativ in europäischen Strategiepapieren aufgelistet wird. Hier macht sich die bereits diskutierte Vielfalt der Akteure in der Politik bemerkbar (vgl. Abschn. 4.1.3).

6.2 Important Projects of Common European Interest

Der europäische Beihilferahmen für die IPCEI hat sich in den letzten Jahren zu einem zentralen Schalthebel vertikaler Industriepolitik in Europa entwickelt. Er erlaubt eine Subventionierung industrieller Neuinvestitionen, wenn sie übergreifend von Unternehmen aus mindestens vier EU-Ländern realisiert werden und wenn sie der Entwicklung und Umsetzung von Produkten oder Herstellungsverfahren auf modernstem Stand der Technik (First

Industrial Deployment) dienen. Es müssen zudem technologische Spillovers mit europaweiter Strahlkraft generiert werden, damit ein derartiges Vorhaben beihilferechtlich genehmigungsfähig ist. Letztendlich stellen die IPCEIs große europäische Netzwerke von Industrieinvestitionen dar, die sich zwar weder technologisch noch ökonomisch gegenseitig bedingen müssen, die aber dennoch in einem gewissen wirtschaftlichen Zusammenhang stehen und sich beispielsweise in der Wertschöpfungskette ergänzen.

Angesichts dieser Vorgaben ist das Instrument der IPCEI ökonomisch begründbar, denn es adressiert die technologische Leistungsfähigkeit der Industrie, die aufgrund des Vorliegens externer Effekte unter reinen Marktbedingungen nicht das Niveau erreicht, das unter Einsatz staatlicher Subventionen realisierbar wäre. Es handelt sich um einen der Ausnahmefälle, in denen die vertikale Eingriffslogik der Industriepolitik funktional und ordnungspolitisch noch vertretbar ist, zumal das IPCEI-Regelwerk auch noch die Option vorsieht, überschießend gezahlte Subventionen zurückzufordern, wenn sich dieses im Nachhinein als erforderlich herausstellt (vgl. Abschn. 10.1). Daraus folgt aber nicht, dass eine Förderung der oben erläuterten wirtschaftsstrukturellen „Breitseite" der 14 Ökosysteme über IPCEI-Verbünde ökonomisch sinnvoll wäre. Es geht bei den IPCEI vielmehr um ausgesuchte Projekte, die detailliert ihren Charakter als Investition im Sinne eines First Industrial Deployment innovativer Technologie nachweisen müssen.

Bis zum Jahr 2025 haben 11 IPCEI-Verbünde grünes Licht von der Kommission erhalten. Sie erstrecken sich auf die Mikroelektronik, die Batteriezellfertigung, Cloudinfrastrukturen, Wasserstofftechnologien sowie die Medizintechnik und Pharmakologie. Die in verschiedenen Konstellationen je nach konkretem IPCEI-Verbund insgesamt beteiligten 23 EU-Mitgliedstaaten haben Fördergelder in Höhe von 37,6 Mrd. € bereitgestellt, mit denen 66,8 Mrd. € an privaten Investitionen mobilisiert werden sollen (European Commission 2025a). Aus diesen Zahlen errechnet sich eine durchschnittliche Förderquote von 36 %. Bezogen auf einzelne Investitionen in den ICPCEI-Verbünden kann die Förderquote jedoch stark divergierende und auch sehr viel höhere Werte annehmen.

Anders als es den Anschein haben mag, handelt es sich bei den IPCEI nicht um eine Investitionsförderung, die die Kommission finanziert, sondern es sind die Regierungen der EU-Länder, die in Koordination mit ihren nationalen Industrien geeignete Projekte auswählen und subventionieren. Die Kommission prüft diese Projekte dann im Rahmen des beihilferechtlichen IPCEI-Regimes, das letztendlich größere Förderfreiheiten zulässt, als der europäische Beihilferahmen sie ansonsten vorsieht. Dieses ist in dem oben angesprochenen Externalitätenproblem sowie auch in der europäisch übergreifenden Komponente der IPCEI begründet, die dazu beiträgt, den europäischen Binnenmarkt zu stärken.

In der praktischen Umsetzung weist dieses spezielle Förderinstrument allerdings eine relativ hohe Komplexität auf. Der Anspruch einer Beteiligung von Unternehmen aus mindestens vier EU-Ländern an den Projekten verkompliziert die Abstimmungsverfahren erheblich. Die Koordinierungsbedarfe sind hoch und dementsprechend gehen zum Teil mehrjährige Vorlaufzeiten ins Land, bis die Projekte in die Umsetzung gehen können. Für jedes IPCEI erklärt sich in der Regel ein Land bereit, den Gesamtprozess im Zusammenspiel mit der Kommission zu koordinieren, was angesichts sich ständig ändernder Details und Sonderwünsche sowie ganz generell zahlreicher Unvorhersehbarkeiten aus den beteiligten Industrieunternehmen und involvierten nationalen Regierungen eine Herkulesaufgabe ist. Die Koordinatoren haben dabei nicht nur mit den fachlichen Aspekten der Projekte umzugehen, sondern auch mit dem politischen Druck, der, wie oben bereits erwähnt, von den Regierungen der EU-Mitglieder bisweilen ausgeübt wird, wenn es darum geht, Projekte der eigenen nationalen Industrie in bestehende Förderprogramme hineinzudrücken. Obgleich die finanziellen Mittel dafür von den jeweiligen Regierungen selbst aufzubringen und die Prozesse langwierig sind, bergen sie dennoch aus der nationalen Sicht vieler Mitgliedstaaten den Vorteil, dass man unter den beihilferechtlichen Sonderbestimmungen des IPCEI-Regimes subventionieren kann. Zudem verbindet sich insbesondere für EU-Staaten mit einer weniger stark ausgeprägten industriellen Basis auch ein gewisser Reputationseffekt mit der Teilnahme an einem IPCEI.

6.3 Industriepolitik auf Kredit

Die Kommission ist in ihren Fördermöglichkeiten durch die Höhe der ihr zur Verfügung stehenden Finanzmittel begrenzt. Diese Begrenzung, und das ist ein wesentliches Merkmal des Vordringens europäischer Industriepolitik seit der Coronakrise, ist mit den Beschlüssen zum Green Deal und zum Wiederaufbaufonds Next Generation EU (NGEU) so signifikant aufgeweicht worden, dass Subventionen inzwischen zu einer der tragenden Säulen europäischer Industriepolitik aufgewachsen sind. Sie bilden einen Hebel von großer quantitativer Bedeutung, der neben die traditionellen Instrumente der Wettbewerbs-, Beihilfen- und Handelspolitik getreten ist, mit denen die Kommission in eigener Zuständigkeit industriepolitisch gestalten kann.

Der Green Deal Industrial Plan bildet den förderpolitischen Kern des großen ökologischen und klimapolitischen Umbauprogramms, mit dem die Kommission Anreize für die Treibhausgasneutralität des Kontinents bis 2050 setzen will. Seine finanzielle Ausstattung wird auf rund 510 Mrd. € geschätzt (SVR 2023, S. 2). Die NGEU-Fazilität wurde 2021 in Reaktion auf die Coronapandemie verabschiedet und mit einem Finanzvolumen von 750 Mrd. € bis 2026 unterlegt. Als sich das Zeitfenster für nennenswerte Mittelabflüsse ab 2022 öffnete, war die Coronakrise allerdings bereits überwunden, und 2026, wenn die NGEU-Fazilität nach derzeitigem Stand in ihr letztes Jahr eintritt, liegt diese Krise schon weit zurück. Das zeitliche Auseinanderfallen von realem Krisenereignis, politischem Förderbeschluss und tatsächlicher Auszahlungsphase beleuchtet die erheblichen Steuerungsprobleme, die sich – neben den kontraktiven Anreizeffekten und fiskalischen Problemen einer ausgreifenden Förderpolitik – mit einem subventionspolitischen Aktionismus verbinden.

Die technische Qualität der NGEU-Fazilität ist die eines Nebenhaushaltes zum regulären Budget der EU mit einer Laufzeit bis 2026. Schon aufgrund ihrer Dimension von 750 Mrd. € stellt sie die europäischen Finanzbeziehungen auf den Kopf. Auf Durchschnittswerte heruntergebrochen sieht das NGEU-Paket Ausgaben von rechnerisch mehr als 150 Mrd. € jährlich bis 2026 vor. Zum Vergleich: Der reguläre Haushalt der EU, der im Mehrjährigen Finanzrahmen stets für Sieben-Jahres-Zeiträume beschlossen wird, läuft für die Phase von 2021 bis 2027 ebenfalls auf etwa 150 Mrd. € pro Jahr hinaus. Für 2024 beispielsweise haben sich Europäischer Rat und Europäisches Parlament auf Ausgaben von 142 Mrd. € geeinigt, inklusive Verpflichtungsermächtigungen zugunsten künftiger Haushaltsjahre wären es 189 Mrd. €. NGEU bewirkt also in etwa eine Verdoppelung der Finanzmittel, die von den europäischen Institutionen bis 2026 jährlich verausgabt werden.

In seinen Verteilungswirkungen hat NGEU faktisch den Charakter eines zusätzlichen Unterstützungsprogramms der EU für die wirtschaftsschwächeren Mitgliedstaaten. Dementsprechend ergeben sich aus diesem Nebenhaushalt für Deutschland ebenso wie für eine Handvoll weiterer wirtschaftsstarker Länder auch nur relativ geringe Rückflüsse. Belgien, Dänemark, Deutschland, Irland, die Niederlande, Österreich und Schweden erhielten 2023 Zahlungen nahe Null aus der NGEU-Fazilität. Die Brutto- und Nettobeiträge dieser Staaten zu diesem Programm sind also nahezu deckungsgleich. Anders verhält es sich mit dem Gros der übrigen Mitgliedstaaten, die 2023 zum Teil Rückflüsse in Höhe von deutlich mehr als 1 % ihres Bruttonationaleinkommens[2] realisieren konnten (Bulgarien, Griechenland, Italien, Rumänien und Spanien). Der gewichtete Mittelwert der Rückflüsse lag bei 0,4 % des jeweiligen Bruttonationaleinkommens (Deutsche Bundesbank 2024, S. 167). Der seit vielen Jahren schon anhaltende Druck aus Teilen Süd- und Osteuropas auf eine großzügigere Alimentierung durch die Nettozahler dürfte sich mit diesem Förderpaket einen neuen Weg gebahnt haben.

Ein regelrechter Systembruch verbindet sich allerdings mit der Finanzierungsseite von NGEU, denn der Europäische Rat hat der Kommission eine eigenständige Verschuldungskompetenz für dieses Programm zugestanden (Eigenmittelbeschluss). Die Rückzahlung der Mittel wird bis 2058 gestreckt, wobei die Zahllasten auf die Mitgliedstaaten entfallen, die sie über ihre Beiträge zum Haushalt der Union erbringen werden. Die Bundesrepublik Deutschland, die mit einem Nettobeitrag von rund 24 % den größten Teil des Unionshaushalts finanziert, erfährt durch diesen Mechanismus eine Erhöhung ihrer Staatsverschuldung um rund 138 Mrd. €. Berücksichtigt man diesen Effekt, so liegt die Quote aller Staatsschulden in Deutschland, bezogen auf das BIP im Jahr 2023, nicht bei den offiziell ausgewiesenen 63,7 %, sondern bei rund 67 %. Die Bundesbank empfiehlt folgerichtig, die NGEU-Schulden bei der „Analyse der nationalen Staatsfinanzen zu berücksichtigen" (Deutsche Bundesbank, 2024, S. 170). Diese Empfehlung politisch umzusetzen, liegt gleichermaßen im Interesse der haushaltspolitischen Solidität, der Transparenz politischen Handelns und der Glaubwürdigkeit der Regierenden.

Die Finanzierungsseite von NGEU scheint auf den ersten Blick nicht unmittelbar relevant für die Belange der Industrie zu sein. In Wahrheit ist sie aber von großer Tragweite für die Wettbewerbsfähigkeit der europäischen Wirtschaft im Allgemeinen und für diejenige der Industrie im Besonderen. Denn mit NGEU wurde der europäische Einstieg in

[2] Der Begriff „Bruttonationaleinkommen" oder „Gross National Income" hat in der europäischen volkswirtschaftlichen Gesamtrechnung den Begriff „Bruttosozialprodukt" ersetzt.

eine großvolumige Subventionspolitik auf Kredit ermöglicht. Sie hat das Potenzial, sich zu verfestigen und die fiskalische Solidität Europas langfristig zu untergraben. Für die Industrie sind derartige Entwicklungen problematisch, denn sie münden in der Erwartung künftiger Steuererhöhungen und verschlechtern auf diese Weise die Rahmenbedingungen des Wirtschaftens. Sie werden antizipiert und verstärken jene Absetzbewegungen von Unternehmen, die in Abschn. 2.3 dieses Buches bereits beschrieben wurden.

Nicht überraschend sieht die Europäische Kommission dieses völlig anders: „Next Generation EU ist […] eine einmalige Gelegenheit, gestärkt aus der Pandemie hervorzugehen, unsere Volkswirtschaften umzugestalten sowie neue Chancen und Arbeitsplätze für unser Europa von morgen zu schaffen", heißt es in offiziellen Verlautbarungen (Europäische Kommission 2026). Gestärkt aus der Pandemie und der Subventionsdynamik, die ihr folgte, dürfte allerdings nicht die EU als Ganzes, sondern vor allem die Europäische Kommission selbst hervorgehen. Sie hat de facto eine Verdoppelung der Finanzen unter ihrer Fittiche für immerhin vier Jahre erreicht. Damit verbindet sich ein bislang nicht gekannter Kompetenzzuwachs in industrie- und förderpolitischen Fragen für die Brüsseler Behörde. Größere Budgets und neue Zuständigkeiten entsprechen in Reinkultur dem, was aus wissenschaftlichen Erkenntnissen der Ökonomischen Theorie der Bürokratie zum Expansionsstreben von öffentlichen Institutionen abgeleitet werden kann (Conrad 2020, S. 223). Die Kommission steht keineswegs über diesen Zusammenhängen. Sie strebt durchaus konsequent eine Mehrung der eigenen Zuständigkeiten an und dürfte „dem Subsidiaritätsprinzip weniger Bedeutung zuzusprechen geneigt sein als der Europäische Rat und natürlich der Ausschuss der Regionen" (Hüther und Vogel 2021, S. 443).

Die politische Erfahrung und auch die aktuellen Entwicklungen in Europa sprechen dafür, dass auf den haushaltspolitischen Dammbruch der NGEU weitere folgen könnten. Der frühere Ministerpräsident Italiens und ehemalige Chef der Europäischen Zentralbank Mario Draghi argumentiert in seinem auf Bitte von Kommissionspräsidentin von der Leyen angefertigten Bericht „The Future of European Competitiveness" vom September 2024 jedenfalls genau auf dieser Linie. Nicht zuletzt mit dem Ziel, die industrielle Wettbewerbsfähigkeit Europas zu stärken, plädiert er für zusätzliche Investitionen in Europa in Höhe von jährlich mindestens 750 bis 800 Mrd. €, was einer Größenordnung von 4,4 bis 4,7 % der europäischen Wirtschaftsleistung des Jahres 2023 entspricht (Draghi 2024, S. 59).

Ein Großteil dieser Mittel soll aus öffentlichen Quellen bereitgestellt werden, denn die Privatwirtschaft, so eine der Kernaussagen des Berichtes, sei nicht in der Lage, diese Gelder aufzubringen. Finanziert werden sollen sie, analog zum NGEU-Modell, aus europäisch aufgenommenen Schulden. Draghi spricht sich für eine regelmäßige Kreditaufnahme der Kommission mittels einer Emission von „common safe assets" zur Finanzierung gemeinsamer Investitionsprojekte aus. Gleichzeitig regt er für die mit NGEU bereits aufgesetzte Schuldenfazilität von 750 Mrd. € eine Verschiebung der Rückzahlungsphase nach hinten an (Draghi 2024, S. 62).

Im Gegenzug zur endgültigen Einführung des europäischen Schuldenzentralstaates, die Draghi de facto empfiehlt, ohne es so zu benennen, spricht er sich dafür aus, die Budgetregeln für die Nationalstaaten strikter zu fassen. Die mangelhafte Erfolgsgeschichte von

Budgetregeln in Europa lässt diesen Vorschlag allerdings eher im Licht eines politischen Placebos erscheinen. Insbesondere in Deutschland, dem Staat, der bislang immer noch die Funktion eines Stabilitätsankers in Europa wahrgenommen hat, wird inzwischen mit der faktischen Abschaffung der Schuldenbremse bekanntlich der gegenteilige Weg gegangen.

Die Empfehlungen Draghis liegen auf der Linie des Kurses, den Europa unter Kommissionspräsidentin Ursula von der Leyen mit NGEU und den Förderprogrammen des Green Deal bereits eingeschlagen hat. Die Kommission dürfte die politischen Forderungen des Draghi-Berichtes als zusätzliche Ermutigung im Ringen um ein größeres Budget und um mehr Flexibilität in der Mittelverwendung begreifen. So kann es nicht verwundern, dass die Brüsseler Behörde in die Verhandlungen zum nächsten mehrjährigen Finanzrahmen (MFR), also der europäischen Budgetaufstellung für die Jahre 2028 bis 2034, mit einer ausgeprägten Forderungsmentalität hineingeht. Man will das Finanzvolumen im regulären EU-Haushalt für diesen Zeitraum auf 2 Bill. € hochkatapultieren und damit nominell gegenüber dem MFR 2021 bis 2027 in etwa verdoppeln. Bezogen auf das Bruttonationaleinkommen der EU kommt dieses einem Anstieg um rund 12 % gleich.[3] Mittlere dreistellige Milliardenbeträge aus diesem Volumen sollen für die Förderung der industriellen Wettbewerbsfähigkeit eingesetzt werden, mit dem Ziel, „unsere europäische Industrie florieren zu lassen" (Europäische Kommission 2025). Neue Eigenmittelquellen, einschließlich einer (industriepolitisch kontraproduktiven) Abgabe für Unternehmen mit mehr als 100 Mio. € Jahresumsatz, sollen die Finanzierung sichern. Zudem fordert die Kommission flexiblere Budgetregeln ein, sodass sie in die Lage versetzt wird, Finanzmittel in eigenständiger Kompetenz umzuschichten.

Die Kurzfassung des Antritts lautet: Wesentlich mehr Geld von den Mitgliedstaaten für den Haushalt der EU, wesentlich mehr Subventionen für die Industrie und andere Wirtschaftsbereiche, wesentlich weniger Kontrolle bei der Mittelverwendung durch die Mitgliedstaaten und das Europäische Parlament und keinerlei stichhaltige Begründung, warum die reklamierten finanziellen Ressourcen eigentlich auf zentraler europäischer Ebene besser eingesetzt werden können als – so wie es dem Subsidiaritätsprinzip entspräche – in den Mitgliedstaaten. Wie zu erwarten, wurde aus den Reihen des Europäischen Parlamentes unmittelbar erheblicher Widerstand signalisiert.

Die subventionspolitische Schlagseite der europäischen Industriepolitik wird aller Voraussicht nach weder die industrielle Wettbewerbsfähigkeit beflügeln noch die Wohlstandsperspektiven der EU aufhellen. Der Grund: Die Anreize zur Durchführung marktorientierter Reformen in den Empfängerländern dürften durch den Geldsegen aus Brüssel eher geschwächt als gestärkt werden. Die Finanzmittel erleichtern es nationalen Regierungen, Wahlen zu überstehen, ohne sich auf effizienzfördernde, aber bisweilen unpopuläre

[3] Dieses ergibt sich aus einem Vergleich der europäischen Haushaltsmittel bezogen auf das Bruttonationaleinkommen der EU (vgl. Fußnote 2). Für den MFR 2021 bis 2027 beziffert die Kommission diese Größe auf 1,13 % und mit Blick auf ihren Vorschlag für den MFR 2028 bis 2034 auf 1,26 % (Europäische Kommission 2025). Die Differenz von 0,13 läuft auf einen Anstieg von knapp 12 % hinaus.

Reformpfade begeben zu müssen. Diese einzuschlagen ist aber nicht nur in Deutschland, sondern auch in einer Reihe weiterer EU-Länder notwendig, um industrielle Wertschöpfung anzuregen. Die europäische Subventionsflut birgt die Gefahr, verzögernd auf das Tempo zu wirken, mit dem die Wirtschaft sich modernisiert und neue Produktivitätsspielräume erschließt. Für die Wettbewerbsfähigkeit der europäischen Industrie wird mit dieser Politik wenig gewonnen. In der Quintessenz bleibt zu konstatieren, dass die europäische Politik mit ihrem Kurs massiver und großenteils per Kredit finanzierter industriepolitischer Eingriffe genau jenen Weg eingeschlagen hat, vor dem der Wissenschaftliche Beirat beim Wirtschaftsministerium 1992 gewarnt hatte.

6.4 Industrieprotektion per Klimazoll

Am 15. März 2022 verkündete der französische Wirtschafts- und Finanzminister Bruno Le Maire einen „Sieg für die europäische Klimapolitik" (Council of the European Union 2022). Aus Sicht seiner Regierung hatte er auch gute Gründe für diese Einschätzung, allerdings weniger aus klimapolitischen Erwägungen heraus, sondern vor allem, weil ein langfristiges Ziel der französischen Industriepolitik erreicht worden war. Die Mitgliedstaaten der EU hatten sich auf einen Vorschlag verständigt, den Frankreich schon seit mehr als zehn Jahren immer wieder vertreten hatte: Die Einführung einer neuen europäischen Einfuhrabgabe, die sich am CO_2-Gehalt von Importgütern orientiert.

Lange haben die Europäische Kommission und zahlreiche Mitgliedstaaten diesem Dossier angesichts seines protektionistischen Hintergrundes die Unterstützung verweigert und den Vorschlag zurückgewiesen, weil sein handelsbeschränkender Charakter zu viele Risiken birgt. Im Juli 2021 hat sich das Blatt dann gewendet und die Europäische Kommission unterbreitete einen Vorschlag für den CO_2-Grenzzoll (CBAM) als einen der Bausteine des Green Deal. Und wieder warb Paris für den Vorschlag, der ja noch vom Europäischen Parlament und vom Rat gebilligt werden musste.

Das Dossier blieb jedoch vorerst noch umstritten. Aufgrund der absehbaren WTO-rechtlichen Untiefen und der Risiken protektionistischer Gegenmaßnahmen, die sich mit diesem Instrument verbinden, brachte Deutschland einen Alternativvorschlag auf Basis einer Verbrauchsteuer in die Debatte ein. Sie sollte gleichermaßen auf importierte und inländische Güter entsprechend ihrem CO_2-Fußabdruck erhoben werden. Dieses Modell war als Second-Best-Lösung jedenfalls zumindest WTO-rechtlich weniger problematisch als der Klimazoll. Zudem hätte es Finanzmittel generiert, mit denen eine gewisse Unterstützung für energieintensive Unternehmen weiterhin leistbar gewesen wäre. Die Kommission hat das Verbrauchssteuermodell auch im Rahmen ihrer Gesetzesfolgenabschätzung geprüft (European Commission 2021b, S. 35 f.). Letztendlich war es jedoch in Brüssel nicht durchsetzbar.

Der Klimazoll wurde im Dezember 2022 vom Europäischen Rat und dem Europäischen Parlament politisch konsentiert. Er belegt die Einfuhren von Zement-, Eisen-, Stahl-, Aluminium- und Düngemitteln aus Drittstaaten, die eine weniger konsequente Klimapolitik als die EU betreiben, ab 2026 mit der Importabgabe des CBAM. Strom- und Wasserstoffimporte fallen ebenfalls unter die Einfuhrabgabe. Das Instrument wird nach Einschätzung der Kommission 2030 Einnahmen von rund 2,1 Mrd. € generieren (European Commission 2021b, S. 82, Figure 18, Option 4). Die Gelder werden dem Haushalt der Kommission zugeschlagen, die für die Außenhandels- und Zollpolitik der Union zuständig ist. Wer die europäische Politik verfolgt, weiß, dass die Brüsseler Behörde schon seit Jahrzehnten ebenso konsequent für neue Eigenmittel kämpft, wie die französische Politik es für die Einführung der Importabgabe getan hat. Die Einnahmeneffekte des CBAM dürften es der Kommission erleichtert haben, handelspolitische Bedenken zurückzustellen und den Vorschlag für den Klimazoll vorzulegen.

Die formelle Zielsetzung des neuen Instrumentes besteht darin, eine kostenbedingte Verlagerung CO_2-intensiver Produktionsanlagen in Drittstaaten (Carbon Leakage) zu verhindern. Ob dieses gelingt, ist schon deswegen eine offene Frage, weil die Maßnahme, wie weiter oben bereits angedeutet, nur in eine Richtung wirkt: Sie belastet Importprodukte, die aufgrund schwacher klimapolitischer Regelungen in ihren Herkunftsländern zu Preisen angeboten werden, die für europäische Unternehmen nicht darstellbar sind. Umgekehrt gibt es aber unter dem CBAM-Regime keine Entlastung von CO_2-Kosten für Produkte, die aus der Union heraus exportiert werden, weil sie nicht unter das Regime des CO_2-Grenzausgleichs fallen. Sie tragen die hohen Kostenlasten der europäischen Klimapolitik und müssen damit an den Weltmärkten antreten. Aktuell wird dieser Effekt zwar noch durch die kostenlose Zuteilung von Zertifikaten aus dem europäischen Emissionshandel an energieintensive Unternehmen abgefedert. Da die freie Zuteilung aber im Gegenzug zur Einführung des CBAM bis 2034 schrittweise abgeschafft wird, schlagen die Kosten der CO_2-Bepreisung für die europäischen Exporte spätestens dann voll durch.[4] Diese Perspektive stellt die deutsche Wirtschaft vor besonders große Probleme, denn sie erhält aufgrund ihres großen Industriesektors einen relativ hohen Anteil ihrer Zertifikate unentgeltlich.[5]

Gravierender als diese Problematik sind allerdings die allgemeinen handelspolitischen Implikationen des Klimazolls. Die neue Einfuhrabgabe wird sich in der Umsetzung kaum diskriminierungsfrei gestalten lassen, weil eine exakte Ermittlung des CO_2-Gehalts von Importgütern, als entscheidende Kalkulationsgröße für den Klimazoll, in vielen Fällen kaum möglich sein wird. Die Gegebenheiten in den zahlreichen Drittstaaten, aus denen Europa Waren importiert, sind zu unterschiedlich, um zu vergleichbar belastbaren Ergebnissen zu gelangen. Die Frage, ob der jeweilige Staat einen eigenständigen Emissionshandel eingerichtet hat, welche Wirtschaftsbereiche dieser Handel genau abdeckt und ob er effektiv wirkt oder eher einen Placebo-Charakter hat, ist dabei noch nicht einmal der

[4] Die Belastungswirkungen verstärken sich noch angesichts der seit 2024 angeschärften Verknappung der CO_2-Zertifikate in Europa. Die Zertifikatmengen schrumpfen seither um jährlich 4,3 % (zuvor 2,2 % p.a.).

[5] Von den rund 510 Mio. Emissionsberechtigungen, die 2022 im europäischen Emissionshandel kostenlos zugeteilt wurden, entfiel der größte Anteil mit rund 25 % (126 Mio.) auf Deutschland.

schwierigste Punkt. Es müssen alle klimapolitischen Maßnahmen in Drittstaaten berücksichtigt werden. Diese können beispielsweise in ergänzenden steuerlichen Regelungen oder speziellen Vorschriften zur Energieeffizienz bestehen. Derartige Maßnahmen begründen einen impliziten CO_2-Preis, dessen Ermittlung methodisch komplex ist, der aber dennoch nicht außer Acht gelassen werden darf. In zahlreichen Ländern wird es an belastbaren Angaben dazu mangeln, sodass man auf hypothetische Werte und Schätzungen angewiesen ist.

Analysen aus der Wissenschaft sowie von Wirtschaftsverbänden und Gewerkschaften gelangen angesichts derartiger Unschärfen zu dem Schluss, dass eine diskriminierungsfreie Anwendung des Klimazolls im Einklang mit den Regeln der WTO nicht ohne Weiteres zu erreichen ist.[6] Das Instrument kann aller Voraussicht nach nur gängig gemacht werden, wenn es auf Basis des Artikels XX des General Agreement on Tariffs and Trade (GATT) als notwendige Maßnahme zur Erreichung gesellschaftspolitischer Ziele, insbesondere des Umweltschutzes, anerkannt wird. Dann könnte trotz diskriminierender Wirkungen eine Vereinbarkeit mit WTO-Recht festgestellt werden. Allerdings ist auch dieses an Voraussetzungen gebunden. Die Verhältnismäßigkeit zwischen dem gesellschaftlichen Schutzinteresse und den entstehenden Handelsbeschränkungen ist sicherzustellen. Zudem muss das Instrument mit Blick auf das verfolgte Ziel geeignet und wirksam sein, und es darf kein milderes Mittel zur Verfügung stehen, mit dem der Schutzzweck erreicht werden kann. Das GATT stellt insofern Hürden auf, die nicht ohne Weiteres mit einem allgemeinen Schutzinteresse der Umwelt überwunden werden können. Ob die neue Einfuhrabgabe alle diese Hürden nehmen wird, ist aus heutiger Sicht fraglich. Es steht eher zu befürchten, dass sich die WTO-rechtliche Verträglichkeit des CBAM erst in einschlägigen Streitbeilegungsverfahren entscheiden wird, und dass handelspolitische Gegenmaßnahmen ergriffen werden.

Jedenfalls ist davon auszugehen, dass Drittstaaten, deren Exportindustrien vom Klimazoll betroffen sind, nichts unversucht lassen werden, um die neue Abgabe zu kippen. Ein warnendes Beispiel für derartige Mechanismen geben die Erfahrungen des Jahres 2012, als der Geltungsbereich des europäischen Emissionshandels exterritorial erweitert werden sollte. Damals wurde beschlossen, dieses System auf den Luftverkehr auszudehnen, und zwar auch auf Flugstrecken, die außerhalb der Hoheitsgebiete der damals noch 28 Mitgliedstaaten der EU lagen. Ein Direktflug, beispielsweise von New York nach Frankfurt am Main, wäre dann auch für die Wegstrecke vom amerikanischen Startflughafen bis zur Außengrenze der Union mit dem europäischen CO_2-Preis belastet worden. Dieses hat zu massiven internationalen Reaktionen geführt. 20 Länder haben damals Gegenmaßnahmen beschlossen. In den USA wurden gesetzliche Strafen für Fluggesellschaften angedroht, die sich der exterritorialen Ambition Europas beim Emissionshandel beugen. In der Konsequenz war die Kommission gezwungen, das Dossier anzupassen, sodass nur Flugstrecken

[6] Maßgeblich sind die Prinzipien der Meistbegünstigung und der Inländergleichbehandlung, die in den Artikeln I und III des GATT niedergelegt sind. Siehe Dröge 2021, S. 14 ff., Raza et al. 2022, S. 22 ff. und Kolex et al. 2021, S. 10 f.

über dem Territorium der EU einbezogen wurden. Der diplomatische Scherbenhaufen war dennoch gewaltig (Dröge 2021, S. 33).

In einem derart kritischen Stadium befindet sich der CBAM noch nicht. Der Klimazoll greift allerdings auch erst ab 2026, zuvor lief noch die Vorbereitungsphase. Dennoch baut sich bereits eine Abwehrfront aus jenen Ländern auf, deren Exporte nach Europa betroffen sein werden. Allen voran hat die Volksrepublik China massive Kritik geäußert und bei der WTO einen Antrag auf multilaterale Beratung dieses Dossiers vorgelegt. Die einflussreiche China Iron and Steel Association betrachtet den CO_2-Grenzzoll als eine neue Handelsschranke, die unter dem Vorwand des Carbon-Leakage-Schutzes implementiert worden sei. Japanische und koreanische Industrieverbände kritisieren die hohen Berichtspflichten und befürchten, dass auch geschäftlich sensitive Informationen preisgegeben werden müssen. Brasilien, Südafrika, Indien und die Volksrepublik China haben bereits 2021 die Pläne für ein „unilateral carbon border adjustment, that are discriminatory and against the principles of equity" (South African Government 2021, Ziff. 19) abgelehnt.

Letztendlich begibt sich die EU mit der Einführung dieser Importabgabe in einen handelspolitischen Blindflug mit einem Risiko des Scheiterns. Sie hat einseitig ein zusätzliches Reizthema auf die internationale Agenda gesetzt. Es verlängert die Liste der handelspolitischen Kontroversen und birgt das Risiko von Retorsionsmaßnahmen, die sich zum Nachteil für alle beteiligten Handelspartner auswirken würden. Für die europäischen Industrien, die den weitaus größten Teil des Außenhandels bestreiten, lässt sich so keine Planungssicherheit erzeugen. Stattdessen ist handelspolitisches Konfliktpotenzial geschaffen worden, das nicht unbeantwortet bleiben dürfte. Erste Schritte in diesem Sinne hat die US-Regierung unternommen, indem sie der Kommission im August 2025 – im Rahmen des allerdings hochgradig protektionistischen Kurses der zweiten Trump-Administration (vgl. Abschn. 9.7) – die Zusage abgerungen hat, bei der Einführung des Klimazolls insbesondere für kleine und mittlere Unternehmen zusätzliche Flexibilitäten einzubauen (European Commission 2025b, Ziff. 11). Inzwischen ist eine De-minimis-Grenze vorgesehen, die bezogen auf Einzelimporteure für Einfuhrmengen von bis zu 50 t pro Jahr gelten soll und so rund 1 % der potenziell vom CBAM betroffenen Handelsströme freistellt.

Auch andere Staaten, insbesondere die Volksrepublik China, werden nicht ohne Weiteres zulassen, dass Europa seine klimapolitischen Vorstellungen im Rest der Welt über den CBAM mit handelspolitischem Druck durchsetzt. Dem Alten Kontinent fehlen schlichtweg die Machtmittel für dieses Unterfangen, denn er hat sich in den letzten fünf Jahrzehnten von einer weltwirtschaftlich dominierenden Region zu einer im globalen Maßstab nur noch mittelgroßen Volkswirtschaft entwickelt. Der Anteil der europäischen Volkswirtschaften an der globalen Wirtschaftsleistung lag 1970 noch bei 40,5 %. Er ist bis 2022 auf nur noch rund 21,4 % gesunken und für die Zukunft ist ein weiterer Rückgang vorprogrammiert. Gleichzeitig ist der Anteil Asiens am weltweiten BIP von 15 % auf knapp 36 % gestiegen (BPB 2024). Auch Europas Beitrag zum weltweiten Wirtschaftswachstum befindet sich im Sinkflug (Bauer-Hailer und Debes 2020, S. 6), und was den Anteil am globalen Handel mit FuE-intensiven Gütern angeht, so sinkt der Anteil Europas, während der Chinas steigt (EFI 2024). Das in diesen Trends zum Ausdruck kommende abnehmende ökonomische Gewicht des Alten Kontinents schlägt sich natürlich auch in einem sinkenden internationalen Einfluss nieder.

Der Versuch Europas, den Rest der Welt mittels des Klimazolls auf einen Pfad hin zur Treibhausgasneutralität zu zwingen, könnte sich vor diesem Hintergrund im geopolitischen Machtspiel als ein Schlag ins eigene Kontor erweisen. Unbeschadet dessen ist die globale Bekämpfung des Klimawandels natürlich eine Aufgabe, die keinen Aufschub duldet. Angesichts der geopolitischen Konstellationen dürfte sie aber kaum mit der Ausübung ökonomischen Drucks zu erreichen sein, sondern eher mittels internationaler Kooperationsformate (Klimaclub). Paradoxerweise gibt es aktuell allerdings einen Effekt, der dem europäischen Klimazoll möglicherweise etwas „Luft" verschaffen kann. Es ist der massive Neoprotektionismus, mit dem die zweite Trump-Administration seit dem Frühjahr 2025 die Weltwirtschaft in Atem hält. Er könnte dazu führen, dass das CBAM-Reglement im Gesamtkontext der aktuellen handelspolitischen Verwerfungen weniger kritisch erscheint als es tatsächlich ist, weil es in seiner Brisanz gegen die neuen Handelsbeschränkungen abfällt.

6.5 Die Crux mit den europäischen Champions

Was genau sind europäische Champions? Die Begriffsbestimmungen dazu bleiben im Vagen, es mangelt an einer präzisen und praktikablen Definition. Dennoch erfreut sich die Formel von den europäischen Champions eines regen Sprachgebrauchs im Politischen. Gemeint sind Industrieunternehmen, die aufgrund ihrer Größe in der Lage sind, durch Kostenvorteile in der Massenproduktion und durch Verbundvorteile im Konzern mit einem starken internationalen Marktauftritt zu punkten.

Wenn es so etwas wie einen Grandseigneur der europäischen Champions gibt, dann ist es die Firma Airbus. 1970 unter Mithilfe der Politik durch die Fusion der Daimler-Benz-Aerospace und der französischen Aérospatiale aus der Taufe gehoben, gilt sie vielen als Beleg für die Wirksamkeit industriepolitischen Flankenschutzes bei der Bildung von Unternehmen mit weltweiter Strahlkraft. Ein wesentliches Ziel der Initiative bestand darin, den damals marktbeherrschenden US-Flugzeugherstellern Boeing und McDonnell Douglas einen europäischen Wettbewerber von Gewicht entgegenzusetzen. Der Markt für zivile Verkehrsflugzeuge sollte nicht allein von den Platzhirschen aus den USA dominiert werden. Zudem diente die Aktion dem geostrategischen Zweck, den europäischen Militärflugzeugbau auf ein höheres Niveau zu heben. Darüber hinaus sollte das Projekt auch die europäische Integration voranbringen und eine Stärkung der Zusammenarbeit insbesondere zwischen Frankreich und Deutschland bewirken. Es handelte sich um eine von europäischen Nationalstaaten geführte Initiative, die lange vor dem Jahr 1992 stattfand, als das Sachgebiet der Industriepolitik formell im europäischen Vertragswerk verankert wurde.

Ob die Zusammenführung der nationalen Aeronautikunternehmen Europas zu einem neuen Großkonzern tatsächlich der ökonomisch vorteilhafteste Weg war, lässt sich aus heutiger Perspektive nicht mehr verifizieren. Dafür bedürfte es einer umfassenden Kosten-

Nutzen-Analyse, die neben verschiedensten volkswirtschaftlichen Effekten seit den 1970er-Jahren auch die auf beiden Seiten des Atlantiks geflossenen Subventionen für die Flugzeugindustrie und die Schäden aus dem daraus entstandenen Handelskonflikt zu berücksichtigen hätte (vgl. Abschn. 9.7). Dennoch bleibt nicht zu verkennen, dass es mit dem industriepolitischen Schritt zur Gründung eines europäischen Großanbieters von Fluggerät immerhin gelungen ist, mehr Wettbewerb in die internationalen Märkte für zivile und militärische Luftfahrtausrüstung zu bringen.

Eine skeptische Sichtweise prägte allerdings die Position der Bundesregierung, als Airbus im Sommer 2012 zum internationalen Champion der Rüstungsindustrie aufsteigen wollte. Das Unternehmen firmierte inzwischen unter dem Namen European Aeronautic Defence and Space Company (EADS), und es wollte einen großen Sprung machen durch Fusion mit dem britischen Rüstungshersteller BAE Systems. Entstanden wäre ein neuer Gigant der Wehrtechnikindustrie. Er sollte, so die Erwartung bei der EADS, einen leichteren Zugang zum Rüstungsmarkt der Vereinigten Staaten bieten, weil der britische Teil des neuen Unternehmens traditionell einen höheren Anteil am US-Markt für Rüstungsgüter hielt als die EADS. Hinzu kam das im Kontext internationaler Großfusionen allgegenwärtige Argument der Kostendegression durch Größe, die die Preise von Kampfflugzeugen, Hubschraubern oder Transportmaschinen senkt.

Beide Argumente waren nicht von durchschlagender Qualität. Das Pentagon würde sicher nicht größere Teile seines Budgets dafür verwenden, ein neues europäisches Großunternehmen im Rüstungsgeschäft stark zu machen. Und Skalenerträge bei den außerordentlich teuren Projekten der Luftverteidigung werden nicht durch den Zusammenschluss von Unternehmen erreicht, sondern durch Koordination der bestellenden Regierungen. Die Nachfrageseite ist hier entscheidend. Wenn eine größere Gruppe von Staaten aus dem Kreis der NATO-Länder einen Kampflieger gemeinsam ordert, steigen die Stückzahlen und sinken die Herstellungskosten erheblich. Die Produktion erfolgt zumeist ohnehin in Zusammenarbeit verschiedener Firmen, die sich projektbezogen organisieren.

Zudem war zu befürchten, dass, wie generell im Fusionsgeschehen, auch hier die Gefahr eines Scheiterns bestehen könnte. Überschätzte Synergieeffekte und Unterschiede in den Organisations-, Führungs- und Kooperationskulturen der beteiligten Firmen, mangelndes Vertrauen in die jeweils andere Seite sowie auch Rivalitäten im Verlauf des Zusammenschlusses sind klassische Ursachen für dieses gerade bei Großfusionen relativ häufig bestehende Risiko.[7] Die Integrationsphase, in der es darum geht, die beteiligten Unternehmen im Interesse einer möglichst friktionslosen Zusammenarbeit miteinander zu verschmelzen, erweist sich aufgrund der genannten Reibungspunkte vielfach als besonders kritisch (Müller 2021, S. 29).

[7] Dörrenbächer (2021, S. 39 ff.) erläutert die klassischen Reibungspunkte zwischen ökonomisch in etwa ebenbürtigen Fusionspartnern beispielhaft und im Detail anhand der drei gescheiterten Fusionsprojekte von Daimler-Chrysler in der Automobilbranche, Alcatal-Lucent in der Telekommunikationsausrüstung und Publicis Omnicon in der Werbewirtschaft.

Alles in allem war es fraglich, ob das Projekt die ökonomischen Vorteile erbringen würde, die man sich davon erhoffte, und wenig sprach dafür, dass das Risiko eines Scheiterns hier kleiner sein könnte als bei anderen Fusionen zwischen Großkonzernen. Zudem hätte der Unternehmenszusammenschluss einen Rüstungsgiganten der „Too-big-to-fail-Kategorie" kreiert, der die Struktur auf dem Markt für wehrtechnische Güter nachhaltig zu Lasten des Wettbewerbs verändert hätte. Unter Abwägung all der genannten Faktoren sprach mehr gegen als für das Fusionsprojekt EADS-BAE Systems.

Die französische und die britische Regierung waren jedoch offen für das Vorhaben. Sie strebten für das fusionierte Unternehmen eine Struktur an, die zwei Führungszentren vorsah, und zwar eines in Großbritannien für den militärischen Teil und eines in Frankreich für die zivile Sparte des neuen Unternehmens. Deutschland wäre aus einer halbwegs ausbalancierten Situation in einem deutsch-französisch aufgestellten EADS-Konzern in die Rolle eines Randspielers in einem neuen britisch-französisch dominierten Unternehmen gedrängt worden. Diese Konstellation hätte Relevanz entfaltet, angesichts einer Zahl von rund 50.000 Beschäftigten an den damaligen deutschen EADS-Standorten und einer dominanten Rolle dieser Lokationen für die gesamte deutsche Luftfahrtindustrie einschließlich ihrer Zulieferer. Und natürlich sprachen auch die militärstrategische Bedeutung der EADS für die Bundeswehr und die Milliardenbeträge, die das Unternehmen in Bezahlung seiner Lieferungen an die Luftwaffe aus dem Haushalt des Verteidigungsministeriums erhielt, dagegen, sich in die Rolle eines Randakteurs zu begeben.

Um den Deal für die deutsche Seite dennoch attraktiv zu machen, brachte man goldene Aktien ins Spiel, die Einflussrechte für die Bundesregierung bei strategischen Entscheidungen garantieren sollten. Das Problem: Goldene Aktien waren schon damals unter europäischem Recht nur in Sonderfällen zugelassen. Es gab Ausnahmen mit begrenzter Reichweite, unter anderem für sicherheitsrelevante Strukturen. Sie hätten der deutschen Seite bei strategischen Entscheidungen den gesamten Konzern betreffend aber kaum Möglichkeiten zur Mitsprache eröffnet. Insbesondere gegenüber der französischen Regierung, die mit einer Staatsbeteiligung auch an dem neuen Unternehmen Einflussrechte gehabt hätte, wäre dieses eine herausfordernde Situation gewesen. Mit einer Zustimmung hätte die Bundesregierung die deutschen Standorte der EADS de facto in die Obhut französischer und britischer Industriepolitik gegeben.

So zogen sich die Gespräche zu diesem Fusionsprojekt dahin, bis zum Jahresende 2012 eine Lösung gefunden wurde. Das Vorhaben wurde abgesagt und stattdessen eine Eigentümerstruktur vereinbart, die für den französischen und deutschen Staat eine Beteiligung von jeweils rund 11 % an der EADS vorsah. Der spanische Fiskus stieg mit 4 % ein. Dieses Arrangement wurde zusammen mit einer Neuaufstellung der personellen und Gremienstrukturen im Dezember 2012 nach mehrtägigen Verhandlungen in Paris in trockene Tücher gebracht. Der Aktienkurs des Unternehmens, der während der Fusionsgespräche der vorangegangenen Monate auf ein Jahrestief von 24,38 € (27. November 2012) gesunken war, kletterte in die Höhe, als die Einigung bekannt wurde, und schloss zum Jahresende mit knapp 30 € (EADS 2012, S. 18 f.).

Der damalige Fehlschlag des Fusionsprojektes zwischen EADS und BAE Systems hat dem Nimbus des europäischen Flugzeugherstellers als industriepolitisches Erfolgsmodell allerdings keinen Abbruch getan. 2014 wurde das Unternehmen wieder nach seiner zivilen Luftfahrtsparte in Airbus umbenannt, und dieser Name wird noch heute je nach politischer Opportunität für verschiedenste Visionen einer Zusammenführung europäischer Industrieunternehmen herangezogen. Der „Airbus der Meere" sei erwähnt, eine Formel, unter der Frankreich jahrelang darauf drängte, den französischen und deutschen Marineschiffbau unter einem Dach zu konsolidieren. Auch ein „Airbus der Solarindustrie" wurde schon bemüht, um Rückenwind für einen industriepolitischen Antritt in diesem Segment zu erzeugen.

Im Zeitfenster 2018/2019 kam schließlich der „Airbus der Schiene" auf die Tagesordnung. Die Technologiekonzerne Siemens und Alstom planten damals, ihre Bahntechniksparten zusammenzulegen. Angesichts der Dominanz des Weltmarktführers, der China Railway Rolling Stock Corporation, sollte ein europäischer Wettbewerber gebildet werden, der angesichts seiner Größe kostengünstiger produzieren könnte, als die Bahntechnik von Siemens und Alstom es jeweils eigenständig vermochten – so jedenfalls die offizielle Lesart. In einer anderen Lesart stellt man fest, dass mit diesem Schritt zunächst der innereuropäische Wettbewerb zwischen den beiden Unternehmen entfallen wäre und natürlich auch die Konkurrenz zwischen den Firmen, wenn sie auf Drittmärkten gegeneinander antraten.

Die in der Europäischen Kommission damals zuständige Vizepräsidentin Margarethe Vestager und die unter ihrer Regie stehende Generaldirektion Wettbewerb waren allerdings nicht überzeugt von dem Vorhaben. Die Kommission untersagte das Projekt mit der Begründung, dass marktbeherrschende Stellungen des neuen Bahntechnik-Champions auf bestimmten Teilmärkten den innereuropäischen Wettbewerb zu stark behindern würden (Europäische Kommission 2019). Die Entscheidung wurde am 6. Februar 2019 veröffentlicht, einen Tag nachdem der damalige Bundeswirtschaftsminister Peter Altmaier sich in seiner Nationalen Industriestrategie 2030 (vgl. Abschn. 5.2) für das Gegenteil ausgesprochen hatte, nämlich die Bildung europäischer Champions und eine entsprechende Anpassung des Fusionsreglements.

Altmaier und sein französischer Amtskollege Bruno Le Maire waren alles andere als begeistert. Sie plädierten zwei Wochen nach der Untersagung in einem gemeinsamen industriepolitischen Manifest vom 19. Februar 2019 für mehr Flexibilität im europäischen Fusionskontrollrecht, insbesondere bei der räumlichen Marktabgrenzung. Eine stärkere Gewichtung der globalen Wettbewerbs- und Marktsituation bei der Zusammenschlusskontrolle sollte die Bildung von europäischen Großkonzernen erleichtern, die über Skalenerträge kostengünstig anbieten und mit einem entsprechend ausgeprägten internationalen Fußabdruck auftreten können. Zudem sprachen beide Politiker sich für eine Art europäischer Ministererlaubnis in Fusionsverfahren aus. Analog zur entsprechenden Regelung in Deutschland sollte der Europäische Rat befähigt werden, wettbewerbspolitische Entscheidungen der Kommission in „well defined cases" und „subject to strict control" (BMWE und Ministère de L'Êconomie et des Finances 2019) politisch außer Kraft zu setzen. Die Forderungen haben allerdings bislang keinen Eingang ins europäische Wettbewerbsrecht gefunden.

Sie sind deswegen aber nicht aus den industriepolitischen Debatten verschwunden und werden beispielsweise im Draghi-Bericht zur europäischen Wettbewerbsfähigkeit mit Blick auf den Telekommunikationssektor insofern vorgebracht, als dort vorgeschlagen wird, Innovationen und Investitionen in Verfahren der Fusionskontrolle höher zu gewichten (Draghi 2024, S. 31 und S. 35). Es bleibt abzuwarten, ob Forderungen dieser Art tatsächlich Niederschlag im europäischen Wettbewerbsrecht finden werden. Aus fachlicher Sicht ist eine Berücksichtigung derartiger Kategorien in der Fusionskontrolle nicht zu empfehlen (Wissenschaftlicher Beirat 2025, S. 27 und S. 30). Um Konflikte mit den eigentlichen Zielsetzungen des Wettbewerbsrechts zu vermeiden, sollten Anreize für mehr Investitionen und Innovationen mit anderen Mitteln der Wirtschaftspolitik gegeben werden, das heißt sachgerecht mit den Instrumenten einer standortstärkenden horizontalen Industriepolitik adressiert werden.

Was den Argumentationsstrang der Größenvorteile angeht, mit dem schon Altmaier und Le Maire für eine Novelle des Fusionskontrollrechts geworben haben, so erscheint der Handlungsbedarf insofern begrenzt, als die Kommission diesen Punkt in ihrer wettbewerbspolitischen Praxis durchaus berücksichtigt. Sie hat sowohl den europäischen Binnenmarkt als auch die Weltmärkte im Blick und legt dabei kein übermäßig restriktives Verständnis an den Tag. Seit 1990 hat die europäische Exekutivbehörde mit ihren Entscheidungen in der Zusammenschlusskontrolle weniger als 1 % der geplanten Fusionen untersagt, also mehr als 99 % genehmigt (Mundt 2019, S. 25).

Diese Entscheidungen bedürfen nicht der Billigung durch die Mitgliedstaaten der Europäischen Union, denn die Kommission hat in Fragen der Wettbewerbs- und Beihilfenkontrolle unmittelbare Exekutivkompetenz. Einen Mechanismus zu schaffen, mit dem diese Kompetenz ausgehebelt werden kann, würde auf eine Politisierung der Zusammenschlusskontrolle hinauslaufen. Tür und Tor würden aufgestoßen für politisch gewünschte, aber ökonomisch nicht immer überlegene Lösungen im europäischen Fusionsgeschehen. Zudem bestehen noch die Risiken sachfremder Verknüpfungen. Politische Entscheidungen in Fusionskontrollverfahren dürften Ausgleichsforderungen provozieren, die in einer EU der 27 Mitgliedstaaten durchaus komplexe Formen annehmen können. Verfahren zur Erteilung einer europäischen Ministerratserlaubnis würden daher im konkreten Fall Gefahr laufen, in sachfremder Manier zur Spielmasse für politische Gegengeschäfte zu werden.

Was also kann die europäische Politik tun, um im Rahmen ihrer Kompetenzen die Bildung europäischer Industrieunternehmen von Weltgeltung zu unterstützen? Es sind erstens Konsequenz und ein langer Atem, wenn es um den Erhalt eines vitalen Wettbewerbs im europäischen Binnenmarkt und um dessen Vertiefung geht, sowie zweitens eine Außenhandelspolitik, die dazu beiträgt, tarifäre und nichttarifäre Handelshemmnisse abzubauen und die Weltmärkte offen zu halten. Ein Europa, das hingegen die komparativen Nachteile des Staates als Wirtschaftslenker ignoriert und sich anmaßt, mit den Hebeln der Politik europäische Industriechampions zu schaffen, läuft ein hohes Risiko des Scheiterns. Im Falle Airbus ist es – jedenfalls bislang – gut ausgegangen. Andere Projekte staatlichindustriellen Ehrgeizes wie beispielsweise das britisch-französische Prestigeprojekt des Überschallflugzeugs Concorde aus den 1970er-Jahren oder die staatlichen Impulse zur Schaffung einer Computerindustrie in Frankreich (Plan Calcul) haben jedoch einen Scherbenhaufen hinterlassen.

Literatur

AEUV, Vertrag über die Arbeitsweise der Europäischen Union, in: Amtsblatt der Europäischen Union, 2016/C202/01, S. 1–388

Bauer-Hailer, Ursula und Debes, Sebastian (2020): Die EU, USA und China – drei Kraftzentren der Weltwirtschaft im Vergleich, in: Statistisches Monatsheft Baden-Württemberg 5/2020, S. 3–12.

BMWE, Bundesministerium für Wirtschaft und Energie und Ministère de L'Êconomie et des Finances (2019): A Franco-German Manifesto for a European Industrial Policy fit for the 21st Century, 19. Februar 2019

BPB, Bundeszentrale für politische Bildung (2024): Welt-Bruttoinlandsprodukt, https://www.bpb.de/kurz-knapp/zahlen-und-fakten/globalisierung/52655/welt-bruttoinlandsprodukt/, zugegriffen am 03. März 2025

Conrad, Christian A. (2020): Wirtschaftspolitik. Eine praxisorientierte Einführung, 2. Aufl., Springer Gabler, Wiesbaden 2020

Council of the European Union (2022): Rat erzielt Einvernehmen über das CO2-Grenzausgleichssystem, Pressemitteilung, 15. März 2022, https://www.consilium.europa.eu/de/press/press-releases/2022/03/15/carbon-border-adjustment-mechanism-cbam-council-agrees-its-negotiating-mandate/, zugegriffen am 10. September 2025

Deutsche Bundesbank (2024): EU-Haushalt und Extrahaushalt Next Generation EU im Jahr 2023. Finanzbeziehungen der Mitgliedstaaten im Jahr 2023, in: Monatsbericht September 2024, S. 156–173

Dörrenbächer, Christoph (2021): Drei Kurzfallstudien zu transatlantischen Mergers of Equals, in: Dörrenbächer, Christoph et al. (2021): Transatlantische Mergers of Equals: Perspektiven europäisch-amerikanischer Unternehmensfusionen, Study der Hans-Böckler-Stiftung, No. 465, Düsseldorf 2021, S. 35–63.

Draghi, Mario (2024): The Future of European Competitiveness. Part A/A Competitiveness Strategy for Europe, September 2024

Dröge, Susanne (2021): Ein CO2-Grenzausgleich für den Green Deal der EU. Funktionen, Fakten und Fallstricke, SWP-Studie 9, Berlin, Juli 2021

EADS, European Aeronautics Defence and Space Company (2012): eads 2012 auf einen Blick, https://www.airbus.com/sites/g/files/jlcbta136/files/2021-07/EADS-auf-einen-blick.pdf, zugegriffen am 10. September 2025

EFI, Expertenkommission Forschung und Innovation (2024): F&I-Dashboard. Anteil ausgewählter Länder am Welthandel mit FuE-intensiven Gütern, https://www.e-fi.de/dashboard/dev/wertschoepfung-und-spezialisierung/welthandelsanteile, zugegriffen am 23. Januar 2025

European Commission (2021a): Annual Single Market Report 2021, Commission Staff Working Document, Brussels, 5.5.2021, SWD (2021) 351 final

European Commission (2021b): Commission Staff Working Document Impact Assessment Report. Accompanying the document Proposal for a regulation of the European Parliament and of the Council establishing a carbon border adjustment mechanism, SWD (2021) 643 final, Part 1, 14. July 2021

European Commission (2022): Industrial Forum. Task Force 2 – Support to the development of transition pathways. Blueprint for the development of transition pathways for industrial ecosystems.

Document date: 29/03/2022 – Created by GROW.D.2 – Publication date: n/a – Last update: 31/03/2022

European Commission (2025a): Approved integrated Important Projects of Common European Interest (IPCEI), https://competition-policy.ec.europa.eu/state-aid/ipcei/approved-ipceis_en, zugegriffen am 20. September 2025

European Commission (2025b): Joint Statement on a United States-European Union framework on an agreement on reciprocal, fair and balanced trade, Brussels, 21st August 2025, https://policy.trade.ec.europa.eu/news/joint-statement-united-states-european-union-framework-agreement-reciprocal-fair-and-balanced-trade-2025-08-21_en, zugegriffen am 21. August 2025

Europäische Kommission (2019): Kommission untersagt geplante Übernahme von Alstom durch Siemens, Pressemitteilung vom 6. Februar 2019

Europäische Kommission (2020): Eine neue Industriestrategie für Europa. Mitteilung der Europäischen Kommission an das Europäische Parlament, den Rat, den Europäischen Wirtschafts- und Sozialausschuss und den Ausschuss der Regionen, Brüssel, den 10. März 2020 COM(2020) 102 final

Europäische Kommission (2021): Aktualisierung der Industriestrategie von 2020: Hin zu einem stärkeren Binnenmarkt für die Erholung Europas, Pressemitteilung vom 5. Mai 2021

Europäische Kommission (2025): Ein ambitionierter Haushalt für ein stärkeres Europa: MFR 2028-2034, Vertretung der Europäischen Kommission in Deutschland, https://germany.representation.ec.europa.eu/ein-ambitionierter-haushalt-fur-ein-starkeres-europa-mfr-2028-2034_de, zugegriffen am 10. September 2025

Europäische Kommission (2026): Europäischer Aufbauplan, https://commission.europa.eu/strategy-and-policy/recovery-plan-europe_de, zugegriffen am 22. Februar 2026

Hüther, Michael und Vogel, Markus (2021): Souveränität und Verantwortung im Mehrebenensystem: Subsidiarität als Leitmotiv?, in: Wirtschaftsdienst, 2021, Vol. 101, Heft 6, S. 439–445

Kolex, Galina et al. (2021): Carbon Border Adjustment Mechanism (CBAM). Motivation, Ausgestaltung und wirtschaftliche Implikationen eines CO2-Grenzausgleichs in der EU. IW-Policy Paper 6/21, 23. März 2021

Müller, Hans Erich (2021): Merger of Equals: Nur der Einstieg in die Übernahme? In: Dörrenbächer, Christoph et al. (2021): Transatlantische Mergers of Equals: Perspektiven europäisch-amerikanischer Unternehmensfusionen, Study der Hans-Böckler-Stiftung, No. 465, Düsseldorf 2021, S. 8–36

Mundt, Andreas (2019): Je größer, desto besser? Europäische Champions werden nicht durch wettbewerbsbeschränkende Fusionen geschaffen, in: ifo-Schnelldienst, 8/2019, 72. Jg., S. 24–26

Raza, Werner et al. (2022): Analyse und Beurteilung des Vorschlages der Europäischen Kommission für einen CO2-Grenzausgleichsmechanismus der EU. Study Nr. 80, Hans-Böckler-Stiftung, Mai 2022

SVR, Sachverständigenrat zur Begutachtung der gesamtwirtschaftlichen Entwicklung (2023): Der Inflation Reduction Act. Ist die neue US-Industriepolitik eine Gefahr für Europa? Policy Brief 1/2023, Wiesbaden, Juli 2023

South African Government (2021): Joint Statement Issued at the Conclusion of the 30th BASIC Ministerial Meeting on Climate Change hosted by India on 8th April 2021

Wissenschaftlicher Beirat beim Bundesministerium für Wirtschaft (1992): Stellungnahme zu den Vorschriften über eine Industriepolitik in den Verträgen über die Europäische Politische Union und die Wirtschafts- und Währungsunion vom 24. Januar 1992, in: Bundesministerium für Wirtschaft (1998): Der Wissenschaftliche Beirat beim Bundesministerium für Wirtschaft. Sammelband der Gutachten von 1987 bis 1997, Lucius & Lucius, Stuttgart 1998, S. 1623–1629

Wissenschaftlicher Beirat beim Bundesministerium für Wirtschaft (2025): Industriepolitik in Europa, Berlin, August 2025

7 Ansteigender Subventionspfad

Liest man die Subventionsberichte des BMF, so ist das Unbehagen der Finanzbeamtinnen und -beamten, die sie verfassen, zwischen den Zeilen fast schon spürbar. Ihr Gencode ist darauf ausgerichtet, die Ausgabenwünsche der schier unersättlichen Fachressorts abzuwehren und die förderpolitische Dynamik zu begrenzen. Tapfer formulieren die Verfasser in den allgemeinen Teilen ihrer Berichte, dass Subventionen „Fehlallokationen von Ressourcen verursachen" und "andere, wettbewerbsfähige Unternehmen verdrängen" sowie „die Gefahr einer sich verfestigenden Subventionsmentalität" begründen können (BMF 2025, S. 9). Sie weisen auf die Opportunitätskosten von staatlichen Fördermaßnahmen hin, denn schließlich kann man jeden Euro nur einmal ausgeben und Finanzzuweisungen an einer Stelle reißen ein Loch an einer anderen. Doch irgendwann kommen die Fakten und die sprechen eine andere Sprache.

Schon einige Jahre vor der Coronakrise nahm das Subventionsgeschehen in Deutschland spürbar an Fahrt auf. Die Summe der Finanzhilfen und Steuervergünstigungen[1] von Bund, Ländern, Gemeinden und der EU legte bereits ab 2015 zu, und zwar sowohl in ihrer absoluten Höhe als auch in Relation zur gesamtwirtschaftlichen Leistung. Die Subventionsquote, also die Summe der Steuervergünstigungen und Finanzhilfen in Relation zum BIP, die zwischen 1991 und 2015 noch von 3,4 % auf 1,8 % gefallen war, ist in den letzten zehn Jahren kontinuierlich gestiegen und hat im Jahr 2025 einen Wert von rund 2,7 % des BIP erreicht (vgl. Linie in Abb. 7.1). Damit kehrte sich der Trend einer rück-

[1] Die amtliche Berichterstattung definiert die Begriffe folgendermaßen: „Unter Finanzhilfen werden Geldleistungen des Bundes an Stellen außerhalb der Bundesverwaltung verstanden, die privaten Unternehmen und Wirtschaftszweigen zugutekommen, während es sich bei Steuervergünstigungen um spezielle steuerliche Ausnahmeregelungen handelt, die für die öffentliche Hand zu Mindereinnahmen führen" (BMF 2025, S. 10). Diese auf den Bund bezogenen Klarstellungen gelten analog auch für die Finanzhilfen und Steuervergünstigungen der anderen Gebietskörperschaften.

W. Horstmann, *Industriepolitik und Wohlstand*,
https://doi.org/10.1007/978-3-658-50739-8_7

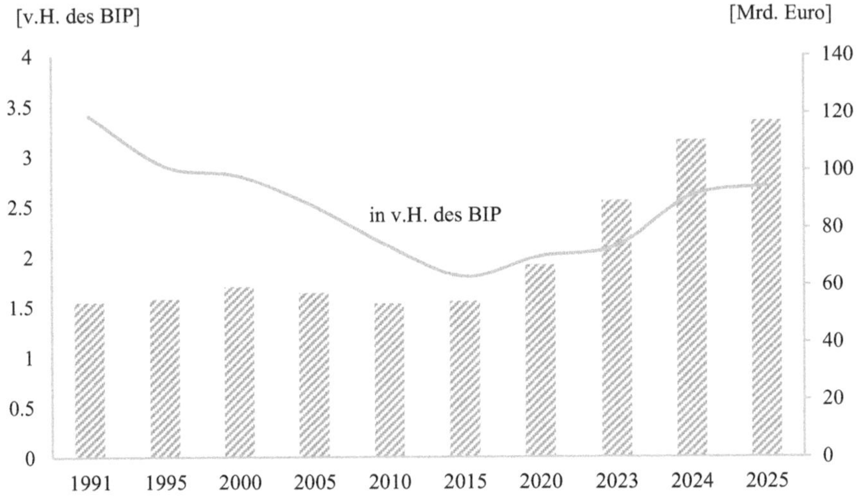

Abb. 7.1 Subventionen in der Abgrenzung des Bundes von 1991 bis 2025. Vorläufiger Wert für 2025. (Quelle: BMF 2025, S. 27, eigene Darstellung)

läufigen Subventionsquote, der nach den großen Förderaktivitäten im Kontext der deutschen Vereinigung in den 1990er-Jahren zu beobachten war, ins Gegenteil.[2] Dahinter steht eine Zunahme der Subventionen in absoluten Werten auf zuletzt etwa 117 Mrd. € (vgl. Balken in Abb. 7.1). Mit 77,6 Mrd. € entfielen rund zwei Drittel davon auf den Bund, während rund 40 Mrd. € aus den Kassen der Länder und Gemeinden stammten.

Den steilsten Anstieg im Subventionsgeschehen verzeichneten in den letzten Jahren die Finanzhilfen, also die direkten Zahlungen der Gebietskörperschaften an die gewerbliche Wirtschaft, die, vor allem angetrieben durch eine stark expandierende Fördertätigkeit des Bundes, mittlerweile zwei Drittel des Subventionsgeschehens in Deutschland ausmachen. Diese Zahlen ergeben sich jedenfalls, wenn die von der Bundesregierung ausgewiesenen Volumina der von Bund, Ländern, Gemeinden, ERP-Sondervermögen und EU (Marktordnungsausgaben) ausgereichten Subventionen betrachtet werden.

Die in der amtlichen Berichterstattung wiedergegebenen Subventionen umfassen allerdings keineswegs alle finanziellen Vergünstigungen der Gebietskörperschaften für die Wirtschaft. Das Kieler Institut für Weltwirtschaft führt regelmäßig eine Analyse durch, die einer breiter angelegten Systematik folgt als die regierungsamtliche Berichterstattung. Darin werden auch Finanzhilfen und Steuervergünstigungen an halbstaatliche Institutionen, die Preise für ihre Leistungen erheben, wie beispielsweise Krankenhäuser, Theater, Museen oder Freizeiteinrichtungen, sowie auch Zuwendungen an Infrastrukturunter-

[2] Ein echter Subventionsabbau in Form absolut rückläufiger Volumina der Finanzhilfen und Steuervergünstigungen fand allerdings auch vor 2015 nicht statt. Der Nominalwert der Subventionen tendierte zwischen 1991 und 2015 bei etwa 55 bis 50 Mrd. € jährlich (vgl. Abb. 7.1). Er wurde in dieser Phase also nicht gesenkt, sodass der Rückgang der Subventionsquote durch das Wachstum des BIP angetrieben wurde.

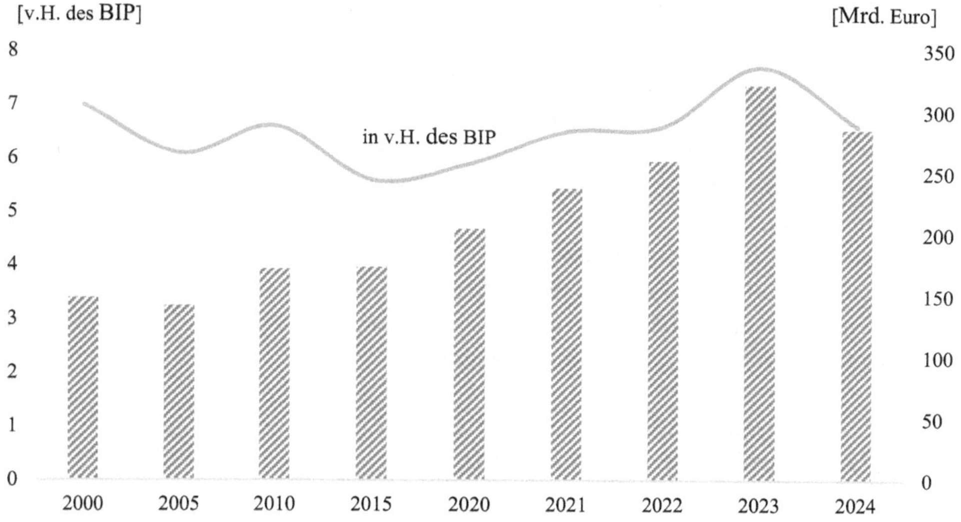

Abb. 7.2 Subventionen in Abgrenzung des Kieler Subventionsberichtes. Sollwerte für 2023 und 2024. (Quelle: Laaser et al. 2025, S. 49 f., eigene Darstellung)

nehmen wie die Eisenbahnen und weitere Ausgabenposten als Subventionen klassifiziert, wenn sie „eine erkennbare Verzerrung der Wirtschaftsstruktur“ verursachen (Laaser und Rosenschon 2023, S. 13 und dieselben 2020, S. 57 ff.). Damit machen die Kieler Forscher letztendlich jene „Fehlallokation von Ressourcen“ zum Definitionsmerkmal, die das BMF, wie oben erwähnt, zwar problematisiert, aber nur bedingt in die eigene Abgrenzung des Subventionsbegriffs einfließen lässt. Jedenfalls liegen die von den Wissenschaftlern ermittelten Zahlen mehr als doppelt so hoch wie die von der Bundesregierung ausgewiesenen Daten (vgl. Abb. 7.2).

Die großen Divergenzen zwischen den regierungsamtlich ausgewiesenen Zahlen und den in den Kieler Subventionsberichten ermittelten Werten werfen die Frage auf, ob die Kieler Forscher von einem zu weiten Subventionsbegriff ausgehen oder ob umgekehrt das BMF eine zu schmale Basis als Grundlage heranzieht. Der Bundesrechnungshof hat dazu eine klare Kommentierung abgegeben. Er hält den vom BMF zugrunde gelegten Subventionsbegriff für deutlich zu eng, insbesondere weil er das Instrument der Steuervergünstigungen nur unzureichend erfasse (Bundesrechnungshof 2024, S. 9 ff.).

Diese Kritik entspricht dem Geist des § 12 des Stabilitäts- und Wachstumsgesetzes (STWG), der die rechtliche Grundlage der Subventionsberichterstattung in Deutschland bildet und einen eher weiten Subventionsbegriff zugrunde legt. Er inkludiert Finanzhilfen und Steuervergünstigungen, die eine „Erhaltung von Betrieben oder Wirtschaftszweigen“, eine „Anpassung von Betrieben oder Wirtschaftszweigen an neue Bedingungen“ oder eine „Förderung des Produktivitätsfortschritts und des Wachstums von Betrieben oder Wirtschaftszweigen, insbesondere durch Entwicklung neuer Produktionsmethoden und -richtungen“ zum Ziel haben (STWG § 12, Abs. 2, Sätze 1, 2 und 3). Dem Geist dieser breit angelegten Vorgabe entsprechend sollten alle Förderlinien und Steuervergünstigungen, die der Staat der Wirtschaft gewährt, in die einschlägige Dokumentation aufgenommen und dort für die Öffentlichkeit leicht zugänglich und transparent dargestellt werden.

Dass die amtlichen Subventionsberichte dennoch auf einer eher schmalen Basis operieren, dürfte sich aus der Logik des politischen Wettbewerbs um die Stimmen der Wählerinnen und Wähler erschließen. Er erzeugt Anreize, die dahin gehen, die Kosten der staatlichen Subventionstätigkeit (allokative Verzerrungen, künftige Zinslasten aus schuldenfinanzierten Förderlinien) kleiner erscheinen zu lassen, als sie tatsächlich sind. Die Bereitschaft des Elektorates, zusätzliche Förderprogramme und Steuervergünstigungen zu akzeptieren, dürfte dann höher sein, als sie es sonst wäre, und gruppenspezifische Subventionen lassen sich umso leichter implementieren.

7.1 Förderpolitik in der Multikrisenwirtschaft

Die Coronakrise und der seit dem 24. Februar 2022 tobende Angriffskrieg Russlands gegen die Ukraine veranlassten die Politik, den seit 2015 ohnehin wieder steigenden Subventionspfad noch weiter anzuheben, und zwar in einem Ausmaß, das über die krisenbedingten Bedarfe deutlich hinausging. Die seinerzeit beschlossenen Fördermittel umfassten nicht nur Programmlinien für die kurzfristige Krisenbewältigung, sondern auch für diverse industriepolitische Anstöße, für die klimapolitische Transformation und für verteilungspolitisch motivierte Zwecke.

Den Auftakt machten im Jahr 2020 zwei Corona-Nachtragshaushalte, mit denen die damalige Große Koalition das Ausgabensoll des Bundes (ohne Sondervermögen) von ursprünglich geplanten 362 Mrd. € auf 509 Mrd. € hochschraubte. Mit diesem finanziellen Spielraum konnte insbesondere das 130 Mrd. € schwere Konjunktur- und Hilfspaket der Bundesregierung vom 3. Juni 2020 finanziert werden.

Die Industrie war ein wesentlicher Profiteur dieses Paketes, schon alleine, weil seine konjunktur- und steuerpolitischen Komponenten (erweiterter steuerlicher Verlustrücktrag, degressive Abschreibung, Anpassungen im Körperschaftsteuerrecht und anderes) großenteils dem Verarbeitenden Gewerbe zugutekamen. Im Sinne der Krisenreaktion waren diese Impulse legitimierbar. Sie federten die wirtschaftlichen Folgen des pandemiebedingten „Interaktionsschocks" (Kooths 2022, S. 25) ab, der sich einstellte, weil viele Firmen ihre Marktbeziehungen zu den Kunden aufgrund der Pandemie nicht mehr wahrnehmen konnten. Die Maßnahmen haben eine Brücke gebildet, die die Wirtschaft nutzen konnte, um das Coronatal zu überwinden.

Die Politik hat es jedoch nicht dabei belassen, sondern in einer zweiten Säule des Maßnahmenbündels vom 3. Juni 2020 ein weiterreichendes Zukunftspaket geschnürt, damit „Deutschland gestärkt aus der aktuellen Krise hervorgeht und auch mittel- und langfristig ein lebenswertes und wirtschaftlich starkes Land bleibt" (Koalitionsausschuss 2020, S. 7). Das Zukunftspaket enthielt zahlreiche Förderlinien, mit denen industriepolitische Zwecke jenseits der Reaktion auf die SARS-Covid-19-Krise verfolgt wurden. Unter dem Narrativ unvermeidlicher Coronahilfen konnten sie auf den Weg gebracht werden, ohne dass sich kritische Diskussionen über diese neuen Ausgabeposten entwickelten. Das Volumen dieser Säule wurde mit 50 Mrd. € veranschlagt und enthielt unter anderem die folgenden Posten: Für die Förderung von Wasserstofftechnologien wurden 7 Mrd. € mobilisiert und die damalige Umweltprämie zur Anschaffung von Elektromobilen wurde um 2,2 Mrd. € erhöht. Ein Bus- und Lkw-Modernisierungsprogramm mit 1,2 Mrd. € Volumen wurde beschlossen. Für die Subventionierung neuer Technologien und Produktionsverfahren in der Kraftfahrzeugindustrie sah man 2 Mrd. € vor (die sich allerdings im Verfahren später auf 1,5 Mrd. € reduzierten). 2 Mrd. € gab es für die Quantentechnologie, die steuerliche Forschungsförderung wurde um 1 Mrd. € aufgestockt und die Finanzbeteiligung der Unternehmen (vornehmlich der Industrie) an privat-staatlich kofinanzierten Forschungsprojekten um 1 Mrd. € abgesenkt.

Ein weiteres Flaggschiff der Subventionspolitik in der Coronakrise war der Wirtschaftsstabilisierungsfonds (WSF), der im März 2020 auf gesetzlicher Grundlage aus der Taufe gehoben wurde. Er reichte bis zum Ende der Gewährungsphase Ende Juni 2022 Gelder in Höhe von 9,6 Mrd. € zur Rekapitalisierung an Unternehmen aus. Die Industrie erhielt rund 1,1 Mrd. € aus diesen Mitteln, von denen drei Viertel auf Unternehmen der Werft- und der Windkraftindustrie entfielen. Zudem refinanzierte der WSF verschiedene Corona-Sonderprogramme der Kreditanstalt für Wiederaufbau für die Wirtschaft. Die Darlehensbestände aus diesen Aktivitäten lagen im Februar 2025 noch bei rund 22 Mrd. € (Bundesrepublik Deutschland-Finanzagentur GmbH 2025).

Gemessen am enormen Finanzvolumen des WSF, das anfangs 600 Mrd. € ausmachte und zum 1. Januar 2022 auf 250 Mrd. € reduziert wurde, bewegte sich die Inanspruchnahme der Fondsmittel – trotz der tiefgreifenden Wirtschaftskrise – allerdings auf einem niedrigen Niveau. Der Fonds, zu dem im Kieler Subventionsbericht festgestellt wird, dass er „vorwiegend ein Subventionshaushalt" sei (Laaser und Rosenschon 2023, S. 9 und S. 17 f.), stellte insofern ein weit überdimensioniertes Instrument des Förderstaates dar. Dass er Ende 2023 aufgelöst wurde, ist nicht der Initiative der Politik zu verdanken, sondern einem Urteil des Bundesverfassungsgerichts vom Dezember 2023 (s. u.), das Teile des Bundeshaushaltes für nichtig erklärte. Der Urteilspruch war zwar nicht unmittelbar auf den WSF bezogen, machte den Fonds wegen seiner überjährigen Finanzierung aber dennoch angreifbar (Bacher 2024).

Einen weiteren großen Schub erhielt die Subventionsmaschine im Jahr 2022 nach dem Überfall Russlands auf die Ukraine. Er führte zu einem Stopp der deutschen Gasimporte aus Russland und zu einem dramatischen, aber vorübergehenden Anstieg der Gas- und Strompreise. Diese Entwicklung traf die deutsche Industrie besonders hart, denn sie schlug angebots- und nachfrageseitig durch.[3] Die Politik reagierte im Jahresverlauf 2022 mit drei

[3] Das Szenario ist vergleichbar mit dem Ölpreisschock des Jahres 1973. Die damals von der Organization of the Petroleum Exporting Countries (OPEC) durchgesetzten Steigerungen des Rohölpreises verminderten die Rentabilität des Kapitalstocks und wirkten insofern als exogener Angebotsschock. Gleichzeitig führten sie über eine erhöhte Ölrechnung zu einem Abfluss von Kaufkraft aus Deutschland ins Ausland.

Entlastungspaketen. Nach Schätzung des Münchener ifo-Instituts verursachten sie fiskalische Kosten von insgesamt 135 Mrd. €, die wenig fokussiert für eine Vielzahl von Zwecken verausgabt wurden (Lay und Peichl 2022, S. 6). Das inhaltliche Spektrum der Programme reichte von sozialpolitisch motivierten Ausgaben (Kindersofortzuschlag, Einführung des Bürgergeldes) bis hin zu Senkungen der Energiesteuer und einer Verschiebung der vorgesehenen Preiserhöhungen im CO2-Emissionshandel. Die Vielzahl der Maßnahmen in ihren Wirkungen auf private Haushalte, die Wirtschaft im Allgemeinen und die Industrie im Besonderen exakt zu bestimmen, ist außerordentlich komplex und aufwendig. Kommentare aus der Wirtschaftsforschung sprechen von einem „kaum noch durchschaubaren Sammelsurium teils widersprüchlicher Einzelmaßnahmen" (Schnellenbach 2022, S. 12) und einem „Prinzip Gießkanne" (Hentze 2022, S. 8).

Thematisch stärker fokussiert als die drei Entlastungspakete, dafür aber noch größer dimensioniert, war der im Herbst 2022 beschlossene 200-Mrd.-Euro-Abwehrschirm gegen die wirtschaftlichen Folgen des russischen Überfalls auf die Ukraine. Er diente dem Zweck, Unternehmen und Gasimporteure in der damaligen krisenbedingten Notlage gezielt zu unterstützen und die gestiegenen Kosten für Strom und Gas abzufedern. Dem WSF wurde zu diesem Zwecke eine eigenständige Kreditermächtigung bis zur Obergrenze der genannten 200 Mrd. € erteilt. Der Kieler Subventionsbericht weist für die Strom- und Gaspreisbremsen einen Mittelabfluss von 40 Mrd. € und 43 Mrd. € aus (Laaser und Rosenschon 2023, S. 16).

Ebenfalls im Jahr 2022 wurde die Überführung des bisherigen Energie- und Klimafonds (EKF) in den neuen und breiter angelegten Klima- und Transformationsfonds (KTF) der Bundesregierung beschlossen. In den Jahren 2023 bis 2026 sollte der mit 177,5 Mrd. € ausgestattete neue KTF Investitionen in Klimaschutztechnologien finanzieren und für die Strompreiskompensation bereitstehen. Dass er Ende 2023 verschlankt wurde, ist auf das bereits erwähnte Urteil des Bundesverfassungsgerichts vom Dezember 2023 zurückzuführen, in dem das Gericht eine sachfremde Umwidmung von Mitteln in Höhe von 60 Mrd. € zugunsten des KTF feststellte. Es handelte sich um Finanzen, die für die Bekämpfung der Coronapandemie bewilligt, jedoch nicht abgerufen worden waren. Diese Gelder für anders gelagerte Zwecke einzusetzen, hat das Gericht untersagt und eine anderweitige Finanzierung des KTF gefordert.

Der Fonds wurde anschließend gekürzt, allerdings nur um 45 Mrd. €, denn 15 Mrd. € waren bereits ausgereicht worden (Bacher 2024). Der KTF wurde damit zwar zunächst auf ein Volumen von 132,5 Mrd. € reduziert. 2025 wurde jedoch beschlossen, dass er eine zusätzliche Mittelzufuhr über 100 Mrd. € aus dem 500 Mrd. € umfassenden SVIK des Bundes erhält, verteilt auf zehn Jahrestranchen von jeweils 10 Mrd. €. Mit dieser Finanzausstattung stellt der KTF einen subventionspolitischen Nebenhaushalt der Superlative dar. Milliardenschwere Förderlinien für die Industrie, nicht nur im Kontext der Dekarbonisierung, sondern auch für die Mikroelektronik, werden aus dem KTF finanziert.

Was das Gesamtvolumen der Subventionen im perspektivischen Verlauf der 21. Legislaturperiode des Bundes angeht, so kann eine präzise Einschätzung und Prognose nicht gegeben werden. Im Koalitionsvertrag für die 21. Legislaturperiode wird zwar die generelle Rückführung von Finanzhilfen und Steuervergünstigungen zu einem politischen Programmpunkt erhoben. Die bislang erkennbaren Schritte der Haushaltspolitik deuten angesichts der Wiedereinsetzung alter Subventionstatbestände, nämlich derjenigen für den Agrardiesel und das Hotel- und Gaststättengewerbe, jedoch eher auf das Gegenteil hin. Auch das Sondervermögen des SVIK dürfte Spielräume für die Einführung von neuen Subventionselementen eröffnen, nicht zuletzt mit Industriebezug, auch wenn diese nicht explizit im SVIK-Errichtungsgesetz ausbuchstabiert sind (vgl. Abschn. 5.6). Unabhängig davon ist jedoch auch explizit vorgesehen, eine beachtliche Anzahl von Industrien zu fördern, unter anderem die Stahlwirtschaft, die Automobilindustrie, die chemische Industrie, die pharmazeutische Industrie, die Bioökonomie, die Luft- und Raumfahrtindustrien, die Chipindustrie, die maritime Industrie, den industriellen Mittelstand und einiges mehr. Insofern ist nicht damit zu rechnen, dass das Volumen der Industriesubventionen zurückgehen wird. Es dürfte vermutlich eher noch steigen.

7.2 Der Trick mit den Sondervermögen

Regierungsamtliche Berichterstattung und Kommunikation so zu gestalten, dass Belastungen aus politischem Handeln für die Wählerinnen und Wähler nur schwer zu erkennen sind, während die Vorteile klar hervortreten, ist eine uralte Praxis. Sie gelangt auch in den modernen Demokratien unserer Zeit zur Anwendung. Der Mangel an Transparenz, mit dem der Zustand der Staatsfinanzen einschließlich der Industriesubventionen der Bevölkerung präsentiert wird, ist ein Beispiel für diese Verfahrensweise.

Stein des Anstoßes sind die Sondervermögen des Bundes. Sie erinnern an die Taktik der Camouflage oder Tarnung, denn sie stellen, jedenfalls in ihrer kreditfinanzierten Variante, das Gegenteil von dem dar, was der Begriff „Vermögen" suggeriert: Es handelt sich keineswegs um Assets, die verfügbar sind, ohne dass noch eine Gegenfinanzierung aufgebracht werden muss, sondern um Nebenhaushalte der öffentlichen Hand, die mittels einer Ausweitung der öffentlichen Verschuldung gespeist werden. Angaben des Bundesrechnungshofes aus dem Jahr 2023 zufolge erreichten die Volumina der Sondervermögen schon damals „das rund Fünffache der im Finanzplanungszeitraum 2023 bis 2027 ausgewiesenen Kreditaufnahme" (Bundesrechnungshof 2023, S. 6) des Bundes. Das bis Ende 2036 laufende und 500 Mrd. € umfassende SVIK verschiebt diese Relation noch zusätzlich in Richtung der öffentlichen Verschuldung. Zur Einordnung der quantitativen Größen: Der Kernhaushalt des Bundes belief sich 2025 auf 520 Mrd. €.

Der Rechnungshof spricht mit Blick auf die Sondervermögen zutreffend von „Sonderschulden" und merkt an: „Das […] Ausweichen in eine ausufernde ‚Topfwirtschaft' verstellt den klaren Blick auf die tatsächliche Lage der Bundesfinanzen" (Bundesrechnungshof 2023, S. 6). In der breiten Öffentlichkeit dürfte der Staat aufgrund der Praxis, Staatsausgaben und -schulden in Sondervermögen auszulagern, tatsächlich solider finanziert erscheinen, als er es in Wirklichkeit ist. Welche Bürgerin und welcher Bürger kann es sich zeitlich schon leisten, die Monatsberichte des Bundesministeriums der Finanzen oder ähnliche Dokumente durchzusehen, um zu ermitteln, wie hoch die Nettoneuverschuldung des Staates tatsächlich ist, wenn man die Nebenhaushalte einbezieht, und wie das industriepolitische Fördergeschehen in diesem Kontext zu bewerten ist? Es sind die Insider in Politik und Verwaltungen, die über die entsprechenden Detailkenntnisse verfügen. Der weitaus überwiegende Teil der Bevölkerung dürfte es bei einem kurzen Blick auf eine Medienberichterstattung belassen, die im Schnelltakt der Informationsgesellschaft eine Meldung nach der anderen über die Ticker jagt.

Industriepolitische Relevanz erhalten diese Zusammenhänge, weil ein großer Teil der Industriesubventionen aus den Sondervermögen des Bundes finanziert wird. Perspektivisch werden über den KTF und das kreditfinanzierte SVIK hohe Milliardenbeträge zwecks direkter Förderung der Industrie abfließen. Diese Industriesubventionen und vor allem die Art ihrer Finanzierung bleiben aufgrund ihrer Verortung in Sondervermögen für Teile der Öffentlichkeit im Unklaren. Passend zu diesem Befund ist die zum Eingang dieses Kapitels erläuterte Praxis des Bundesfinanzministeriums, mit einem unsachgemäß eng gefassten Subventionsbegriff das Ausmaß der staatlichen Eingriffe in die Wirtschaft kleiner erscheinen zu lassen, als es tatsächlich ist.

All das erhöht den Aufwand, den die Menschen betreiben müssen, wenn sie sich ein Bild über das Ausmaß und die Finanzierung subventionsgestützter Industriepolitik in Deutschland machen wollen. Damit weiten sich die Spielräume für eine Politik, die mit Industriesubventionen um Zustimmung wirbt, ohne Gegenreaktionen von nicht begünstigten Wählergruppen befürchten zu müssen. Naturgemäß ist dies eine politökonomische Konstellation, die auch jenseits industriepolitischer Zusammenhänge von Relevanz ist. Angesichts der zunehmenden Förderaktivität des Staates für Unternehmen des Verarbeitenden Gewerbes ist sie aber auch ein Charakteristikum der Industriepolitik.

Dass die Regierung einen Prozess anstößt, der zu mehr Transparenz über das Subventionsgeschehen führt, ist allerdings nicht zu erwarten. Schließlich sind die Begünstigten des staatlichen Geldsegens gut über die pekuniären Vorteile informiert, die ihnen die Förderpolitik verschafft. Und für die Steuerzahler Klarheit im Detail zu schaffen, liegt offensichtlich nicht im Interesse der Politik. Wäre es anders, so hätten erstens die Subventionsberichte der Bundesregierung eine größere Aussagekraft und es würde zweitens keine Nebenhaushalte geben, die die Transparenz des fiskalischen Geschehens in Deutschland verwässern.

7.3 Wie ein Förderprogramm entsteht

Das Coronajahr 2020 war in förderpolitischer Hinsicht ebenso spannend wie aufreibend. Die Ressorts der Bundesregierung wurden innerhalb kurzer Zeit mit Geld regelrecht geflutet. Das weiter oben bereits angesprochene Konjunktur- und Hilfspaket vom 3. Juni 2020 führte in der Industrieabteilung des Bundeswirtschaftsministeriums zu einer Verdoppelung des Budgets. Es stieg von rund 2 Mrd. € pro Jahr vor Corona auf mehr als 4 Mrd. € danach.

Für die Mitarbeiterinnen und Mitarbeiter in den Förderreferaten war dieses ein Segen und ein Fluch zugleich. Einerseits erzeugten die anschwellenden Geldströme erhebliche Zusatzbelastungen. Die Koalitionäre hatten natürlich nicht an die Bewilligung personeller Ressourcen für die Umsetzung dieser Mittel in operative Förderprogramme gedacht. Das lief zwangsläufig auf weitere Überlastungen und Wochenendarbeiten über Monate hinweg hinaus. Andererseits war man zumeist erfreut, die bereits existierenden Technologie- und Industrieprogramme im eigenen Zuständigkeitsbereich hochfahren und teilweise auch neue aufsetzen zu können. Wer gute Argumente vortrug, konnte im hausinternen Wettbewerb um die neuen Gelder punkten und damit mehr industriepolitische Wirkung entfalten.

Nicht überraschend positionieren sich in einem solchen Wettbewerb vielfach diejenigen Referate besonders erfolgreich, die ohnehin auf die Welt der Industrieförderprogramme spezialisiert sind. Die Subventionspolitik verschiedener Bundesregierungen hat über die Jahre Bereiche entstehen und wachsen lassen, die Reputation und Karrieremöglichkeiten durch die Verwaltung von Fördergeldern versprechen. Es sind qualifizierte Aufgaben, die dort zu erledigen sind. Sie erfordern Kenntnisse über Technologien und Branchen, Programmzuschnitte konkurrierender Institutionen, Vergaberegeln und beihilferechtliche Fragen. Aber es sind eben Aufgaben, die sich weniger aus den ordnungspolitischen Kategorien von Wettbewerb und Marktwirtschaft ableiten als aus einem Denken in Subventionsszenarien und industriepolitischen Steuerungswelten.

Genau dieses Denken war aber politisch gefordert, als die Coronapandemie die Weltwirtschaft im Griff hatte. Innerhalb kürzester Zeit mussten neue Förderprogramme konzipiert werden, um die aus dem Corona-Hilfspaket resultierenden Geldströme operativ umzusetzen. Der größte Subventionszuwachs in der Zuständigkeit der Industrieabteilung ergab sich aus einem neu aufzulegenden Programm, mit dem die Fahrzeugindustrie mittels eines Volumens von zwei Mrd. Euro für die Jahre 2020 und 2021 unterstützt werden sollte. Der Förderzweck dieser Mittel wurde im Beschlusspapier des Koalitionsausschusses kurz und knapp erläutert. Es ging um die „Förderung von Investitionen in neue Technologien, Verfahren und Anlagen" sowie von „Forschung und Entwicklung für transformationsrelevante Innovationen und neue regionale Innovationscluster vor allem der Zulieferindustrie" (Koalitionsausschuss 2020, Ziff. 35c). Diese relativ allgemeine Formulierung eines Förderzwecks, für den in Summe immerhin zwei Mrd. Euro innerhalb eines Zeitraums von damals noch eineinhalb Jahren verausgabt werden sollten, eröffnete relativ große Spielräume für die inhaltliche Auslegung und Gestaltung des Programms. Dieses mag angesichts des hohen Fördervolumens erstaunen. In der Sache waren diese Spielräume jedoch notwendig, weil sie Flexibilität für eine bedarfsgerechte Detailkonfiguration des Programms in den nachfolgenden Umsetzungsprozessen ließen.

Regierung und Parlament erwarteten Mittelabflüsse innerhalb kürzester Zeit, was jedoch unrealistisch war. Schließlich handelte es sich nicht um eine Aufstockung bestehender Förderlinien, sondern um eine neue und zudem noch außerordentlich voluminöse Maßnahme. Für ein derartiges Programm ist unter normalen Umständen ein Vorlauf von mindestens einem Jahr erforderlich. Schließlich muss das Ergebnis ökonomisch möglichst passgenau und wirksam, vergaberechtlich unanfechtbar, gut kommunizierbar und für die Öffentlichkeit nachvollziehbar sein. Es galt zu vermeiden, unter dem coronabedingt hohen Druck Schnellschüsse zu produzieren und die 2 Mrd. € voreilig an die Wirtschaft ausreichen. Die Risiken von Fehlvergaben oder Mitnahmeeffekten waren relativ groß, wie sich bekanntlich im Nachhinein bei anderen in der Corona-Krise gezahlten Fördergeldern gezeigt hat, die milliardenschwere Rückforderungen notwendig machten. Für die Unternehmen wird so nichts gewonnen und das Ministerium gerät aufgrund einer fehlerhaften Umsetzung in schweres Fahrwasser.

Wie bei Neuauflagen derartiger Programme üblich, musste eine Sequenz von Schritten abgearbeitet werden. Zunächst galt es zu klären, welche Technologien im Detail überhaupt für eine Förderung in Frage kommen konnten. Das erforderte einen intensiven Austausch mit Industrie und Wissenschaft, und zwar auf einer breiten Basis, um nicht zu diskriminieren. Zu diesem Zweck waren Workshops mit großen Teilnehmerzahlen zu organisieren. Dann galt es, Projektträger zu finden, die für das Ministerium die Vorprüfung von Anträgen übernehmen. Technische Dienstleister oder ingenieurwissenschaftliche Verbände mit praktischen Servicebereichen bieten derartige Leistungen an. Aber der Zuschlag hierfür wird in eigenständigen Wettbewerbsprozessen erteilt. Es findet also eine vorgelagerte Ausschreibungsrunde zur Ermittlung des Projektträgers statt, bevor die eigentlichen Ausschreibungen im Wettbewerb der Unternehmen um die Fördergelder gestartet werden. Schließlich galt es, die Förderrichtlinien konkret auszuarbeiten. In unserem Falle waren dies mehrere ebenso umfangreiche wie detaillierte Texte.

Eine kurzfristige Wirkung des Förderprogramms war schon aufgrund dieser unvermeidbaren Verfahrensschritte ausgeschlossen. Zudem liegt eine gewisse Zeitverzögerung bis zur Wirkung ohnehin in der Natur jeder Investitionsförderung. Denn auch die Vorläufe auf Seiten der Wirtschaft absorbieren Zeit. Projektentwicklung, Bestellung der Investitionsgüter, Installation, Testphase und kommerzieller Betrieb sind in der Gesamtsequenz zumeist nicht in wenigen Monaten zu machen. Anders ist es, wenn Schubladenprojekte hervorgeholt werden, die ohnehin schon ausgearbeitet und geplant sind. In derartigen Fällen steigt aber das Risiko, dass die Subventionsnehmer Mitnahmeeffekte realisieren, indem sie Projekte einreichen, die sie auch ohne staatliche Förderung umgesetzt hätten.

In jedem Fall war klar, dass diese Förderlinie über 2021 hinaus verlängert werden musste und dass sie eher der mittelfristigen Transformation der Industrie diente als der akuten Hilfestellung in der Coronakrise. Es wurde dann auch eine Übertragbarkeit der Mittel bis ins Jahr 2024 hinein beschlossen. Allerdings kassierte das Finanzministerium zwischenzeitlich 500 Mio. € wieder ein. Die Verkündung des Programmstarts im Februar 2021 erfolgte dementsprechend auf Basis eines Finanzvolumens von nur noch 1,5 Mrd. € (BMWK 2021).

Es hatte also rund acht Monate gedauert, bis das Programm so weit entwickelt war, dass man starten konnte. Es wurde am Ende operativ erfolgreich auf die Schiene gesetzt. Ob es deswegen inhaltlich wirklich dort ansetzte, wo die beste Wirkung zu erzielen war, sei dahingestellt. Die Probleme der unvollständigen Information, die im folgenden Kapitel diskutiert werden, haben Geltung. Letztendlich sind die Subventionsgeber auf Informationen aus der Industrie angewiesen, um ihre Förderprogramme sachgerecht konzipieren zu können, und diese Informationen sind natürlich nicht neutral, sondern interessengesteuert (vgl. Abschn. 8.1).

Literatur

Bacher, Carsten (2024): Neustart bei den Sondervermögen, IHK Heilbronn-Franken, aus dem Steuer-Newsletter der DIHK, Ausgabe Nr. 2/2024

BMF, Bundesministerium der Finanzen (2025): 30. Subventionsbericht des Bundes. Bericht der Bundesregierung über die Entwicklung der Finanzhilfen des Bundes und der Steuervergünstigungen für die Jahre 2023 bis 2026, Berlin, 10. September 2025

BMWK, Bundesministerium für Wirtschaft und Klimaschutz (2021): Bundeswirtschaftsministerium gibt Startschuss für Zukunftsinvestitionen in der Fahrzeugindustrie, Pressemitteilung vom 22. Februar 2021

Bundesrechnungshof (2023): Bericht nach § 88 Absatz 2 BHO an das Bundesministerium der Finanzen über die Sondervermögen des Bundes und die damit verbundenen Auswirkungen auf die Haushaltstransparenz sowie die Funktionsfähigkeit der Schuldenregel, Bonn, 25. August 2023

Bundesrechnungshof (2024): Bericht nach § 88 Absatz 2 BHO an den Rechnungsprüfungsausschuss des Haushaltsausschusses des Deutschen Bundestages. 29. Subventionsbericht der Bundesregierung. Steuervergünstigungen, Bonn, den 5. März 2024

Bundesrepublik Deutschland Finanzagentur GmbH (2025): Wirtschaftsstabilisierungsfonds (WSF), https://www.deutsche-finanzagentur.de/stabilisierungsmassnahmen/wirtschaftsstabilisierungsfonds/wsf-auf-einen-blick, zugegriffen am 1. März 2025

Hentze, Tobias (2022): Es mangelt an Zielgenauigkeit, in: ifo Schnelldienst, 75. Jahrgang, 11/2022, S. 7–9

Koalitionsausschuss (2020): Corona-Folgen bekämpfen, Wohlstand sichern, Zukunftsfähigkeit stärken. Ergebnis Koalitionsausschuss 3. Juni 2020

Kooths, Stefan (2022): Strategie statt Subventionen, in: ifo Schnelldienst, 75. Jahrgang, 11/2022, S. 24–27

Laaser, Claus-Friedrich und Rosenschon, Astrid (2020): Kieler Subventionsbericht 2020. Subventionen auf dem Vormarsch, Kieler Beiträge zur Wirtschaftspolitik, Nr. 29, Kiel, September 2020

Laaser, Claus-Friedrich und Rosenschon, Astrid (2023): Kieler Subventionsbericht 2023. Subventionen des Bundes in Zeiten von Ukrainekrieg und Energiekrise, Kieler Beiträge zur Wirtschaftspolitik, Nr. 44, Kiel, Oktober 2023

Laaser, Claus-Friedrich et al. (2025): Kieler Subventionsbericht 2024: Hohe Subventionen trotz Haushaltsengpässen, Kieler Beiträge zur Wirtschaftspolitik, Nr. 48, Kiel, März 2025

Lay, Max und Peichl, Andreas (2022): Entlastungen für Haushalte und Unternehmen – Was kostet es den Staat?, in: ifo Schnelldienst, 75. Jahrgang, 11/2022, S. 3–6

Schnellenbach, Jan (2022): Unübersichtlich, widersprüchlich, wenig zielgerichtet: Entlastungspakete ohne Gesamtkonzept, in: ifo Schnelldienst, 75. Jahrgang, 11/2022, S. 10–13

STWG, Gesetz zur Förderung der Stabilität und des Wachstums der Wirtschaft vom 8. Juni 1967, in: Bundesgesetzblatt Teil 1, S. 582 ff.

Erfolgsrestriktionen und Folgewirkungen

8

Marktwirtschaftliche Systeme zeichnen sich durch dezentrale Strukturen aus. Tag für Tag schließen unabhängige Wirtschaftssubjekte, die frei in ihren Entscheidungen sind, Verträge zum gegenseitigen Vorteil ab. Die Vertragspartner sind nicht nur im Inland ansässig, sondern weltweit positioniert. In der Wirtschaftswelt des 21. Jahrhunderts schalten sie sich über die Kontaktmöglichkeiten der Telekommunikation und des Internets zusammen: „Marktwirtschaft ist eine Kooperation zwischen Fremden", sodass uns die „Hersteller von 99,9 % der Waren, die wir konsumieren, unbekannt" sind (Zhang 2022, S. 381 f.).

Die Produktionsstrukturen, die diese Waren im marktwirtschaftlichen Wettbewerb hervorbringen, arbeiten in Netzwerkverbünden. Bevor ein Produkt an einem Standort endmontiert wird, sind zahlreiche Kontrakte über die jeweiligen Zulieferprodukte zustande gekommen, viele davon in der dritten oder vierten vorgeschalteten Ebene mit zahlreichen verschiedenen Akteuren und nicht mit einer zentralen staatlichen Lenkungsinstitution. Mit dieser Dezentralität verbindet sich insofern ein stabilisierendes Element, als sie darauf hinwirkt, dass einzelne investive Fehlentscheidungen keine systemgefährdenden Gesamteffekte erzeugen, weil ihnen in der Masse der Investitionsvorgänge kein dominantes Gewicht zukommt.[1]

[1] Unabhängig von diesem Grundmuster der Dezentralität beruht natürlich auch jedes marktwirtschaftliche System in der Praxis auf gewissen sektorübergreifenden Zusammenhängen, die systemische Risiken erzeugen können. Wie die Weltfinanzkrise 2007/2008 gezeigt hat, fällt beispielsweise der Bankensektor in diese Kategorie. Damals kam es am US-amerikanischen Immobilienmarkt zu massenweisen und großvolumigen Kreditausfällen. Da die Risiken aus diesen Krediten verbrieft und international handelbar waren, wurde das internationale Finanzsystem kontaminiert (BPB 2017). Es obliegt der staatlichen Regulierung, derartige Risiken möglichst zu minimieren. Die Wertschöpfungsstrukturen in der Industrie, die im Fokus dieses Buches stehen, weisen im Regelfall allerdings keine systemische Qualität auf, die mit derjenigen des Finanzsektors vergleichbar wäre.

W. Horstmann, *Industriepolitik und Wohlstand*,
https://doi.org/10.1007/978-3-658-50739-8_8

Wenn der Staat sich jedoch anschickt, den Strukturwandel industriepolitisch zu steuern, etwa durch Technologievorgaben, setzt er die Vorteile des dezentralen Marktgeschehens (partiell) außer Kraft und er produziert eIn Risiko größerer Fehlsteuerungen: „Zentralität (und damit Gleichförmigkeit) von Entscheidungen ist ein wichtiger Grund dafür, dass Industriepolitik innerhalb einer marktwirtschaftlichen Ordnung hochproblematisch ist" (Kooths 2023, S. 131). Sie ist hochproblematisch, weil sie Teile der Produktionsfaktoren Arbeit und Kapital in Verwendungen lenkt, die der Markt mit seiner Fähigkeit, zahllose wirtschaftsrelevante Informationen aufzugreifen und in aktuelle und künftige Marktpreise zu übersetzen, so möglicherweise nicht priorisiert hätte.

Zentralisierung bringt Informationsverluste. Die Frage ist, ob die Akteure der öffentlichen Hände in der Lage sind, diese Informationsverluste zu kompensieren, wenn sie sich entscheiden, die Struktur der Wirtschaft industriepolitisch aktiv zu gestalten. Mit Blick auf die politische Steuerung ganzer Volkswirtschaften durch den Staat hat der Lauf der Geschichte darauf bereits eine klar verneinende Antwort gegeben. Die Erfahrungen mit den Planwirtschaften des Rates für gegenseitige Wirtschaftshilfe[2] bis zum Verschwinden des Eisernen Vorhangs – und aus deutscher Sicht insbesondere die Lehren aus dem Wirtschaftssystem der ehemaligen DDR – haben die gravierenden Mängel staatlicher Planung offenbart.

Aber industriepolitische Eingriffe auf Unternehmens- oder Branchenebene innerhalb der Sozialen Marktwirtschaft, so könnte man als Gegenposition einwenden, zielen nicht darauf ab, die Wirtschaft insgesamt zu lenken, sondern sie dienen begrenzten Zwecken. Dem ist natürlich zuzustimmen, allerdings können auch sektoral limitierte Eingriffe den Wettbewerb verfälschen und die Wirkungsmacht flexibler Preise begrenzen. Sie bergen systemverändernde Potenziale, weil sie die marktwirtschaftlichen Steuerungsmechanismen nach und nach zurückdrängen. Jeder (größere) industriepolitische Eingriff der staatlichen Administrationen unterliegt den Entscheidungen politischer Akteure, die aller Erfahrung nach nicht unabhängig von deren jeweiliger Position in der Konkurrenz um Wählerstimmen getroffen werden (vgl. Abschn. 4.2). Zudem sind auch die Aktivitäten von Legislative und Exekutive in der Praxis von Imperfektionen und Funktionsdefiziten geprägt, die gemeinhin unter den Begriffen eines „Staats- oder Politikversagens" subsumiert werden. Sie induzieren Fehlsteuerungen und begrenzen die Erfolgsaussichten vertikaler industriepolitischer Eingriffe. Diese Schwachstellen beruhen unter anderem auf Anfälligkeiten gegenüber Rent-Seeking- und Lobbyaktivitäten. Zudem sind sie ein Ergebnis von Informationsdefiziten der Akteure in Politik und Verwaltungen bezüglich des optimalen Einsatzes der volkswirtschaftlichen Produktionsfaktoren.

---

[2] Der Rat für gegenseitige Wirtschaftshilfe (Council for Mutual Economic Assistance, COMECON) wurde unter der Führung der Sowjetunion im Januar 1949 als Wirtschaftsverbund der planwirtschaftlich-kommunistisch gelenkten Staaten gegründet. Er bestand bis Juni 1991. Die DDR trat im September 1950, knapp ein Jahr nach ihrer Staatsgründung, bei. Der COMECON sollte ein Gegengewicht zum 1948 in Kraft gesetzten Marshallplan zum Wiederaufbau Europas bilden (European Recovery Program, ERP).

8.1 Informations- und Anreizprobleme

In den Konzepten aktiver Industriepolitik wird den Herausforderungen der informationellen Fundierung staatlicher Eingriffe keine besondere Aufmerksamkeit zuteil. Wenn etwa im Kontext missionsorientierter Industriepolitik (vgl. Abschn. 5.1) die Forderung nach einem „zielgerichtet handelnden, aktiven unternehmerischen Staat" erhoben wird, der „in der Lage ist, Risiken einzugehen" und „als Hauptinvestor und Katalysator zu wirken" (Mazzucato 2014, S. 35), so impliziert dies, dass öffentliche Institutionen die originäre Aufgabe privater Investoren ebenso präzise, zeitnah und geschäftsdienlich erfüllen können wie die spezialisierten Profis des Privatsektors selbst.

Entscheider im politischen Raum und in den Regierungsapparaten können jedoch nicht annähernd mit der gleichen Tiefe wie die spezialisierten Marktanalysten, Beschaffungsabteilungen, Produktionsplaner oder Finanzierungs- und Marketingexperten von Unternehmen im globalen Informationsgeflecht der Märkte unterwegs sein. Sie sollen es auch gar nicht, denn die Wahrnehmung der originären Staatsaufgaben verlangt keineswegs ein unternehmerisches Engagement nach den Regeln der Profitmaximierung, sondern eine effiziente Verwaltungspraxis. Aus gutem Grunde sind die öffentlichen Institutionen in ihrer Funktionslogik nicht darauf ausgerichtet, wie eine private Firma am Markt ökonomische Detailinformationen zu sammeln, auf dieser Basis zu investieren und so Profite zu erwirtschaften. Der Verwaltungsapparat soll frei von kommerziellem Druck die Geschäfte des Staates als ehrlicher Makler erfüllen. Der öffentliche Sektor ist deswegen nicht weniger qualifiziert oder leistungsfähig als der private, aber er ist anders spezialisiert und seine Anreizsysteme unterscheiden sich von denen der Wirtschaft.

Was in der industriepolitischen Praxis stattfindet, um das Informationsproblem zu überwinden, wenn der Staat beispielsweise eine neue Subventionslinie zur Investitionsförderung in der Industrie auflegt, ist Folgendes: Die öffentliche Hand tritt in Kontakt mit den Marktakteuren, also den Unternehmen, die im relevanten Technologiesegment oder der jeweiligen Branche tätig sind, um sich ein Bild über eine sinnvolle inhaltliche Spezifikation und über die Dimensionierung des neuen Förderprogramms zu machen. Letztendlich kann nicht anders vorgegangen werden, denn für den Erfolg einer neuen Förderlinie ist es entscheidend, dass sie auch die tatsächlichen ökonomischen Bedarfe trifft und nicht an den jeweiligen wirtschaftlichen Bedürfnissen vorbei konstruiert wird.

Dieser Prozess kommt allerdings einer Gratwanderung gleich. Der Staat ist einerseits darauf angewiesen, sich bei denen zu informieren, die potenziell in den Genuss der neuen Förderung gelangen. Dabei unterliegt er andererseits jedoch dem Risiko, mit intentionell verfälschten Informationen versorgt zu werden. Denn schließlich gehen die Anreize der Unternehmen dahin, die in Aussicht stehenden Subventionen zwecks Profitmaximierung in ihre Optimierungsfunktionen einzubauen. Es besteht insofern ein Bias hin zur Benennung überhöhter Finanzbedarfe, die, wenn sie zur Grundlage staatlicher Förderpolitik werden, Mitnahmeeffekte begründen. Natürlich ziehen die Subventionsgeber wissenschaftlich-technologische Expertise heran, um von der Wirtschaft reklamierte Subventionen zu überprüfen. Inwieweit die Privatwirtschaft in einer derartigen Konstellation Moral Hazard betreibt und letztendlich die Steuerzahler zugunsten des Firmengewinns ausbeutet, kann von öffentlicher Seite aber dennoch nicht vollständig durchschaut werden.

Die systemimmanenten Anreize innerhalb des Verwaltungsapparates verstärken diese Problematik noch. Industriesubventionen werden nicht mittels privaten Eigenkapitals finanziert, sondern aus den Geldern des öffentlichen Haushaltes. Erreicht ein staatlich gefördertes Projekt nicht sein Ziel, so trifft die Sanktion des Marktes die Steuerzahler und nicht die verantwortlichen Entscheider in den öffentlichen Administrationen. Die letzte Konsequenz in Markterkundung und Zielgenauigkeit, Projektplanung und Risikoanalyse, mit der private Investoren vorgehen müssen, die ihr Eigenkapital oder dasjenige ihrer Aktionäre einsetzen, legt die Politik daher in aller Regel nicht an den Tag, wenn sie mit Subventionen oder Staatsbeteiligungen an Industrieunternehmen in das Marktgeschehen eingreift. Zudem werden industriepolitische Entscheidungsprozesse, wie in Kap. 4 ausführlich diskutiert, eben nicht unabhängig vom demokratischen Wettbewerb um die Stimmen des Elektorats getroffen.

Alles in allem spricht wenig für den Schluss, dass öffentliche Administrationen kompetenter sind als private Investoren, wenn es darum geht, kommerziell wettbewerbsfähige industrielle Substanz aufzubauen. Entscheidet sich der Staat dennoch dafür, aktiv lenkend industrielle Wertschöpfung anzuregen, so besteht ein Risiko „dass entweder Technologien unterstützt werden, die sich im Nachhinein als unterlegen herausstellen (insofern sie sich nicht dauerhaft am Markt durchsetzen können), oder dass Unternehmen gefördert werden, deren Geschäftsmodell nicht tragfähig ist“ (Wissenschaftlicher Beirat 2025, S. 19). Ansätze industriepolitisch lenkender Staatstätigkeit sind daher gegenüber Konzepten, die sich auf eine Stärkung der Marktkräfte konzentrieren, systematisch unterlegen (Czernich und Falck 2025; Dohse et al. 2019; Feld 2024).

8.2 Rent-Seeking-Strategien

In einer von Rent-Seeking-Mentalitäten durchzogenen Gesellschaft setzen Unternehmen und Verbände einen Teil ihrer Ressourcen in der Verteilungskonkurrenz um öffentliche Gelder oder gruppenspezifisch begünstigende Regulierungen ein. Sie tun dieses, wenn die in dieser Weise eingesetzten Ressourcen ihnen höhere Erträge bringen als deren alternative Verwendung im jeweiligen unternehmerischen Kerngeschäft. Dann ist es „für ein Unternehmen […] rentabler, durch Aufwendung von einer Million Euro zehn Millionen an Subventionen einzuwerben als mit einem Aufwand von zehn Millionen Euro durch Produktion und Absatz von Gütern ‚nur‘ eine Million Gewinn zu erwirtschaften“ (Kortmann 2004, S. 471).

Industriepolitik, die systematisch subventioniert und strukturgestaltend wirkt, schafft ein Umfeld, das die Anwendung von Rent-Seeking-Strategien begünstigt. Regierungsapparate, die etwa durch die Einrichtung von staatlichen Förderinstrumenten signalisieren, dass sie bereit sind, einzelne Unternehmen oder Branchen subventionspolitisch zu unterstützen, erzeugen entsprechende Erwartungen und geben Anreize für verstärkte Lobbyaktivitäten (Wissenschaftlicher Beirat 2025, S. 19). In Abwandlung des Say'schen Theorems, demzufolge ein erhöhtes Güterangebot auch zu einer erhöhten Güternachfrage führt, kann man sagen, dass das subventionspolitische Angebot des Staates sich ebenfalls seine Nachfrage schafft. So können Rent-Seeking-Prozesse durchaus eine Eigendynamik entwickeln. Finanzielle Unterstützung der öffentlichen Hand für einzelne Unternehmen oder Branchen motiviert auch andere dazu, mit Forderungen nach Alimentierung durch den Staat hervorzutreten.

Insbesondere für relativ kleine und homogene Gruppen kann es sich lohnen, Lobbyprozesse zu starten, um Finanzzuweisungen aus den öffentlichen Kassen zu erhalten. Die Eigentümer und Beschäftigten einer Firma beispielsweise bilden ein überschaubares Kollektiv, das pro Kopf in der Regel klar zurechenbare Nutzen aus einer staatlichen Zuwendung ziehen kann. Solange die Grenzkosten entsprechender Rent-Seeking-Aktivitäten unterhalb der Grenzerträge bleiben, ist es eine ökonomisch rationale Strategie, den Versuch zu starten, sich ein Stück aus dem Kuchen des Staatshaushaltes zu organisieren. Argumente, mit denen dieses vordergründig legitimiert werden kann, finden versierte Lobbyisten immer.

Dass die Steuerzahler als Financiers des Staates sich nicht effizient organisieren und aufbegehren, wenn die Subventionstätigkeit zunimmt, ist auf den sogenannten Dispersionseffekt zurückzuführen (Kortmann 2004, S. 470). Er beruht auf dem Umstand, dass die Finanzierung von Subventionen sich auf viele Schultern verteilt, nämlich auf das Kollektiv der Steuerzahler, das bei schuldenfinanzierten Förderprogrammen auch zukünftige Generationen einschließt. Der finanzielle Effekt pro Kopf, der sich ergibt, wenn eine neue Subvention eingeführt oder eine bereits existierende verändert wird, ist auf Seiten dieses Kollektivs daher relativ gering, jedenfalls kleiner als auf Seiten des Empfängerkollektivs. Zudem kommt bei den Subventionsbegünstigten ein konkreter Geldbetrag auf dem Konto an, während die Finanzierungslasten im allgemeinen Steuergeschehen untergehen und nicht individuell zurechenbar sind. Für die einzelnen Steuerzahlerinnen und Steuerzahler sind die Nachteile, die ihnen entstehen, weil sie die Subventionen für verschiedenste Unternehmen finanzieren, daher in konkreter Form kaum spürbar (Sinn 2021, S. 203 ff.) und sie haben aus diesem Grund auch nur vergleichsweise geringe Anreize, gegen die Einführung neuer Finanzhilfen oder Steuervergünstigungen politisch wirksam vorzugehen oder für die Abschaffung bestehender einzutreten. Der US-amerikanische Wirtschaftswissenschaftler Mancur Olson, der diese Zusammenhänge in seinem Werk „Die Logik des kollektiven Handelns“ bereits 1965 herausgearbeitet hat, zählt die Steuerzahler aus diesem Grund zu den „‚vergessenen Gruppen‘, die schweigend leiden“ (Olson 1998, S. 163).

Es ist diese Logik des kollektiven Handelns, die eine wesentliche Triebkraft hinter dem zunehmenden Subventionsgeschehen auch in Deutschland darstellen dürfte. Die Stimmen des Bundesrechnungshofes oder des Bundes der Steuerzahler sind nicht stark genug, um diese Logik zu durchbrechen. Sie sind zwar hörbar, dringen aber dennoch nicht durch und treffen eher selten auf einen breiten Resonanzboden in der öffentlichen Debatte. Größere und politisch wahrnehmbare Demonstrationen der Steuerzahler gegen die expansive Subventionspolitik in Deutschland sind nicht bekannt. Die Demandeure nach staatlichen Unterstützungsleistungen gehen hingegen bekanntlich durchaus auf die Straße, um ihren Forderungen Nachdruck zu verleihen.[3]

Es dürfte kaum möglich sein, eine generelle Aussage darüber zu treffen, wann exakt der Kipppunkt erreicht wird, ab dem Rent-Seeking-Strategien und Subventionsmentalitäten zu einem allgemeinen gesellschaftlichen Problem werden und ein großzügig Geld verteilender und intervenierender Staat nicht mehr die Ausnahme, sondern den Normalfall darstellt. Klar ist allerdings, dass ein aktiver Förderstaat Subventionsmentalitäten befördert (Kortmann 2004, S. 464). Hinweise darauf ergeben sich, wenn eine Häufung missbräuchlicher Inanspruchnahmen von Förderlinien durch Unternehmen auftritt. In Deutschland war dieses während der Coronakrise zu beobachten (Bundesrechnungshof 2022a, b, 2023). Inzwischen ist man bemüht, nachträglich zu korrigieren, was noch zu korrigieren ist, und Finanzbeträge in milliardenschwerer Größenordnung wieder zurückzuholen.

Die Expansion der Industriepolitik mit ihren ausgreifenden interventions- und subventionspolitischen Komponenten hat das Potenzial, unproduktiven Rent-Seeking-Strategien und Subventionsbegehren der Wirtschaft Vorschub zu leisten. Zusätzlich zu all den Programmen, mit denen verschiedenste Industriebranchen ohnehin schon seit Jahren unterstützt werden, ermöglichen die Regularien des 2025 beschlossenen und 500-Mrd.-Euro umfassenden SVIK eben nicht nur eine Modernisierung von Brücken, Straßen oder Schienennetzen, sondern erstens auch konsumtive Verwendungen der Mittel und zweitens eine direkte Förderung von Unternehmen aus Industrie und sonstiger gewerblicher Wirtschaft (vgl. Abschn. 5.6). Es ist im Übrigen bemerkenswert, dass die Dimension und auch die inhaltliche Konfiguration des Sondervermögens nicht weit entfernt von dem liegen, was der BDI als Spitzenverband der Industrie im September 2024, also nur sechs Monate vor der grundgesetzlichen Verankerung des SVIK, in seiner groß angelegten Studie zum Thema „Transformationspfade" an öffentlichen Zusatzinvestitionen gefordert hat. Der Verband kam auf einen Betrag von rund 460 Mrd. €, den der Staat nach seinen Vorstellungen investieren soll (vgl. Abschn. 5.4). Es scheint so, als ob die „Transformationspfade" auch Pfade ins politische Programm der Bundesregierung eröffnet haben könnten.

[3] Das betrifft unter anderem die hinlänglich bekannten Protestaktionen von Landwirten, zuletzt im Januar 2024, als die damalige Bundesregierung die Kfz-Steuerbefreiung und das steuerliche Dieselprivileg für die Bauern streichen wollte. Bundesweite Straßenblockaden waren die Folge. Die Proteste waren aus Sicht der Landwirte insoweit erfolgreich, als die Subvention für den Agrardiesel inzwischen wieder eingeführt wurde. Ein Beispiel aus der Industrie liefert die Demonstration von mehr als 3000 Beschäftigten des Technologiekonzerns thyssenkrupp, die im Oktober 2020 vor der Staatskanzlei in Düsseldorf für einen milliardenschweren Einstieg des Staates bei thyssenkrupp Steel, der Stahlsparte des Unternehmens, demonstrierten. Die Politik hat dem Druck in diesem Fall allerdings nicht nachgegeben (vgl. Abschn. 5.5).

8.3 Begrenzte Exitoptionen

Wer sein Kapital anlegt, sei es in Aktien, Staatsschuldtiteln oder sonstigen Wertpapieren, wird, noch bevor er seine Investition tätigt, sich eine Erwartung darüber bilden, ob und zu welchen Konditionen ein späterer Ausstieg aus dem Investment möglich ist. Wesentlich dafür sind die Liquidität des jeweils relevanten Anlagemarktes und die Preise, zu denen einmal erstandene Assets zu einem Zeitpunkt in der Zukunft wieder abgestoßen werden können. Je nachdem, welche Erwartungen sich diesbezüglich herausbilden, wird investiert oder eben nicht.

Ganz so verhält es sich in der Industriepolitik natürlich nicht, denn die öffentliche Hand verfolgt nicht das Ziel, mit industriepolitischen Maßnahmen Profite zu erzielen. Würde sie es allerdings tun – und das ist ja ein Bestandteil des missionsorientierten Ansatzes der Industriepolitik (vgl. Abschn. 5.1), der vorsieht, dass der Staat industriepolitische Risiken eingeht und im Gegenzug eine Gewinnbeteiligung an profitablen Projekten erhält – so würde er selbst Anreize für einen dauerhaften Interventionskurs schaffen. Die systemverändernden Potenziale der Industriepolitik, die im Fokus des anschließenden Abschnitts stehen, würden mit einer derartigen Konstruktion sogar noch verstärkt. In Deutschland wird Industriepolitik allerdings nicht in dieser Ausprägung betrieben, und es ist auch nicht erkennbar, dass diese ordnungspolitisch wie realwirtschaftlich problematische Variante des Eingriffsstaates hierzulande von den politischen Parteien der Mitte ernsthaft in Erwägung gezogen wird.

Dennoch besteht mit Blick auf die Exitfrage eine gewisse Analogie zwischen dem Finanzmarktgeschehen und dem industriepolitischen Handeln des Staates. Denn ebenso wie die Kapitalanleger bei der Beurteilung einer Finanzinvestition stets auch die Exitoptionen im Blick haben, sollten auch die öffentlichen Institutionen im Vorfeld jedes industriepolitischen Eingriffs bedenken, wie die politischen Bedingungen sich darstellen, wenn einmal gewährte industriespezifische Vergünstigungen zu einem späteren Zeitpunkt wieder zurückgenommen werden. Dann werden Gewöhnungseffekte zu überwinden sein, die nicht nur in den bereits diskutierten Subventionsmentalitäten und Rent-Seeking-Strategien ihren Ausdruck finden, sondern die, je nachdem, um welche spezifischen Eingriffsvarianten es sich handelt, einen vielgestaltigen Charakter annehmen können: Nicht nur firmenspezifisch ausgezahlte Geldbeträge in Form von Subventionen, sondern beispielsweise auch Importzölle zum Schutz einzelner Industrien, eine präferenzielle öffentliche Auftragsvergabe, etwa in Form von Buy-European-Rules, oder regulatorische Benefits verschiedenster Art werden von den jeweiligen Profiteuren als selbstverständlich angesehen, wenn sie über längere Zeiträume gewährt werden. Sie nehmen dann den Charakter einer festen Grundlage der geschäftlichen Kalkulationen an und erweisen sich irgendwann tatsächlich als unverzichtbar, weil das Kostengefüge in den jeweiligen Unternehmen sich strukturell an die Vergünstigungen angepasst hat. Im Handlungsspektrum der Politik steigt dann die Eintrittswahrscheinlichkeit für die Optionen, entweder den Förderstatus unverändert beizubehalten oder, falls dies politisch oder rechtlich nicht möglich ist, den betroffenen Unternehmen und Branchen Kompensation in Form anderweitiger Unterstützungsleistungen anzubieten.

Bewegt sich die Politik außerhalb dieser Optionen und strebt einen ersatzlosen Ausstieg des Staates aus einer industriepolitischen Flankierung an, so müssen die politischen Entscheider mit Einbußen an Popularität und gegebenenfalls mit dementsprechend verminderten Chancen auf eine Wiederwahl rechnen. Drei konkrete Fallkonstellationen seien erläutert, in denen ein Exit des Staates aus einem einmal eingegangenen industriepolitischen Engagement ohne politische Kosten für die jeweils involvierten Amts- oder Mandatsträger kaum realisierbar sein dürfte. Sie betreffen Staatsbeteiligungen an Unternehmen, Industrieprotektion per Schutzzoll und die politisch gesteuerte Bildung sogenannter europäischer Champions:

(1) Als Konzept für den Einstieg der öffentlichen Hand auf der Kapitalseite von Industrieunternehmen ist in einer Studie der gewerkschaftsnahen Hans-Böckler-Stiftung das Modell eines großvolumigen Beteiligungsfonds entwickelt worden (vgl. Abschn. 5.5). In einer derartigen Konstruktion steht der Staat in seiner Rolle als Miteigentümer in der Verantwortung für die ökonomische Entwicklung der Unternehmen, an denen er beteiligt ist. Er ist damit zugleich auch Akteur mit Blick auf die jeweiligen beschäftigungs- und regionalpolitischen Effekte, die sich mit industrieller Wertschöpfung vor Ort verbinden. Gewerkschaftliche Interessenvertreter, lokale Netzwerke und die Entscheidungsträger der betroffenen Kommunen, deren Gewerbesteuereinnahmen essenziell für die Versorgung der lokalen Bevölkerung mit öffentlichen Gütern sind, werden in einer solchen Konstellation eher darauf drängen, dass Bundes- und Landesregierungen in ökonomisch schwierigen Phasen ihre Unternehmensbeteiligungen halten und gegebenenfalls noch zusätzliche Subventionen ausreichen, als einen Verkauf der jeweiligen Unternehmensanteile zu befürworten.
(2) Der Schutz heimischer Industrien vor internationaler Konkurrenz mittels zoll- oder subventionspolitischer Maßnahmen kann ebenfalls die Gefahr eines erschwerten Exits bergen, denn einmal hochgezogene Schutzmaßnahmen lösen zum einen in den protegierten heimischen Industrien Gewöhnungseffekte aus. Zum anderen bewirken sie in der Regel Retorsionsmaßnahmen der Gegenseite, die die dortigen Industrien ebenfalls in ihre geschäftlichen Kalkulationen einbauen. Im ungünstigsten Fall kann dieses zu einem unkooperativen Gleichgewicht gegenseitiger Protektion führen. Einseitige Schritte zur Deeskalation führen dann nicht unbedingt zu einer Lösung der Situation, weil die andere Seite nicht folgt. International relevante Schritte der Industriepolitik finden in einem politisch komplexeren Umfeld statt als primär im eigenen Binnenmarkt wirkende Maßnahmen, denn sie betreffen eben nicht nur inländische Industrieunternehmen, Branchen und Lobbys, sondern auch diejenigen der Handelspartner. Kurskorrekturen bis hin zum Komplettausstieg aus einem Szenario der handelspolitischen Protektion können vor dementsprechend großen Hürden stehen. Diese Zusammenhänge dürften beispielsweise den Subventionsstreit der Aeronautikkonzerne Boeing und Airbus erklären, der in einem mehr als 10 Jahre andauernden WTO-

Streitschlichtungsverfahren mit anschließend gegenseitig verhängten Strafzöllen im US-europäischen Handel mündete (vgl. Abschn. 9.7).

(3) Einen Sonderfall, aber dennoch ein Beispiel für den erschwerten Exit aus einem industriepolitischen Engagement, stellt die Bildung sogenannter europäischer Champions durch den Zusammenschluss zweier oder mehrerer Unternehmen aus verschiedenen EU-Ländern dar. Wird ein derartiges Projekt mit aktiver Einbindung der jeweiligen Regierungen geschmiedet und zum Laufen gebracht, so entsteht neben dem rein wirtschaftlichen ein hartes politisches Erfolgskriterium. Erweist sich das Vorhaben auf der Zeitstrecke als ökonomisch nicht tragfähig, so würde es unter Marktbedingungen den Gang in die Insolvenz antreten müssen. In einem Szenario der industriepolitischen Kooperation von europäischen Regierungen, die in der Regel ja auch als politischer Erfolg aktiv kommuniziert wird, würde dieses jedoch den Makel eines Rückschlags für die europäische Integration tragen, der politisch kaum akzeptiert würde. Im Zweifel dürfte dann eher subventionspolitisch nachgesteuert und eine ökonomisch gebotene Insolvenz jedenfalls hinausgezögert werden, bevor ein Scheitern hingenommen würde. Dies erst recht dann, wenn eine „Too-big-to-fail-Konstellation" gegeben ist, es also um Großunternehmen geht, deren Zahlungsunfähigkeit ausgeprägte Effekte auf Beschäftigung und regionale Wertschöpfung gleich in mehreren EU-Ländern hätte. Im Verlaufe dieses Buches ist indes bereits aus ganz anderen Gründen von politischen Interventionen zur Bildung europäischer Champions abgeraten worden (vgl. Abschn. 6.5).

Die beschriebenen Fallkonstellationen zeigen beispielhaft, dass der Weg eines industriepolitisch aktiven Staates sich schnell zu einer Einbahnstraße entwickeln kann. Eine Anfangsintervention kann statt eines späteren industriepolitischen Exits gegebenenfalls sogar weitere Eingriffe nach sich ziehen. Dann beschleunigt sich der Aufbau der systemverändernden Potenziale, die einer vertikal lenkenden Industriepolitik innewohnen.

8.4 Systemverändernde Potenziale

Es gibt kein Land, das über einen derart aussagekräftigen Erfahrungsschatz im Praxisvergleich von Wirtschaftssystemen verfügt wie Deutschland. Schließlich existierten zwischen 1949 und 1989 die sozialistische Planwirtschaft der DDR und die Soziale Marktwirtschaft der Bundesrepublik nebeneinander. Einerseits ein weitgehend auf individuellen Freiheiten, Privateigentum an den Produktionsmitteln, freier Marktpreisbildung und funktionierendem Wettbewerb mit einem sozial ausgleichenden Staat beruhendes System westlich der innerdeutschen Grenze.[4] Andererseits der totale Lenkungsanspruch des

[4] In der maßgeblichen Systematik des Ordnungstheoretikers Walter Eucken (1891 bis 1950) werden die ordnungstheoretischen Grundlagen der Sozialen Marktwirtschaft in konstituierende und regulierende Prinzipien unterteilt. Zu den erstgenannten zählt als „Grundprinzip" eine flexible Marktpreis-

Staates mit einer (abgesehen von Kleinsegmenten und Nebengewerben) komplett planwirtschaftlichen Steuerung der Wirtschaft auf der östlichen Seite. Aktiv lenkende Industriepolitik zu einhundert Prozent war nicht unbekannt im Arbeiter- und Bauernstaat.

Fünfjahrespläne, ausgestattet mit dem Segen der Sozialistischen Einheitspartei Deutschlands (SED), wurden in der Plankommission erstellt und auf Jahrespläne und einzelne Märkte heruntergebrochen. Gewirtschaftet wurde in den Volkseigenen Betrieben und den Landwirtschaftlichen Produktionsgenossenschaften der Republik. Dieses System war 40 Jahre lang der Steuerungsmechanismus der Volkswirtschaft im Sozialismus ostdeutscher Prägung. Es ist seit der Unterzeichnung der Verträge zur Deutschen Vereinigung am 3. Oktober 1990 Geschichte. Aber es hat einen volkswirtschaftlichen Scherbenhaufen sondergleichen erzeugt, der im vereinten Deutschland aufzuräumen war und der in Teilen bis heute nachwirkt. Die Produktivität der ostdeutschen Wirtschaft hatte zuletzt nur noch rund 30 % derjenigen Westdeutschlands erreicht.

Die Quintessenz aus all dem könnte eindeutiger nicht sein: Markt schlägt Staat, wenn es um den Wohlstand eines Landes geht. Dennoch erfahren wirtschaftliche Freiheit, unverfälschter Wettbewerb und die flexible Marktpreisbildung in Deutschland immer häufiger Funktionseinschränkungen durch staatliche Eingriffe, insbesondere auch industriepolitischer Natur. Was Platz greift, nimmt teilweise Züge einer Planwirtschaft en miniature an und der industriepolitische Kurs in Deutschland und Europa ist ein maßgeblicher Treiber dieser Entwicklungen:

(1) Industriepolitische Fördertöpfe erzeugen Abhängigkeiten privater Firmen vom Staat, verzerren Kosten und Preise und verfälschen damit den Wettbewerb. Statt mit eigener Initiative voranzugehen, wird es für viele Unternehmen attraktiver, auf das nächste Förderprogramm der öffentlichen Hand zu warten. Die bereits erwähnten Subventionsmentalitäten bauen sich auf und begründen eine Spirale aus einer zunehmenden Nachfrage von (Industrie-)Lobbys nach staatlicher Unterstützung und steigenden Subventionsangeboten der politischen Akteure.

(2) Intervention bedarf der Administration: Das zunehmende Eingriffsgeschehen in Form von industriespezifischen Subventionen und Regulierungen hat zu den massiven

bildung entsprechend unverfälschter Angebots- und Nachfragerelationen an den Märkten. Weitere konstituierende Prinzipien bilden nach Eucken der Primat der Währungspolitik im Sinne eines stabilen Geldwertes und eines funktionsfähigen Zahlungssystems, die Garantie privater Eigentumsrechte an den volkswirtschaftlichen Produktionsmitteln, die Vertragsfreiheit, funktionsfähige Haftungsregelungen und die Konstanz der Wirtschaftspolitik im Interesse langfristig stetiger Rahmenbedingungen. Zu den regulierenden Prinzipien zählen nach Eucken eine Wettbewerbspolitik, die Vermachtungen der Märkte wirksam entgegentritt, eine „Einkommenspolitik“, die soziale Härten durch teilweisen Ausgleich jener funktionalen Einkommensverteilung mildert, die sich aus den Marktprozessen ergibt, sowie die staatliche Regulierung wirtschaftlicher Aktivitäten beim Auftreten negativer Wirkungen auf Dritte, die nicht in der „Wirtschaftsrechnung“ der Unternehmen auftauchen und die insofern mit negativen externen Effekten vergleichbar sind (Eucken 1960, S. 254 ff. und zusammenfassend Kleps 1984, S. 5 ff.).

personalpolitischen Aufwüchsen des Bundes beigetragen, die seit etwa 10 Jahren zu beobachten sind. Seit 2015, dem Jahr, in dem die Subventionsquote in Deutschland wieder zu steigen begann (vgl. Kap. 7), sind die Planstellen in den Bundesministerien alleine für Beamte von damals etwa 15.000 auf 22.000 im Jahr 2024 gestiegen (Raffelhüschen 2024, S. 8). Besonders kräftige Personalzuwächse realisierte dabei das Bundeswirtschaftsministerium. Der Bund wird aufgrund dieser Entwicklungen bis 2030 einen finanziellen Mehraufwand von 6,2 Mrd. € und bis 2040 von 11,6 Mrd. € zu verkraften haben. Die damit verbundenen zusätzlichen Pensionsansprüche, für die keine adäquaten Rückstellungen gebildet werden, sind in dieser Rechnung noch nicht berücksichtigt (Raffelhüschen 2024, S. 14). Industriepolitik ist also nicht nur aufgrund ihrer direkten fiskalischen Wirkungen ein Treiber des Staatsanteils am BIP, sondern auch aufgrund einer Ausweitung der entsprechenden Verwaltungsstrukturen und Personalressourcen.

(3) Mit jeder restriktiven Technologieregulierung und jedem Technologieverbot werden Märkte eingeengt oder geschlossen. Eine freie unternehmerische Betätigung kann auf diesen Geschäftsfeldern dann nicht mehr stattfinden. Anbaurestriktionen für die Grüne Gentechnik, restriktive und unscharfe Anwendungsbedingungen für die KI, ökonomisch problematische Einschränkungen für die Nutzung personenbezogener Daten, Ausstieg aus der nuklearen Stromerzeugung in Deutschland, CO_2-Grenzwerte für die Fahrzeugflotten, die auf ein unverändert fortbestehendes faktisches europäisches Verbot der Neuzulassung von Verbrennern ab 2035 hinauslaufen, das Frackingverbot in der Gasexploration, Kohleausstieg spätestens bis 2038: Alle diese Technologien und Geschäftsfelder sind in Europa, zum Teil aber auch exklusiv nur in Deutschland, mit regulativen Einschränkungen oder einem Verbot belegt. So meldet man sich von Märkten ab, die anderenorts in der Welt mit großem Erfolg bearbeitet werden, unterbindet wirtschaftliche Initiative und limitiert unternehmerische Freiheiten.

(4) Ein gleichzeitig binnen- und außenwirtschaftlich relevantes Potenzial an systemverändernden Wirkungen hin zu weniger Marktwirtschaft und zu mehr staatlichen Interventionen entfaltet das Duo aus Dekarbonisierung und Klimazoll. Zum einen begrenzen die – im Zuge der Klimapolitik über die Jahre beschlossenen, aber industriepolitisch hochrelevanten – planerischen Vorgaben zur Dekarbonisierung die Marktmechanismen in ihrer Wirkungsmacht. Die resultierenden Wettbewerbsnachteile für die Industrie sollen ab 2026 mittels Protektion im Außenhandel über den europäischen CBAM aufgefangen werden, der als Importzoll auf den CO_2-Gehalt von Eisen-, Stahl-, Aluminium-, Zement- und Chemieprodukten sowie von Wasserstoff die entsprechenden europäischen Industrien schützen soll (vgl. Abschn. 6.4). Die eher binnenwirtschaftlich wirkenden systemverändernden Potenziale, die sich mit der umfassenden Dekarbonisierung bis 2045 verbinden, kontaminieren so auch die außenwirtschaftliche Sphäre.

Aus ordnungspolitischer Sicht haben die genannten Technologieverbote den Charakter besonders gravierender Staatseingriffe, denn sie laufen schlichtweg auf die Untersagung bestimmter ökonomischer Aktivitäten hinaus. Dieses Instrument verzerrt also nicht nur die Faktorallokation mit dementsprechend retardierenden Auswirkungen auf die Produktivität, sondern es steht darüber hinaus in einem diametralen Gegensatz zum Grundgedanken einer freiheitlichen Wirtschaftsordnung. Die politische Abschaltung von Technologien kommt einer Verkleinerung des Spielfeldes für Innovationen und Investitionen gleich, ein Schritt, fast wie gemacht, um Initiative und Kreativität auszubremsen.

Sofern Technologien betroffen sind, in die schon investiert worden ist oder die sich sogar bereits im kommerziellen Betrieb befinden, wie es beispielsweise beim Verbot der nuklearen Stromerzeugung in Deutschland der Fall war, kann man von Ex-post-Technologieverboten sprechen. Mit ihnen verbinden sich Entwertungen bereits existierenden wirtschaftlichen Eigentums. Denn Investitionen in Kapitalgüter oder auch in Know-how, die im Vertrauen auf eine technologieoffene Zukunft getätigt wurden, werden sich nicht mehr amortisieren können, wenn sie aus politischen Gründen ein vorzeitiges Nutzungsende ereilt. Insofern ist hier auch die Garantie privater Eigentumsrechte an den Produktionsmitteln und damit ein wesentliches Ordnungsprinzip der Sozialen Marktwirtschaft berührt. Will der Staat diese Problematik auflösen, so ist entweder ein hinreichend langer zeitlicher Vorlauf erforderlich, bis entsprechende Untersagungen effektiv werden, oder er muss gegebenenfalls erzeugte Schäden über Kompensationszahlungen regulieren. Die gesamtwirtschaftlichen Einbußen an Produktivität, die sich mit Technologieverboten verbinden, werden damit allerdings nicht aufgefangen.

Abhängig von ihrer konkreten Ausgestaltung stehen Technologieverbote zudem in einem Spannungsverhältnis zum ordnungspolitischen Prinzip einer konstanten Wirtschaftspolitik. Dieses Prinzip beschreibt ein im Zeitablauf konsistentes und verlässliches Handeln der staatlichen Akteure als wesentliche Voraussetzung für privatwirtschaftliche Investitionen. Wirtschaftspolitische Richtungswechsel und regulatorische Änderungen in relativ kurzen Zeitabständen zerstören die Kalkulationsgrundlagen für unternehmerische Betätigung. sie sind ein zentraler Bremsfaktor für die private Investitionsneigung, was den Ökonomen und ordnungstheoretischen Vordenker der Sozialen Marktwirtschaft Walter Eucken (1891 bis 1950) zu folgender Feststellung veranlasste: „Die nervöse Unrast der Wirtschaftspolitik, die oft heute verwirft, was gestern galt, schafft ein großes Maß an Unsicherheit und verhindert – zusammen mit den verzerrten Preisrelationen – viele Investitionen. Es fehlt die Atmosphäre des Vertrauens" (Eucken 1960, S. 288).

Es wäre verfehlt, aus der Problematik von Technologieverboten die Forderung nach einem unbeweglichen Regelungsrahmen abzuleiten, denn schließlich muss jeder Staat unter den sich wandelnden Bedingungen im nationalen und internationalen Kontext über Handlungsflexibilitäten verfügen können (Hamm 2000, S. 104). Diese Flexibilitäten sollten aber sachbezogen und verhältnismäßig ausgeschöpft werden. Der Umgang mit der Verbrennertechnologie im Kraftfahrzeugsektor ist ein Musterbeispiel dafür, wie gerade auf einem Sachgebiet von herausragender ökonomischer Bedeutung für den Wirtschaftsstandort Deutschland das Prinzip der wirtschaftspolitischen Konstanz verletzt wurde: Begründet mit dem Argument, dass nun endlich Planungssicherheit herbeigeführt werde, wurden zunächst die CO_2-Grenzwerte für die Fahrzeugflotten mehrfach verschärft, bis dann schließlich das Verbot einer Neuzulassung von benzin- und dieselgetriebenen Kraftwagen ab dem Jahr 2035 beschlossen wurde.

Die Soziale Marktwirtschaft driftet aufgrund derartiger Unstetigkeiten sowie überhaupt der industriepolitischen Eingriffe der letzten Jahre natürlich nicht gleich in ein System der totalen planwirtschaftlichen Lenkung ab. Das wirtschaftliche Gewicht der Segmente, die in einem (weitgehend) unverfälschten Wettbewerb stehen, wird jedoch kleiner und die Wirkungsmacht der freien Marktpreisbildung im Gesamtsystem nimmt ab. Beides schmälert die ökonomische Effizienz, führt zu Wohlstandseinbußen und engt die Verteilungsspielräume ein.

So kann es nicht verwundern, dass Deutschland im Ranking des in Kanada beheimateten Fraser Institutes nicht mehr in der Spitzengruppe der Länder mit großen marktwirtschaftlichen Freiheitsgraden zu finden ist. Schon seit Jahrzehnten erstellt dieser Thinktank mit seinem Economic Freedom of the World Index (EFW) ordnungspolitische Analysen im weltweiten Vergleich. Gegenstand der Untersuchungen sind die Größe des Staatssektors, die Regulierungsdichte, das Rechtssystem, die Währungsstabilität und die Freiheit des Außenhandels. Den Erhebungen des Fraser Institutes zufolge befindet sich die Bundesrepublik in einer langfristigen Abwärtsbewegung hin zu einem weniger freiheitlich aufgestellten Land. Die größte Volkswirtschaft Europas war 1975 noch in der Spitzengruppe an fünfter Stelle platziert. Im 2024er Bericht des Instituts (der Daten bis einschließlich 2022 einbezieht) stand sie nur noch auf Rang 16. Eine besonders niedrige Bewertung erhielt Deutschland mit Rang 135 beim Kriterium „Size of Government" (Fraser Institute 2024). Dieses Kriterium berücksichtigt die konsumtiven und investiven Aktivitäten des Staates, das Transfer- und Subventionsgeschehen, die Höhe der Grenzsteuersätze und das Ausmaß des öffentlichen Beteiligungsbesitzes. Die Zunahme der Gesamtausgaben des deutschen Staates in Relation zum BIP (Staatsquote) passt zum Abwärtstrend des deutschen EFW-Wertes. Sie ist von 33 % im Jahr 1960 auf 49 % in 2024 gestiegen.

Kein Zweifel, die Soziale Marktwirtschaft befindet sich in einem Erosionsprozess, hinter dem – nicht nur, aber zu einem gewissen Anteil – die vielen vertikalen industriepolitischen Interventionen des Staates stehen. Industriepolitik birgt insofern systemverändernde potenziale. Sie haben zwar einen begrenzten sektoralen, technologischen oder firmenspezifischen Kern, kontaminieren aber auch andere Wirtschaftsbereiche, weil sie Subventionsmentalitäten befördern, den Wettbewerb verzerren und Unternehmen wie private Haushalte an staatliche Eingriffe in die Marktprozesse gewöhnen. Wenn Industriepolitik dazu beitragen soll, diesen Trend umzukehren und die Soziale Marktwirtschaft in Deutschland zu revitalisieren, statt sie zu demontieren, so kann sie dies nur mittels eines primär horizontal angelegten Kurses leisten. Die Ausführungen im anschließenden Kapitel sind dieser Thematik gewidmet.

Literatur

BPB, Bundeszentrale für politische Bildung (2017): Globale Finanz- und Wirtschaftskrise 2008/2009, 15.11.2017, https://www.bpb.de/kurz-knapp/zahlen-und-fakten/globalisierung/52584/globale-finanz-und-wirtschaftskrise-2008-2009/, zugegriffen am 5. März 2025

Bundesrechnungshof (2022a): Abschließende Mitteilung an das Bundesministerium für Wirtschaft und Klimaschutz über die Prüfung Außerordentliche Wirtschaftshilfen (November- und Dezemberhilfe) für das Jahr 2020, Bonn, 22. Februar 2022

Bundesrechnungshof (2022b): Abschließende Mitteilung an das Bundesministerium für Wirtschaft und Klimaschutz über die Prüfung Corona-Überbrückungshilfen: Ausgestaltung und Zugangsvoraussetzungen, Bonn, 25. Mai 2022

Bundesrechnungshof (2023): Abschließende Mitteilung an das Bundesministerium für Wirtschaft und Klimaschutz über die Prüfung Grundlagen für die Schlussrechnung der Corona-Soforthilfen, 10. Oktober 2023

Czernich, Nina und Falck, Oliver (2025): Industriepolitik: Auf dem Vormarsch, aber Motivation und Wirkung meist nicht überzeugend, In: ifo-Schnelldienst, 1/2025; 78. Jahrgang, 22. Januar 2025, S. 40–45

Dohse, Dirk et al. (2019): Zeit für eine neue Industriepolitik? Positionspapier des Kieler Instituts für Weltwirtschaft (IfW) zum Entwurf einer Nationalen Industriestrategie 2030, Kiel Policy Brief, No. 122, Kiel 2019

Eucken, Walter (1960): Grundsätze der Wirtschaftspolitik, 3. unveränderte Aufl., J.C.B. Mohr (Paul Siebeck) Tübingen und Polygraphischer Verlag A.G., Zürich 1960

Feld, Lars (2024): Das Elend der Industriepolitik, BPB Bundeszentrale für politische Bildung, 18. April 2024, https://www.bpb.de/themen/wirtschaft/freihandel/geopolitik-und-welthandel/546858/das-elend-der-industriepolitik/, zugegriffen am 11. September 2025

Fraser Institute (2024): Economic Freedom of the World 2024, https://www.fraserinstitute.org/studies/economic-freedom-of-the-world-2024-annual-report, zugegriffen am 11. März 2025

Hamm, Walter (2000): Konstanz der Wirtschaftspolitik – Was sie bedeutet, und was sie nicht bedeutet, in: Külp, Bernhard und Vanberg, Viktor (Hrsg.): Freiheit und wettbewerbliche Ordnung. Gedenkband zur Erinnerung an Walter Eucken, 1. Aufl., Rudolf Haufe Verlag, Freiburg im Breisgau 2000, S. 101–122

Kleps, Karlheinz (1984): Staatliche Preispolitik, Verlag Franz Vahlen, München 1984

Kooths, Stefan (2023): Markt vs. Staat – Leitplanken für die Wirtschaftspolitik, in: Berthold, Norbert und Quitzau, Jörn (Hrsg.): Die Wirtschaftswelt steht Kopf. Abschied von den Illusionen – Konzepte für eine neue Wirtschaftspolitik, Verlag Franz Vahlen, München 2023, S. 129–139

Kortmann, Walter (2004): Subventionen: Die verkannten Nebenwirkungen, in : Wirtschaftsdienst, 2004, Vol. 84, Heft 7, S. 462–472

Mazzucato, Mariana (2014): Das Kapital des Staates. Eine andere Geschichte von Innovation und Wachstum, Verlag Antje Kunstmann, München 2014, Lizenzausgabe für die Büchergilde Gutenberg, Frankfurt am Main, Zürich, Wien

Olson, Mancur (1998): Die Logik des kollektiven Handelns, 4. Aufl., Mohr Siebeck, Tübingen 1998

Raffelhüschen, Bernd et al. (2024): Stellenmehrung und Stellenbremse in der Bundesverwaltung, vbw Vereinigung der Bayerischen Wirtschaft e. V. (Hrsg.), München, September 2024

Sinn, Hans-Werner (2021): Die wundersame Geldvermehrung, Staatsverschuldung, Negativzinsen, Inflation, Verlag Herder, Freiburg im Breisgau 2021

Wissenschaftlicher Beirat beim Bundesministerium für Wirtschaft (2025): Industriepolitik in Europa, Berlin, August 2025

Zhang, Weiying (2022): Marktwirtschaft und allgemeiner Wohlstand, in: Zitelmann, Rainer (2022): Die 10 Irrtümer der Antikapitalisten. Zur Kritik der Kapitalismuskritik, FinanzBuch Verlag, München 2022, S. 375–398

Teil III

Eine 90-Grad-Drehung der Industriepolitik

9 Primat der horizontalen Industriepolitik – angebotspolitische Lösungen

Die Ausführungen in diesem Buch, die bislang vorwiegend analytischen Charakters waren, erhalten nun eine stärker operative Note. Sie skizzieren die industrie- und wirtschaftspolitischen Hebel, die bewegt werden sollten, um den Standort Deutschland für industrielle Wertschöpfung attraktiv zu halten. Diese Hebel sind nicht punktuell auf die Unternehmen und Branchen des Verarbeitenden Gewerbes gerichtet, die den Industriesektor ausmachen. Sie diskriminieren nicht zwischen einzelnen Technologien oder Firmen, sondern sie adressieren den gewerblichen Sektor in seiner Gesamtheit. Damit ist ein wesentliches Definitionsmerkmal horizontaler im Gegensatz zu vertikaler Industriepolitik in Erinnerung gerufen (vgl. Abschn. 4.1.1).

An einem konkreten Beispiel verdeutlicht: Horizontale Industriepolitik wird keinesfalls einzelne Unternehmen oder Branchen mit Subventionen unterstützen, sondern stattdessen eine Entlastung des gesamten Unternehmenssektors durch eine wettbewerbsneutrale Senkung der Ertragsbesteuerung für alle Gewerbetreibenden anstreben. Mit dieser Ausrichtung wird zwar nicht die Industrie im eigentlichen Sinne, sondern der Unternehmenssektor insgesamt adressiert. Für die Industrie sind derartige horizontale Entlastungen aber von einer besonderen Relevanz, denn sie steht wie kein anderer Sektor der Ökonomie unter dem Druck des internationalen Wettbewerbs. Warum aber sollten Maßnahmen horizontaler Industriepolitik, abgesehen von dem offensichtlichen Vorteil ihres diskriminierungsfreien Charakters, gegenüber vertikalen Interventionen vorzuziehen sein? Drei Gründe sind dafür ausschlaggebend:

(1) Horizontale Industriepolitik vermeidet die im vorangegangenen Kapitel bereits detailliert erläuterten gravierenden ökonomischen Nachteile, die sich mit Eingriffen vertikalen Zuschnitts verbinden: Informationsdefizite auf Seiten des Staates darüber, welche industriellen Geschäftsfelder zukunftsfähig sind und mit den finanziellen und re-

W. Horstmann, *Industriepolitik und Wohlstand*,
https://doi.org/10.1007/978-3-658-50739-8_9

gulatorischen Instrumenten der öffentlichen Hand gefördert werden sollten. Subventionsmentalitäten und Rent-Seeking-Strategien, denen mit industriepolitischer Flankierung für Einzelunternehmen und Branchen Vorschub geleistet wird. Begrenzte Exitoptionen, wenn es darum geht, einmal ins Werk gesetzte Eingriffe auslaufen zu lassen, sowie generell erhebliche systemverändernde Potenziale einer aktiv-lenkenden Industriepolitik.

(2) Mit ihrer Fokussierung auf eine möglichst wettbewerbsneutrale Verbesserung der Standortqualität und der marktwirtschaftlichen Funktionsmechanismen stärkt horizontale Industriepolitik nicht nur die Wettbewerbsfähigkeit heimischer Unternehmen gegenüber einer erstarkenden industriellen Konkurrenz, etwa aus China oder Südkorea, sondern auch die Resilienz der heimischen Wirtschaft gegenüber externen Schocks. Eruptive Veränderungen von Mengen und Preisen in den internationalen Lieferbeziehungen, wie sie etwa in der Folge des russischen Überfalls auf die Ukraine im Februar 2022 in der Gasversorgung oder während der Coronakrise bei zusammenbrechenden Lieferketten aufgetreten sind, können von der Wirtschaft leichter verarbeitet werden, wenn die horizontalen Standortbedingungen den Unternehmen ökonomische Spielräume belassen.

(3) Horizontale Industriepolitik weist große Schnittmengen mit angebotspolitischen Konzepten auf.[1] Sie zielen darauf ab, die Einsatzbedingungen für die Produktionsfaktoren Arbeit und Kapital so zu gestalten, dass Anreize für eine Ausweitung des volkswirtschaftlichen Kapitalstocks und des Arbeitsangebotes bestehen und dass sich in möglichst unverzerrten Marktprozessen eine optimale Faktorallokation einstellt. Damit werden die relativ günstigsten Voraussetzungen für eine Zunahme des Produktionspotenzials über die Zeit geschaffen, ein Zusammenhang, dem unter den klimapolitischen, gesellschaftlichen und geostrategischen Bedingungen des 21. Jahrhunderts eine enorme Bedeutung zukommt. Denn sowohl die demografischen Lasten und Verknappungen des Produktionsfaktors Arbeit in der alternden Gesellschaft als auch der investive Mehraufwand, der zu betreiben ist, um den volkswirtschaftlichen Kapitalstock auf Klimaneutralität umzurüsten, sowie die hohen Ressourcenbedarfe für die militärische Ertüchtigung Deutschlands zu Zwecken der Landesverteidigung und der Erfüllung von NATO-Bündnispflichten erfordern deutliche Zuwächse der volkswirtschaftlichen Produktionskapazitäten.

Industriepolitik ist insbesondere vor dem Hintergrund des zuletzt genannten Zusammenhangs im Sinne eines Expansionsauftrags für die Produktionsfaktoren Kapital und Arbeit, also als ein ressourcenökonomischer Prozess, zu begreifen und nicht als ein Programm zur Umlenkung von Teilen des Produktionspotenzials[2] mittels vertikaler

---

[1] Angebotspolitik im hier zugrunde gelegten üblichen marktwirtschaftlichen Verständnis unterscheidet sich vom Konzept der sogenannten Transformativen Angebotspolitik, die politische Vorgaben für die Richtung, in die der Strukturwandel sich entwickeln soll, enthält (vgl. Abschn. 5.3).

[2] In den analytischen Darstellungen der Wirtschaftswissenschaft zeigt sich diese Zunahme in einer

Interventionen des Staates. In ihrer horizontalen Ausprägung genügt Industriepolitik dieser Notwendigkeit und schafft zugleich wesentliche Grundlagen für einen florierenden Industriesektor.

Eine 90-Grad-Drehung der Industriepolitik weg von vertikal-interventionistischen Eingriffen und hin zu horizontal-marktwirtschaftlichen Lösungen ist aus den genannten Gründen nicht nur ökonomisch, sondern auch politisch geboten. Sie erfordert die Anpassung eines weiten Spektrums von Stellschrauben und die Bereitschaft, auch solche Dossiers anzufassen, die, wie etwa die Technologieverbote in Deutschland und Europa sowie die regulatorischen Bremsklötze für die Datenökonomie und den Rollout von KI-Systemen, das Potenzial haben, intensive gesellschaftliche Debatten auszulösen, wenn sie im Sinne von mehr Freiheitsgraden novelliert werden. Den Akteuren in Regierungen und Parlamenten kommt dabei die Aufgabe zu, auch unter den Bedingungen der Konkurrenz um die Stimmen der Wählerinnen und Wähler Standvermögen und politische Führung zu zeigen. Die Ausführungen in den nachfolgenden Abschnitten erläutern, um welche Stellschrauben es im Zuge der erwähnten 90-Grad-Drehung der Industriepolitik primär gehen sollte.

9.1 Vertikal kürzen, horizontal entlasten

Subvention ist nicht gleich Subvention. Das Volumen der Finanzhilfen und Steuervergünstigungen, das der Bund in seinem 30. Subventionsbericht mit rund 117 Mrd. € für das Jahr 2024 beziffert und das Kieler Institut für Weltwirtschaft sogar mit 285 Mrd. €, setzt sich aus zahlreichen höchst unterschiedlichen Förderlinien zusammen. Es sind insgesamt 139 Finanzhilfen und 107 Steuervergünstigungen, die die Bundesregierung in ihrem Report aufzählt (BMF 2025, Anlage 1, S. 74 ff. und Anlage 2, S. 429 ff.). Schon in dieser engen Auslegung des Subventionsbegriffs mussten stolze 632 Seiten gefüllt werden, um all die Zuwendungen auszuweisen und zu erläutern, mit denen der Staat unterschiedlichste Förderzwecke verfolgt und Interessengruppen finanziell bedenkt.

Den Dschungel der Subventionen zu lichten, kommt einer Herkulesaufgabe gleich, denn es liegt in der Natur der Sache, dass Empfänger von Staatsgeld ein Verhinderungspotenzial entfalten, wenn es um die Rückführung finanzieller Vergünstigungen geht. Die Proteste der Bauernschaft Ende 2023 und Anfang 2024 gegen die Pläne der damaligen Bundesregierung, die Kfz-Steuer für Landmaschinen und das steuerliche Dieselprivileg für die Landwirte abzuschaffen, haben dieses einmal mehr gezeigt. Aus Sicht der Landwirte waren es im Übrigen erfolgreiche Proteste mit Spätwirkung, denn die schwarz-rote Koalition in der 21. Legislaturperiode des Bundes hat das steuerliche Privileg für den

Verschiebung der sogenannten Transformationskurve nach außen. Sie stellt die maximal herstellbaren Outputmengen dar, die in einer Volkswirtschaft mit einem gegebenen Bestand der Produktionsfaktoren Arbeit und Kapital erzeugt werden können. Siehe dazu die Ausführungen zur Transformationskurve im theoretischen Szenario einer Zwei-Sektoren-Ökonomie (Industrieprodukte und Dienstleistungen) in Abschn. 2.2.1.

Agrardiesel ebenso wie die ermäßigte Mehrwertsteuer für die Gastronomie wieder eingeführt.

Der Abbau von Subventionen sollte idealerweise keine Protestszenarien wie das oben genannte der Landwirte zum Jahreswechsel 2023/2024 auslösen. Die Begrenzung staatlicher Förderprogramme kann mit einer größeren Aussicht auf Erfolg organisiert werden, wenn sie steile Abbruchkanten vermeidet und Planbarkeit schafft, indem sie einen moderaten, dafür aber längerfristig angelegten Absenkungspfad verfolgt. So wird verhindert, dass die Betroffenen einen abrupten finanziellen Verlust hinnehmen müssen. Entscheidend ist das Signal einer Trendwende, das sich mit einem Szenario der subventionspolitischen Disziplin verbindet, das stetig, glaubwürdig und regelgebunden angelegt ist.

Glaubwürdig und effektiv umgesetzt werden kann ein derartiges Szenario nur dann, wenn es in einer ersten Säule den Bestand an existierenden Förderprogrammen in einem stetigen Prozess zurückführt und in einer zweiten Säule gleichzeitig die Verabschiedung neuer Fördermaßnahmen erschwert. Maximale Wirkung im Sinne eines horizontalen Politikdesigns für mehr Wettbewerbsfähigkeit kann erreicht werden, wenn die damit freiwerdenden Finanzmittel für eine Absenkung der steuerlichen Belastung der Unternehmenserträge eingesetzt werden. Um diese Themen wird es in den beiden anschließenden Abschnitten gehen.

9.1.1 Subventionsbegrenzung

Als verwaltungstechnisches Verfahren, mit dem eine Rückführung von Finanzhilfen und Steuervergünstigungen erreicht werden kann, gerät zunächst die sogenannte Rasenmähermethode ins Blickfeld. Sie belegt die bestehenden Fördertatbestände durchgängig mit einer prozentual gleich hohen Kürzungsauflage (Boysen-Hogrefe et al. 2020, S. 44 f.). Vollzieht man diese Strategie über einen längeren Zeitraum mit relativ geringen jährlichen Kürzungsauflagen, so sind ihre finanziellen Auswirkungen für alle Seiten kalkulierbar und erzeugen aufwachsende Haushaltsspielräume. Die Anwendungsräume für diese Methode sind allerdings begrenzt, denn die Finanzvolumina zahlreicher Subventionen sind nicht disponibel, weil sie auf verbindlich erteilten Zusagen beruhen. Die Begünstigten haben dann einen Rechtsanspruch auf Zahlung in der bewilligten Höhe.

Zudem beruhen verschiedene Förderlinien des deutschen Staates auf einer Kofinanzierung durch die Gebietskörperschaften. Will man Subventionen verändern, in deren Finanzierung die föderalen Ebenen übergreifend involviert sind, so ist ein politischer Konsens zwischen der Bundesregierung und den beteiligten Länderregierungen sowie gegebenenfalls auch mit den Kommunen erforderlich, um die angestrebten Effekte zu erzielen. Angesichts der politischen Landschaft in Deutschland, die mit Koalitionsregierungen verschiedenster Couleur ein heterogenes Bild abgibt, dürften derartige Verständigungen nur in komplexen Abstimmungsprozessen und gespickt mit politischen Preisen im föderalen Geflecht erreichbar sein.

Man kann es drehen und wenden wie man will, aber das Niveau bereits eingeführter Subventionen flächendeckend abzusenken, dürfte kaum gelingen. Angesichts der enormen Volumina, die für Finanzhilfen und Steuervergünstigungen inzwischen aufgewendet werden, generieren allerdings auch partielle Kürzungen schon große fiskalische Effekte. Ein Beispiel dafür liefert die Umsatzsteuer. Die ermäßigten Sätze dieser Verbrauchssteuer stellen quantitativ einen der größten Subventionsposten dar. Nur 7 % statt der üblichen 19 % Umsatzsteuer erhebt der Fiskus auf die Erlöse, die Gewerbetreibende mit dem Verkauf zahlreicher Produkte und Dienstleistungen erzielen. Auf 34,5 Mrd. € beziffert der Bundesrechnungshof die Einnahmenausfälle, die in Folge des für zahlreiche Güter reduzierten Mehrwertsteuersatzes im Jahr 2021 dem Fiskus entstanden. Sie erreichten einen Anteil von knapp 14 % am gesamten Umsatzsteueraufkommen in jenem Jahr (Bundesrechnungshof 2022, S. 9 f.). Eine vollständige Abschaffung dieses Steuerprivilegs wäre etwa mittels einer Erhöhung des ermäßigten Mehrwertsteuersatzes für alle betroffenen Waren und Dienstleistungen in 2 %-Schritten über fünf Jahre erreichbar.[3] Es wäre ein „partieller Rasenmäher", der all jene Branchen, die vom ermäßigten Mehrwertsteuersatz profitieren, gleichermaßen einbezieht.

Akzeptanz für solche Einschnitte wird man bei den unmittelbar Betroffenen kaum finden. Wenn der Reduktionspfad aber vorhersehbar ist, zeitlich gestreckt verläuft und möglichst wenig diskriminierend angelegt ist, können die politischen Entscheider überzeugender argumentieren als in Fällen, in denen die Lasten der Subventionskürzung abrupt anfallen und erkennbar ungleich verteilt werden. Dennoch bleibt die Rückführung bereits eingeführter Finanzhilfen und Steuervergünstigungen ein politisch schwieriger Drahtseilakt, weil die Subventionsempfänger sich schlicht und einfach an die damit verbundenen finanziellen Vorteile gewöhnt haben. Die Ausübung von staatlicher Macht durch Kürzung von bereits existierenden Förderprogrammen führt in der Regel zur Mobilisierung von Gegenmacht durch die betroffenen (Wähler-) Gruppen.

Anders sind die Dinge gelagert, wenn die Verabschiedung neuer Subventionen erwogen wird. Sie sind noch nicht auf der Habenseite der Unternehmensrechnungen verbucht und Gewöhnungseffekte haben sich dementsprechend noch nicht herausgebildet. Die Politik steht insofern zumeist unter einem weniger starken Druck, wenn sie zusätz-

---

[3] Die Liste der Ausnahmetatbestände ist lang und könnte bunter kaum sein. Einige Beispiele: Produkte der Vieh- und Pflanzenzucht gehören dazu sowie Leistungen von Zirkusunternehmen, Schaustellern und Zoos. Die meisten Lebensmittel sind dabei, ebenso wie zahnprothetische Dienstleistungen. Ermäßigt besteuert werden auch Umsätze aus einer Bereitstellung von Kureinrichtungen sowie aus kulturellen und unterhaltenden Leistungen. Besonders diffizil wird es, wenn man in die Details für Feinschmecker einsteigt, etwa bei der Milch im Coffee-to-go-Becher. Bleibt die Menge relativ klein, so sind 19 % auf die Milch fällig. Liegt der Milchanteil im Kaffee über 75 %, so fallen nur 7 % Mehrwertsteuer an (Bundesrechnungshof 2022, S. 18 f.). Die Logik des Systems soll darin bestehen, Güter des Grundbedarfs für die Verbraucherinnen und Verbraucher zu verbilligen. Aber die über Jahrzehnte immer länger gewordene Liste der Ausnahmetatbestände geht weit über den Bedarf der alltäglichen Versorgung etwa mit Lebensmitteln hinaus. Und ob der Mehrwertsteuervorteil tatsächlich von den Unternehmen an die Endkunden weitergegeben wird, ist keineswegs ausgemacht. Entscheidend sind die Wettbewerbsverhältnisse an den jeweiligen Märkten.

liche finanzielle Begünstigungen verweigert, als in Szenarien einer Kürzung bereits eingeführter Fördertatbestände. Eine Strategie zur Eindämmung neuer Subventionen kann sich aus den folgenden Elementen zusammensetzen:

(1) Neutrale Gegenfinanzierung: Dieser Ansatz stellt eine Selbstbindung der Verwaltung dar, die eine Ausreichung von neuen ebenso wie eine Aufstockung von bestehenden Finanzhilfen und Steuervergünstigungen an die Voraussetzung bindet, dass die entsprechenden Finanzmittel aus dem Abbau von Altsubventionen generiert werden. Die Hürden für die Einführung neuer Fördertatbestände steigen damit signifikant. Gleichzeitig wird sichergestellt, dass erstens das absolute Niveau der Subventionen nicht weiter zunimmt und damit zweitens deren Anteil am BIP (Subventionsquote) im langfristigen Wachstumsprozess zurückgeht, also ein relativer Kürzungseffekt entsteht.
(2) Sunrise-Reviews: Neue Förderprogramme, die im Rahmen einer subventionsneutralen Gegenfinanzierung beschlossen werden, sollten vor ihrer Verabschiedung einer intensiven fachlichen Prüfung durch unabhängige Gutachter unterzogen werden. Damit wird die Transparenz in der Entstehungsphase (Sunrise) von Finanzhilfen und Steuervergünstigungen erhöht und ein zusätzlicher Begründungszwang für die Einführung derselben etabliert. Dem deutschen Haushaltsrecht ist das Prinzip der Begutachtung von staatlichen Finanzlinien unter Effizienzaspekten natürlich nicht fremd. So heißt es im § 6 Abs. 2 des Haushaltsgrundsätzegesetzes: „Für alle finanzwirksamen Maßnahmen sind angemessene Wirtschaftlichkeitsuntersuchungen durchzuführen.“ Das Problem besteht darin, dass diese Formulierung einen weiten Auslegungsspielraum zulässt. Es bleibt offen, wer die jeweiligen Untersuchungen durchführt (unabhängige externe Gutachter oder verwaltungsinterne Stellen) sowie zu welchem Zeitpunkt und nach welchen Kriterien sie im Detail zu erfolgen haben. In der praktischen Subventionspolitik stellt diese Regelung daher nur eine schwache Begründungshürde für die Einführung neuer Finanzhilfen oder Steuervergünstigungen dar.

Diese Hürde könnte erhöht werden, wenn etwa den Stellungnahmen und Empfehlungen des Bundesrechnungshofes mehr operative Durchschlagskraft zugestanden würde. Im Grundgesetz wird dieser Institution lediglich eine Prüfungsfunktion ohne bindende oder aufschiebende Wirkung zugewiesen: „Der Bundesrechnungshof, dessen Mitglieder richterliche Unabhängigkeit besitzen, prüft die Rechnung sowie die Wirtschaftlichkeit und Ordnungsmäßigkeit der Haushalts- und Wirtschaftsführung des Bundes“ (§ 114, Abs. 2, Satz 1 GG). Das Bundesrechnungshofgesetz präzisiert diese Aufgabenzuweisung nicht weiter und hält stattdessen fest: „Im Rahmen seiner gesetzlichen Aufgaben unterstützt der Bundesrechnungshof den Deutschen Bundestag, den Bundesrat und die Bundesregierung bei ihren Entscheidungen“ (Bundesrechnungshofgesetz § 1). Eine Anpassung dieser Regelungen mit dem Ziel, den Begründungszwang für die politischen Akteure zu erhöhen, bevor sie fiskalische Maßnahmen oberhalb eines bestimmten Volumens ergreifen, würde die Gestaltungsspielräume der Repräsentanten in Legislative und Exekutive nicht ungebührlich reduzieren, aber dennoch eine gewisse Wirkung in Richtung auf mehr Wirtschaftlichkeit und Disziplin in der Subventionspolitik erzeugen.

(3) Sunset-Klauseln: Im Unterschied zum oben erläuterten Instrument der Sunrise-Reviews, die eine Evaluierung von Subventionsprogrammen oder Regulierungen vor deren Einführung vorsehen, erzwingen Sunset-Regeln deren Bewertung und gegebenenfalls Rückführung zum Ende eines definierten Zeitfensters. Die jeweilige Maßnahme wird von vornherein befristet, sodass gegen Ende ihrer Laufzeit zu entscheiden ist, ob sie unverändert verlängert wird, ob sie mit Anpassungen weiterlaufen soll oder ob sie ohne jede Anschlussregelung zu ihrem Laufzeitende hin terminiert. Sunset-Klauseln dienen nicht explizit dem Ziel, Subventionen oder Regulierungen zu beenden. Sie zeigen eher Potenziale für deren Optimierung auf. De facto erzeugt die Festlegung eines festen Auslaufdatums für Subventionen oder Regulierungen einen gewissen Druck in Richtung auf deren Abschaffung, weil das gesamte Arrangement auf eine Beweislastumkehr hinausläuft. Die Befristung setzt die Befürworter einer Verlängerung von Finanzhilfen oder Steuervergünstigungen in eine Begründungspflicht und nicht diejenigen Kräfte, die ein Auslaufen des jeweiligen Dossiers befürworten (Freytag und Schuhmann 2022, S. 11).

Wesentlich für die Effektivität aller Konzepte zur Begrenzung und Rückführung staatlicher Förderinstrumente ist eine präzise und hinreichend breit angelegte Definition des Subventionsbegriffs. Jeder Versuch, Finanzhilfen und Steuervergünstigungen abzubauen, läuft ins Leere, wenn die Bezugsgrundlage zu schmal definiert ist. Die bereits erläuterten Differenzen zwischen den von der Bundesregierung ausgewiesenen Subventionszahlen und denen des Kieler Instituts für Weltwirtschaft verdeutlichen die große Relevanz dieses Punktes (vgl. Kap. 7). Aber selbst bei Verwendung des engen Subventionsbegriffs der Bundesregierung bieten die überquellenden Fördertöpfe Deutschlands noch genügend Einsparpotenziale, mit denen beispielsweise eine steuerliche Entlastung der Unternehmen in der Breite gegenfinanziert werden könnte.[4]

[4] Eine Beispielrechnung: Würde ein fünfjähriger Reduktionspfad angelegt, definiert mit Einschnitten im Subventionsvolumen per Rasenmäher von durchschnittlich 10 % jährlich, so würde sich, ausgehend von den regierungsamtlich ausgewiesenen Subventionen für das Jahr 2024 in Höhe von 110 Mrd. €, rein rechnerisch folgender ansteigender Einsparpfad ergeben (jeweils gegenüber dem Ausgangswert von 110 Mrd. €, der ja ohne Kürzungspfad jährlich erneut anfallen würden): 11 Mrd. € (1. Jahr), 20,9 Mrd. € (2. Jahr), 29,8 Mrd. € (3. Jahr), 37,8 Mrd. € (4. Jahr) und 45,1 Mrd. € (5. Jahr). Kumuliert über die fünf Jahre des Rasenmähers liefe dieses auf ein Einsparvolumen von 144,6 Mrd. € hinaus. Da nicht alle Subventionen disponibel sind, da der Staat zum Teil rechtlich verbindliche Förderbescheide ausreicht, lägen die tatsächlich realisierbaren Einsparungen darunter. Wäre nur ein Drittel umsetzbar, so käme man auf 48 Mrd. €, die im Verlauf der fünf Jahre insgesamt gehoben werden könnten. Eine Alternativrechnung mit den Zahlen des Kieler Instituts für Weltwirtschaft, das Subventionen von 285 Mrd. € für 2024 ausweist, ergibt unter gleichen Annahmen ein theoretisch realisierbares Einsparvolumen von kumuliert 374,5 Mrd. €, das, wenn ein Drittel davon tatsächlich umsetzbar wäre, auf einen Wert von 124,8 Mrd. € über die betrachteten fünf Jahre hinausliefe.

9.1.2 Allokationsoptimale Entlastung

Eine horizontal angelegte Minderung der Ertragsbesteuerung für den Unternehmenssektor in der Breite, also ohne technologische oder branchenspezifische Vorgaben, verbindet drei wesentliche Vorteile miteinander: Erstens macht die geringere Steuerlast es für Kapitalgeber aus dem In- und Ausland generell attraktiver, am Standort Deutschland zu investieren. So entstehen zusätzliche Anreize zur Ausweitung des Kapitalstocks in Industrie und Gesamtwirtschaft. Die steuerlichen Parameter gehören bekanntlich mit zu den ersten Merkmalen, auf die Investoren schauen, wenn sie zwischen verschiedenen internationalen Lokationen für ihre Projekte zu wählen haben. Zweitens beeinflusst eine horizontale Senkung der Gewinnbesteuerung nicht die Entscheidungen darüber, an welcher Stelle der Ökonomie der Privatsektor Arbeit und Kapital einsetzt, weil sie erst greift, wenn überhaupt Gewinne entstanden sind. Die Faktorallokation wird also nicht verzerrt. Und drittens kann der Staat diesen steuerlichen Schritt mit den bereits vorhandenen Ressourcen der Finanzverwaltung umsetzen. Es entsteht also keine zusätzliche Bürokratie und es kann relativ zügig gehandelt werden.

Aus diesen drei Vorteilen und nicht aus verteilungspolitischen Absichten, die der Unternehmerschaft höhere Gewinne ohne Gegenleistung verschaffen sollen, leitet sich das ökonomische Plädoyer für eine Ablösung vertikal angelegter Subventionen durch eine allokations- und wettbewerbsneutral wirkende Minderung der Gewinnbesteuerung ab. Subventionen werden a priori in die Investitionspläne der Privaten einkalkuliert. Sie ermöglichen es den Unternehmen, auch Projekte in Angriff zu nehmen, die eher knapp kalkuliert sind und deren ökonomische Substanz hinter dem Standard zurückbleibt, den man angelegt hätte, wenn ohne staatliche Finanzzuweisung hätte investiert werden müssen. So entstehen Investitionen, die politisch favorisiert sind und Risiken einer ineffizienten Ressourcenallokation bergen. Ertragssteuerliche Entlastungen in der Breite stehen nicht unter dieser Problematik und sie rangieren in der Reihe der vordringlichen Maßnahmen horizontaler Industriepolitik weit vorne.

Die in der aktuellen 21. Legislaturperiode des Bundes beschlossene 30 %-ige degressiv gestaltete steuerliche Abschreibung auf Ausrüstungsinvestitionen für den Zeitraum von 2025 bis 2027 und die anschließende Senkung des Körperschaftssteuersatzes um jeweils einen Prozentpunkt über fünf Jahre nacheinander setzen in dieser Hinsicht einen Akzent (Die Bundesregierung 2025). Der Schritt ist allerdings in seiner quantitativen Dimension zu schmal angelegt, um tatsächlich signifikante ökonomische Effekte zu generieren. Selbst zum Ende des Fünfjahreszeitraums im Jahr 2032 wird der Körperschaftssteuersatz hierzulande mit 24,9 % noch immer über dem Durchschnitt der OECD-Länder (exklusive Deutschland) liegen, der dann voraussichtlich bei rund 23,5 % rangieren wird (Hentze et al. 2024, S. 7).

Auch in absoluten Größenordnungen dürften die Entlastungswirkungen für den Unternehmenssektor eher schmal ausfallen. Simulationen des Instituts der Deutschen Wirtschaft zufolge erzeugt eine über fünf Jahre in Ein-Prozent-Schritten angelegte Minderung der Ertragssteuern im ersten Jahr nur eine Entlastung von 3,1 Mrd. €. Erst ab dem fünften

Jahr der Steuersenkung würde der Betrag auf rund 17 Mrd. € pro Jahr steigen. Stimulierende Effekte auf die Investitionstätigkeit der Unternehmen treten ebenfalls erst mit erheblicher Zeitverzögerung auf. Sie werden für die Phase ab dem zehnten Jahr nach Beginn der Maßnahme mit knapp 18 Mrd. € jährlich veranschlagt (Hentze et al. 2024, S. 29).

Um die Attraktivität des Industriestandortes Deutschland spürbar zu erhöhen, bietet sich eine Orientierung an der letzten signifikanten Reform der Gewinnbesteuerung in Deutschland an. Sie fand im Jahr 2008 statt. Damals wurde die Belastung der Unternehmenserträge rechtsformübergreifend von 38,6 % auf 29,8 % gesenkt. Der Schritt gab Impulse für eine vermehrte Bildung von Realkapital und bildete zusammen mit den 2005 umgesetzten Hartz-Reformen, die die Einsatzbedingungen für den Faktor Arbeit gestärkt hatten, ein angebotspolitisches Traumduo. Ein vergleichbar ambitioniertes Vorgehen wie 2008 wäre ein markanter Schritt, der auch von internationalen Investoren positiv registriert, die Wettbewerbsfähigkeit der deutschen Industrie erhöhen und Deutschland als Hafen für anlagesuchendes Kapital wieder attraktiver machen würde.

9.2 Technologieoffen zur Klimaneutralität

Worum geht es, Technologieoffenheit oder Technologieneutralität? Die Denkfabrik Agora Verkehrswende hat 2020 eine Expertise beauftragt, die diese Begrifflichkeiten analysiert und den Versuch unternimmt, definitorische Klarheit zu schaffen (Agora 2020, S. 7 f.). Technologieneutralität bezieht sich dieser Studie zufolge auf die Gestaltungsebene des Regulators. Erlässt der Gesetzgeber eine Regulierung, die auf alle im jeweiligen Themenkontext relevanten Technologien gleichermaßen Anwendung findet, so handelt es sich in der Logik des Agora-Ansatzes um einen technologieneutralen Schritt.

So ist beispielsweise ein System der CO_2-Bepreisung, das auf den Kraftstoffverbrauch im Mobilitätssektor angewendet wird, im Hinblick auf verbrenner- und elektrogetriebene Kraftfahrzeuge durchaus technologieneutral angelegt, wenn es den jeweils verursachten Kohlendioxidausstoß in gleicher Höhe belegt. Der CO_2-Gehalt der verbrauchten fossilen Kraftstoffe Diesel, Benzin oder Gas bei den Verbrennern wird dann genauso hoch belastet wie der Kohlendioxidgehalt des in der Elektromobilität verbrauchten Stroms (entsprechend der jeweiligen Zusammensetzung des Strommixes). Die Emissionen von Kohlendioxid würden in diesem Beispiel also über den Kraftstoffinput erfasst und für beide Antriebsvarianten in gleicher Höhe pro Einheit CO_2 bepreist.

Mit einer in diesem Sinne verstandenen Technologieneutralität verbindet sich entsprechend der Logik der oben genannten Untersuchung aber noch keine technologieoffene Wirkung. Denn das Umfeld, innerhalb dessen Verbrennermobilität und Elektromobilität jeweils stattfinden, unterscheidet sich und führt zu divergenten Effekten. Besonders deutlich zeigt sich dies im hier betrachteten Beispiel an den gegebenen Pfadabhängigkeiten und infrastrukturellen Voraussetzungen. Während eine Tankstelleninfrastruktur für die diesel-, benzin- und auch für gasbetriebene Mobilität bereits existiert, befindet sich die Ladeinfrastruktur für die Elektrofahrzeuge noch im Aufbau. Die CO_2-Bepreisung in der

Mobilität allein erzeugt daher noch keine gleichen Wettbewerbsbedingungen für die elektrischen und die fossil betriebenen Kraftfahrzeuge. Um diese herzustellen und damit eine technologieoffene Wirkung zu induzieren, bedarf es eines zügigen Infrastrukturausbaus für das elektrische Laden und gegebenenfalls weiterer Maßnahmen – nach diesem Muster verläuft jedenfalls der Argumentationsstrang in der erwähnten Studie.

Eine in diesem Sinne definierte Trennlinie zwischen Technologieneutralität und Technologieoffenheit ist zwar prinzipiell nachvollziehbar. Sobald es um eine praktikable Unterscheidung zwischen diesen beiden Kategorien geht, verliert diese Linie allerdings ihre Kontur, denn es existiert eine Vielzahl von Besonderheiten, die dazu führen können, dass technologieneutrales Handeln im oben definierten Sinne nicht zwingend technologieoffen wirkt. Der Vektor an entsprechenden Einflussfaktoren erscheint, jedenfalls wenn man dieser Logik folgt, nahezu beliebig weit konstruierbar. Er beinhaltet unter anderem Vermachtungen von Märkten, asymmetrisch verteilte Informationen, Know-how-Spillovers, politische Unsicherheiten, Pfadabhängigkeiten und infrastrukturelle Gegebenheiten bis hin zu „verhaltensbedingten Barrieren" und „Budgetrestriktionen auf Konsumentenseite" (Agora 2020, S. 9).

Ein derart weit gefasstes Bündel von Einflussgrößen ist geeignet, die verschiedensten Interventionen des Staates zu legitimieren, um Technologieoffenheit im Sinne der zitierten Studie herzustellen. Mit „Budgetrestriktionen auf Konsumentenseite" beispielsweise können staatliche Subventionen zur Markteinführung neuer Produkte immer begründet werden, denn es gibt stets auch Konsumenten, die sich diese Güter nicht leisten können. Insofern wohnt der Unterscheidung zwischen Technologieneutralität und Technologieoffenheit, die von Agora hier bemüht wird, eher der Charakter eines Legitimationsgebäudes inne, mit dem ordnungspolitisch problematische Eingriffe finanzieller und regulatorischer Art in die Wirtschaftsabläufe begründet werden können. Es öffnen sich damit Tür und Tor für staatliche Interventionen, die gerade nicht dem Ziel dienen, gleiche Wettbewerbsbedingungen für verschiedene Technologien herzustellen, sondern die darauf ausgelegt sind, bestimmte politisch priorisierte Technologien durchzusetzen.

Unbeschadet dieser Kritik dürfte es allerdings unstrittig sein, dass Maximaleingriffe in Form von Verboten weder technologieneutral noch technologieoffen sind. Derartige Eingriffe laufen auf eine politisch verfügte Schließung von Märkten hinaus und, wenn sie sich auf bereits kommerziell laufende Geschäftsaktivitäten beziehen, bewirken sie eine Entwertung, wenn nicht sogar eine Vernichtung, von Kapital inklusive des jeweils relevanten Bestandes an geistigen Eigentumsrechten (vgl. Abschn. 8.4). Sie unterbinden zudem Innovationen in den betreffenden Segmenten. Ist erst einmal ein technologischer Fadenriss erfolgt, so ist es – wenn überhaupt – nur mit sehr großem Aufwand möglich, den Faden wieder neu zu knüpfen, wenn es zu einem späteren Zeitpunkt zu einer Aufhebung des jeweiligen Verbots kommen sollte.

Dennoch sind Verbote von Einzeltechnologien in Deutschland und Europa insbesondere im Kontext der Energie- und Klimapolitik über die Jahre immer wieder zur Anwendung gelangt. Die industriepolitisch bedeutsamsten betreffen den Stopp für die Zulassung verbrennergetriebener Kraftfahrzeuge ab 2035 in der EU, den Kernenergieausstieg

Deutschlands und das hierzulande für 2038 vorgesehene Auslaufen der Kohleverstromung, auch dann, wenn mittels CO_2-Abscheidung und -Verpressung die Treibhausgaseffekte dieses Energierohstoffs kontrolliert werden können. Um diese Technologieverbote wird es im Folgenden gehen. Sie erzeugen massive Auswirkungen auf die deutsche und europäische Industrie, entweder direkt über die Abriegelung von Märkten oder indirekt, aber deswegen nicht weniger gravierend, über ihre Kosten- und Produktivitätseffekte. Diese Technologieverbote aufzuheben, wäre erstens ein wesentlicher Beitrag für die Rückgewinnung industrieller Wettbewerbsfähigkeit und würde zweitens den ordnungspolitischen Prinzipien der Sozialen Marktwirtschaft entsprechen.

9.2.1 Kernenergie

Man kann die Transformation der Wirtschaft hin zur Treibhausgasneutralität auf verschiedene Weise organisieren. Ein ökonomisch rational handelnder Entscheidungsapparat wählt den kostengünstigsten Weg. Er nutzt bereits existierende Technologien, sofern sie klimaneutral arbeiten oder mit wirtschaftlich vertretbarem Aufwand entsprechend umgerüstet werden können. Der gesetzlich verankerte Weg eines Verbots der nuklearen Stromerzeugung in Deutschland ist insofern aus ökonomischer und klimapolitischer Sicht suboptimal. Dieses Technologieverbot verteuert die Dekarbonisierung der Industrie erheblich. Ökonomisch läuft es auf eine Schwächung der Produktivität in der Stromerzeugung hinaus, ohne dass ein klimapolitischer Mehrwert entsteht. Dennoch wurde die gemessen an ihren Erntefaktoren kostengünstige (vgl. Abschn. 3.2.2) und CO_2-freie Energiequelle der Kernkraft hierzulande zum Versiegen[5] gebracht. Deutschland hat mit dem Nuklearausstieg einen außerordentlich wirkungsvollen Helfer bei der Dekarbonisierung aufgegeben.

[5] Die von der Politik gegebene Begründung für diesen Schritt war alles andere als schlüssig. Sie rekurrierte auf die Havarie des japanischen Kraftwerkskomplexes Fukushima Daiichi im Zuge des Tsunamis am 11. März 2011. Die geologischen Gegebenheiten im Erdbebengebiet am japanischen Teil des Feuerrings sind mit den hiesigen jedoch in keiner Weise vergleichbar. Und auch die Auslegung der Notstromaggregate und Kühlsysteme in Fukushima blieb hinter derjenigen deutscher KKW zurück. Dieses hat im Übrigen auch die Reaktorsicherheitskommission in ihrer damaligen Stellungnahme für das Bundesumweltministerium ausdrücklich klargestellt. Wörtlich heißt es dort: „Initiierende Ereignisse, die zu derartigen Tsunami führen können, sind nach dem jetzigen Kenntnisstand für Deutschland praktisch ausgeschlossen. […] Alle deutschen Anlagen haben mindestens eine zusätzlich gesicherte Einspeisung und mehr Notstromaggregate, wobei mindestens zwei davon gegen äußere Einwirkungen geschützt sind" (Reaktor-Sicherheitskommission 2011, S. 6). Die eindeutige Kommentierung der Reaktorsicherheitskommission zeigt, dass fachliche Argumente den Kernenergieausstieg Deutschlands nicht begründen können. Die damalige Kehrtwende dürfte wohl eher politisch-taktischen als fachlichen Überlegungen geschuldet gewesen sein. Der Vorgang eröffnete schließlich neue politische Machtoptionen im Bund durch die Bildung von Koalitionen aus CDU/CSU und Bündnis 90/Die Grünen. Dieses erforderte jedoch eine Abkehr der Unionsparteien von ihrer bis dahin kernkraftfreundlichen Grundhaltung.

Bevor Überlegungen für eine Beendigung des nuklearpolitischen Technologieverbotes in Deutschland diskutiert werden, sei eine Bemerkung vorangestellt: Dass der Bau von neuen Anlagen zur Erzeugung von Nuklearstrom nach den jahrzehntelangen politischen und gesellschaftlichen Debatten in Deutschland aktuell nicht auf ungeteilte Akzeptanz trifft, ist ein Faktum. Im Zulauf auf das Zieldatum der Klimaneutralität im Jahr 2045 dürften allerdings die schon jetzt erkennbaren ökonomischen Probleme der klimapolitischen Transformation noch deutlicher hervortreten als bislang und sowohl die Wettbewerbsfähigkeit der Industrie als auch die Produktivitäts- und die Verteilungsspielräume begrenzen. Die Option, CO_2-freien Strom aus kerntechnischen Anlagen zu gewinnen, dürfte vor dem Hintergrund dieser absehbaren Entwicklung im Zeitablauf an Attraktivität gewinnen. Bereits seit 2022 zeichnet sich in Umfragen ein zunehmender Zuspruch in der Bevölkerung für eine Renaissance der Kernkraft ab (Blümm 2025). Keinesfalls ausgeschlossen ist, dass sich dieser Trend verfestigt und sich dauerhafte Mehrheiten für eine Wiederbelebung der Kernenergie bilden.

Schon aus diesem Grund sollte das Technologieverbot des Atomgesetzes (Atomic Energy Act) gestrichen werden, wonach für die „Errichtung und den Betrieb von Anlagen zur Spaltung von Kernbrennstoffen zur gewerblichen Erzeugung von Elektrizität und von Anlagen zur Aufarbeitung bestrahlter Kernbrennstoffe [...] keine Genehmigungen erteilt" (AtG 2022, § 7, Abs. 1) werden. Ein derartiger Schritt wird nicht unmittelbar zum Bau neuer KKW oder zur Wiederinbetriebnahme alter Anlagen führen, er hielte aber die Option offen.

Teile der Politik sprechen sich schon seit längerem für eine Renaissance der Kernenergie in Deutschland aus (Haupt 2023). Sollte ein derartiger Schritt tatsächlich politisch mehrheitsfähig werden, so könnte es allerdings schwierig werden, überhaupt Energiekonzerne zu finden, die bereit sind, die notwendigen Investitionen auf eigenes Risiko zu tätigen. Nach dem jahrzehntelangen Hin und Her in der nuklearen Frage werden sich auf einer rein privatwirtschaftlichen Basis vermutlich kaum Investoren bereit erklären, Kapital, Managementkapazität und ihren Namen für die Nutzung dieser Energiequelle herzugeben. Die Risiken, die sich für private Kapitalgeber mit einem solchen Investment verbinden, dürften in der Geschäftswelt als relativ hoch eingeschätzt werden. Die ehemaligen KKW-Betreiber in Deutschland senden jedenfalls ablehnende Signale.

Die Kernkraft wird in der kommerziellen Stromerzeugung Deutschlands daher voraussichtlich nur dann noch einmal eine Chance erhalten können, wenn die öffentliche Hand einen Teil der damit verbundenen ökonomischen Risiken übernimmt, etwa mittels Bürgschaften für zu tätigende Investitionen in die Revitalisierung stillgelegter oder den Bau neuer KKW. Natürlich entspräche ein solches Vorgehen ordnungspolitisch nicht dem Idealbild einer subventionsfreien Marktwirtschaft. Es wäre ein Schritt, der im Grenzbereich zwischen vertikaler und horizontaler Politik verortet ist, weil er einen Mischcharakter aufweist. Instrumentell wäre eine staatliche Förderung der Kernkraft als Einzeltechnologie selektiv angelegt. In der Wirkung wäre sie jedoch horizontaler Natur, denn sie dient der Versorgung der gesamten Wirtschaft in der Breite mit CO_2-freiem, verlässlichem und langfristig kostengünstigem Strom, der mit hohen Erntefaktoren und relativ geringen Systemkosten erzeugt wird (vgl. Abschn. 3.2).

Die Involvierung des Staates über ein Garantieinstrument zugunsten der Kernenergie dürfte einfacher zu bewerkstelligen sein, als es auf den ersten Blick scheinen mag. Schließlich ist der Bund ohnehin bereits vollverantwortlich was die Entsorgung nuklearer Abfälle angeht. Seit 2017 obliegt ihm diese Aufgabe. Sie wurde mit 24 Mrd. € finanziell unterlegt, dem Volumen der Rückstellungen, die die Kernkraftbetreiber für die Zwischenlagerung und Entsorgung nuklearer Abfälle gebildet hatten. Sie sind auf den Bund übertragen worden und werden seither vom Fonds zur Finanzierung der kerntechnischen Entsorgung (KENFO) verwaltet. Der Stiftungszweck des KENFO könnte zwecks Revitalisierung der Nuklearenergie in Deutschland so erweitert werden, dass er auch eine partielle Übernahme von ökonomischen Risiken durch den Staat aus einem erneuten Einstieg in die Kernenergie einschließt. Entsprechende Bürgschaftsprogramme könnten über den KENFO implementiert werden. Grundvoraussetzung für einen derartigen Schritt wäre allerdings eine Novelle des Atomgesetzes, mit der das dort verankerte Technologieverbot für die nukleare Stromerzeugung aufgehoben würde.

Die Hürden für eine Revitalisierung alter Nuklearreaktoren dürften technisch am niedrigsten bei den drei am 15. April 2023 und damit zuletzt stillgelegten KKW liegen, nämlich Emsland, Isar 2 und Neckarwestheim 2. Bei allen drei Kraftwerksblöcken handelt es sich um Druckwasserreaktoren mit einer installierten Nettoleistung von jeweils 1300 bis 1400 MW. Dass die Reaktivierung stillgelegter Nuklearreaktoren grundsätzlich machbar ist, zeigt der Fall des KKW Palisades am Lake Michigan in den USA. Es handelt sich ebenfalls um einen Druckwasserreaktor. Diese im Oktober 2022 stillgelegte Anlage mit ihrer installierten Leistung von 800 MW hat im Jahr 2025 wieder die Betriebserlaubnis erhalten und soll bis 2051 im kommerziellen Betrieb Elektrizität ins Netz einspeisen. Das US-Department of Energy unterstützt den Betreiber mit Kreditgarantien in Höhe von 1,52 Mrd. US-Dollar (Nuklearforum Schweiz 2024).

Daneben besteht natürlich grundsätzlich die Möglichkeit, einen Neubau von Kernreaktoren in den Blick zu nehmen. Eine ideologiefreie Betrachtung dieser Variante sollte zunächst zur Kenntnis nehmen, dass die KKW der IV. Generation, von denen das erste Ende 2023 im chinesischen Shidaowan in den kommerziellen Betrieb gegangen ist, einen erhöhten Sicherheitsstandard aufweisen (GRS 2024a). Sie basieren auf dem Prinzip des Kugelhaufenreaktors, das übrigens in den 1960er-Jahren in der Kernforschungsanlage Jülich in Deutschland entwickelt wurde. Und schließlich könnten auch die kleinen modularen Reaktoren (SMR) perspektivisch Optionen für die nukleare Stromerzeugung bieten. Sie werden angesichts ihrer relativ geringen Kapazität von weniger als 300 MW installierter Leistung mit kleineren Mengen nuklearen Materials bestückt als die großen KKW und bergen schon aus diesem Grund ein geringeres Schadenspotenzial. Zudem müssen SMRs, anders als die nuklearen Großkraftwerke, nicht in Ein- bis Zwei-Jahresabständen mit neuem Brennstoffmaterial bestückt werden, sondern nur alle 3 bis 7 Jahre (Liou 2023). Allerdings sind SMRs im Betrieb bislang deutlich teurer als nukleare Großanlagen (GRS 2024b).

Eine neue Technologieoffenheit in der deutschen Nuklearpolitik hätte auch eine europäische Komponente. Deutschlands kerntechnischer Sonderweg in der EU würde beendet. Bereits jetzt hat er ohne Aussicht auf Erfolg viel Porzellan zerschlagen, insbesondere im deutsch-französischen Verhältnis. Das Beispiel der europäischen Taxonomie-Verordnung zeigt in aller Deutlichkeit, wie sehr der größte Mitgliedstaat der EU in der Frage der

Nuklearenergie isoliert ist. Diese Verordnung qualifiziert Investitionen nach Kriterien der ökologischen Nachhaltigkeit. Gegen den hartnäckigen Widerstand Deutschlands wurde in diesem Dossier letztendlich auch die für die Energieversorgung Frankreichs unverzichtbare Atomenergie als ökologisch nachhaltig eingestuft (BMWK 2022).

Aber nicht nur europäisch, sondern auch international sind die Messen pro Kernkraft längst gesungen, wie bereits der Kernkraftgipfel vom März 2023 in Brüssel zeigte. 30 Regierungs- und Staatschefs, unter anderem aus den USA, China, Japan, Frankreich, Polen und den Niederlanden, haben sich auf dem Treffen für Laufzeitverlängerungen bestehender und den Bau neuer Atommeiler ausgesprochen (Die Welt 2024). Die Kernenergie bleibt und sie wird global sogar noch an Relevanz gewinnen. Dementsprechend gibt es nicht nur einen hohen Bedarf an internationaler Koordinierung und Überwachung rund um die friedliche Nutzung der Kernenergie, sondern natürlich auch die dringende Notwendigkeit, der militärischen Verbreitung dieser Technologie entgegenzutreten. Den einschlägigen internationalen Organisationen, insbesondere der Internationalen Atomenergiebehörde (IAEO), obliegt es, diese Aufgaben zu erfüllen. Die Möglichkeiten Deutschlands, auf diese Prozesse Einfluss zu nehmen, werden schwinden, wenn es hierzulande beim Atomausstieg bleibt. Es dürfte fraglich sein, ob die einst kerntechnisch führende Bundesrepublik ohne kommerzielle Aktivitäten in der Nuklearenergie ihr Gewicht in dieser Organisation und ihren Sitz in deren Gouverneursrat langfristig wird halten können. Auch aus dieser geostrategischen Perspektive heraus betrachtet bleibt der Beschluss des Jahres 2011 zum Ausstieg aus der kerntechnischen Stromerzeugung ein Kardinalfehler.

9.2.2 CO_2-befreiter Kohlestrom

Ähnlich kritisch zu beurteilen ist der Beschluss, dem Kernenergieausstieg in Deutschland einen Kohleausstieg folgen zu lassen und die Verstromung von Stein- und Braunkohle hierzulande bis spätestens 2038 zu beenden. Schließlich könnte man zumindest einen Teil der kohlebasierten Kraftwerksflotte mittels CCS vom Kohlendioxid befreien und damit klimaunschädlich machen. CCS ist inzwischen seit Jahrzehnten erprobt und gelangt auch in Europa, unter anderem in norwegischen und britischen Offshoregebieten, zur Anwendung.

Eine Nutzung dieser Technologie soll allerdings laut politischer Beschlusslage in Deutschland nur für Industrieemissionen und für das in der Gasverstromung anfallende Kohlendioxid erlaubt werden (CDU, CSU und SPD 2025, Zeile 1080 ff.). Würde diese Bremse gelockert, so könnte Strom aus Braun- und Steinkohle langfristig weiter erzeugt werden, ohne den Treibhausgaseffekt zu verstärken. Für das Gesamtpaket aus Abscheidung, Transport und Einlagerung von CO_2 liegen die Aufwendungen je nach regionalen geologischen Gegebenheiten und Anwendungsbereich (Industrie oder Energiewirtschaft) in Größenordnungen von rund 65 € pro Tonne bis 140 € pro Tonne CO_2 (Gothea et al. 2024, S. 25; Vahrenholt 2023, S. 97). Auf der Zeitstrecke bis zum Zieldatum der Klimaneutralität 2045 dürften die Kosten aufgrund eintretender Skaleneffekte noch sinken. Der Preis, den ein CO_2-Emittent für ein Zertifikat im Emissionshandel zu zahlen hat, lag im Zeitfenster 2024/2025 in einem Korridor von rund 50 bis 60 € pro Tonne. Er könnte aber aufgrund der europäisch beschlossenen Verknappung der Emissionshandelsrechte um 4,3 % jährlich auf Größenordnungen von rund 200 € pro Tonne und mehr in den 2030er-Jahren ansteigen (Kalkuhl et al. 2023, S. 4). Die Nutzung von CCS dürfte mittelfristig lohnend werden, wenn sich der Preis für Kohlendioxid in diese Richtung bewegt.

Ein Weiterbetrieb von Teilen der bestehenden fossilen Kraftwerksinfrastruktur in Verbindung mit CCS würde volkswirtschaftliche Einsparungen in substanziellen Größenordnungen generieren. Im Zusammenspiel mit einer möglichen Revitalisierung der Kernenergie würde ein derartiger Schritt das Angebot an grundlastfähiger Elektrizität in Deutschland ausweiten und die Stromkosten senken können. So würden die Subventionen für die regenerativen Energien, die derzeit mit rund 17 Mrd. € jährlich im Bundeshaushalt zu Buche schlagen, ebenso wie die Aufwendungen für neue Backup-Kraftwerke auf Gasbasis mit Wasserstoff-Ready-Option und einem Finanzbedarf im mittleren zweistelligen Milliardenbereich (Blackout News 2024) schmaler ausfallen. Gleiches gilt für den Ausbau der Übertragungs- und Verteilnetze, der im Szenario einer Vollumstellung der Stromversorgung auf erneuerbare Energien enorme Größenordnungen erreicht und inzwischen mit einem Staatszuschuss von 6,5 Mrd. Euro jährlich zu den Netzentgelten subventioniert wird. Bereits jetzt werden die Investitionen in die Stromnetze bis 2045 auf rund 732 Mrd. € veranschlagt (Probst 2024 et al., S. 7). Angesichts dieser Dimensionen ermöglichen auch kleinere Korrekturen beim Netzausbau schon große Einsparvolumina. Das System der Stromversorgung müsste eben nicht zu extrem hohen Kosten auf 100 % erneuerbare Energien zuzüglich einer substanziellen Zahl von Backup-Kraftwerken und tausenden von neuen Netzkilometern umgebaut werden, sondern man käme mit weniger aus.

Für die mittel- bis langfristige Perspektive sollte es das Ziel sein, ein ausreichendes Angebot an grundlastfähigem Strom bereitzustellen und zu diesem Zweck einen signifikanten Anteil der in Deutschland erzeugten Elektrizität auf Basis von CO_2-befreiter Kohleverstromung und Kernkraft zu gewinnen. Der Beitrag von Wind- und Sonnenkraftwerken zum Strommix könnte dementsprechend geringer ausfallen mit regional unterschiedlicher Ausprägung. Deutschland würde sein Klimaziel dennoch nicht verfehlen und genügend CO_2-neutralen Strom als dem Lebenselixier der grünen Industrietransformation erzeugen können.

9.2.3 Verbrennertechnologien: Preismechanismus vor Ordnungsrecht

Ab 2028 wird die Bepreisung der Kohlendioxidemissionen von Energiewirtschaft und Industrie im Rahmen des europäischen CO_2-Emissionshandels auf den Mobilitäts- und den Gebäudesektor ausgeweitet werden. Das deutsche Separatregime des nationalen Brennstoffemissionshandels wird dann im europäischen Gesamtsystem aufgehen.[6] Unter einem Emissionshandelsregime bringen ergänzende Instrumente wie das europäische Verbot einer Zulassung von Verbrennern ab 2035 keinen klimapolitischen Mehrwert. Denn der Emissionshandel steuert bereits punktgenau, weil er ein Limit (Cap) für den Ausstoß von Kohlendioxid vorgibt, das nicht überschritten werden darf. Diese Mengenvorgabe ist entscheidend. Sie führt dazu, dass sich ein Preis für jede Tonne emittierten CO_2s bildet. Das System pendelt sich so ein, dass dieser Preis den Grenzkosten der Kohlendioxidvermeidung entspricht.

Diese Information benötigen die Investoren, um die klimapolitischen und geschäftlichen Erfordernisse ihres Handelns in Einklang bringen zu können. Der Handel mit Treibhausgasemissionen stellt dafür den effizientesten Rahmen dar (Wambach 2022, S. 111 ff.; Weimann 2021, S. 8 f.). Ordnungsrechtliche Maßnahmen können diese Leistung nicht erbringen, da sie keinen transparenten (expliziten) Preis für den Ausstoß von Treibhausgasen hervorbringen. Sie werden politisch verfügt, ohne präzise Informationen über die Grenzkosten der CO_2-Vermeidung oder die volkswirtschaftlichen Belastungen bereitzustellen, die sie induzieren (Weimann 2021, S. 9 ff.). Im Falle kompletter Technologieverbote ist dieses allerdings auch nicht mehr investitionsrelevant, denn die entsprechenden Märkte sind dann politisch geschlossen. Klar ist allerdings, dass hohe volkswirtschaftliche Kosten entstehen, weil Investitionen und Innovationen unterbunden und gegebenenfalls sogar bereits geschaffene Werte vernichtet werden.

Das mit dem Fit-for-55-Paket im Rahmen des europäischen Green Deal verbundene Verbot einer Neuzulassung von Kraftfahrzeugen mit fossilem Antriebsstrang ab 2035 ist nicht anders zu bewerten. Auch wenn es formell inzwischen geöffnet worden ist, bleibt es faktisch erhalten, weil die Kombination aus strikten CO_2-Flottengrenzwerten und Strafzahlungen die Verbrennermobilität spätestens ab 2035 ökonomisch ins Abseits drängen wird. Es ist klimapolitisch nicht erforderlich, wenn der Emissionshandel effizient funktioniert, induziert aber industriepolitisch hochproblematische Wirkungen. Ein wesentlicher komparativer Vorteil der deutschen Kraftfahrzeugindustrie, die technologisch ausgereifte Herstellung von Automobilen, die rund um benzin- oder dieselgetriebene Antriebe konstruiert sind, wird mittels des politisch beschlossenen Aus für die Verbrenner früher als notwendig zunichte gemacht. Wenn ab 2035 keine Kraftfahrzeuge auf fossiler Basis mehr in Europa zugelassen werden, müssen die Autohersteller bereits Jahre vorher ihre entsprechenden Kapazitäten und Forschungsaktivitäten nach unten anpassen. Die entsprechenden Prozesse haben bekanntlich bereits eingesetzt.

---

[6] Die Integration der CO_2-Handelssysteme ist ein weiteres Argument für die in Abschn. 3.2.1 empfohlene Anpassung des deutschen Zieles für die Klimaneutralität an das europäische Zieldatum 2050. Die Erwähnung des deutschen Zeitziels 2045 für die Klimaneutralität im Art. 143h GG nach dessen Anpassung im März 2025 dürfte dem nicht entgegenstehen. Das Klimaziel und sein Erfüllungszeitpunkt 2045 wurden dort nicht als Staatsziel verankert (Honer 2025), sondern nur mit Blick auf das damals beschlossene Sondervermögen über 500 Mrd. €: „Der Bund kann ein Sondervermögen mit eigener Kreditermächtigung für zusätzliche Investitionen in die Infrastruktur und für zusätzliche Investitionen zur Erreichung der Klimaneutralität bis zum Jahr 2045 mit einem Volumen von bis zu 500 Mrd. € errichten“ (GG, Art. 143h, Abs. 1, Satz 1).

Aus klimapolitischer Sicht ist es kein Verlust, den Ausstieg aus der verbrennergestützten Mobilität über den Emissionshandel zu steuern, und auch unter industrie- wie ordnungspolitischen Kriterien ist dieser Weg vorzuziehen. Die Übergänge würden sich unter der alleinigen Regie des Emissionshandels gleitend gestalten und den Kraftfahrzeugherstellern verblieben mehr Freiheitsgrade für die Anpassung ihrer Investitions- und Technologiepfade. Der Strukturwandel in der europäischen Automobilindustrie hin zur Produktion elektromobiler Fahrzeuge würde sich dann mit weniger Friktionen umsetzen lassen.

9.3 Regulatorische Öffnung für KI und die Daten

Woher wissen wir, dass die Datenökonomie die ökonomische Entwicklung noch auf viele Jahre hinaus prägen wird? Der strukturelle Wandel der Wirtschaft ist schließlich offen. Prognosen darüber, in welche Richtung er geht, haben sich nicht selten als voreilig erwiesen. Und ordnungspolitisch läuft die Prophetie zum Wachstumspotenzial einzelner Branchen ohnehin auf einen Gegensatz zu den Grundlagen der Sozialen Marktwirtschaft hinaus, so wie sie von Walter Eucken, Alfred Müller-Armack und anderen als Erfolgsmodell entwickelt wurde. „Picking the Winners" durch Benennung der künftigen Stars im Wirtschaftswachstum passt nicht zu einer freien Wirtschaftsordnung mit selbststeuernden Marktprozessen.

Das alles ist im Grundsatz richtig, verfängt aber nicht, wenn es um die ökonomischen Potenziale der Datenwirtschaft und der KI geht. Sie entfalten sich bekanntlich seit Jahren in rasantem Tempo und prägen mehr und mehr die industriellen Prozesse, die Dienstleistungsbranchen und die Geschäftswelt in ihrer Gesamtheit. Die überragende Bedeutung der Digitalisierung für die wirtschaftliche Entwicklung zeigt sich in ihrem selbsttragenden Wachstum. Anders als die Transformation hin zur Klimaneutralität, die einer massiven Flankierung durch Subventionen und technologischer Lenkung bedarf, vollzieht sich die Digitalisierung überwiegend marktgetrieben. Dieser Trend ist offensichtlich, aber offensichtlich ist auch, dass er in anderen Regionen der Welt sehr viel schneller voranschreitet als hierzulande. Mittlerweile haben sich manifeste Risiken einer dauerhaften Abhängigkeit Europas von den dominanten digitaltechnologischen und datenökonomischen Anbietern aus den USA und China aufgebaut.

Zwei regulatorische Dossiers in Europa haben entscheidenden Anteil an dieser Konstellation: Die Bestimmungen zum Umgang mit personenbezogenen Daten, die in der DSGVO niedergelegt sind, und die Regelungen zum Einsatz von Programmen der Künstlichen Intelligenz im europäischen KI-Gesetz. Beide Regelwerke limitieren in ihrer gegenwärtigen Form die Wachstumspotenziale der Digitalökonomie in Europa. Wenn sie nicht einem Reformprozess unterzogen werden, der zu mehr Freiheiten für die Datennutzung und zu klar ausbuchstabierten Anwendungsbedingungen für die KI führt, könnte der Alte

Kontinent gegenüber den USA und den asiatischen Digitalmächten sogar noch weiter zurückfallen.

Die ökonomischen Ressourcen, die die international dominierenden Cluster der Internet- und Plattformökonomie in den USA inklusive der dortigen Cloudinfrastrukturen und KI-Unternehmen haben entstehen lassen, wurden großenteils aus der kommerziellen Nutzung von Daten geschöpft. Natürlich wird Europa diesen Weg nicht eins zu eins kopieren können. Aber wenn der regulatorische Status beim europäischen Datenschutz und der KI so bleibt, wie er ist, werden die Staaten der EU gegenüber den dominierenden Digitalmächten zusätzliches Terrain verlieren und möglicherweise sogar einen kompletten Fadenriss riskieren. Eine Reformagenda für den europäischen Digitalrahmen kommt daher nicht umhin, die Themen des Datenschutzes und der KI-Regulierung in zwei Schritten anzupacken:

(1) Vorrangig ist eine Anpassung der DSGVO mit dem Ziel, rechtliche Möglichkeiten für Opt-out-Regelungen zu etablieren. Opt-out-Modelle beim Datenschutz beruhen, anders als das derzeitige europäische Datenschutzrecht, nicht auf einem grundsätzlichen Verbot der Verarbeitung personenbezogener Informationen. Stattdessen basieren sie auf dem Erlaubnisprinzip mit Verbotsvorbehalt. In einem solchen Regime verfügen die Betroffenen über ein Vetorecht bezüglich der Verarbeitung ihrer Daten. Sie können dieses mittels eines transparent positionierten Buttons auf dem Computerbildschirm geltend machen. Dieses Widerspruchsverfahren gewährleistet die Datensouveränität der Konsumenten, wenn sie die Möglichkeiten des E-Commerce und des Internets nutzen. Gleichzeitig schafft es Spielräume für eine kommerzielle Verwertung auch von personenbezogenen Informationen und eröffnet so Chancen auf neue Wachstumsimpulse für die Plattformökonomie und die digitalen Cluster in Europa (vgl. Abschn. 3.3.1). Die Initiative für einen handlungsfähigen Staat schlägt in ihrem Abschlussbericht vor, „statt auf die bisher erforderliche vorherige Einwilligung künftig stärker auf Widerspruchslösungen zu setzen" (Initiative für einen handlungsfähigen Staat 2025, S. 104).

(2) Das europäische KI-Gesetz bedarf einer Novelle mit dem Ziel, die in diesem Legislativakt definierten Risikoklassen präzise und justiziabel abzugrenzen und die Chancen der KI-Nutzung stärker zu akzentuieren als es derzeit der Fall ist. Die derzeitige Regelung lässt eindeutige und rechtlich belastbare Unterscheidungen in Teilen nicht zu. Es gibt Unternehmen, die auf eine Nutzung bestimmter KI-Systeme verzichten, um nicht das Risiko von Rechtsverstößen zu provozieren und den zwecks juristischer Absicherung unverhältnismäßig hohen Aufwand zu vermeiden. Beides geht insbesondere zu Lasten der im internationalen Wettbewerb besonders exponierten Industrie, deren Konkurrenten aus Asien und Nordamerika nicht mit derartigen Erschwernissen zu kämpfen haben. Der Rollout von Systemen der KI wird durch die unklare Regelungslage in Europa gebremst. Mit diesem Tempoverlust mindern sich auch die Chancen auf Realisierung der mit dieser Technologie verbundenen gesamtwirtschaftlichen Produktivitätseffekte in Höhe von geschätzt 0,8 % bis 1,3 % pro Jahr (vgl. Abschn. 3.3.2).

Europa sollte die Kraft aufbringen, den regulatorischen Rahmen für die Anwendung von KI-Lösungen zu erweitern und den Schutz personenbezogener Daten über Opt-out-Verfahren in einer Weise zu regeln, die kommerzielle Spielräume eröffnet und gleichzeitig die Souveränität der Menschen über ihre Daten gewährleistet. Umfragen haben gezeigt, dass ein derartiger Schritt jedenfalls in Deutschland in größeren Bevölkerungskreisen auf Akzeptanz träfe (vgl. Abschn. 3.3.1).

Ansonsten ist die Politik gut beraten, den Marsch in die Digitalisierung durch Wahrnehmung jener Funktionen zu flankieren, die der Staat in der Infrastruktur-, Bildungs- und Sicherheitspolitik ohnehin wahrnehmen sollte. Angewendet auf die Digitalisierung resultiert dies vor allem in zusätzlichen Anreizen für den Rollout von Breitbandnetzen in Gigabitqualität, einem wirksamen Schutz gegen Cyberkriminalität und einer Bildungspolitik, die das Angebot an Fachkräften für die digitalen Cluster insgesamt erhöht. Diese Schritte sind politisch unstrittig und sie zählen nicht umsonst schon seit Jahren zum Kernbestand digitalpolitischer Bemühungen von Bund, Ländern und der Europäischen Kommission. Es sind Querschnittsaufgaben, die mit dem ordnungspolitischen Leitbild der Sozialen Marktwirtschaft vereinbar sind. Sie zielen nicht auf eine marktwidrige Neudirektion des Investitionsgeschehens ab, sondern im Wesentlichen darauf, die bereits laufenden Marktprozesse hinein in die Digitalisierung mittels geeigneter Rahmenbedingungen zu unterstützen und zu beschleunigen.

9.4 Bürokratievermeidung: Eine ordnungspolitische Aufgabe

Wenn es eine Sachfrage gibt, zu der die politischen Lager in Deutschland weitgehend übereinstimmender Meinung sind, dann ist es die des Bürokratieabbaus. Der Chor der Bürokratiekritiker singt in gleicher Tonlage, obgleich er in seiner Zusammensetzung unterschiedlicher kaum sein könnte. Stimmen aus der politischen Mitte sowie aus dem linken und rechten Spektrum sind sich einig: Verfahren dauern zu lange, Formulare sind zu komplex und die Regelungsdichte in Deutschland ist generell viel zu hoch. Alles das in einem Staat, dessen Verwaltung aufs Ganze gesehen unterdigitalisiert ist.

Vier Bürokratieentlastungsgesetze hat es in Deutschland bereits gegeben, das letzte wurde 2024 verabschiedet, aber keines hat den Bürokratieaufwuchs bremsen können. Der Nationale Normenkontrollrat der Bundesregierung (NKR), der das Regulierungsgeschehen regelmäßig unter dem Aspekt des Erfüllungsaufwandes für Wirtschaft, Privathaushalte und die Verwaltung selbst kritisch analysiert und der im Vorfeld bindender Rechtsakte des Bundes Stellung nimmt, schlägt in seinen Jahresberichten regelmäßig Alarm. Aber trotz aller Eindeutigkeit haben die Warnrufe dieses Gremiums, ebenso wie die Stellungnahmen des vergleichbaren Regulatory Scrutiny Boards bei der Europäischen Kommission, den Bürokratieaufwuchs nicht stoppen können. Der Erfüllungsaufwand, der durch administrative Anforderungen des Staates entsteht, ist nach Berechnungen des NKR von einem Wert weit unterhalb einer Mrd. Euro im Jahr 2011 auf rund 27 Mrd. € in 2024 angestiegen, wovon rund 14 Mrd. auf die Wirtschaft entfielen (NKR 2024, S. 1).

Die tatsächlichen Wohlstandsverluste durch das Übermaß an Bürokratie in Deutschland dürften allerdings höher liegen, denn der vom NKR errechnete Erfüllungsaufwand umfasst lediglich den „messbaren zeitlichen und monetären Aufwand […], der durch die Befolgung einer bundesrechtlichen Vorschrift entsteht" (NKR 2023, S. 13).[7] Regelungen der kommunalen Ebene sowie auch der Länder und der europäischen Institutionen werden mit diesem Indikator nicht adressiert. Auch die Opportunitätskosten, die entstehen, etwa weil bürokratiegebundenes Personal für wertschöpfende Verwendungen an anderer Stelle nicht zur Verfügung steht oder weil Investitionen sich aufgrund schleppender Genehmigungsprozesse verzögern, bleiben unberücksichtigt.

Das Münchener ifo Institut geht methodisch anders vor. Mittels eines ökonometrischen Modells schätzt es den Effekt einer umfassenden Entbürokratisierung. Unterstellt wird eine koordinierte Rückführung von administrativen Regeln in der Breite, die den Modellergebnissen zufolge das reale BIP pro Einwohner in Deutschland um 3,7 % steigen lassen würde. Zusätzliche Regressionsanalysen im Rahmen dieses Ansatzes zeigen zudem, dass die Digitalisierung der Verwaltung ein dominanter Faktor ist, der einen Zuwachs des Pro-Kopf-Einkommens von 2,7 % ermöglichen würde (Falck et al. 2024, S. 7 f. und S. 9).

Auch der NKR sieht große Potenziale für eine Minderung von Bürokratielasten mittels einer beschleunigten Digitalisierung im öffentlichen Sektor (NKR 2023, S. 5 und S. 36 ff.). Sie ermöglicht vor allem einen friktionsloseren und zügigeren Umgang mit den bürokratischen Vorgangsmassen, die hierzulande Tag für Tag bewegt werden. Insofern stellt die durchgängige und behördenübergreifend standardisierte Umstellung der Systeme der öffentlichen Hand auf digitale Verfahren eine wesentliche Säule des Bürokratieabbaus dar. Diese Säule konnte, trotz zahlreicher anderslautender Absichtserklärungen der Politik, in Deutschland allerdings bislang nicht aufgebaut werden. Der langjährige Vorsitzende des NKR, Johannes Ludewig, bemerkt dazu: „Seit dem Einzug des ersten Computers in die Dienstzimmer fehlt in Deutschland ein gemeinsames, verbindliches Konzept, das diese Standardisierung und Kompatibilität mit anderen Bauteilen für alle Digitalisierungsaktivitäten in allen Verwaltungen festschreibt, verbindlich macht und weiterentwickelt. […] Hier liegt der Schlüssel zum Erfolg der Digitalisierung – und nicht bei der – in meinen Augen – nachgeordneten Frage, ob es in Berlin ein Digitalisierungsministerium gibt oder nicht" (Ludewig 2021, S. 96).

---

[7] Vom Erfüllungsaufwand zu unterscheiden sind in der Logik des NKR die reinen Bürokratiekosten: „Rein administrativer Aufwand, der den eigentlichen Kern bürokratischer Tätigkeiten beinhaltet, wird mit der Messgröße der sogenannten Bürokratiekosten erfasst. Die Bürokratiekosten machen transparent, welche Kosten sich aus der Erfüllung von Informationspflichten aller Art, z. B. im Rahmen von Antragsverfahren und Statistiken, ergeben. Die Bürokratiekosten werden von der Bundesregierung seit 2006 ermittelt und vom NKR als Teilmenge des Erfüllungsaufwands geprüft – allerdings begrenzt auf den Normadressaten Wirtschaft. Der Unterschied zwischen Erfüllungsaufwand und Bürokratiekosten wird am Beispiel der Änderung des Gebäudeenergiegesetzes deutlich: Während der jährliche Erfüllungsaufwand der Wirtschaft durch das Vorhaben um rund 3,6 Mrd. € ansteigt, erhöhen sich die Bürokratiekosten lediglich um rund 450 Tsd. €" (NKR 2023, S. 13 f.).

Zahlreiche Vorschläge, die dem Ziel dienen, mehr Effizienz in die Prozesse der öffentlichen Administrationen zu bringen, liegen auf dem Tisch. Zügigere Planungs- und Genehmigungsverfahren gehören dazu, ebenso wie Audits zwecks Leistungsmessung behördlicher Prozesse und eine generell praxistaugliche Ausgestaltung von gesetzlichen Regelungen (Ludewig 2021, S. 136 ff.). Zielführend auf dem Weg hin zu weniger Bürokratie ist auch der Vorschlag der Initiative für einen handlungsfähigen Staat, den NKR mit einer erweiterten Kompetenz auszustatten, sodass er im Vorfeld neuer bundesgesetzlicher Regelungen nicht nur zu befassen ist, sondern „ähnlich wie der europäische Normenkontrollrat, das Regulatory Scrutiny Board (RSB) – ein aufschiebendes Vetorecht" geltend machen kann: „Ist der NKR der Auffassung, dass vollzugsrelevante Vorgaben für das Gesetzgebungsverfahren nicht eingehalten wurden, kann er das Verfahren vor der Beschlussfassung im Kabinett stoppen und das federführende Bundesministerium um eine Stellungnahme bitten. Erst danach kann das Gesetzgebungsverfahren fortgeführt werden" (Initiative für einen handlungsfähigen Staat 2025, S. 31). Man wird alle diese Hebel zur Anwendung bringen müssen, wenn das vom NKR formulierte Plädoyer für eine Absenkung des Bürokratiekostenindex um mindestens 25 % (NKR 2023, S. 4 f.) nicht in die Sphäre des Unrealistischen rücken soll.

Um das Bürokratieproblem in den Griff zu bekommen, ist es jedoch nicht nur erforderlich, Effizienzverbesserungen im Maschinenraum des Staates auf den Weg zu bringen, sondern es gilt, eine ordnungspolitische Perspektive einzunehmen und die Eingriffshäufigkeiten und -intensitäten der öffentlichen Institutionen in die Wirtschaftsprozesse auf ein niedrigeres Niveau zu bringen. Es herrscht kein Mangel an Beispielen für eine regelrechte Bürokratieblindheit der Politik, wenn es um priorisierte Vorhaben geht, von denen man sich nicht zuletzt auch zusätzliche Popularität im Elektorat verspricht. Dann wird allzu schnell per Regulierung oder Subvention interveniert, ohne die daraus folgenden Komplikationen für die Interaktionen zwischen Staat und Wirtschaft zu bedenken.

Die fragmentierte Klimaschutzgesetzgebung in Deutschland und Europa ist ein Beispiel für diesen Zusammenhang, denn sie begnügt sich nicht mit der einzig notwendigen Regel, der Begrenzung des CO_2-Ausstiegs bis hin zur Klimaneutralität zu einem bestimmten Zeitpunkt, sondern enthält zusätzlich auch noch eine Vielfalt technologie- und sektorbezogener Unterziele. Dazu gehören Vorgaben für den Ausbau der erneuerbaren Energien, für die Energieeffizienz und den Hochlauf der Elektromobilität sowie sektorale Einsparvorgaben für Industrie, Energiewirtschaft, Gebäude, Mobilität, Landwirtschaft und Abfallwirtschaft. Zahlreiche Instrumente sind in Funktion, um diese Ziele zu erreichen. Der Berichts-, Monitoring- und Umsetzungsaufwand für den Unternehmenssektor, ebenso wie für den Staat selbst, wird so auf ein unnötig hohes Niveau katapultiert. Das Gesamtsystem könnte sehr viel schlanker und dennoch wirksam ausfallen, wenn nach dem gut begründeten wirtschaftspolitischen Grundsatz „ein Ziel – ein Instrument" verfahren würde, was auf eine klare Wirkungsbeziehung zwischen dem Ziel der europäischen Treibhausgasneutralität 2050 und dem Emissionshandel als alleinigem Instrument hinausliefe.

Ein weiteres Standardbeispiel für die Relevanz staatlicher Lenkungseingriffe für das Ausmaß an Bürokratie liefert die Ausgaben- und Subventionspolitik. Jedes Förderprogramm bedarf einer intensiven Vorbereitung durch die Verwaltung sowie eines laufenden Managements der Antrags-, Auszahlungs- und Kontrollvorgänge. Die vertikal ausgerichtete ausgaben- und förderpolitische Expansion in Deutschland ist insofern auch aus der Perspektive des Bürokratieabbaus problematisch. Mit Blick auf die aktuell laufende 21. Legislaturperiode des Bundes steht zu erwarten, dass das 500-Mrd.-Euro-Sondervermögen SVIK Personalaufwüchse in erheblicher Größenordnung nach sich ziehen wird. Mit dem avisierten Personalabbau um 8 % bis 2029 in der Bundesverwaltung, den man sich zum Ziel gesetzt hat (CDU, CSU und SPD 2025, Zeilen 1683 ff.), dürfte das kaum zu vereinbaren sein.

Ein anderes Beispiel aus dem Kanon der „Bürokratieblockbuster" sei noch erwähnt: die europäische Lieferkettengesetzgebung. Sie verpflichtet große Teile der Unternehmenslandschaft, ihre Zulieferer aus aller Welt auf Einhaltung humanitärer, sozialer und ökologischer Standards zu prüfen und in schweren Fällen einer Missachtung sogar zu haften, ohne dass sich damit ein wirksames Mittel zur Verbesserung der humanitären Lage in Drittstaaten verbindet. Aufgaben, die klassischerweise von Regierungen als politischen Institutionen wahrzunehmen sind, werden mit diesem Dossier auf die Privatwirtschaft überwälzt. Diese verfügen aber nicht über die erforderlichen Instrumente dafür (Herold 2022, S. 98 f.). Es sind Unternehmen des Verarbeitenden Gewerbes, die den Außenhandel dominieren und die von der Lieferkettengesetzgebung besonders stark betroffen sind. Das Dossier verursacht zusätzliche Berichtspflichten, auch wenn die europäischen Institutionen das Gesetz 2025 in seiner Brisanz abgeschwächt haben, unter anderem durch Anhebung der Mitarbeiterschwelle von 500 auf 1000 für die inkludierten Unternehmen und durch Verschiebung des Dossiers um ein Jahr.

Intervention bedarf der Administration. Dieser Zusammenhang gilt und er bedeutet, dass das Ausmaß an bürokratischer Belastung maßgeblich vom ordnungspolitischen Kurs der Entscheidungsträger im Staat bestimmt wird. Die Herausforderung des Bürokratieabbaus ist daher eine eminent politische. Sie geht über technische Korrekturen, vereinfachte Planungsverfahren und digitale Prozessbeschleuniger in den öffentlichen Verwaltungen weit hinaus. Erst eine Begrenzung des Staates auf seine Kernaufgaben und eine Kehrtwende hin zu weniger Subventionen und regulatorischen Eingriffen werden die unendliche Geschichte des Bürokratieabbaus in ruhigere Bahnen lenken können. Ohne eine ordnungspolitische Kultur der regulatorischen und ausgabenpolitischen Zurückhaltung gibt es keine realistische Perspektive auf den Abbau der überbordenden Bürokratie in Deutschland und Europa, den die Industrie schon seit Jahren als eines der größten Probleme für Wettbewerbsfähigkeit und Wohlstand beklagt.

9.5 Wohlstandsgesellschaft ohne Arbeitskräfte?

Die Frage, ob der Arbeitsgesellschaft die Arbeit ausgeht, war während der 1970er- und 1980er-Jahre in den politischen Debatten in Deutschland präsent (Dahrendorf 1982). Anders als während des Wirtschaftswunders 20 Jahre zuvor konnte die deutsche Wirtschaft den Menschen damals keineswegs mehr reichliche Erwerbsmöglichkeiten in professionellen Beschäftigungsverhältnissen bieten. 1975 waren die Arbeitslosenzahlen erstmals seit den 1950er-Jahren wieder auf über eine Million geklettert und noch vor der deutschen Vereinigung wurde in der alten Bundesrepublik die Zwei-Millionen-Grenze überschritten. Den arbeitsmarktpolitischen Negativrekord mit 4,8 Mio. Erwerbslosen im vereinten Deutschland brachte schließlich das Jahr 2005. Die gesellschaftliche Problematik der Massenarbeitslosigkeit und ihrer Folgen hatte damals diskursprägenden Charakter in der Bundesrepublik, in deren Selbstverständnis immer noch die Erfahrung industrieller Stärke aus den Wirtschaftswunderjahren nachklang.

Inzwischen haben sich die Verhältnisse gewandelt, und zwar nicht nur im Hinblick auf die Höhe der Erwerbslosenzahlen, sondern auch bezüglich der Frage, ob die Gesellschaft der Bundesrepublik Deutschland überhaupt noch als Arbeitsgesellschaft begriffen wird, verstanden als soziales Miteinander von Individuen, deren soziale Position und Selbstverständnis wesentlich von ihrer beruflichen Stellung und den damit verbundenen Einkommensströmen bestimmt werden. Eine Gesellschaft also, in der die „materielle und immaterielle Teilhabe eines weit überwiegenden Teils der Bevölkerung […] direkt oder indirekt auf Erwerbsarbeit“ (Struck 2016, S. 3) beruht. Die hierzulande unter dem Rubrum einer ausgewogenen „Work-Life-Balance“ zunehmende Freizeitpräferenz zeigt an, dass eine große Zahl von Menschen ihr persönliches Beschäftigungsverhältnis, die damit verbundene soziale Position und das erzielbare Einkommen nicht mehr zu einem dominanten Orientierungspunkt für ihre Selbstverortung in der Gesellschaft macht.

Dennoch hat der Wunsch der Bürgerinnen und Bürger nach individuellem Wohlstand und reichhaltigen Konsummöglichkeiten weiterhin Bestand. Insofern mag zwar der Stellenwert der Erwerbstätigkeit in Deutschland für viele Menschen heute ein anderer sein als noch vor einigen Jahrzehnten. Ihre Präferenz für einen hohen materiellen Wohlstand hat sich aber kaum verändert. Vor diesem Hintergrund ist diesem Abschnitt auch nicht die Frage „Arbeitsgesellschaft ohne Arbeit?“, sondern die Frage „Wohlstandsgesellschaft ohne Arbeitskräfte?“ als Überschrift vorangestellt.

Klar ist, dass der materielle Wohlstand eines Landes, gemessen am Pro-Kopf-Einkommen, also am BIP bezogen auf die Einwohnerzahl,[8] steigt, wenn die Produktivität der Faktoren Arbeit und Kapital sich erhöht. Sinkt das Arbeitsvolumen (Anzahl der Erwerbstätigen multipliziert mit deren durchschnittlicher Jahresarbeitszeit), weil die Freizeitpräferenz der Menschen zunimmt, dann muss die Produktivität umso kräftiger zulegen, wenn gleichzeitig auch noch das Pro-Kopf-Einkommen gemehrt werden soll. In Deutschland befindet sich der jährliche Produktivitätsfortschritt jedoch in einem langfristigen Sinkflug (vgl. Abschn. 2.1) und das Arbeitsvolumen ist aufgrund der demografischen Entwicklung und sinkender Arbeitszeiten pro Erwerbstätigem rückläufig. Die Wirtschaftsforschungsinstitute aus dem Kreis der Gemeinschaftsdiagnose sehen eine

[8] An dieser Stelle sei auf die Unterscheidung zwischen materiellen und alternativen Wohlstandsbegriffen hingewiesen. Letztere setzen sich aus einem Bündel hochgradig divergenter Größen zusammen und sind schon aufgrund ihrer mangelnden Aggregierbarkeit als Orientierungspunkt für die Industriepolitik nicht geeignet. Siehe dazu Fußnote 2 in Kap. 2.

Schrumpfung des Arbeitsvolumens um etwa 0,1 % im Jahr 2025, die sich auf 0,5 % im Jahr 2029 beschleunigt (Projektgruppe Gemeinschaftsdiagnose 2025, S. 63). Eine Kombination aus mehr individueller Freizeit durch kürzere Wochen- und Lebensarbeitszeiten bei gleichzeitig steigendem Wohlstand in Deutschland entbehrt vor diesem Hintergrund jeder realistischen Perspektive.

Stellt die Zuwanderung von Arbeitskräften aus dem Ausland eine Lösung des Problems dar? Wohl kaum. Selbst bei einer Nettozuwanderung von jährlich 100 Tsd. Personen in den deutschen Arbeitsmarkt und steigender Erwerbsquote wird die Zahl der Erwerbsfähigen in Deutschland von aktuell gut 46 Mio. auf etwa 38 Mio. im Jahr 2060 fallen. Um das Arbeitskräftepotenzial auf dem aktuellen Niveau zu stabilisieren, bedürfte es, jedenfalls wenn die Lebens- und Wochenarbeitszeiten in Deutschland nicht nach oben angepasst werden, einer Nettozuwanderung von 400 Tsd. Erwerbsfähigen jährlich (SVR 2022, S. 282).

Zudem hebt Erwerbsmigration nach Deutschland den hiesigen Produktivitätsfortschritt nur dann, wenn die hereinkommenden Arbeitskräfte produktiver sind als die hierzulande schon Beschäftigten. Schon allein aufgrund der (zumeist) erforderlichen Qualifizierungs- und Lernbedarfe ist das kaum zu erwarten. Vor diesem Hintergrund kann der Zugriff auf das Arbeitskräftepotenzial der europäischen Nachbarländer oder von Drittstaaten durch die deutsche Wirtschaft – und nichts anderes stellt eine planmäßige und dauerhafte Nettozuwanderung mit arbeitsmarktpolitischer Zielsetzung dar – nur ein Element in einem Bündel zielgerichteter Maßnahmen zur Dämpfung der demografischen Effekte auf den Arbeitsmärkten sein.

Zwingend sind interne Reformen mit dem Ziel einer höheren Auslastung des inländischen Erwerbspersonenpotenzials. Dabei sind qualifikatorische Schritte der Bildungspolitik und eine weiter steigende Erwerbsbeteiligung von Frauen unverzichtbar. Auch der Vorschlag, einen der gesetzlichen Feiertage in Deutschland zu streichen, adressiert die retardierenden Wirkungen des demografischen Wandels auf die Entwicklung des Arbeitsvolumens in Deutschland. Das Institut der Deutschen Wirtschaft schätzt die Erhöhung des BIP, die sich mit einem zusätzlichen Arbeitstag verbindet, auf jährlich 5 Mrd. € bis 8,6 Mrd. € (Schröder 2025). Es wäre eine Wiederholung des 1994 unter der Regie Helmut Kohls als Bundeskanzler und Norbert Blüms als Arbeits- und Sozialminister gegangenen Weges, die damalige Einführung der Pflegeversicherung durch Streichung eines Feiertages (teilweise) zu finanzieren.

Aber es geht um mehr, nämlich um die Frage, ob Politik, Wirtschaft und Gewerkschaften die Kraft finden, Fehlentwicklungen in der Arbeitszeitpolitik grundsätzlich zu korrigieren. Das betrifft zum einen die Tarifpartner im Hinblick auf die Debatten um die Einführung der Vier-Tage-Woche. Es betrifft zum anderen aber auch den Gesetzgeber, der mit dem Beschluss zur Renteneintrittsoption schon mit 63 Jahren zwar einem alternden Elektorat entgegengekommen ist, der damit aber in der Sache einen Schritt getan hat, der realwirtschaftlich wie fiskalisch kontraproduktiv ist. Die Politik hat sich mit dieser Entscheidung nicht lösungskompetent, sondern im Gegenteil sogar problemverstärkend eingebracht, weil sie die Zunahme des Altersquotienten in Deutschland sogar noch beschleunigt. Dieser Quotient dürfte von aktuell rund 1:3 auf knapp 1:2 im Jahr 2070 sinken, sodass auf lange Sicht dann nicht mehr drei, sondern nur noch zwei Erwerbstätige einem Rentenbezieher gegenüberstehen. Vor diesem Hintergrund ist eine Erhöhung des Renteneintrittsalters eine sachlogische Konsequenz. Angesichts der trendmäßig ansteigenden Lebenserwartung ist eine längere Erwerbsphase für die weitaus meisten Berufsgruppen auch zumutbar. Die Rentenbezugsdauer hat sich im Zuge der demografischen Entwicklung von durchschnittlich 10 Jahren (1960) auf etwa 20 Jahre (2022) verdoppelt, und dieser Trend wird sich fortsetzen, wenn nicht über eine Anhebung des Renteneintrittsalters nachgesteuert wird.

Die Effekte einer derartigen Anhebung auf das Erwerbspersonenpotenzial sind nicht nur quantitativ relevant, sondern auch qualitativ von Bedeutung. Denn ältere Erwerbspersonen bringen sich durchaus noch produktiv in den Arbeitsprozess ein. Verschiedene empirische Studien, die der Wissenschaftliche Beirat beim Bundeswirtschaftsministerium ausgewertet hat, führen zu der Schlussfolgerung, dass die durchschnittlichen „Altersproduktivitätsprofile […] bis zum Alter von 50–55 Jahren zunehmen und dann gleich bleiben“ (Wissenschaftlicher Beirat 2021, S. 47). Natürlich beginnt die Leistungsfähigkeit der Menschen in weit fortgeschrittenen Lebensjahren irgendwann auch wieder zu sinken, aber die über 60-Jährigen erbringen in der Regel schon aufgrund ihres großen Erfahrungsschatzes durchaus noch wesentliche Beiträge. Zudem wirkt in gemischten Teams der Wissenstransfer von den erfahrenen hin zu den noch relativ neu im Berufsleben stehenden Arbeitskräften insgesamt produktivitätsfördernd.

Vorschläge für eine operative Umsetzung des Weges hin zu längeren Lebensarbeitszeiten liegen auf dem Tisch. In einem ersten Schritt gilt es, die 2014 eingeführte Option auf eine Verrentung schon mit 63 Jahren rückgängig zu machen. Ausnahmen von dieser Revision sollten nur für wenige Erwerbsgruppen vorgesehen werden, bei denen besondere berufsbedingte Belastungen einen relativ frühen Renteneintritt erzwingen. Der dann für die meisten Berufsgruppen ohne die Frühverrentungsoption geltende Pfad für einen Renteneintritt mit 67 könnte anschließend mittels der sogenannten 2:1-Regel verlängert werden. Demzufolge sollte „in Zukunft jeder Anstieg der Lebenserwartung um ein Jahr in eine Verlängerung der Erwerbsphase um acht Monate und der Rentenbezugszeit um vier Monate aufgeteilt werden“ (Börsch-Supan 2022, S. 33). Das gesetzlich festgelegte Renteneintrittsalter würde dann bis 2042 auf 68 Jahre ansteigen. Der Weg wäre damit aber noch nicht beendet, denn wenn die Lebenserwartung danach noch weiter zunimmt, erhöht sich auch das Renteneintrittsalter in diesem atmenden System kontinuierlich.

Aus realwirtschaftlicher Sicht würden längere Lebensarbeitszeiten dazu beitragen, den Rückgang des Arbeitsvolumens in Deutschland zu verlangsamen. Die Schwindsucht des Faktors Arbeit in der größten Volkswirtschaft Europas fiele weniger rasant aus und der für industrielle Wertschöpfung essenzielle Bestand an Fachkräften würde sich dementsprechend weniger rasch ausdünnen. Idealerweise würde dieser Effekt durch eine gleichgerichtete Politik der Tarifparteien flankiert. Sie treffen ihre Entscheidungen bekanntlich in autonomen Verhandlungen, die sich auch auf die Arbeitszeiten erstrecken. Ein tarifpolitischer Aufbruch im Sinne eines vermehrten Einsatzes des Produktionsfaktors Arbeit über verlängerte Arbeitszeiten ist allerdings derzeit noch nicht absehbar.

Insbesondere die Positionen von Arbeitnehmervertretungen und großen Teilen der Politik im Hinblick auf eine Verlängerung der Wochen- und Lebensarbeitszeiten sind zurückhaltend. Während beide Lager an der Renteneintrittsoption mit 63 Jahren trotz steigender Lebenserwartung der Erwerbsfähigen bislang festhalten, werden von gewerkschaftlicher Seite – jedenfalls in einzelnen Branchen – sogar Verkürzungen der Wochenarbeitszeit und die Einführung der Vier-Tage-Woche gefordert. Käme es dazu, so würde Deutschlands rote Laterne im OECD-weiten Vergleich der Arbeitszeiten noch heller leuchten. Mit 1331 Jahresarbeitsstunden pro Erwerbstätigem wird in keinem der OECD-Staaten weniger gearbeitet als hierzulande. Der OECD-Durchschnitt liegt mit 1736 Stunden pro Jahr sehr viel höher (OECD 2024).

Die Argumentationsmuster für eine Vier-Tage-Woche heben auf Produktivitätseffekte ab, die sich aus längeren Zeiten der Regeneration ergeben sollen. Weniger arbeiten, aber dafür produktiver – ein vermeintliches Nullsummenspiel? Der Zusammenhang erscheint auf den ersten Blick plausibel, aber seine quantitative Dimension dürfte wohl kaum die Wirkungen sinkender Arbeitszeiten auf die Höhe des gesamtwirtschaftlichen Outputs ausgleichen. Denn die Produktivität hängt, wie in Abschn. 2.1 dargelegt, eben nicht nur von der Leistungsfähigkeit der Arbeitskräfte ab, sondern in hohem Maße von der technologischen Ausstattung und Modernität des volkswirtschaftlichen Produktionsapparates. Zudem schlagen längere Freizeit- und Regenerationsphasen umso weniger auf die Leistungsfähigkeit der Erwerbstätigen durch, je größer der Sockel an arbeitsfreier Zeit bereits ist. Für Deutschland mit seiner Wochenarbeitszeit von durchschnittlich nur noch etwa 34 Stunden bei hohen Anteilen von Teilzeitbeschäftigung sind in dieser Hinsicht keine großen Effekte zu erwarten.

Was sicher nicht eintreten wird, sind Effizienzsprünge, die den Rückgang des Arbeitsvolumens, der sich mit einer generellen Vier-Tage-Woche verbinden würde, auch nur annähernd kompensieren könnten. Es ist kaum wahrscheinlich, „dass in deutschen Unternehmen eine 20-%ige Produktivitätsreserve schlummert, die aus unerfindlichen Gründen bislang nicht gehoben werden konnte“ (Schäfer 2022, S. 159). Würde für die 22,5 Mio. Vollzeitbeschäftigten in Deutschland (rund die Hälfte aller Erwerbstätigen) die Arbeitswoche auf eine 32-Stunden-Woche mit nur noch vier Arbeitstagen verkürzt, so entspräche dieses rein rechnerisch einer Schrumpfung des Erwerbspersonenpotenzials um 4,5 Mio. Vollzeitkräfte. Es wäre ein gigantischer und wirtschaftlich hochgradig kontraproduktiver Aderlass, dem Verknappungstrend des Faktors Arbeit in der alternden Gesellschaft mit Anpassungen der Beschäftigungszeiten nach unten zu begegnen.

Das Gegenteil ist ökonomisch geboten, wenn das Wohlstandniveau hierzulande gehalten und möglichst erhöht werden soll. Es sollte nicht nur der Pfad einer verlängerten Lebensarbeitszeit mittels der oben erläuterten 2:1-Regel gegangen, sondern auch die Wochenarbeitszeit eher aufgestockt als gekürzt werden. Natürlich liegt Letzteres in der autonomen Entscheidungskompetenz der Tarifparteien in den jeweiligen Branchen, aber eine Verlängerung der wöchentlichen Beschäftigungszeiten im gesamtwirtschaftlichen Durchschnitt um nur eine Stunde würde rein rechnerisch dem Äquivalent von rund 1,5 Mio. Erwerbstätigen entsprechen. Mit einem derartigen Schritt würde sich ein wesentlicher Beitrag zur Abfederung des strukturellen Mangels an Arbeitskräften verbinden.

Vorerst scheint es jedoch der Politik überlassen zu bleiben, längere Arbeitszeiten für die Menschen attraktiv zu machen: „Wir stellen umgehend Überstundenzuschläge steuerfrei, die über die tariflich vereinbarte beziehungsweise an Tarifverträgen orientierte Vollzeitarbeit hinausgehen", heißt es im Koalitionsvertrag der aktuellen Koalition im Bund – und weiter: „Wer das gesetzliche Rentenalter erreicht und freiwillig weiterarbeitet, bekommt sein Gehalt bis zu 2000 € im Monat steuerfrei" (CDU, CSU und SPD 2025, Zeilen 613 f. und 1466 ff.). Diese Festlegungen stellen insofern eine positive Entwicklung dar, als damit überhaupt ein ernsthaftes politisches Signal für die Notwendigkeit längerer Arbeitszeiten gegeben wird. In ihrer ökonomischen Substanz dürften diese pekuniären Maßnahmen allerdings nur marginale Beiträge zur Lösung der Knappheitsprobleme an den Arbeitsmärkten liefern.

Der Erhalt des aktuellen Wohlstandsniveaus in Deutschland wird ohne einen Mentalitätswandel hin zu einem neuen Respekt für die menschliche Arbeit als wertschöpfende Kraft nicht zu leisten sein. Diese Wertschätzung muss sich operativ in längeren Wochenarbeitszeiten und einer Erhöhung des Renteneintrittsalters niederschlagen, wenn eine Zukunft in Prosperität für die größte Volkswirtschaft Europas erreichbar bleiben soll. Wie weit die maßgeblichen arbeitsmarkt- und sozialpolitischen Akteure und Interessenvertretungen in Deutschland noch von einem derartigen Mentalitätswandel entfernt sind, zeigen die Reaktionen auf den Vorstoß von Bundeswirtschaftsministerin Katherina Reiche, die im Sommer 2025 für eine Anhebung des Renteneintrittsalters plädierte (Reiche 2025). Sie stand mit ihrer Einlassung allein in der politischen Landschaft und erntete massive Kritik aus der Gewerkschaftsbewegung und von den Regierungsparteien im Bund (Löhr 2025). Die Angst der Politik, bei der turnusmäßig im Frühjahr 2029 anstehenden Wahl zum 22. Bundestag und in den bis dahin noch terminierten Landtagswahlen von den Wählerinnen und Wählern abgestraft zu werden, scheint so groß zu sein, dass selbst offensichtlich notwendige und längst überfällige Korrekturen in der Arbeitsmarkt- und Rentenpolitik nicht in Angriff genommen werden.

9.6 Makroökonomische Stabilität

Nicht umsonst haben die Vordenker der Sozialen Marktwirtschaft solide makroökonomische Relationen in Form eines stabilen Geldwertes und einer tragfähigen Staatsfinanzierung als eine wesentliche Grundlage für die ökonomische Leistungsfähigkeit der Volkswirtschaft einschließlich einer vitalen Industrie betrachtet. Noch in Erinnerung an die Hyperinflation nach dem Ersten Weltkrieg, die im Jahr 1923 ihren Höhepunkt fand, und geprägt von der jahrelang verdeckten Geldentwertung während des Zweiten Weltkrieges, deren Ausmaß nach Kriegsende sichtbar wurde und zur Währungsreform 1948 führte (Deutsche Bundesbank 2012), ist der Primat der Währungspolitik als eines der konstituierenden Elemente im Konzept der Sozialen Marktwirtschaft verankert worden.

Damit das zentrale Steuerungselement der flexiblen Preisbildung, das Verschiebungen der Angebots- und Nachfrageverhältnisse an den Güter- und Faktormärkten anzeigt, reibungslos funktionieren kann, muss die Inflation unter Kontrolle bleiben. Eine rasch voranschreitende Geldentwertung und erst recht eine galoppierende Inflation sind zu vermeiden. Nur dann bleiben Veränderungen von Einzelpreisen als Knappheitssignale dafür, in welche Produkte und Technologien mit Aussicht auf Rentabilität investiert werden kann, erkennbar. Das erfordert eine moderate und stetige Entwicklung der Geldmenge, die von der Notenbank mittels ihrer zins- und mengenpolitischen Instrumente gesteuert wird.

Die EZB hat diese grundlegenden Zusammenhänge in einen Zielwert von mittelfristig 2 % jährlicher Verbraucherpreisinflation für die Eurozone übersetzt. Dieses Ziel wurde in den Jahren 2022 und 2023 allerdings mit 8,4 % und 5,4 % weit verfehlt, ein Ergebnis, das im Wesentlichen in der ultralockeren Geldpolitik des sogenannten Quantitative Easing wurzelte, die die EZB in der Phase von Januar 2015 bis Frühjahr 2022 verfolgte. Sie diente nach offizieller Lesart dem Zweck, die 2014 deutlich unter dem Zielwert rangierende Inflationsrate im Euroraum anzuheben. De facto hat die EZB jedoch mittels des Aufkaufs von Staatsschuldtiteln – nicht unmittelbar von den Regierungen der Euroländer, aber über den Umweg des privaten Bankensektors – eine Staatsfinanzierung über die Notenpresse betrieben und damit eine enorme Geldmengenexpansion ausgelöst. Die Zentralbankgeldmenge stieg von rund 1,5 Bill. € im Jahr 2015 auf 6 Bill. € im Jahr 2021 und hatte damit sehr viel stärker zugelegt als der realwirtschaftlich erzeugte Berg an Waren und Dienstleistungen (Sinn 2021, S. 108 f.).

Die EZB geriet mit dieser Politik erstens zum Inflationstreiber und zweitens „allmählich in die Funktion einer Rettungsinstanz, wenn nicht Bad Bank zur Sicherung und Übernahme dubioser Schuldtitel" (Sinn 2021, S. 64). Im Zusammenspiel mit anderen Faktoren, unter anderem dem Energiepreisschock des Jahres 2022 nach dem Einmarsch Russlands in die Ukraine, hat das Quantitative Easing den starken Anstieg der Inflationsrate in den Jahren 2021 und 2022 verursacht. Die geldpolitische Gegenreaktion kam spät, doch sie kam in Form einer Serie von Leitzinserhöhungen von Juli 2022 bis September 2023. Sie hat zum Rückgang der Geldentwertung auf rund 2,2 % im Jahr 2025 geführt.

Die dramatischen Preisentwicklungen des Jahres 2022 haben der europäischen Öffentlichkeit die hohen ökonomischen und sozialen Kosten einer rasch voranschreitenden Inflation in aller Deutlichkeit vor Augen geführt. Das Verständnis für den hohen Wert einer stabilen monetären Entwicklung scheint in Europa seither wieder größer geworden zu sein und Verfechter einer eher stabilitätsorientierten Geldpolitik haben es aktuell (etwas) leichter, mit ihren Argumenten Gehör zu finden. Es bleibt abzuwarten, ob dieses so bleibt oder ob die EZB im Falle einer erneut angespannten Situation an der europäischen Schuldenfront einen ähnlichen geldpolitischen Kurs einschlagen wird wie in den Jahren 2015 bis 2022. Die Wahrscheinlichkeit für ein erneutes schuldenpolitisches Problemszenario in Europa steigt jedenfalls seit einiger Zeit wieder spürbar. Die Verschuldung auf gesamteuropäischer Ebene beschränkt sich nicht mehr auf den in Abschn. 6.3 erläuterten Fall der NGEU-Fazilität, sondern greift weiter aus. Frankreich als zweitgrößte Volkswirtschaft Europas ist inzwischen zu einem fiskalischen Problemfall geworden mit einem Anteil der öffentlichen Verschuldung am BIP von 114 % im Jahr 2025. Deutschland als größte Volkswirtschaft Europas wird in den nächsten Jahren deutlich steigende Schuldenquoten verzeichnen und hat mit der faktischen Abschaffung der Schuldenbremse auch seine Wirkungsmacht als europäischer Stabilitätsanker aufgegeben.

Für die Industrie in Deutschland und Europa sind dies schlechte Nachrichten, denn Unternehmen investieren vorzugsweise dort, wo ein stabiler und solide finanzierter Staatshaushalt die notwendigen Mittel zur Erfüllung der öffentlichen Aufgaben bereitstellt und wo die Inflationsentwicklung stabil bleibt. Bestehen hingegen Risiken eines expandierenden Schuldenstandes der öffentlichen Hände, so bildet sich die Erwartung künftiger Steuererhöhungen mit entsprechend dämpfenden Wirkungen auf die Investitionsströme von Industrie- und anderen Unternehmen. Die Solidität der öffentlichen Finanzen ist daher, ebenso wie die Stabilität des Geldwertes, nicht nur von Relevanz für die fiskalische Generationengerechtigkeit und die Handlungsfähigkeit des Staates, sondern sie birgt auch eine eminent industriepolitische Komponente.

Was von Befürwortern einer Erhöhung kreditfinanzierter Staatsausgaben, sei es für industriepolitische oder andere Zwecke, argumentativ regelmäßig ins Feld geführt wird, ist der Hinweis auf die im Vergleich zu anderen Industrieländern relativ geringe Verschuldung des deutschen Gesamtstaates bezogen auf das BIP (Schuldenquote). Sie bewegte sich 2025 in einer Größenordnung von 63,2 % und lag damit in der Tat deutlich unterhalb des EU-Durchschnitts von 83 %. Der Hinweis auf höhere Schuldenquoten anderer ist allerdings schon allein vor dem historischen Hintergrund der Finanzkrise 2007/2008 und der Coronakrise wenig überzeugend. Die damaligen Weltrezessionen haben eindrücklich gezeigt, dass Länder mit einem relativ geringen öffentlichen Schuldenstand über sehr viel ausgeprägtere Handlungsmöglichkeiten zur Umsetzung krisenreaktiver Politikkonzepte verfügen als solche mit vergleichsweise hohen Verbindlichkeiten des Staates. Solide haushaltende Regierungen können in Notsituationen verschiedensten Charakters große Beträge öffentlichen Geldes mobilisieren, ohne dass die Kapitalmärkte mit Risikozuschlägen auf die entsprechenden Staatsschuldtitel reagieren. „Entscheidend ist [...], dass der Fiskus auch unter widrigen Verhältnissen handlungsfähig bleibt, ohne dass das Anlegervertrauen Risse bekommt“ (Projektgruppe Gemeinschaftsdiagnose 2025, S. 72). Die Tatsache, dass andere Industrieländer einen höheren öffentlichen Schuldenstand verzeichnen als Deutschland, bietet schon vor diesem Hintergrund kein stichhaltiges Begründungsnarrativ dafür, industriepolitisch oder anderweitig begründete Staatsausgaben hierzulande stärker als bislang per Kredit zu finanzieren.

Gleichwohl hat sich die Politik in Deutschland auf diesen Weg begeben. Im „politischen Niemandsland“ zwischen der Bundestagswahl am 23. Februar 2025 und der Konstituierung des Bundestags für die 21. Legislaturperiode am 6. Mai 2025 hat sie die Errichtung des bereits erwähnten kreditfinanzierten SVIK über 500 Mrd. € (vgl. Abschn. 5.6) beschlossen und gleichzeitig die Entkernung der Schuldenbremse eingeleitet. Dabei hat sich die Schuldenbremse als ein wirksames Instrument erwiesen, ohne das die Rückführung der Verbindlichkeiten des deutschen Staates von rund 80 % des BIP im Jahr 2011 auf 63,2 % im Jahr 2025 vermutlich nicht gelungen wäre. Man mag dazu anmerken, dass die Europäische Zentralbank mit ihrer ultralockeren Geldpolitik im Zeitraum von 2015 bis 2022 und dem daraus resultierenden Zinsniveau nahe der Nulllinie und phasenweise sogar im negativen Bereich die Konsolidierung der öffentlichen Haushalte erleichtert hat, weil sie den Zinsendienst des Staates spürbar nach unten drückte. Unabhängig davon ist die

Alimentierung einer expansiven Schulden- und Ausgabenpolitik des Staates durch die Notenbank allerdings hochproblematisch, weil sie, wie erwähnt, die Geldmenge tendenziell aufbläht und damit große Inflationspotenziale schafft sowie die Anreize für die öffentliche Hand reduziert, fiskalisch solide zu wirtschaften. Die Aufgabe einer Zentralbank besteht nicht darin, dieses zu tun, sondern im Gegenteil darin, frühzeitig transparent zu machen, dass sie die Folgen einer unverhältnismäßig expansiven Haushaltspolitik nicht geldpolitisch abmildern wird (Projektgruppe Gemeinschaftsdiagnose 2025, S. 70).

Das Zusammenspiel aus Ausgaben- und Schuldenexpansion hierzulande gefährdet einen der (wenigen) noch verbliebenen Aktivposten des Industriestandorts Deutschland: Die haushaltspolitische Solidität und damit auch die faktische Funktion des größten Mitgliedstaates der EU als deren Stabilitätsanker. Der hierzulande inzwischen ausgereichte politische Freifahrtschein in den Schuldenstaat dürfte Projektionen der Wirtschaftsforschung zufolge in jährlichen strukturellen Defiziten des Gesamtstaates von mittelfristig bis zu 3,7 % des BIP und langfristig rund 2,7 % des BIP münden (Projektgruppe Gemeinschaftsdiagnose 2025, S. 82), eine Kreditlast also, die verfestigt ist und die sich auch in Zeiten kräftigen Wirtschaftswachstums nicht mehr über konjunkturell bedingte Steuermehreinnahmen und Minderausgaben abbauen wird. Auf Zehnjahressicht dürfte der Anteil der öffentlichen Verschuldung am BIP in Deutschland von derzeit rund 63 auf etwa 90 % zunehmen, eine durchaus kritische Größenordnung, weil die damit einhergehende Zinsbelastung der öffentlichen Haushalte deutlich steigt (Feld 2025).

Neben die rein fiskalische und ökonomische Sicht auf die öffentliche Verschuldung tritt inzwischen allerdings die geostrategische mit ihren Konsequenzen für die sicherheitsrelevanten Staatsausgaben. Angesichts des Einmarschs Russlands in die Ukraine und zunehmender hybrider Attacken auf westliche Infrastrukturen bei einer offensichtlich aufgeweichten Interpretation der NATO-Bündnisverpflichtung durch die USA ist es unstrittig, dass Deutschland und seine europäischen Partner mehr finanzielle Spielräume brauchen, um ein glaubwürdiges militärisches Abschreckungspotenzial aufzubauen und dieses rüstungsindustriepolitisch zu unterlegen (vgl. Abschn. 10.4). Das schuldenfinanzierte Sondervermögen für Investitionen in die Infrastruktur und den Klimaschutz über 500 Mrd. € lässt sich damit aber ebenso wenig begründen wie die Aussetzung der Schuldenbremse für Verteidigungsausgaben oberhalb der Schwelle von 1 % des BIP. Bereits 2024 lagen die Ausgaben des deutschen Staates für diesen Zweck bei 1,5 % der Wirtschaftsleistung. In Höhe der Differenz von 0,5 % des BIP oder jährlich mehr als 20 Mrd. € hat also eine verkappte Aussetzung der Schuldenbremse stattgefunden. Diese Gelder dürften für die Finanzierung anderer als der proklamierten verteidigungspolitischen Zwecke genutzt werden. Zudem sollte die „Verteidigung, da sie eine Daueraufgabe des Staates ist, auch dauerhaft über Einnahmen aus Steuern finanziert werden“ (Wissenschaftlicher Beirat 2025, S. 31). Eine vorübergehende Erhöhung der öffentlichen Kreditaufnahme, um historisch aufgelaufene Ausrüstungsdefizite des Militärs zu beheben, kann zwar begründet werden, nicht aber eine dauerhafte Finanzierung der sicherheits- und verteidigungspolitischen Kernaufgaben des Staates auf Schuldenbasis.

Die Tür für Ausnahmen von der Schuldenbremse ist also bereits ein großes Stück geöffnet worden und die Hemmschwellen für ein gänzliches Aufstoßen dieser Tür dürften faktisch bereits eingerissen sein. Darauf deutet jedenfalls der Beschluss der Bundesregierung hin, eine Kommission einzusetzen, die einen „Vorschlag für eine Modernisierung der Schuldenbremse entwickelt, die dauerhaft zusätzliche Investitionen in die Stärkung unseres Landes ermöglicht" (CDU, CSU und SPD 2025, Zeile 1614 f.). Die politischen Akteure dürften bei der Konfiguration dieser Kommission (Besetzung, Mandat) darauf achten, dass die zu erwartenden Empfehlungen erstens die aktuelle politische Beschlusslage zu diesem Thema nicht in Frage stellen und dass sie zweitens auf ein Plädoyer für die dauerhafte Aufweichung der schuldenpolitischen Selbstbindung des deutschen Staates hinauslaufen. Hier dürfte es sich letztendlich um ein Verfahren handeln, mit dem durch Gründung einer themenbezogenen Beratungskommission eine Scheinlegitimation für politisch bereits vorgefasste Entscheidungen geschaffen werden soll. Jedenfalls liegt schon jetzt genügend wissenschaftliche Expertise zu diesem Thema vor, beispielsweise ausweislich der einschlägigen Stellungnahme des renommierten Wissenschaftlichen Beirats beim BMF. Dessen Einschätzung passt aber nicht zu dem politisch favorisierten Szenario einer deutlich erhöhten öffentlichen Verschuldung, denn er hat vor einer Aufweichung oder gar Abschaffung der Selbstbindung des Staates bezüglich seiner Kreditspielräume gewarnt und stattdessen empfohlen, „die geplante Diskussion zur Reform der Schuldenbremse zum Anlass zu nehmen, die Wirksamkeit der Schuldenbremse zu verbessern" (Wissenschaftlicher Beirat 2025, S. 45). Damit würde auch das Ökosystem für industriell getriebenes Wachstum gestärkt und insofern ein wichtiger Schritt horizontaler Industriepolitik gegangen.

Vollständig außerhalb des Horizontes der Politik in Deutschland scheint sich das Thema der „impliziten Staatsverschuldung" zu bewegen. Sie gibt an, wie sich die Verbindlichkeiten des Staates langfristig entwickeln werden, wenn die aktuellen politischen Festlegungen (unter anderem Renteneintrittsalter und -niveau, Subventionsgeschehen, Arbeitszeiten) unverändert beibehalten werden (Raffelhüschen et al. 2024, S. 19). Methodisch wird die implizite Staatsverschuldung ermittelt, indem die Finanzdaten von Bund, Ländern, Gemeinden und Sozialversicherungen zukunftsgerichtet erfasst und in Gegenwartswerten ausgedrückt werden.[9] Die auf dieser Basis erstellten Analysen weisen dramatische Zahlen aus. Sie rangieren abdiskontiert auf das Jahr 2024 auf einem Niveau von 311 % des BIP. Rechnet man die im Jahr 2024 bereits realisierten Verbindlichkeiten des Staates (ex-

---

[9] Die Schlüsselfaktoren in dieser Rechnung sind folgende Größen: Die künftige demografische Entwicklung und ihr Einfluss auf das Verhältnis von Rentenbeziehern zu Erwerbstätigen, die Produktivitätsentwicklung als Grundlage für künftige Steuereinnahmen des Staates und die Rate, mit der die Abzinsung der Beträge auf den Gegenwartszeitpunkt erfolgt. Konkret unterstellt die Generationenbilanz der Stiftung Marktwirtschaft entsprechend der 15. Koordinierten Bevölkerungsvorausberechnung des Statistischen Bundesamtes einen Anstieg des Altersquotienten, also des Verhältnisses der über 67-Jährigen zu den 20- bis 66-Jährigen, bis 2070 auf knapp 50 %, sodass dann in etwa zwei Erwerbstätige auf einen Rentenbezieher kommen. Für den Abzinsungsfaktor wird ein langfristiger Realzins von 3 % herangezogen (Raffelhüschen et al. 2024, S. 20).

plizite Verschuldung) hinzu, ausgedrückt durch die damalige Schuldenquote von etwa 64 % des BIP, so ergibt sich ein Wert von 375 % des BIP.

Die Zahlen implizieren einen tiefgreifenden fiskalpolitischen Handlungsbedarf. Bevor eine Finanzierung zusätzlicher Herausforderungen, seien sie durch den Klimawandel, die Alterung der Bevölkerung oder auch militärische Bedrohungen bedingt, mittels öffentlicher Kreditaufnahme und damit einer Verschiebung der Zahllasten auf künftige Generationen von Steuerzahlern erfolgt, sollte eine Rückführung von Staatsausgaben an anderer Stelle erfolgen. Angesprochen sind damit etwa Kürzungen der Subventionsbudgets in Deutschland (vgl. Abschn. 9.1.1), aber auch Anpassungen von solchen Sozialtransfers, die überwiegend Mitnahmeeffekte erzeugen und die für den Ausgleich sozialer Härten nicht zwingend erforderlich sind. Das Niveau der langfristig angestiegenen Sozialleistungsquote, die hierzulande inzwischen fast einem Drittel des BIP entspricht, könnte so in standortverträgliche Größenordnungen geführt[10] und der Bundeshaushalt, dessen Gesamtvolumen von 520 Mrd. € (Regierungsentwurf 2026) zu rund 40 % mit Sozialleistungen belegt ist, merklich entlastet werden.

9.7 Offene Weltmärkte statt Neoprotektionismus

Außenhandelspolitik ist Industriepolitik reinsten Wassers. In ihrer freihändlerischen Ausprägung, die darauf abzielt, die internationalen Märkte offen zu halten und einen Abbau von tarifären und nichttarifären Handelshemmnissen sowie generell eine Absenkung von Transaktionskosten in der internationalen Arbeitsteilung zu verfolgen, bildet sie einen hocheffektiven Rahmen für die Entwicklung industrieller Wertschöpfungsstrukturen. Die komparativen Vorteile der am internationalen Handel partizipierenden Volkswirtschaften, die großenteils über den Austausch von gut handelbaren Industrieprodukten realisiert werden, können nur dann ausgeschöpft werden, wenn der grenzüberschreitende Warenaustausch durch keine oder möglichst wenige Barrieren gehemmt wird. Nicht umsonst entwickeln sich hochintegrierte Wirtschaftsräume, wie etwa der europäische Binnenmarkt, zu ökonomischen Erfolgsmodellen. Die industriepolitische Schlussfolgerung aus dem handelspolitischen Abschnitt dieses Buches ist insofern eindeutig. Sie folgt dem Erkenntnisstand der ökonomischen Theorie und Empirie und lautet: Einschränkungen des freien Welthandels durch Protektion heimischer Industrien vor der internationalen Konkurrenz vermindern die Innovationsanreize und wirken dämpfend auf das Wachstum der Produktivität. Sie begrenzen die ökonomischen Vorteile der internationalen Arbeitsteilung

[10] Die Gesamtleistungen des Staates für eine Vielzahl von Umverteilungszwecken einschließlich der Sozialversicherungen werden in der Sozialleistungsquote erfasst. Sie sind von 18,3 % des BIP (1960) auf rund 30,5 % in 2022 angestiegen (BMAS 2023, S. 7). Rechnet man diese Prozentangabe in monetäre Größen pro Einwohner um, so entspricht dieses einem absoluten Wert von etwa 14.000 € pro Kopf in Deutschland im Jahr 2022.

und gehen zu Lasten des Wohlstands. Umgekehrt führt eine Beseitigung von Handelsbarrieren zu mehr Wirtschaftswachstum bei allen beteiligten Partnern.

Eine Ausnahme von dieser Regel wird in der Ökonomie unter dem Stichwort des „Infant Industry Case“ diskutiert. Dabei wird auf frühe volkswirtschaftliche Entwicklungsstadien abgestellt, in denen junge Industrien (Infant Industries) protegiert werden sollen. Die zu schützenden Unternehmen verfügen prinzipiell über technologische und andere komparative Vorteile. Sie können diese Vorteile aber nicht ausspielen, weil etablierte Wettbewerber aus dem Ausland marktmächtig aufgestellt sind. Dieser Argumentation zufolge ist es ökonomisch vorteilhaft, den heimischen Industriesektor vorübergehend durch sogenannte Erziehungszölle mit einem Schutzzaun zu umgeben, bis er sich bis zur Wettbewerbsfähigkeit entwickelt hat. Dieser bereits vom deutschen Ökonomen, Unternehmer und Politiker Friedrich List (1789 bis 1846) während der industriellen Revolution vertretene Ansatz bildete einen wesentlichen Teil der Begründung für die Entstehung des Deutschen Zollvereins ab 1834. Unter der politischen Führung Preußens wurden damals die Binnenzölle zwischen den meisten deutschen Staaten abgeschafft und ein einheitlicher Außenzoll implementiert (Ziegler 2012, S. 32). Heute werden ähnliche Argumentationsmuster vor allem von Entwicklungs- und Schwellenländern bemüht, um den Schutz bestimmter Branchen durch Importabgaben zu rechtfertigen (Morasch und Bartholomae 2024, S. 273 ff.).

Aber auch aus den reichen Industrieländern sind derartige Begründungsnarrative für einen handelsprotektionistischen Antritt zu vernehmen. So wird etwa im Draghi-Bericht zur europäischen Wettbewerbsfähigkeit vom September 2024 angemerkt, dass zur Protektion von “infant industries where the EU has an innovative edge and sees high future growth potential“ ein reichhaltiges Instrumentarium verfügbar sei: “in this case, there is a well-established playbook of applying a full range of trade-distorting measures until the industry reaches sufficient scale and protections can be withdrawn“ (Draghi 2024, S. 41). Unabhängig von den grundsätzlichen Problemen, denen Erziehungszollmodelle unterliegen (dysfunktionale Anreizeffekte, potenzielle Retorsionsmaßnahmen des Auslandes), ist der Einsatz dieses Instrumentes jedenfalls zum Schutz von Industrien in hoch entwickelten Volkswirtschaften wie der europäischen fragwürdig. Was für Entwicklungs- und Schwellenländer noch vertretbar sein kann, sollten reife Ökonomien auf andere, nämlich marktkonforme Weise lösen können.

Strategien zum Schutz von Infant Industries sind auch nicht die Ursache hinter dem Vordringen handelsprotektionistischer Strategien, das seit dem Frühjahr 2025 zu beobachten ist. Auslöser dieser aktuellen Entwicklung ist mit den Vereinigten Staaten von Amerika ein gefestigtes Industrieland. Einen Vorgeschmack auf das, was sich derzeit zollpolitisch an den Weltmärkten abspielt, lieferte der Streit zwischen den USA und der EU über die Subventionspraxis in der Flugzeugindustrie während der ersten Trump-Administration (2017 bis 2021). In jahrelangen Verfahren vor dem WTO Appellate Body zur Streitschlichtung gelangte die WTO 2018 zu der Einschätzung, dass sowohl die US-amerikanische Boeing Company als auch der europäische Airbus-Konzern über Jahre mit staatlichen Geldern unterstützt wurden. Die WTO billigte sowohl der US-Regierung als auch der EU die Erhebung von Strafzöllen im Rahmen von Obergrenzen zu. Die US-Regierung nutzte diese Entscheidung und erhob Importabgaben auf Waren aus Europa, die ein Handelsvolumen von 7,5 Mrd. € betrafen. Die EU schlug mit Gegenzöllen auf den Import von US-Gütern zurück, die sich auf Einfuhren von 4 Mrd. € erstreckten. Die solchermaßen verursachten Wohlstandseinbußen waren auf beiden Seiten der Handelspartnerschaft erheblich. Sie summierten sich Schätzungen zufolge bis 2020 auf insgesamt 3,3 Mrd. € (Homann 2022). Nach Antritt der Regierung Biden im Jahr 2021 wurde insoweit eine Verständigung erreicht, als man übereinkam, die gegenseitig verhängten Importabgaben bis 2026 auszusetzen.

Diese Verständigung ist inzwischen allerdings von der aggressiven Zollpolitik überholt worden, mit der die zweite Trump-Administration wenige Monate nach ihrem Amtsantritt im Januar 2025 sprichwörtlich die Welt überzogen hat. Den Narrativen der US-Regierung zufolge soll diese Politik nicht nur den Schutz heimischer Industrien vor internationaler Konkurrenz bewirken, sondern zusätzliche Staatseinnahmen generieren und Industrieunternehmen aus dem Ausland veranlassen, Produktionsstätten in die USA zu verlegen. Außenhandelspolitik in einer protektionistischen Gestalt soll so eine Reindustrialisierung der USA flankieren. Der Versuch dürfte aller Voraussicht nach scheitern, denn auf längere Sicht wird er die US-Ökonomie und die dortigen Industrien eher schwächen, weil er deren Innovationsanreize mindert, kostenintensive Neuaufstellungen von Lieferketten auslöst, Preissteigerungen verursacht und das Vertrauen der Investoren in die Stetigkeit und Verlässlichkeit der Wirtschaftspolitik in den Vereinigten Staaten von Amerika untergräbt.

Letzteres ist auch auf das Prozedere zurückzuführen, mit dem die US-Administration ihren zollpolitischen Kurs durchzusetzen versucht. Es ist von Sprunghaftigkeit bis hin zur Unberechenbarkeit gekennzeichnet: Im April 2025 verhängten die Vereinigten Staaten zunächst Zölle in Höhe von 10 % mit prinzipieller Geltung für alle Importe, zusätzlich zu den damals schon bestehenden Einfuhrabgaben. Im nächsten Schritt wurden Zölle ergänzt, die sich an der Höhe des jeweiligen bilateralen Handelsbilanzsaldos des Jahres 2024 orientierten (Mitchener und Wandschneider 2025, S. 3). In Kombination mit weiteren von der Trump-Administration erlassenen länderspezifischen Einfuhrabgaben ergaben sich teilweise extrem hohe Belastungen, die sich insbesondere für chinesische Waren nach oben schraubten und sich kurzzeitig auf Werte von rechnerisch 145 % aufsummierten. Zahlreiche Revisionen von bereits angekündigten Zollsätzen erfolgten innerhalb weniger Monate und die kommunikative Begleitung des gesamten Prozesses ließ ein durchaus aggressives handelspolitisches Potenzial erkennen.

Das Erscheinungsbild der US-amerikanischen Außenhandelspolitik erhielt mit diesen Schritten nicht nur eine stark protektionistische, sondern auch eine willkürliche Note. Zudem zeigte sich im Verlauf des zollpolitischen Aktionismus der US-Regierung ein weiteres Mal die generelle Anfälligkeit der Handelspolitik gegenüber Partikularinteressen (Morasch und Bartholomae 2024, S. 304). Dass die Trump-Administration innerhalb kürzester Zeit produktspezifische Ausnahmen, beispielsweise für Smartphones, Computer, Arzneimittel, Kupfer, Halbleiter, Holzwaren und andere Güter, verfügte (Hoffmann 2025), deutet jedenfalls darauf hin. So ist in einem letztendlich chaotischen und unberechenbaren Prozess eine unübersichtliche Gemengelage verschiedenster Zölle auf Einfuhren in die USA entstanden, die das handelspolitische Prinzip der Nichtdiskriminierung verletzen

(Mitchener und Wandschneider 2025, S. 10). In der Gesamtschau dürfte es keineswegs überzogen sein, die globale handelspolitische Gemengelage im Zeitfenster 2025/26 mit dem Attribut eines maßgeblich von den USA angestoßenen Neoprotektionismus zu versehen, der mit den wesentlichen Prinzipien des GATT, der Nichtdiskriminierung und der Meistbegünstigung, nicht zu vereinbaren ist.

Die EU und die USA haben sich Ende Juli 2025 schließlich auf ein Paket geeinigt, das für den weitaus größten Teil europäischer Produkte einen 15 %-igen Zoll für Einfuhren in die Vereinigten Staaten vorsieht, bei gleichzeitiger Freizügigkeit für US-Exporte in die europäischen Märkte. Die EU-Einfuhrzölle für US-Produkte wurden also auf Null gesetzt. Zudem wurde vereinbart, dass europäische Unternehmen bis 2028 Investitionen in Höhe von 600 Mrd. US-Dollar „across strategic sectors" in den USA tätigen werden und dass die EU Beschaffungen von Energierohstoffen im Wert von 750 Mrd. US-Dollar sowie von KI-Chips in Höhe von mindestens 40 Mrd. US-Dollar in den USA vornehmen wird (European Commission 2025, Ziff. 5 und 6). Zusätzliche Käufe von militärischen Gütern durch die Armeen Europas bei der US-Rüstungsindustrie, eine Zusage der Kommission, bei der Einführung des Klimazolls CBAM zusätzliche Flexibilitäten insbesondere für kleine und mittlere Unternehmen vorzusehen, und den US-Bedenken gegenüber den europäischen Nachhaltigkeitsregelungen im Unternehmenssektor (Corporate Sustainability) entgegenzukommen, sind ebenfalls Bestandteil der Einigung (European Commission 2025, Ziff. 7, 11 und 12). Ob all das tatsächlich zur Anwendung gelangt ist allerdings fraglich. Der US Supreme Court hat den Großteil der US-Zölle im Februar 2026 für nichtig erklärt, weil sie den Charakter einer Steuer haben und das Entscheidungsrecht über steuerpolitische Maßnahmen beim Kongress und nicht bei der US-Administration liegt. Diese will ihre Zölle nun auf eine andere als die bislang gewählte gesetzliche Grundlage (International Emergency Economic Powers Act, IEEP) stützen. Das amerikanisch-europäische Verhandlungskarussel könnte sich also erneut in Rotation versetzen – Ausgang offen. Angesichts der neuen Ungewissheiten hat die EU die im Juli 2025 erreichte Einigung jedenfalls vorläufig ausgesetzt.

Was angesichts der aktuellen handelspolitischen Verwerfungen zumindest vorübergehend in den Hintergrund der öffentlichen Wahrnehmung tritt, sind die protektionistischen Pfade, die die Volksrepublik China und auch die EU selbst schon seit langem beschreiten. Während das Reich der Mitte seinen ökonomischen Aufstieg mit Industriesubventionen, Joint-Venture-Zwängen und illegalem Technologietransfer unterstützt, hat Europa vor allem mit dem Beschluss, einseitig einen Klimazoll auf bestimmte Produktgruppen einzuführen, und anderen unilateralen Maßnahmen zur Durchsetzung europäischer Nachhaltigkeits- und Klimaziele (Hilpert und Rudloff 2024, S. 4 ff.) dem freien Welthandel keinen Gefallen getan (vgl. Abschn. 6.4).

Zudem reichen nicht nur die Volksrepublik China und die USA, sondern auch die europäischen Institutionen und Nationalstaaten bereits seit Jahren in großem Stil Subventionen an ihre Industrien und andere Wirtschaftsbereiche aus und beeinflussen damit die Wettbewerbsrelationen im internationalen Warenaustausch. Alleine die Finanzen für den im Februar 2023 beschlossenen Green Deal Industrial Plan der Europäischen Kommission belaufen sich auf umgerechnet rund 560 Mrd. US-Dollar (SVR 2023, S. 2). Dieses übertrifft die Summe, die in den USA mit dem IRA mobilisiert worden ist, der ein Subventionsvolumen von 369 Mrd. US-Dollar für den Zeitraum von 2023 bis 2032 vorsieht. Hinzu kommen auf beiden Seiten des Atlantiks noch weitere Förderprogramme, beispielsweise in prominenter Weise zur Unterstützung der Halbleiterindustrien. Zusätzliche Industriesubventionen Europas, die diese Größenordnungen volumenmäßig sogar noch in den Schatten stellen, werden im bereits erwähnten Draghi-Report zur europäischen Wettbewerbsfähigkeit vom September 2024 gefordert, der im Auftrag der Kommission erstellt worden ist. Aufgrund der kontraproduktiven Wirkungen einer ausgreifenden staatlichen Subventionspolitik sind diese Empfehlungen allerdings mit Skepsis zu betrachten. Sie dürften die Verschuldung der öffentlichen Haushalte in Europa weiter erhöhen und damit die makroökonomische Stabilität gefährden, dem Vordringen von Subventionsmentalitäten und Rent-Seeking-Strategien Vorschub leisten und die bereits rotierende Spirale des Neoprotektionismus beschleunigen. Vom Einstieg in einen Subventionswettlauf ist abzuraten (SVR 2023, S. 10; Wissenschaftlicher Beirat 2023, S. 14).

Trotz der teils weitreichenden Interventionen europäischer Institutionen und Nationalstaaten in den internationalen Handel bleiben die Störwellen, mit denen Europa die globalen Warenströme marktwidrig beeinflusst, hinter dem zurück, was die Vereinigten Staaten von Amerika mit ihrer Zollpolitik seit Frühjahr 2025 dem weltweiten Handel an Belastungen auferlegen. Dies gilt nicht nur im Hinblick auf die Berechenbarkeit der europäischen Institutionen in Fragen der Handelspolitik, sondern auch bezüglich der Eingriffsintensitäten. Die Verständigung auf die dargelegte Null-zu-15-Prozent-Lösung dürfte zu einem gewissen Teil auch Ausdruck dieser Vorgehensweise sein.[11] Die EU hat damit letztendlich ein Szenario der asymmetrischen Protektion akzeptiert.

Dieses asymmetrische Regime dürfte – sofern es tatsächlich zur Umsetzung gelangt (s.o.) – allerdings die Tendenz bergen, sich zu verfestigen, weil kein Gegendruck aufgebaut wird, der eine Korrektur im Sinne eines Level-Playing-Fields bewirken könnte. Aus Sicht der exportierenden Unternehmen wäre diese Lösung verkraftbar, wenn sie die Zollbelastung vollständig an ihre Kunden weitergeben könnten und keine nennenswerten Gewinneinbußen hinnehmen müssten. Dieses wäre dann der Fall, wenn die Preiselastizität der Nachfrage nach den betroffenen Produkten bei Werten nahe Null rangieren würde.[12] Derartige Gegebenheiten dürften jedoch eher die Ausnahme als die Regel sein. So wurden beispielsweise für Personenkraftwagen, die traditionell ein beliebtes Ziel für zollpolitischen Aktionismus darstellen, Preiselastizitäten der Nachfrage in einer Spanne von – 0,8 bis – 1,5 ermittelt, bezogen auf den Gesamtmarkt für Automobile. Für einzelne Mar-

[11] Vor dem Hintergrund der verteidigungspolitischen und technologischen Abhängigkeiten Europas von den USA mag es für die vereinbarte Lösung und das Einlenken der EU-Kommission noch Gründe gegeben haben, die außerhalb des Ökonomischen liegen. Ob und inwieweit sicherheitspolitische Aspekte im Detail in den Verhandlungen thematisiert und als Druckmittel der Gegenseite eingesetzt worden sind, ist allerdings für die Öffentlichkeit kaum nachprüfbar.

[12] Die Preiselastizität der Nachfrage ($\varepsilon_{N,P}$) gibt die prozentuale Veränderung der Nachfrage (N) nach einer Ware relativ zur prozentualen Veränderung ihres Preises (P) an. Gilt $\varepsilon_{N,P} = -1$, so fällt der Nachfragerückgang in Folge erhöhter Preise genau proportional zum Preiseffekt aus (einheitselastische Nachfrage). Bei $\varepsilon_{N,P} = 0$ verhält sich die Nachfrage komplett preisunelastisch und reagiert überhaupt nicht auf Preisänderungen. Zur Methodik siehe ausführlich Besanko und Braeutigam 2020, S. 71 ff.

ken sind Werte für die Preiselastizität der Nachfrage von – 3,5 bis – 6,5 bestimmt worden (Besanko und Bräutigam 2020, S. 78). Eine Überwälzung von Zöllen auf die Endkundenpreise führt unter derartigen Marktbedingungen zu Absatzrückgängen.

Das Szenario der asymmetrischen Protektion ist für die von zollpolitischen Maßnahmen oder anderen Handelsbeschränkungen betroffenen Exportindustrien daher in der Regel ein Problemszenario. Dieses zeichnet sich auch für die Unternehmen des Verarbeitenden Gewerbes in Europa ab, deren Exporte in die USA, dem ökonomisch bedeutsamsten Auslandsmarkt für Europas Ausfuhrwirtschaft, aufgrund des neuen Zollregimes inzwischen spürbar geringer ausfallen als in den Vorjahren. Jedenfalls sind die Exporte der deutschen Wirtschaft in die USA in 2025 um rund 10 % gegenüber dem Vorjahr gesunken, während die Importe um etwa 2 % zulegten. Eine detaillierte Einschätzung zu den realwirtschaftlichen Effekten des aktuellen US-Zollprotektionismus einschließlich der sich damit verbindenden handelsumlenkenden Effekte wird man allerdings erst geben können, wenn die monatlichen Zahlen zum transatlantischen und europäisch-asiatischen Handel bis weit ins Jahr 2026 hinein vorliegen und die erneuten handelspolitischen Irritationen (s.o.) sich gelegt haben.

Eine optimistischere Sichtweise auf das Szenario der asymmetrischen Protektion ergibt sich, wenn das längerfristige Zusammenspiel von Handelsbeschränkungen und Produktivitätsentwicklung betrachtet wird. Demzufolge erzeugt der erhöhte Druck, unter den die US-Zollpolitik die europäische Wirtschaft setzt, deren Anreize, in produktivere Verfahren zu investieren (Gehringer und Mayer 2025, S. 4 f.). Die damit verbundenen Effizienzvorteile mindern die zollpolitisch bedingten Rückschläge an preislicher Wettbewerbsfähigkeit gegenüber der US-Wirtschaft. Sie stärken gleichzeitig die Konkurrenzfähigkeit der europäischen Industrien auf Drittmärkten und ermöglichen ein kostengünstigeres Angebot oder alternativ höhere Profite auf den europäischen Heimatmärkten. In dieser Konstellation ist das protektionistisch agierende Land der ökonomische Verlierer und das freihändlerische der Gewinner (Gehringer und Mayer 2025, S. 6). Die Null-zu-fünfzehn-Verständigung zwischen der EU und den USA könnte insofern in der Tat ein geringeres ökonomisches Problempotenzial für Europa bergen, als es auf den ersten Blick scheint.

Allerdings ist es so, dass keine brachliegende 15 %-ige Produktivitätsreserve in der europäischen Industrie existiert, die kurzfristig gehoben werden könnte. Es dürfte also eine längere Zeitstrecke zurückzulegen sein, bis der zollpolitisch bedingte 15-%-ige Preisnachteil der europäischen Unternehmen durch Produktivitätssteigerungen zumindest annähernd ausgeglichen wird. Unter der Annahme, dass die erläuterten Produktivitätseffekte auf der Zeitstrecke eintreten, erscheint das von der Europäischen Kommission erzielte Verhandlungsergebnis ökonomisch vertretbar zu sein, weil die damit verbundenen Nachteile für die europäischen Industrien dann beherrschbar bleiben und gleichzeitig ein Szenario der reziproken Marktabschottung, das auch noch die europäischen Konsumenten preislich belastet hätte, vermieden werden konnte. Industriepolitisch dürfte damit mehr gewonnen sein als mit einer Politik des „Auge-um-Auge", die die Gefahr birgt, in einem eskalierenden Handelskonflikt zu enden.

Nicht aus dem Blick geraten sollte jedoch, dass Europa mit dieser Strategie ins Risiko geht, denn die Vorteile des Verzichts auf Retorsionsmaßnahmen werden sich nur dann realisieren, wenn der vorerst befriedete Handelskonflikt mit den USA dauerhaft ruht und keine weiteren Runden eingeläutet werden. Ein handelspolitisch aggressiv auftretender Akteur, so wie die Vereinigten Staaten von Amerika ihn aktuell darstellen, könnte jedoch einen Verzicht seines Gegenübers auf Retorsionsmaßnahmen als Signal der Schwäche interpretieren und insofern, je nach ökonomischer Entwicklung und innen- wie außenpolitischer Gefechtslage, gegebenenfalls mit weiteren Handelsbeschränkungen aufwarten. Sollte ein derartiges Szenario eintreten, so ist nicht auszuschließen, dass eine Implementierung europäischer Abwehrzölle doch unvermeidbar wird, weil die Disparitäten im gegenseitigen Marktzugang ansonsten zu groß würden.

Literatur

Agora Verkehrswende (2020): Technologieneutralität im Kontext der Verkehrswende. Kritische Beleuchtung eines Postulats – Kurzfassung. Version 1.1, Berlin, Januar 2020

AtG, Gesetz über die friedliche Verwendung der Kernenergie und den Schutz gegen ihre Gefahren, Atomgesetz in der Fassung der Bekanntmachung vom 15. Juli 1985 (BGBl. I S. 1565), das zuletzt durch Artikel 1 des Gesetzes vom 4. Dezember 2022 (BGBl. I S. 2153) geändert worden ist

Besanko, David und Braeutigam, Ronald (2020): Mikroökonomie, Wiley-VCH Verlag GmbH & Co. KGaA, 1. Aufl., Weinheim 2020

Blackout News (2024): Deutschlands Stromversorgung gefährdet: 60 Milliarden Euro fehlen für Reservekraftwerke, 9. Januar 2024, https://blackout-news.de/aktuelles/deutschlands-stromversorgung-gefaehrdet-60-milliarden-euro-fehlen-fuer-reservekraftwerke/, zugegriffen am 5. April 2025

Blümm, Florian (2025): Mehrheit für Kernenergie: Aktuelle Umfragen zur Kernkraft in Deutschland, 4. April 2025, https://www.tech-for-future.de/atomkraft-umfrage/, zugegriffen am 23. Februar 2026

BMAS, Bundesministerium für Arbeit und Soziales (2023): Sozialbudget 2022, Bonn, Juni 2023

BMF, Bundesministerium der Finanzen (2025): 30. Subventionsbericht des Bundes. Bericht der Bundesregierung über die Entwicklung der Finanzhilfen des Bundes und der Steuervergünstigungen für die Jahre 2023 bis 2026, Berlin, 10. September 2025

BMWK, Bundesministerium für Wirtschaft und Klimaschutz (2022): Habeck und Lemke lehnen Taxonomie-Rechtsakt der EU-Kommission ab, 2. Februar 2022

Börsch-Supan, Axel (2022): Der lange Schatten der Demografie. Handlungsfelder einer Rentenreform in Deutschland, in: Aus Politik und Zeitgeschichte. Beilage zur Wochenzeitung Das Parlament, 72. Jg., 2022, S. 28–34

Boysen-Hogrefe, Jens et al. (2020): Finanzpolitik mit Weitblick ausrichten, Kieler Beiträge zur Wirtschaftspolitik, No. 30, Institut für Weltwirtschaft (IfW), Kiel 2020

Bundesrechnungshof (2022): Bericht nach § 88 Absatz 2 BHO an den Finanzausschuss des Deutschen Bundestages. Reform des ermäßigten Umsatzsteuersatzes lange überfällig, Bonn, 13. Dezember 2022

Bundesrechnungshofgesetz vom 11. Juli 1985 (BGBl. I S. 1445), das durch Artikel 15 Absatz 82 des Gesetzes vom 5. Februar 2009 (BGBl. I S. 160) geändert worden ist

CDU, CSU und SPD (2025): Verantwortung für Deutschland. Koalitionsvertrag zwischen CDU, CSU und SPD, 21. Legislaturperiode

Dahrendorf, Ralf (1982): Die Arbeitsgesellschaft ist am Ende. Wer immer verspricht, ein Rezept gegen die Arbeitslosigkeit zu haben, sagt die Unwahrheit, in: Die Zeit, Nr. 48 vom 26. November 1982

Deutsche Bundesbank (2012): Inflation – Lehren aus der Geschichte, 15. Oktober 2012, https://www.bundesbank.de/de/aufgaben/themen/inflation-lehren-aus-der-geschichte-614516, zugegriffen am 19. Mai 2025

Die Bundesregierung (2025): Wachstumsbooster zur Stärkung des Standorts Deutschland, 21. Juli 2025, https://www.bundesregierung.de/breg-de/aktuelles/wachstumsbooster-2351752, zugegriffen am 14. September 2025

Die Welt (2024): 30 Staaten kündigen beschleunigten Ausbau von Atomkraft an, 22. März 2024

Draghi, Mario (2024): The Future of European Competitiveness. Part A/A Competitiveness Strategy for Europe, September 2024

European Commission (2025): Joint Statement on a United States-European Union framework on an agreement on reciprocal, fair and balanced trade, Brussels, 21st August 2025, https://policy.trade.ec.europa.eu/news/joint-statement-united-states-european-union-framework-agreement-reciprocal-fair-and-balanced-trade-2025-08-21_en, zugegriffen am 21. August 2025

Falck, Oliver et al. (2024): Entgangene Wirtschaftsleistung durch hohen Bürokratieaufwand, in: ifo-Schnelldienst, 11/2024, 77. Jahrgang, S. 3–11

Feld, Lars P. (2025): Ich hätte lediglich ein Sondervermögen für die Bundeswehr gebildet, Interview in: Neue Zürcher Zeitung, 6. März 2025

Freytag, Andreas und Schuhmann, Sebastian (2022): Bürokratieabbau durch Sunset-Legislation, Jena Economic Research Papers, No. 2022-008, Jena 2022

Gehringer, Agnieszka und Mayer, Thomas (2025): Asymmetrischer Protektionismus: Wie die EU auf Trumps Zölle reagieren sollte, Flossbach von Storch Research Institute, Makro 14/07/2025

GG, Grundgesetz für die Bundesrepublik Deutschland in der im Bundesgesetzblatt Teil III, Gliederungsnummer 100-1, veröffentlichten bereinigten Fassung, das zuletzt durch Artikel 1 des Gesetzes vom 22. März 2025 (BGBl. 2025 I Nr. 94) geändert worden ist

Gothea, Jonas et al. (2024): CCS in Deutschland. Chancen, Kosten und Risiken einer CCS-basierten Carbon-Management-Strategie. Eine Studie der FossilExit Forschungsgruppe im Auftrag von Greenpeace Deutschland e.V., Flensburg, Oktober 2024

GRS, Gesellschaft für Anlagen- und Reaktorsicherheit GmbH (2024a): Der Kugelhaufenreaktor des Kernkraftwerks Shidaowan – ein inhärent sicherer Reaktor?, 11. Oktober 2024, zugegriffen am 23. März 2025

GRS, Gesellschaft für Anlagen- und Reaktorsicherheit GmbH (2024b): Small Modular Reactors (SMR): Kernkraftwerke im Kleinformat, 11. November 2024, https://www.grs.de/de/aktuelles/wissensdossiers/small-modular-reactors-smr-kernkraftwerke-im-kleinformat, zugegriffen am 23. März 2025

Haupt, Friederike (2023): Kein „totes Pferd“: FDP, CDU und AfD offen für Atomkraft-Rückkehr, in: FAZNET, 3. September 2023

Haushaltsgrundsätzegesetz vom 19. August 1969 (BGBl. I S. 1273), das zuletzt durch Artikel 1 des Gesetzes vom 21. August 2024 (BGBl. 2024 I Nr. 361) geändert worden ist. Zuletzt geändert durch Art. 1 G v. 21.8.2024 I Nr. 361

Hentze, Tobias et al. (2024): Standortfaktor Körperschaftssteuer: Szenarien für mehr private Investitionen, Hrsg. Stiftung Familienunternehmen, München, 2024

Herold, Sabine (2022): Hohe Menschenrechtsstandards als Wettbewerbsvorteil? Zwischen hohen Ansprüchen, begrenzten Möglichkeiten und einem gnadenlosen Weltmarkt, in: Russwurm, Siegfried und Lang, Joachim (Hrsg.): Wie soll die Wirtschaft mit Autokraten umgehen?, Herder Verlag, Freiburg-Basel-Wien 2022, S. 91–113

Hilpert, Hanns-Günther und Rudloff, Bettina (2024): EU-Handelspolitik: Die neue Nachhaltigkeitsfalle für handelspolitische Partnerschaften, in: ifo-Schnelldienst, 1/2024, 77. Jahrgang, 17. Januar 2024, S. 3–7

Hoffmann, Melanie (2025): Häufig gestellte Fragen (FAQ) zu den US-Handelsmaßnahmen, GTAI Germany Trade & Invest, 8. Mai 2025, https://www.gtai.de/de/trade/usa/zoll/faq-us-handelsmassnahmen-1893498#toc-anchor%2D%2D1, zugegriffen am 8. Mai 2025

Homann, Pia-Felicitas (2022): EU und USA legen Zollstreit im Handelskonflikt Boeing-Airbus bei, 5. Dezember 2022, https://www.ihk.de/hannover/hauptnavigation/international/laender-und-maerkte/nord-mittel-suedamerika/kanada-und-usa/eu-und-usa-legen-zollstreit-mit-airbus-boeing-bei-5195104, zugegriffen am 8. Mai 2025

Honer, Mathias (2025): Muss Deutschland jetzt mehr in den Klimaschutz investieren?, in: LTO Legal Tribune Online, 24. März 2025, https://www.lto.de/recht/hintergruende/h/sondervermoegen-klimaschutz-klimaneutral-grundgesetz-2045, zugegriffen am 25. März 2025

Initiative für einen handlungsfähigen Staat (2025): Abschlussbericht, Verlag Herder, Freiburg im Breisgau 2025

Kalkuhl, Matthias et al. (2023): CO_2-Bepreisung zur Erreichung der Klimaneutralität im Verkehrs- und Gebäudesektor: Investitionsanreize und Verteilungswirkungen, MCC Mercator Research Institute on Global Commons and Climate Change (MCC) gemeinnützige GmbH, Berlin, April 2023

Liou, Joanne (2023): What are Small Modular Reactors (SMRs)?, IAEA Office of Public Information and Communication, https://www.iaea.org/newscenter/news/what-are-small-modular-reactors-smrs, zugegriffen am 15. August 2025

Löhr, Julia (2025): Die einsamste Ministerin im Kabinett, in: FAZNET vom 30. Juli 2025

Ludewig, Johannes (2021): Bürokratie, Regulierung, Verwaltung in der Krise. Update für Deutschland, Nomos Verlagsgesellschaft, Baden-Baden 2021

Mitchener, Kris James and Wandschneider, Kirsten (2025): Trade Wars and Currency Wars – Lessons from History, Kiel Policy Brief No. 189, Kiel Institute for the World Economy, May 2025

Morasch, Karl und Bartholomae, Florian W. (2024): Handel und Wettbewerb auf globalen Märkten, Verlag SpringerGabler, 3. Aufl., Wiesbaden 2024

NKR, Nationaler Normenkontrollrat (2023): Jahresbericht 2023. Weniger, einfacher, digitaler. Bürokratie abbauen. Deutschland zukunftsfähig machen, Berlin, November 2023

NKR, Nationaler Normenkontrollrat (2024): Jahresbericht 2024. Gute Gesetze. Digitale Verwaltung. Weniger Bürokratie. Momentum nutzen, Wirkung steigern, Berlin, September 2024

Nuklearforum Schweiz (2024): Bedingte Kreditgarantie für den Neustart von Palisades, 8. April 2024

OECD (2024): Average annual hours actually worked per worker, OECD Labour Force Statistics, https://stats.oecd.org/index.aspx?DataSetCode=ANHRS, zugegriffen am 31. August 2025

Probst, Felix et al. (2024): Abschätzung der Netzausbaukosten und die resultierenden Netzentgelte für Baden-Württemberg und Deutschland zum Jahr 2045. Eine Kurz-Studie der ef.Ruhr GmbH, im Unterauftrag unterstützt durch das Energiewirtschaftliche Institut an der Universität zu Köln gGmbH (EWI), 2024

Projektgruppe Gemeinschaftsdiagnose (2025): Geopolitischer Umbruch verschärft Krise – Strukturreformen noch dringlicher, Gemeinschaftsdiagnose Frühjahr 2025, abgeschlossen in Essen am 4. April 2025

Raffelhüschen, Bernd et al. (2024): Ehrbarer Staat? Update 2024 der Generationenbilanz. Das Rentenpaket II, Stiftung Marktwirtschaft (Hrsg.), Berlin, September 2024

Reaktor-Sicherheitskommission (2011): RSK-Stellungnahme 11.-14.05.2011 (437. RSK-Sitzung). Anlagenspezifische Sicherheitsüberprüfung (RSK-SÜ) deutscher Kernkraftwerke unter Berücksichtigung der Ereignisse in Fukushima-I (Japan)

Reiche, Katherina (2025): Wir können nicht ein Drittel des Erwachsenenlebens in Rente verbringen, Interview in: FAZNET vom 25. Juli 2025

Schäfer, Holger (2022): Viertagewoche: Ein Modell für Deutschland?, in: Wirtschaftsdienst, 2022, Vol. 102, Heft 3

Schröder, Christoph (2025): Feiertag abschaffen: Ein zusätzlicher Arbeitstag bringt bis zu 8,6 Milliarden Euro, IW-Nachricht, 19. März 2025, https://www.iwkoeln.de/presse/iw-nachrichten/christoph-schroeder-ein-zusaetzlicher-arbeitstag-bringt-bis-zu-86-milliarden-euro.html, zugegriffen am 26. April 2025

Sinn, Hans-Werner (2021): Die wundersame Geldvermehrung, Staatsverschuldung, Negativzinsen, Inflation, Verlag Herder, Freiburg im Breisgau 2021

Struck, Olaf (2016): Krise der Arbeitsgesellschaft? Der Bamberger Soziologiekongress 1982 im Rückblick und Ausblick im Kontext von Digitalisierung, Arbeitsmarkt- und Qualifikationsentwicklung, Working Paper – No. 17-2016, Universität Bamberg, Arbeitswissenschaft

SVR, Sachverständigenrat zur Begutachtung der gesamtwirtschaftlichen Entwicklung (2022): Jahresgutachten 2022/2023, Wiesbaden 2022

SVR, Sachverständigenrat zur Begutachtung der gesamtwirtschaftlichen Entwicklung (2023): Der Inflation Reduction Act. Ist die neue US-Industriepolitik eine Gefahr für Europa?, Policy Brief 1/2023, Wiesbaden 2023

Vahrenholt, Fritz (2023): Die große Energiekrise und wie wir sie bewältigen können, 3. Aufl., Langen Müller Verlag, München 2023

Wambach, Achim (2022): Klima muss sich lohnen. Ökonomische Vernunft für ein gutes Gewissen, Verlag Herder GmbH, Freiburg im Breisgau 2022

Weimann, Joachim (2021): CO_2-Preise und Kosten der CO_2-Vermeidung bei Anwendung ordnungsrechtlicher Maßnahmen im Vergleich zur Erweiterung des EU ETS, Kurzgutachten im Auftrag der Freien Demokratischen Partei, Magdeburg, August 2021

Wissenschaftlicher Beirat beim Bundesministerium für Wirtschaft und Energie (2021): Vorschläge für eine Reform der gesetzlichen Rentenversicherung. Gutachten des Wissenschaftlichen Beirates beim Bundesministerium für Wirtschaft und Energie, Berlin, Mai 2021

Wissenschaftlicher Beirat beim Bundesministerium der Finanzen (2023): US-Inflation Reduction Act (IRA): Implikationen für Europa, Stellungnahme 01/2023 vom 5. Mai 2023

Wissenschaftlicher Beirat beim Bundesministerium der Finanzen (2025): Zur Notwendigkeit einer wirksamen Schuldenbremse, Stellungnahme 02/2025 vom 4. Juli 2025

Ziegler, Dieter (2012): Die Industrielle Revolution, 3. Aufl., Wissenschaftliche Buchgesellschaft, Darmstadt 2012

10 Was bleibt für die vertikale Industriepolitik zu tun?

Antworten auf die Frage, welchen industriepolitischen Kurs die staatliche Wirtschaftspolitik verfolgen sollte, wurden bereits im vorangegangenen Kapitel gegeben. Es sind horizontal angelegte Qualitätsverbesserungen des Standorts Deutschland, auf die es primär ankommt. Den wirkungsvollsten Beitrag zur Stärkung industrieller Wertschöpfung leistet der Staat, wenn er lenkende Eingriffe in das Wirtschaftsgeschehen so weit wie möglich vermeidet und ein friktionsloses Arbeiten der Märkte für Güter, Dienstleistungen und die Produktionsfaktoren Arbeit und Kapital befördert. Es ist ein Kurs, der sich innerhalb des ordnungspolitischen Spektrums der Sozialen Marktwirtschaft bewegt, die der Industrie prinzipiell alle Möglichkeiten für einen wettbewerbsstarken Auftritt an den Weltmärkten auch im 21. Jahrhundert bietet.

Industriepolitischen Interventionen mit vertikaler Stoßrichtung, mit denen der Staat gezielt in die Marktprozesse eingreift, um spezielle Technologien, Einzelunternehmen oder Branchen zu unterstützen, sollte dementsprechend keine Führungs-, sondern eher eine Residualfunktion zugewiesen werden, die lediglich in ökonomischen Ausnahmesituationen auszufüllen ist. Diese betreffen spezielle Funktionsdefizite der Märkte sowie seit einigen Jahren vermehrt auch geostrategische Notwendigkeiten. Es geht um die Forschungs- und Technologiepolitik, um die Investitionsprüfung im Rahmen des Außenwirtschaftsgesetzes (AWG) und der Außenwirtschaftsverordnung (AWV), um den Grenzfall einer Förderung von Industrieansiedlungen unter bestimmten Bedingungen sowie um die industriepolitischen Erfordernisse im Zusammenhang mit der inneren und äußeren Sicherheit Deutschlands und Europas. Für Interventionen, die in diesen Begründungslogiken stehen, ist ein Platz im industriepolitischen Instrumentenkasten vorzusehen. Er ist jedoch sehr viel schmaler als jener, den die vertikale Industriepolitik in Deutschland und Europa schon seit Jahren für sich in Anspruch nimmt.

W. Horstmann, *Industriepolitik und Wohlstand*,
https://doi.org/10.1007/978-3-658-50739-8_10

10.1 Technologieförderung: Korrektur externer Effekte

Das vermutlich wirksamste Instrument der Industriepolitik dürfte in der breiten Öffentlichkeit gar nicht mehr als solches wahrgenommen werden. Es handelt sich um die staatliche Technologieförderung. Sie rangiert im Schatten der großen forschungs- und bildungspolitischen Debatten, die von spektakulären Problemlagen wie den notorisch schlechten PISA-Resultaten deutscher Schülerinnen und Schüler dominiert werden. Dabei ist die Technologieförderung von enormer Bedeutung für die industrielle und wirtschaftliche Entwicklung Deutschlands und sie ist aus guten Gründen mit beträchtlichen Finanzmitteln ausgestattet.

Aus ökonomisch-theoretischer Sicht geht es dabei um eine Korrektur von Funktionsdefiziten der Märkte. Es ist kaum möglich, das Wissen, das durch Investitionen in die Technologieentwicklung generiert wird, unter alleiniger Kontrolle des jeweils forschenden Unternehmens zu halten. Teile des neu geschöpften Know-hows diffundieren in die Wirtschaft und kommen auch anderen Firmen zugute (positive externe Effekte). Unmittelbar einleuchtend ist dieser Zusammenhang, wenn es um die Grundlagenforschung geht, also um marktferne Aktivitäten, deren Ergebnisse nicht patentierbar sind (Fritsch 2018, S. 86).

Aber auch Innovationsergebnisse, die von Industrieunternehmen generiert werden und die somit näher am konkreten Marktgeschehen liegen als Erkenntnisse aus der Grundlagenforschung, können unter dem Risiko eines Know-how-Abflusses stehen. Die Instrumente des Patentschutzes reduzieren dieses Problem, können es aber nicht komplett entschärfen. So begrenzt beispielsweise die Praxis des „Reverse Engineering" (Czarnitzki 2004, S. 10) die Wirksamkeit von Patenten. Dabei werden innovative Produkte von nachahmenden Unternehmen im Detail analysiert und rekonstruiert. In diesem Prozess entstehen jedoch keine 100 %-igen Kopien, sondern die jeweiligen Erzeugnisse werden so weit modifiziert, dass ihr Charakter zwar noch erhalten bleibt, der Patentschutz aber nicht mehr greift. Auch über die Mobilität von Arbeitskräften findet wertvolles Innovationswissen über die Zeit seinen Weg in die Ökonomie. Letztendlich lassen sich Spillovers von Wissen nicht verhindern.

Aus der einzelwirtschaftlichen Perspektive eines Unternehmens betrachtet mindern diese Zusammenhänge den Anreiz, Ressourcen für die Entwicklung innovativer Technologien aufzuwenden, denn man investiert in FuE-Projekte, deren Ergebnisse und ökonomische Nutzen auch einem weiteren Kreis von vielleicht sogar konkurrierenden Unternehmen zugutekommen können, ohne dass dafür eine Kompensation zu erwarten ist. Bezogen auf die Gesamtwirtschaft führt dieses Externalitätenproblem zu einem suboptimalen Pfad des technischen Fortschritts. Er verläuft auf einem zu niedrigen Niveau, wenn der Staat nicht unterstützend eingreift.

Diese Grundkonstellation wird durch eine weitere Form des Marktversagens noch zusätzlich verschärft, die in einer asymmetrischen Verteilung von Informationen über die Erfolgschancen von FuE-Investitionen wurzelt (Fritsch 2018, S. 278). Das Wissen über die Qualität von Innovationsprojekten und deren kommerzielle Aussichten liegt beim investierenden Unternehmen und nicht auf Seiten der Finanzmarktakteure. Für die potenziellen Kapitalgeber ist es, wenn überhaupt, nur mit unverhältnismäßig hohem Aufwand möglich, einen fachlichen Kenntnisstand zu erreichen, der dem der innovierenden Firmen entspricht. Die FuE-Finanzierung birgt daher erhöhte Risiken. Ökonomisch rational handelnde Kapitalgeber verlangen vor diesem Hintergrund eine Risikoprämie, die dem Zins für die Finanzierung der jeweiligen Vorhaben zugeschlagen wird. Die Spielräume hierfür sind allerdings begrenzt, denn ein zu starkes Anziehen der Zinsschraube würde das Kreditausfallrisiko erhöhen. Lassen sich die Projektrisiken nicht mittels einer aus Sicht der Kapitalgeber angemessenen Risikoprämie abbilden, so kann der gänzliche Verzicht auf die Finanzierung eine Option sein. Diese Zusammenhänge begründen eine Tendenz zur Verteuerung und Verknappung des Angebotes an Geldern für die Technologieentwicklung. Besonders ausgeprägt sind diese Effekte, wenn Start-ups, die noch keine erfolgreiche Geschäftshistorie vorweisen können, sowie kleine und mittlere Firmen Fremdkapital für die Innovationsfinanzierung einwerben wollen (Czarnitzki 2004, S. 15 und S. 49 ff.).

Das Tempo, mit dem die Rate des technischen Fortschritts und damit auch die für den Wohlstand eines Landes besonders relevante Multifaktorproduktivität fortschreiten (vgl. Abschn. 2.1), wird daher durch eine doppelte Marktimperfektion gedrückt: Zum einen reduzieren die positiven externen Effekte von FuE-Investitionen die Neigung der Industrie, in neue Produkte und Herstellungsverfahren zu investieren. Zum anderen wird die Bereitschaft der Kapitalmärkte, Forschungs- und Technologieinvestitionen zu finanzieren, aufgrund von Informationsasymmetrien gedämpft. Eine staatliche Flankierung von FuE-Projekten der Industrie ist daher ökonomisch geraten, um die Innovationsleistung der Wirtschaft und die Rate des technischen Fortschritts auf ein Level zu heben, das unter Marktbedingungen nicht erreichbar wäre.

Den Charakter einer vertikalen Industriepolitik nimmt diese Flankierung an, wenn sie über die Grundlagenforschung hinausgeht und die Entwicklung neuen anwendungsorientierten Wissens in der Industrie adressiert, also solche Vorhaben unterstützt, die in geschäftlich verwertbare Produkte oder Verfahren an den Märkten umgesetzt werden sollen. Staatliche Leistungen der anwendungsorientierten Forschung[1] können durch Wissenstransfer aus den Insti-

[1] Im Unterschied dazu ist das staatliche Engagement in der Grundlagenforschung eher der horizontalen Industriepolitik zuzuordnen. Die Unterscheidung zwischen Grundlagenforschung und angewandter Forschung stellt auf die jeweiligen Zielbestimmungen ab. Demzufolge „richtet sich angewandte Forschung unmittelbar auf ein spezifisches praktisches Ziel" (Meyer-Krahmer und Schmoch 2004, S. 3), was im Falle von Industrieforschung letztendlich ein technologisch klar definiertes und kommerzielles ist, während mit der Grundlagenforschung die Gewinnung neuer Erkenntnisse ohne spezielle Anwendungsabsicht verfolgt wird. Zwischen diesen beiden Kategorien angesiedelt ist die angewandte Grundlagenforschung. Ein definitorischer Zugriff kann auch über eine zeitliche Abgrenzung erfolgen, wonach für die angewandte Forschung eine Transformation des gewonnenen Wissens in Technologie innerhalb von fünf Jahren erwartet wird und für die angewandte Grundlagenforschung fünf bis zehn Jahre veranschlagt werden (Meyer-Krahmer und Schmoch 2004, S. 4).

tuten der technischen Universitäten und der Großforschungseinrichtungen[2] oder auch auf dem Wege einer gezielten finanziellen Unterstützung von Technologieprojekten erfolgen. Vielfach gelangen Know-how-Transfer und Subventionierung gleichzeitig zur Anwendung.

In der Praxis reichen forschende Unternehmen oder auch Projektpartnerschaften ihre Vorhabenskizzen bei den jeweils zuständigen Ministerien beziehungsweise den von ihnen beauftragten Projektträgern ein und beteiligen sich damit am Wettbewerb um staatliche Hilfen. Je nach Prüfergebnis erteilen die verantwortlichen Stellen Förderzusagen oder nicht. Die sich bewerbenden Verbünde umfassen neben den beteiligten Industrieunternehmen oftmals ein wissenschaftlich kompetentes Institut von einer technischen Universität oder einer der Großforschungseinrichtungen in Deutschland. Insbesondere für die Firmen des industriellen Mittelstands ist diese Art der Unterstützung von erheblicher wirtschaftlicher Bedeutung, da sie vielfach über keine eigenen Forschungsabteilungen verfügen und die finanziellen Risiken der Innovationsfinanzierung für sie zumeist schwerer zu tragen sind als für die Großindustrie.

So begründet vertikale Eingriffe der Industriepolitik auch sein können, wenn sie im forschungsnahen Bereich angesiedelt sind und somit noch als Remedur eines Marktversagens in der Technologieentwicklung gelten können, so diffizil ist es, sie im konkreten Einzelfall sachgerecht auszugestalten und vor allem so zu bemessen, dass keine Überförderungen stattfinden. Die IPCEI, die ein Instrument europäischer Industriepolitik darstellen (vgl. Abschn. 6.2), liefern ein anschauliches Beispiel für diese Problematik und dafür, wie man sie begrenzen kann. Dieses Instrument eröffnet die Möglichkeit, Projekte aus staatlichen Quellen finanziell zu unterstützen, bei denen Industrieunternehmen aus mehreren EU-Ländern in die erstmalige Anwendung modernster Technologien (First Industrial Deployment) investieren und damit europaweit positive Spillovereffekte generieren. Es werden also Externalitäten erzeugt und man kann die unter dem IPCEI--Beihilferegime zulässige Förderung als eine Kompensation für diese Externalitäten begreifen. Das Ausmaß dieser Effekte und ihr pekuniärer Wert sind allerdings kaum präzise zu ermitteln. Insofern ist es eine Herausforderung, die jeweils angemessene Subventionshöhe festzustellen und Überförderungen zu vermeiden. Im IPCEI-Regelwerk ist vor diesem Hintergrund die Möglichkeit vorgesehen, überschießende Subventionen zurückzufordern, wenn sich bei Überprüfung im Nachhinein herausstellt, dass „das Vorhaben rentabler ist, als in der angemeldeten Analyse der Finanzierungslücke vorhergesehen" (Europäische Kommission 2021, S. 15, Ziff. 36).

Alles in allem stellt die staatliche Forschungs- und Technologieförderung das Instrument Nummer Eins der vertikalen Industriepolitik dar. Öffentliche Mittel, die für diesen

---

[2] Zu den Großforschungseinrichtungen zählen die Fraunhofer Gesellschaft, die Deutsche Forschungsgemeinschaft, die Helmholtz-Gemeinschaft, die Leibniz-Gemeinschaft und die Max-Planck-Gesellschaft. Diese Wissenschaftsorganisationen decken nicht nur technologische Forschungsfelder, sondern ein breiteres Spektrum an Inhalten ab, zu denen beispielsweise auch sozialwissenschaftliche Fragestellungen gehören. Sie stellen einen Aktivposten für den Standort Deutschland dar, von dessen Qualität die Industrie und die deutsche Wirtschaft schon allein insofern profitieren, als sie das wissenschaftliche Niveau des Standorts insgesamt heben.

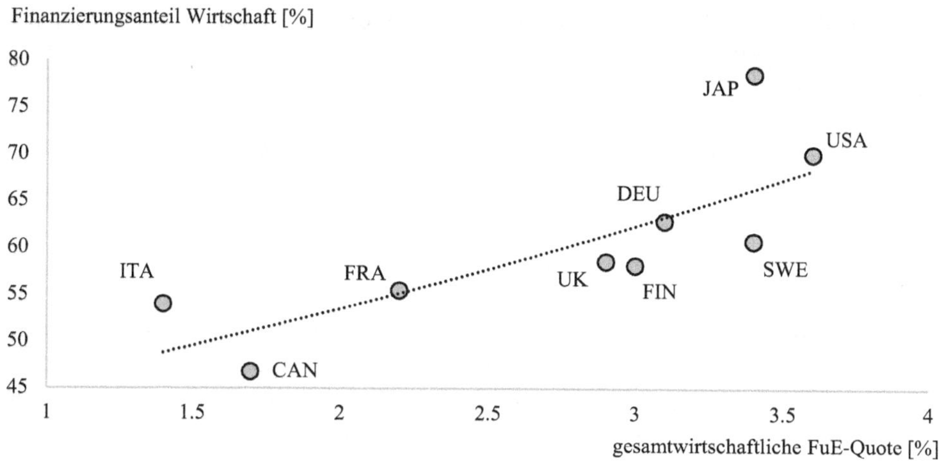

Abb. 10.1 FuE-Quoten und Finanzierungsanteile der Wirtschaft in ausgewählten OECD-Ländern 2022. Finanzierungsanteile Wirtschaft für DEU, FRA, ITA SWE, UK: 2021. (Datenquelle: BMBF 2024, S. 65 f., eigene Darstellung)

Zweck eingesetzt werden, sind in der Regel gut angelegt, weil sie Funktionsdefizite der Märkte abmildern und letztendlich der gesamtwirtschaftlichen Produktivität zuträglich sind. Es wäre allerdings verfehlt, daraus ein simples „je mehr, je besser-Prinzip" für die staatliche Forschungsförderung abzuleiten. Die Kennziffern in Abb. 10.1 zeigen, dass ein relativ hoher gesamtwirtschaftlicher Mitteleinsatz für die Unterstützung von FuE durchaus mit einem hohen Finanzierungsanteil der Wirtschaft einhergehen kann. Die hierzulande in Summe für die Forschung eingesetzten Finanzmittel bewegten sich 2022 in Relation zum BIP (FuE-Quote) auf einem Level von 3,1 %. Knapp zwei Drittel (63 %) dieser Aufwendungen finanzierte die Wirtschaft. Die günstigste Finanzierungskonstellation unter den in Abb. 10.1 betrachteten neun Industriestaaten (G7 plus Schweden und Finnland) weisen die USA und Japan auf, bei denen sowohl die FuE-Quote als auch der Finanzierungsanteil der Wirtschaft deutlich über den Werten der übrigen einbezogenen Länder rangieren. In Japan tragen die Unternehmen mit 78 % zu den gesamtwirtschaftlichen FuE-Ausgaben bei und die Quote bezogen auf das BIP erreicht 3,4 %. In den USA liegen die entsprechenden Werte bei 70 % und 3,6 %. Ein wesentlicher Kausalfaktor für die stark privatwirtschaftlich getragene Finanzierungsstruktur in den Vereinigten Staaten liegt allerdings in den hohen FuE-Aktivitäten der großen Plattform- und Technologiekonzerne. Allein Alphabet, Amazon, Apple, Meta und Microsoft haben zusammengenommen im Jahr 2023 mit mehr als 200 Mrd. US-Dollar nahezu doppelt so viel Mittel für FuE-Investitionen aufgewendet wie Wirtschaft und Staat in Deutschland zusammen.

Das Bundesministerium für Bildung und Forschung (BMBF) bemerkte 2024 zum Zusammenhang von Finanzierungsstruktur und Höhe der volkswirtschaftlichen FuE-Ausgaben, dass „tendenziell diejenigen Vergleichsländer eine hohe FuE-Quote aufweisen, die hohe anteilige FuE-Ausgaben ihres Wirtschaftssektors erzielen" (BMBF 2024, S. 14).

Die Herausforderung mit Blick auf die Forschungspolitik hierzulande ist vor diesem Hintergrund eine doppelte: Erstens gilt es, das in Deutschland angestrebte Ziel einer weiteren Erhöhung der gesamtwirtschaftlich eingesetzten Forschungsmittel auf rund 3,5 % des BIP weiter zu verfolgen. Mindestens genauso bedeutsam ist es aber zweitens, Effizienzreserven in der Technologieförderung zu heben und auf längere Sicht höhere Beiträge der Privatwirtschaft an den gesamtwirtschaftlichen Aufwendungen für die FuE zu realisieren.

Um dieses zu erreichen, sind Korrekturen des Externalitätenproblems in der Forschung durch flankierende Maßnahmen des Staates alleine nicht hinreichend. Das Niveau der privatwirtschaftlichen Forschungsinvestitionen wird sich, ebenso wie die sonstige Investitionstätigkeit des Unternehmenssektors, nur dann erhöhen, wenn der Wirtschaftsstandort mit den Mitteln horizontaler Industriepolitik attraktiv gehalten wird. Unternehmen investieren nicht, wenn sie keine belastbare Perspektive auf stetige und verlässliche Profite sehen. Insofern können Eingriffe der vertikalen Industriepolitik auch in jenen Ausnahmesituationen, in denen sie grundsätzlich begründet sind, nur dann erfolgreich wirken, wenn sie in ein Umfeld attraktiver horizontaler Bedingungen für das Wirtschaften eingebettet sind. Dieses gilt für technologiespezifisch angelegte Forschungssubventionen ebenso wie für andere Maßnahmen vertikaler Industriepolitik.

10.2 Investitionsprüfung: Geostrategischer Tribut

Wenige Eingriffe der Politik in die marktwirtschaftlichen Abläufe haben derart kontroverse Reaktionen ausgelöst wie die sogenannte Investitionsprüfung. Im Jahre 2007 gewann die Debatte zu diesem Thema an Fahrt, angestoßen von Roland Koch, dem damaligen Ministerpräsidenten des Landes Hessen. Er sah die Gefahr, dass es zu „politisch motivierten Marktbeeinflussungen oder zu einer beginnenden ökonomischen und psychologischen nationalen Abhängigkeit von den Entscheidungen fremder Regierungen" (Koch 2007, S. 4) kommen könnte, wenn Machthaber aus autokratisch verfassten Systemen Eigentum an Industrieunternehmen oder kritischen Infrastrukturen in Deutschland und Europa erwerben könnten. Vor diesem Hintergrund schlug er vor, eine staatliche Prüfung von Investitionen aus Drittstaaten in Deutschland, im Idealfall europäisch abgestimmt, einzuführen.

Anlass für die damaligen Debatten um die Investitionsprüfung boten die milliardenschweren Staatsfonds (Sovereign Wealth Funds) in einigen ölexportierenden Staaten und Schwellenländern sowie in den Nachfolgestaaten der Sowjetunion und in China, die Schätzungen zufolge mit 2,6 Bill. US-Dollar den Löwenanteil am Gesamtvolumen aller Staatsfonds weltweit ausmachten. Dieses lag bei gut 3,1 Bill. US-Dollar (Donges et al. 2008, S. 14). Im Jahr 2022 betrugen die Vermögenswerte, die allein von den weltweit zehn größten Sovereign Wealth Funds verwaltet wurden, bereits 7,4 Bill. US-Dollar, wobei von diesen zehn der norwegische Government Pension Fund mit seinem Volumen von 1,2 Bill. US-Dollar als einziger unter Kontrolle einer westlichen Demokratie stand.

Saudi-Arabien, die Vereinigten Arabischen Emirate, Kuwait und Katar brachten 2022 zusammen 2,5 Bill. US-Dollar auf die Waage und 2,3 Bill. US-Dollar waren den Fonds der Volksrepublik China einschließlich Hongkongs zuzurechnen (e-fundsresearch.com 2023).

Aus Sicht der staatlichen und teilweise autokratisch regierenden Entscheider über diese enormen Finanzmittel kann der Erwerb von Rechten an westlicher Spitzentechnologie eine überaus effiziente Abkürzung auf dem Weg hin zur Entwicklung der eigenen Wirtschaft darstellen. Für die Zielländer verbindet sich damit allerdings der Abfluss von Know-how aus teilweise jahrzehntelanger Forschungstätigkeit, und im Extremfall kann der Verlust der technologischen Souveränität in einzelnen Segmenten drohen.

Die Reaktionen auf die Debatte zur Investitionsprüfung 2007 waren dennoch aus ordnungspolitischen Gründen zunächst skeptisch. Das Bundesministerium für Wirtschaft, in dessen Zuständigkeitsbereich die Außenwirtschaftspolitik fällt, nahm damals zunächst eine kritische Haltung ein. War nicht gerade die deutsche Volkswirtschaft mit ihrer engen Einbindung in die internationale Arbeitsteilung und ihren hohen Export- wie Importquoten in besonderem Maße von einem ungehinderten Waren- und Kapitalverkehr abhängig? Und würde ein auch noch so gut begründeter Abwehrmechanismus gegen bestimmte Direktinvestitionen in Deutschland nicht Gegenmaßnahmen auslösen und die Gefahr einer protektionistischen Spiralbewegung bergen?

In ähnlich kritischer Weise hinterfragten Teile der Wissenschaft den Vorschlag für eine staatliche Prüfung und im Einzelfall gegebenenfalls auch Untersagung des Investitionsgeschehens. Sie befürchteten, dass Deutschland sich „von dem Leitbild eines freien internationalen Kapitalverkehrs entfernt“ (Donges et al. 2008, S. 36) und sahen „keine unmittelbare Notwendigkeit, Beteiligungen durch ausländische Unternehmen über das im Außenwirtschaftsgesetz bereits geregelte Maß hinaus zu beschränken“ (SVR 2007, S. 386). Auch der BDI nahm eine kritische Haltung ein und stellte sich mit Verweis auf protektionistische Risiken, die sich seiner Auffassung nach mit einer entsprechenden Verschärfung des AWG verbanden, gegen das Vorhaben (BDI 2009). Die hohe außenwirtschaftliche Verwundbarkeit Deutschlands, das als bedeutende Handelsnation und großer Exporteur von Kapital selbst auf offene Weltmärkte angewiesen ist, verlieh den kritischen Stimmen Gewicht.

Dennoch setzte sich in der Politik am Ende die Auffassung durch, dass die potenziellen Risiken, die sich ergeben, wenn Investoren aus autokratischen Regimen Anteile an Industrieunternehmen mit sensiblen und sicherheitsrelevanten Technologien erwerben, höher zu gewichten sind als die ordnungspolitischen Nachteile einer Kontrolle solcher Investitionen. Der weltweit freie Kapitalverkehr ist ein hohes Gut. Wenn er jedoch von undemokratischen Machthabern missbraucht werden kann, um kritische Infrastrukturen oder Industrien kurzerhand aufzukaufen, ist man gut beraten, sich Instrumente zu schaffen, die derartigen Strategien einen Riegel vorschieben.

Genau das erfolgte schließlich in einem mehr als 10 Jahre andauernden Prozess mittels mehrerer Novellen des AWG und der AWV. Entstanden ist ein System der Investitionsprüfung, mit dem unter bestimmten, restriktiv gehaltenen Bedingungen der Einstieg von Investoren aus Drittstaaten bei deutschen Unternehmen geblockt werden kann. So weit kommt es allerdings in aller Regel nicht. Nach Maßgabe des Eingriffskriteriums der AWV kann das Bundeswirtschaftsministerium eine Transaktion untersagen „um die öffentliche Ordnung oder Sicherheit der Bundesrepublik Deutschland, eines anderen Mitgliedstaates der Europäischen Union oder in Bezug auf Projekte oder Programme von Unionsinteresse [...] zu gewährleisten" (AWV, § 59 Abs. 1). Der Prüfmaßstab der „öffentlichen Ordnung oder Sicherheit" stellt eine hohe Hürde dar, zumal er auch nur dann zur Anwendung gelangt, wenn bestimmte Beteiligungsschwellen überschritten werden und sensible Industrien oder kritische Infrastrukturen betroffen sind.[3]

Die Investitionsprüfungen führen daher nur in sehr wenigen Fällen tatsächlich zu Untersagungsbeschlüssen, und wenn dieser Fall eintritt, so werden die potenziellen Investoren in der Regel vorab informiert, sodass sie noch die Möglichkeit haben, den geplanten Anteilserwerb zu stoppen, bevor ein Verbot formell verfügt wird. Diese Praxis ähnelt dem in den USA bestehenden Verfahren der Investitionsprüfung im Rahmen des Committee on Foreign Investment in the United States (CFIUS), in dessen Verlauf die Investoren ebenfalls vorab über eine bevorstehende Untersagung unterrichtet werden.

Die Zahlen zur Investitionsprüfung in Deutschland weisen 261 nationale Prüffälle für das Jahr 2024 aus, von denen 112 sich auf Erwerbswünsche aus den USA bezogen und 29 auf Investoren aus China. In acht Fällen wurden sogenannte erwerbsbeschränkende Maßnahmen erlassen, die die Form von Untersagungen oder Auflagen annehmen können. Im Vorjahr waren es 257 Vorgänge, von denen 12 mit erwerbsbeschränkenden Regelungen belegt wurden (BMWK 2025). Die Eingriffsintensität des Staates in der Investitionsprüfung erscheint vor dem Hintergrund dieser Zahlen gering. Allerdings gehört es auch zur Praxis, dass geplante Beteiligungsprojekte von den Investoren auf Eis gelegt werden, wenn das Ministerium noch vor Verfahrenseröffnung Bedenken geltend macht. Ein formeller Prüfvorgang entsteht dann gar nicht erst und schlägt sich dementsprechend auch nicht in der Statistik nieder. Zudem kann nicht exakt ermittelt werden, in welchem Ausmaß das Instrument der Investitionsprüfung präventiv wirkt, indem es potenzielle Investoren von vornherein davon abhält, überhaupt einen Beteiligungserwerb in Deutschland in Erwägung zu ziehen.

[3] Beabsichtigte Beteiligungserwerbe ab 10 % der Stimmrechte an deutschen Unternehmen werden einer Prüfung unterzogen, wenn bestimmte Rüstungsgüter oder IT-Sicherheitsprodukte betroffen sind (sektorspezifische Prüfung, §§ 60-62 AWV). Es gilt eine generelle Meldepflicht für derartige Transaktionen. Auch wenn kritische Infrastrukturen, Cloud-Computing-Dienste, Telematikinfrastrukturen, Segmente der Medienwirtschaft mit Bedeutung für die öffentliche Meinungsbildung oder Infrastrukturen der staatlichen Kommunikation betroffen sind, greift die 10 %-Prüfeintrittsschwelle und es besteht eine Meldepflicht (AWV § 55a, Abs. 1, Nr. 1–7). Eine erhöhte Prüfeintrittsschwelle von 20 %, ebenfalls in Verbindung mit einer Meldepflicht, gilt für zahlreiche andere Bereiche, beispielsweise die Luft- und Raumfahrtindustrie, die Kraftfahrzeugindustrie, Technologien des autonomen Fahrens und der Künstlichen Intelligenz, die Robotik, bestimmte Medizinprodukte und Teile der Informationstechnologien (AWV § 55a, Abs. 1, Nr. 8–27). Für Stimmrechtserwerbe an anderen Unternehmen liegt die Prüfschwelle bei 25 % der Stimmrechte, allerdings besteht hier keine Meldepflicht.

Dieser Punkt begründet eine wesentliche ordnungspolitische Problematik. Denn letztendlich kann nicht eindeutig festgestellt werden, ob das in Deutschland greifende System der Investitionsprüfung nicht doch über das Ziel hinausschießt, indem es über technologie- und sicherheitskritische Vorhaben hinaus eine investitionsbremsende Wirkung entfaltet. Nicht auszuschließen ist, dass das System auch solche Investoren abschreckt, deren Projekte unter dem Prüfmaßstab der AWV genehmigungsfähig wären, die aber den Aufwand des Verfahrens scheuen und zudem auch grundsätzlich Risiken der Investitionsprüfung sehen, die sie auf jeden Fall vermeiden wollen. Derartige Kollateraleffekte schmälern die Attraktivität des Standorts Deutschland für Investitionen aus Drittstaaten. Man hat es hier letztendlich mit einer Dunkelziffer zu tun, die allerdings in der Abwägung zwischen dem Schaden aus dem ordnungspolitischen Eingriff und dem Nutzen durch den Schutz sicherheitsrelevanter Industrien und kritischer Infrastrukturen zu akzeptieren ist.

In der Quintessenz ist die politische Entscheidung für eine außenwirtschaftsrechtliche Prüfung und gegebenenfalls Untersagung von sicherheitskritischen Investitionsprojekten aus Drittstaaten angemessen – trotz der ordnungspolitischen Bedenken, die von Teilen des wirtschaftsliberalen Spektrums gegen diesen Eingriff in die Kapitalverkehrsfreiheit geltend gemacht werden. Trotz dieser Skepsis hat sich die Investitionsprüfung im Rahmen des AWG zu einem weitgehend akzeptierten Instrument entwickelt. Die objektiven geostrategischen Schutzbedarfe von sicherheitsrelevanten Industrien und Infrastrukturen haben ebenso dazu beigetragen wie die schlanke Ausgestaltung des Instrumentes, beispielsweise mit relativ kurzen Prüffristen, durch das zuständige Bundeswirtschaftsministerium.

Vorsicht ist allerdings gegenüber einer Ausweitung der Investitionsprüfung auf das sogenannte Outbound Investment geboten, die aktuell von der Europäischen Kommission empfohlen wird. Die geltende EU-Regelung (Investment Screening), unter deren Vorgaben auch das deutsche System läuft, bezieht sich lediglich auf Beteiligungserwerbe von Akteuren aus Drittstaaten in der EU (Inbound Investment). In umgekehrter Richtung fließende Finanzströme, mit denen europäische Unternehmen Investitionen außerhalb der EU realisieren, fallen bislang nicht darunter. In einem Weißbuch hat die Kommission aber genau dieses aufgegriffen und festgestellt, dass Informationsdefizite bezüglich der Outbound Investments europäischer Unternehmen bestehen. Sie hat dementsprechend einen Monitoringprozess zu diesem Thema durchgeführt (European Commission 2024, S. 12) und den Mitgliedstaaten empfohlen, Informationen über Outbound Investments systematisch zu erfassen und zu bewerten (Europäische Kommission 2025). Wer die Dynamik politischer Prozesse und das „Gedächtnis" des europäischen Apparates kennt, weiß, dass einmal diskutierte Regulierungsvorhaben nicht auf ewig in der Versenkung verschwinden, sondern irgendwann wieder hervorgeholt werden und dann durchaus in konkreten Eingriffstatbeständen münden können. Sollte es sich aus geostrategischen und sicherheitspolitischen Gründen tatsächlich als unabweisbar erweisen, das Spektrum der bestehenden Investitionsprüfung noch zusätzlich mit einer Outbound-Komponente zu versehen, so sollte diese einen möglichst wenig invasiven Charakter erhalten.

10.3 Grenzfall Industrieansiedlung

Die Liste der Fälle, in denen Subventionen für die Ansiedlung neuer Industrien in Deutschland zugesagt worden sind, ist in den letzten Jahren länger geworden und sie beeindruckt aufgrund der hohen Fördersummen: Staatsgelder in Höhe von zehn Mrd. Euro bzw. etwa 30 % der veranschlagten Investitionssumme wurden 2023 für die damals geplanten Chipfabriken des US-amerikanischen Chipherstellers Intel in Magdeburg zugesagt. Fünf Mrd. Euro (50 %-ige Förderquote) sind für die neue Halbleiterfertigung in Dresden gebilligt worden, die der taiwanesische Weltmarktführer TSMC gemeinsam mit Infineon, Bosch und der niederländischen NXP errichtet. Im Saarland hatte der US-Konzern Wolfspeed für den Bau einer Chipfabrik hohe Förderzusagen erhalten. Mit zwei Mrd. Euro wird die Umstellung der Stahlproduktion auf wasserstoffbasierte Technologie am Standort Duisburg von thyssenkrupp gefördert und der für den Stahlerzeuger ArcelorMittal zugesagte Subventionsbetrag für die Dekarbonisierung seiner Werke in Eisenhüttenstadt und Bremen liegt bei 1,3 Mrd. €. 437 Mio. € an Staatsgeld wurden für ein deutsch-französisches Projekt für die Errichtung einer Batteriezellfertigung in Kaiserslautern eingestellt. Und schließlich haben der Bund und das Land Schleswig-Holstein eine dreistellige Millionensumme für die Batteriezellfertigung des schwedischen Start-ups Northvolt im schleswigholsteinischen Heide zugesagt.

Soweit die Liste der besonders großen Förderzusagen, die der deutsche Staat für die Ansiedlung neuer Produktionswerke (Greenfield Investments) oder für die Umrüstung bestehender in Deutschland in den letzten Jahren gegeben hat. Inzwischen ist klar, dass nur ein kleiner Teil davon tatsächlich eingelöst wird. Das Projekt von Northvolt in Heide wurde aufgrund der Insolvenz des schwedischen Batterieherstellers gestoppt, was zum Verlust von zum Teil schon ausgezahlten Tranchen der Förderung führte. Das Großprojekt von Intel zum Bau von zwei Chipfabriken in Magdeburg ist abgesagt worden, noch bevor die zugesagten Subventionen tatsächlich abgerufen wurden. Auf Eis gelegt ist auch die ursprünglich geplante Chipfabrik im Saarland von Wolfspeed. Arcelor Mittal hat verkündet, dass die Umrüstung seiner Stahlwerke auf klimafreundliche Technologien trotz der zugesagten Staatshilfen von 1,3 Mrd. € wirtschaftlich nicht vertretbar sei und hat das Projekt gestoppt (Löhr 2025).

Die Bilanz ist ernüchternd, denn viele der von Politik und Wirtschaft in den letzten Jahren gemeinsam aufgestellten Industrieleuchttürme sind ins Wanken geraten oder eingestürzt. Die Kritik aus der Zunft der Ökonomen an der generösen Förderpraxis des deutschen Staates (Anastasiadis und Maier 2023; Gropp 2023) hat insofern eine realwirtschaftliche Bestätigung erfahren. Insbesondere die außerordentlich kostspielige Unterstützung für das Magdeburger Vorhaben wurde von Vertretern aus der Wirtschaftsforschung problematisiert. Als vorbeugende Maßnahme gegen mögliche Lieferengpässe bei Computerchips seien Subventionen in ihrer Wirksamkeit fraglich. Die Gelder würden eine volkswirtschaftlich sinnvollere Verwendung finden, wenn sie für Investitionen in das deutsche

Bildungssystem oder in die Forschung und Entwicklung flössen, statt sie für das Mitbieten in einem globalen Subventionswettlauf einzusetzen.

Was von den Befürwortern staatlicher Ansiedlungsbeihilfen standardmäßig vorgebracht wird, sind Lobeshymnen auf die quantitativen Beschäftigungseffekte von Greenfield Investments, inklusive der damit verbundenen Wirkungen auf zuliefernde Unternehmen und die lokale Wertschöpfung. In den Phasen wachsender Massenarbeitslosigkeit während der siebziger Jahre im alten Westdeutschland und auch nach der Deutschen Vereinigung, als die industriellen Strukturen in Ostdeutschland wegbrachen, waren derartige Effekte aus sozial-, beschäftigungs- und regionalpolitischen Erwägungen heraus durchaus noch von Gewicht. In Zeiten eines notorischen und aller Voraussicht nach langfristig anhaltenden Fachkräftemangels markieren sie allerdings den am wenigsten überzeugenden Punkt.

Um eine staatliche Förderung von industriellen Greenfield Investments ökonomisch stichhaltig begründen zu können, bedarf es vielmehr zwingender versorgungs- oder technologiepolitischer Argumente und gleichzeitig eines Marktumfeldes, das von einer internationalen Subventionskonkurrenz geprägt ist. Aber welche Industrien weisen eine versorgungs- und technologisch überragende Qualität auf und generieren tatsächlich einen erheblichen gesamtwirtschaftlichen Mehrwert, wenn sie in Deutschland angesiedelt werden? Grundsätzlich sollte die Beantwortung dieser Frage dem Markt überlassen bleiben, denn der Staat verfügt aufgrund bestehender Informationsasymmetrien zwischen seinen Institutionen und den professionalisierten Anlagestrategen des Privatsektors keineswegs über komparative Vorteile bei der Bewertung der ökonomischen Relevanz von Zukunftstechnologien, sondern er ist eher mit komparativen Nachteilen konfrontiert (vgl. Abschn. 8.1).

Dennoch gibt es ökonomische Entwicklungen, deren Zukunftspotenziale auch für Institutionen erkennbar sind, die wie der staatliche Exekutivapparat, nicht auf professionelle Marktanalysen spezialisiert sind. Sie sind rar gesät und treten am deutlichsten im Kontext der Digitalisierung hervor. Um die überragende Bedeutung der digitalen Cluster für die Funktionsfähigkeit (fast) aller ökonomischen Aktivitäten auf einem hohen Produktivitätsniveau zu erkennen, bedarf es keiner besonderen prognostischen Fähigkeiten. Evident ist auch, dass Deutschland und die EU insgesamt gerade auf diesem entscheidenden Gebiet ins Hintertreffen gegenüber Nordamerika und Asien geraten sind. Das betrifft nicht nur Defizite in den datenökonomischen und KI-basierten Wertschöpfungsstrukturen (vgl. Abschn. 3.3), sondern auch in der Produktion hochwertiger Hardwarekomponenten in der Chipindustrie. Wie gravierend sich Engpässe in der Versorgung mit Computerchips auswirken können, haben die Knappheiten während der Coronapandemie gezeigt. Alleine für die europäische Automobilindustrie wurden die Umsatzverluste aufgrund der damals limitierten Verfügbarkeit dieser Hardwarekomponenten bis 2021 auf 210 Mrd. US-Dollar taxiert (e-fundresearch.com 2022).

Um derartigen Knappheitssituationen künftig vorzubeugen und einen Ausbau der gemessen am europäischen Chipbedarf zu geringen Produktionskapazitäten in Europa zu incentivieren, haben die europäischen Institutionen den European Chips Act implementiert, der einen Rahmen für die Unterstützung von Investitionen in die europäische Halbleiterindustrie vorsieht. Auf dieser Basis soll die Förderung entsprechender industrieller Substanz in Europa durch Bündelung der Ressourcen von Kommission, Mitgliedstaaten und Privatwirtschaft Schub erhalten und ein Volumen von rund 43 Mrd. € bis 2030 erreichen. Die Europäische Kommission kann im Falle einer krisenhaften Knappheit an Chips gemäß Artikel 26 des Regelwerkes Aufträge definieren, die im Krisenfall von den geförderten Unternehmen aus Gründen der Versorgungssicherheit prioritär zu erfüllen sind (Verordnung EU 2023). Firmen, die entsprechende Fördergelder in Anspruch nehmen, erbringen also eine Gegenleistung in Form der Bereitschaft, gegebenenfalls produktionslenkende Eingriffe der Kommission zu akzeptieren.

Die USA haben schon zu Zeiten der Biden-Administration mit dem Chips and Science Act 2022 Ressourcen in Höhe von rund 53 Mrd. US-Dollar für die Unterstützung der US-Chip-Industrie mobilisiert. Die Praxis hoher Industriesubventionen in den Vereinigten Staaten von Amerika setzt sich damit fort. Schon im Jahr 2008 wurde beispielsweise der Neubau einer Chipfabrik des Herstellers AMD im Staate New York mit Staatsgeldern in Höhe von 1,2 Mrd. US-Dollar bedacht. Dieser Betrag entsprach bei einem Investitionsvolumen von etwa 4,6 Mrd. US-Dollar einer Förderquote von 26 %. Damals konnte sich Dresden als Mitbewerber in der Konkurrenz um die neue Produktionsstätte nicht durchsetzen. Obgleich die Standortbedingungen in den Vereinigten Staaten sich unter anderem aufgrund relativ geringer Energie- und Arbeitskosten sowie vergleichsweise moderater Steuerlasten für die Unternehmen günstiger darstellen als in Deutschland und zahlreichen weiteren EU-Ländern, kommt man offensichtlich auch jenseits des Atlantiks nicht ohne massive Subventionen für die Chipindustrie aus.

Für ein in die Jahre gekommenes Technologieland wie deutschland, das inzwischen ernsthaft in Gefahr ist, im hard- und softwarebasierten Innovations- und Wertschöpfungsprozess rund um das Internet, die Datenökonomie und die KI dauerhaft den Anschluss zu verlieren, sind Investitionen wie die oben diskutierten von einer zukunftskritischen Bedeutung. Sie erhöhen nicht nur die Versorgungssicherheit mit unverzichtbaren Komponenten für die Industrie, sondern stärken das digitale Cluster, erzeugen positive externe Effekte, heben die technologische Leistungsfähigkeit des Wirtschaftsstandortes und sind damit auch dem gesamtwirtschaftlichen Produktivitätsfortschritt zuträglich. Ist ein Land unter den aktuellen und perspektivisch absehbaren Bedingungen des internationalen Wettbewerbs nicht in der Lage, Produktions- und Forschungsstätten in diesen Segmenten der Ökonomie zu attrahieren, so droht ein dauerhafter technologischer Fadenriss mit entsprechenden Folgewirkungen auf Produktivität und Wohlstand. Diese Zusammenhänge erklären, dass gerade bei Ansiedlungsprojekten der Digitalwirtschaft inklusive der Halbleiterproduktion die „Subventionspreise“ besonders hoch liegen.

Es ist ein paradoxer Sachverhalt: Gerade bei Projekten, die wettbewerbsfähig sind, weil sie den langfristigen Megatrend der Digitalisierung bedienen, greift der Staat besonders tief in seine Taschen, um in der internationalen Förderkonkurrenz mithalten zu können. Aus ordnungspolitischer Sicht ist dies ein trauriger Befund, aber die Alternative, nämlich der Abschluss einer international bindenden Vereinbarung, die zur Eindämmung des globalen Subventionswettlaufs bei der Förderung von Greenfield Investments führen könnte, dürfte jedenfalls kurzfristig kaum eine Chance auf Realisierung haben. Eine solche bindende Vereinbarung wäre rechtlich zu kodifizieren und könnte in einer Ergänzung des Übereinkommens über Subventionen und Ausgleichsmaßnahmen (Agreement on Subsidies and Countervailing Measures, SCMA) unter dem Dach der Welthandelsorganisation ihren Niederschlag finden. Derzeit zählen Subventionen zur Unterstützung von industriellen Neuansiedlungen unter WTO-Recht nicht zu den verbotenen Maßnahmen (SCMA Article 3, Wissenschaftlicher Dienst 2022, S. 7).

Man kann trotz all dieser Zusammenhänge mit guten Gründen die Position vertreten, dass sich Deutschland grundsätzlich nicht am globalen Förderwettlauf bei der Ansiedlung von Industrieunternehmen beteiligen sollte, schon allein weil damit hohe fiskalische Kosten verbunden sind. Gleichwohl ist davon abzuraten, mit unverrückbaren Festlegungen jedwede politische Flexibilität in derartigen Fragen zu unterbinden. Wenn es um Projekte geht, die der gesamtwirtschaftlichen Produktivität zuträglich sind, kann eine Förderung von Industrieansiedlungen unter den Bedingungen einer internationalen Subventionskonkurrenz der Standorte ökonomisch rational sein. Klar ist allerdings auch, dass es sich dabei um Spezialfälle handelt, die in keiner Weise als Dammbrecher für eine generelle Subventionierung von Unternehmen missbraucht werden sollten.

10.4 Industriepolitische Aspekte der militärischen Sicherheit

Mit dem Beschluss der 32 Staats- und Regierungschefs der NATO-Staaten bei ihrem Gipfel am 24. und 25. Juni 2025 in Den Haag, die Verteidigungsausgaben der Bündnisländer bis 2035 auf 5 % des BIP heraufzufahren, verbinden sich nicht nur finanzielle Verpflichtungen und haushaltspolitische Anpassungsbedarfe, sondern auch handfeste ressourcenökonomische Herausforderungen. In Deutschland sind diese Herausforderungen von einer besonders großen Dimension, denn die schon seit Jahrzehnten andauernde Auszehrung der Bundeswehr in finanzieller, personeller und waffentechnisch-materieller Hinsicht hat zu enormen Fähigkeitslücken geführt, die es vorwiegend aus deutschen und europäischen Ressourcen zu schließen gilt. Angesichts der seit dem Überfall Russlands auf die Ukraine offensichtlich gewordenen militärischen Bedrohungslage insbesondere für die Staaten an der Ostflanke des Bündnisses ist die Wiederherstellung der Verteidigungsfähigkeit Europas von einer besonderen Dringlichkeit. Es wird einer langjährigen Kraftanstrengung bedürfen, um diese Aufgabe zu meistern. Die Europäische Kommission proklamiert in ihrem Weißbuch zur Verteidigungspolitik das ambitionierte Ziel der „full readiness in 2030" (European Commission 2025a, S. 6).

Die finanziellen Mittel, die erforderlich sind, um die NATO-Armeen in einen Zustand glaubwürdiger Abschreckung durch die Verfügbarkeit moderner Wehrtechnik und deren operative Einsatzfähigkeit zu versetzen, sind – in länderspezifisch stark unterschiedlichem Maß – inzwischen deutlich aufgestockt worden. Dies gilt auch für die EU-Länder, die bis auf Irland, Malta, Österreich und Zypern allesamt Mitglieder des Nordatlantikpaktes sind. Angaben der Europäischen Kommission zufolge lagen die Verteidigungsbudgets der EU-Nationen mit insgesamt 326 Mrd. € 2024 bereits deutlich über dem Niveau der Vorjahre und sie werden voraussichtlich auf bis zu 800 Mrd. € im Jahr 2030 zunehmen (European Commission 2025a, S. 16).[4]

Der finanzielle Aufwuchs hat jedoch ressourcenökonomisch noch keinen nennenswerten Niederschlag gefunden. Der Aufbau von neuen Industriestrukturen für die Erzeugung militärischer Güter verläuft schleppend. Die wehrtechnischen Produktionskapazitäten in Deutschland und der EU können die steigende Nachfrage nach militärischem Gerät, einschließlich der Unterstützungsleistungen für die Ukraine in ihrem Abwehrkampf gegen die russische Föderation, noch nicht einmal annähernd befriedigen. Nach einem Anteil der Importe von 78 % an den Rüstungsbeschaffungen im Zeitfenster 2022/2023 kauften die Armeen Europas im Jahr 2025 noch immer durchschnittlich rund 70 % ihrer Waffensysteme auf den internationalen Märkten ein, wobei Frankreich und Großbritannien den überwiegenden Teil ihrer Verteidigungsgüter selbst herstellen und Deutschland immerhin rund die Hälfte (Burilkov et al. 2025, S. 53 ff.).

Die aus Gründen der strategischen Unabhängigkeit notwendige Steigerung des Anteils der innereuropäisch hergestellten Militärausrüstungen wird dazu führen, dass sich Produktionsfaktoren aus anderen volkswirtschaftlichen Verwendungen in die Rüstungsindustrie bewegen. Dieser Prozess wird nur dann ohne eine Verengung von Verteilungsspielräumen bewältigt werden können, wenn das gesamtwirtschaftliche Produktionspotenzial entsprechend steigt. Für eine Sicherung der Akzeptanz des im NATO-Kreis beschlossenen und vertraglich vereinbarten Aufrüstungskurses in der Bevölkerung ist dieses eine wesentliche Voraussetzung. Sie führt zu einer Schlussfolgerung, die paradoxerweise gar nicht in eine branchenspezifisch angelegte wehrtechnisch-industrielle Stoßrichtung weist, sondern die die bereits erläuterten Handlungsbedarfe einer horizontalen Industriepolitik zusätzlich akzentuiert: Eine Ausweitung der gesamtwirtschaftlichen Produktionsmöglichkeiten durch entsprechende Maßnahmen, die der Angebotsseite der Ökonomie in der Breite expansive Impulse geben (vgl. Kap. 9), erleichtert die Bewältigung der anstehenden verteidigungspolitischen Herausforderungen, weil sie zusätzliche Verteilungsspielräume eröffnet.

Was das Design einer vertikalen Industriepolitik angeht, die speziell auf den Verteidigungssektor fokussiert ist, so steht zunächst die Frage im Raum, ob eine Veränderung der Marktstrukturen in der deutschen und europäischen Rüstungsindustrie erforderlich ist, um den Ausbau der wehrtechnischen Industrie in Europa voranzubringen. Derzeit zeigt sich die Unternehmenslandschaft der Anbieter von Waffensystemen auf dem Alten Kontinent in einer, gemessen an den globalen Relationen, relativ kleinteiligen Aufstellung. Dem Monitoring des Stockholm International Peace Research Institute (SIPRI) zufolge befanden sich im Jahr 2023 lediglich vier europäische Firmen unter den 20 weltweit umsatz-

[4] Bereits zum heute herrschenden Preisniveau für Rüstungsgüter werden die von der Kommission für das Jahr 2030 veranschlagten 800 Mrd. € jedoch nach Einschätzung von Branchenkennern voraussichtlich nicht ausreichen, um die Armeen Europas zu modernisieren und zusätzliche Truppen in einer Personalstärke von etwa 250.000 aufzustellen, die, Expertenkreisen zufolge, erforderlich ist, um eine wirksame Abschreckungsfähigkeit herzustellen (Burilkov et al. 2025, S. 77 und 87 f.).

stärksten Herstellern von Militärausrüstung. Dabei handelt es sich um die britische BAE Systems, die mit 29,8 Mrd. US-Dollar Jahresumsatz 2023 im internationalen Vergleich auf Platz 6 rangierte, den militärischen Teil der deutsch-französischen Airbus-Gruppe (Rang 12) mit 12,9 Mrd. US-Dollar Umsatz sowie die italienische Leonardo (Rang 13) und die französische Thales (Rang 16). Rheinmetall als im europäischen Maßstab relativ großer Anbieter von Heeresausrüstung erscheint im weltweiten Vergleich erst an 26. Stelle (Scarazzato et al. 2024, S. 9). Vor dem Hintergrund dieser relativ geringen Unternehmensgrößen werden schon seit Jahren Vorstöße für eine Konsolidierung der europäischen Hersteller von Rüstungsgütern unternommen und zumeist mit den Kosteneinsparungen durch Skalenerträge begründet, die sich in größeren Einheiten realisieren lassen. Sie werden mit dem Plädoyer für eine dementsprechend zielgerichtete Anpassung der EU-Wettbewerbspolitik verknüpft (Draghi 2024, S. 61) und erinnern an altbekannte Forderungen zur Bildung sogenannter europäischer Industriechampions mittels politisch flankierter Zusammenschlüsse (vgl. Abschn. 6.5).

Eine rüstungsindustrielle Konsolidierung kann jedoch keineswegs als Allheilmittel auf dem Weg hin zu einer kostengünstigen Versorgung der europäischen Armeen mit modernem wehrtechnischen Material gelten. Sofern die Unternehmen sie marktgetrieben anstreben, ist eine entsprechende wettbewerbspolitische Prüfung das Mittel der Wahl, aber nicht die politische Ermutigung und Protektion von Konzentrationsprozessen in einem wachsenden Markt. Skaleneffekte im Rüstungsgeschäft sind nicht das Ergebnis von Fusionen, sondern primär eine Funktion des Bestellverhaltens der Regierungen. Erst eine Verständigung der auftraggebenden Armeen auf die gemeinsame Beschaffung einheitlicher Ausrüstungen in großen Stückzahlen wirkt sich kostensenkend aus. Dieser Zusammenhang kommt bei technologisch anspruchsvollen und forschungsintensiven Rüstungsgütern besonders ausgeprägt zum Tragen. Im Arsenal der europäischen Armeen gab es jedoch zum Stand 2023 eine Vielfalt von Waffensystemen, „beispielsweise 19 verschiedene Kampfpanzer, 20 verschiedene Kampfflugzeuge und zehn verschiedene U-Boot-Typen“ (Cernicky und Krause 2025, S. 2). Eine Reduzierung der Vielfalt der militärischen Ausrüstungen wird realistischerweise nur in einem allmählichen Prozess über die Zeit erfolgen, aber für die Anschaffung neuer Waffensysteme, etwa den Aufbau von Abwehrkapazitäten auf Basis moderner Drohnentechnologien, könnte und sollte sie möglichst rasch umgesetzt werden.

Mit einer solchermaßen koordinierten Beschaffung von Rüstungsgütern in größeren Stückzahlen können die europäischen Nationalstaaten einen Rahmen kreieren, der der wehrtechnischen Industrie die nötige Planungssicherheit für Investitionen in neue Produktionsanlagen, für die Entwicklung von waffentechnischen Innovationen und für ein organisches Wachstum gibt. Ein solcher Rahmen entfaltet seine Wirkung, wenn er sich auf langfristig laufende Verträge stützt, die den Unternehmen verlässliche Geschäftsperspektiven eröffnen. Dafür ist es entscheidend, über den klassischen politischen Vier-Jahres-Zyklus hinaus zu denken und etwa Zehnjahresperioden in den Blick zu nehmen (Mölling und Schütz 2024). Derzeit ist eine Höchstdauer von Rahmenverträgen in der Rüstungsbeschaffung von sieben Jahren die Regel. In diesem Punkt gehen nachvollziehbare Forderungen der Industrie dahin, Erweiterungen dieses Zeitraums auf zehn Jahre regulatorisch zuzulassen, um längerfristige Planungssicherheit für die Branche zu schaffen (BDLI und BDSV 2025, S. 3).

Neben einer koordinierten und mit langlaufenden Verträgen unterlegten Bestellpraxis der europäischen Armeen stellt die Entschlackung von Vergabeverfahren eine wesentliche Erfolgsbedingung für die Beseitigung der bestehenden Ausrüstungsdefizite dar. Diese Entschlackung kann von den EU-Mitgliedstaaten nicht alleine auf Basis ihres jeweiligen nationalen Rechts eingeleitet werden, denn die europäische Verteidigungsrichtlinie macht den EU-Mitgliedstaaten Vorgaben für die Verfahren beim Kauf militärischer Ausrüstungen. Abweichungen von diesen Regelungen sind zulässig, wenn es darum geht, „wesentliche Sicherheitsinteressen" des jeweiligen Nationalstaates zu wahren, und wenn die solchermaßen begründeten Bestellvorgänge „auf dem Binnenmarkt die Wettbewerbsbedingungen hinsichtlich der nicht eigens für militärische Zwecke bestimmten Waren nicht beeinträchtigen" (Art. 346 Abs. 1b AEUV). Natürlich leitet sich aus dieser Regelung kein Freifahrtschein für eine rüstungspolitische Vergabe der Mitgliedstaaten vollständig nach jeweils eigenem Ermessen ab. Aber sie eröffnet Spielräume, beispielsweise für eine Verschlankung von Einzelfallprüfungen, deren Nutzung die Prozeduren in der Rüstungsbeschaffung beschleunigen könnte.

Die Politik hat unter dem Druck der geostrategischen Disruptionen inzwischen reagiert und versucht, durch Anpassungen der Regelwerke mehr Flexibilität in die militärischen Beschaffungsprozeduren zu bringen sowie generell eine Erweiterung der rüstungsindustriellen Strukturen in Europa zu befördern. Wesentliche Schritte dazu werden auf europäischer Ebene mit dem Defense-Omnibus-Readiness-Paket eingeleitet. Es enthält unter anderem Erleichterungen von Käufen zum Auffüllen von militärischen Lagerbeständen, Fast-Track-Genehmigungen für verteidigungsrelevante Infrastrukturen, Anreize zur Durchführung von koordinierten Beschaffungsprojekten gemeinsam durch mindestens drei Mitgliedstaaten und Vereinfachungen für die Bewerbung von Rüstungsunternehmen um Fördermittel aus dem European Defence Fund (European Commission 2025b).

In Deutschland hat das Bundeskabinett im Juli 2025 ein Gesetzesvorhaben mit der Bezeichnung „Entwurf eines Gesetzes zur beschleunigten Planung und Beschaffung für die Bundeswehr" vorgelegt, das, wie sein (etwas sperriger) Name bereits sagt, Tempo in die Käufe von militärischen Ausrüstungsgütern durch die zuständigen Stellen bringen soll. Der Gesetzentwurf schränkt unter anderem die Nachprüfungsrechte unterlegener Bieter in streitigen Vergabeverfahren ein und sieht Ausnahmen vom Grundsatz der klimafreundlichen Beschaffung vor. Des Weiteren macht er Abweichungen vom sogenannten Losgrundsatz möglich, sodass das jeweilige Auftragspaket nicht in kleinere Einzelpakete (Lose) aufgeteilt werden muss, sondern en bloc ausgeschrieben werden kann. In Expertenkreisen wird der Gesetzentwurf allerdings als zu wenig ambitioniert kritisiert, unter anderem, weil er nicht vorsieht, die 25-Mio.-Euro-Hürde, ab der militärische Beschaffungsprojekte vom Haushaltsausschuss des Bundestages zu billigen sind, deutlich anzuheben (Frank 2025).

In der Quintessenz sind Deutschland und Europa gut beraten, eine spezifisch auf den Verteidigungssektor gerichtete Industriepolitik zu betreiben. Die Begründungslogik für einen solchen Kurs ergibt sich aber nicht aus ökonomischen, sondern aus sicherheitspolitischen Erwägungen. Die veränderten geostrategischen Relationen mit einem zunehmend schwächer werdenden Interesse der USA, ihre traditionelle Rolle als Schutzmacht Europas wie noch zu Zeiten des Kalten Krieges auszufüllen, machen es notwendig, eine eigenständige und glaubwürdige Abschreckungskapazität für den Alten Kontinent aufzubauen, die mit leistungsfähigen Industriestrukturen unterlegt ist. Die dafür erforderlichen Aufwendungen stellen Sonderlasten dar, die man sich nicht aufbürden würde, wenn man es aus sicherheitspolitischen Gründen nicht müsste, und die, nicht sehr viel anders als die Ausgaben zur Dekarbonisierung des Landes, die Potenziale für produktivitätssteigernde Investitionen an anderer Stelle der Ökonomie schmälern und Arbeitskräfte binden (vgl. Abschn. 3.2.4).

Dass Neuentwicklungen in der Wehrtechnik, die im Verlaufe der militärischen Ertüchtigung Europas anfallen werden, in bestimmten Konstellationen Spillover-Effekte in zivile Anwendungen hinein mit sich bringen und auf diese Weise dem Innovationsgeschehen in der Ökonomie gewisse Impulse geben können, ist zu erwarten. Derartige Effekte lösen aber nicht die generelle Herausforderung eines erhöhten volkswirtschaftlichen Ressourcenbedarfs für die Landes- und Bündnisverteidigung, dessen „Return on Invest" zwar in mehr Sicherheit, aber nicht in einer gesteigerten volkswirtschaftlichen Produktivität besteht. Zudem hat die Finanzierung des rüstungspolitischen Kurswechsels mittels zusätzlicher öffentlicher Verschuldung einen Preis in Form steigender Zinslasten und tendenziell sinkender fiskalischer Spielräume künftiger Regierungen, ein Effekt, der, wie bereits mehrfach angesprochen wurde, einer Ausweitung des gesamtwirtschaftlichen Produktionsapparates durch mehr private Investitionen nicht zuträglich ist.

Der militärische Aufholprozess Europas, der ohne Frage unabdingbar ist, wird aus den genannten Gründen keine neuen Wohlstandsperspektiven eröffnen. Um die Akzeptanz der Bevölkerung für die ökonomischen Lasten dieses Kurses dennoch zu gewinnen und langfristig zu stabilisieren, ist dessen Einbindung in das Konzept einer standortstärkenden horizontalen Industriepolitik erforderlich, denn es schafft Wachstum und neue gesamtwirtschaftliche Verteilungsspielräume und macht auf diese Weise die zunehmenden sicherheitspolitischen Herausforderungen für die Bürgerinnen und Bürger leichter tragbar. Darüber hinaus ist die Rüstungsindustrie, so wie andere Industriebranchen auch, bei ihren laufenden Geschäftsaktivitäten selbstverständlich ebenfalls auf günstige Standortbedingungen in allen bereits diskutierten Dimensionen angewiesen, von ökonomisch verkraftbaren Energiekosten bis hin zu einer investitionsfreundlichen Unternehmensbesteuerung und dem Abbau von Bürokratie (vgl. Kap. 9). Eine 90-Grad-Drehung der Industriepolitik in Deutschland und Europa mittels einer deutlichen Rückführung vertikaler Eingriffe und einer Stärkung horizontal wirkender Instrumente der Wirtschaftspolitik ist auch vor diesem Hintergrund überfällig.

Literatur

AEUV, Vertrag über die Arbeitsweise der Europäischen Union, in: Amtsblatt der Europäischen Union, 2016/C202/01, S. 1–388

Anastasiadis, Georg und Maier, Corinna (2023): ifo-Chef Clemens Fuest: Ein grünes Wirtschaftswunder? Eher nicht …, in: Münchner Merkur, 17. Juli 2023, https://www.merkur.de/wirtschaft/ifo-chef-clemens-fuest-wirtschaft-standort-deutschland-wachstum-rezession-deindustrialisierung-92403186.html, zugegriffen am 1. Mai 2025

AWV, Außenwirtschaftsverordnung vom 2. August 2013 (BGBl. I S. 2865), die zuletzt durch Artikel 2 der Verordnung vom 11. Dezember 2024 (BGBl. 2024 I Nr. 411) geändert worden ist

BDI, Bundesverband der Deutschen Industrie (2009): BDI zum Inkrafttreten des Außenwirtschaftsgesetzes: Nachteil für den Standort Deutschland in der Wirtschaftskrise – Ausländische Investoren motivieren, nicht vergraulen, https://www.presseportal.de/pm/6570/1393739, zugegriffen am 1. Mai 2025

BDLI und BDSV, Bundesverband der Deutschen Luft- und Raumfahrtindustrie und Bundesverband der Deutschen Sicherheits- und Verteidigungsindustrie e.V. (2025): Positionspapier zum Defence Omnibus, 05/2025, https://www.bdli.de/publikationen/bdli-position-zum-defence-omnibus, zugegriffen am 24. Juli 2025

BMBF, Bundesministerium für Bildung und Forschung (2024): Daten und Fakten zum deutschen Forschungs- und Innovationssystem. Bundesbericht Forschung und Innovation 2024, Berlin, Mai 2024

BMWK, Bundesministerium für Wirtschaft und Klimaschutz (2025): Investitionsprüfung in Deutschland: Zahlen und Fakten. Sämtliche Zahlen mit Stand vom 30.01.2025, https://www.bmwk.de/Redaktion/DE/Publikationen/Aussenwirtschaft/investitionsprufung-in-deutschland-zahlen-und-fakten.html, zugegriffen am 30. April 2025

Burilkov, Alex et al. (2025): Fit for War bei 2030? European rearmament efforts vis-à-vis Russia, Kiel Report No. 3, June 2025

Cernicky, Jan und Krause, Christina Catherine (2025): Boost für die Verteidigungsindustrie, Konrad-Adenauer-Stiftung, Monitor Sicherheit/Verteidigung, Berlin, März 2025

Czarnitzki, Dirk (2004): Das Innovationsverhalten von Unternehmen und die Rolle der Forschungs- und Technologiepolitik. Ein Vergleich zwischen Ost- und Westdeutschland, Dissertation, Universität Duisburg-Essen 2004

Donges, Jürgen B. et al. (2008): Staatsfonds: Muss Deutschland sich schützen?, Stiftung Marktwirtschaft Frankfurter Institut, Schriftenreihe Band 48, Berlin 2008

Draghi, Mario (2024): The Future of European Competitiveness. Part A / A Competitiveness Strategy for Europe, September 2024

e-fundsresearch.com (2023): Die größten Staatsfonds: Gerangel um den Spitzenplatz, 24. Februar 2023, https://e-fundresearch.com/funds/artikel/46969-die-groessten-staatsfonds-gerangel-um-spitzenplatz, zugegriffen am 30. April 2025

e-fundresearch.com (2022): Knappe Chips: Ist bei der Halbleiterversorgung Entlastung in Sicht?, 10. Februar 2022, https://e-fundresearch.com/newscenter/102-robeco/artikel/43462-knappe-chips-ist-bei-der-halbleiterversorgung-entlastung-in-sicht, zugegriffen am 2. Mai 2025

European Commission (2024): White Paper on Outbound Investments, Brussels, 24th January 2024, COM (2024) 24 final

Europäische Kommission (2025): Empfehlung (EU) 2025/63 der Kommission vom 15. Januar 2025 zur Überprüfung von Investitionen in Drittstaaten in Technologiebereiche, die für die wirtschaftliche Sicherheit der Union von entscheidender Bedeutung sind, in: Amtsblatt der Europäischen Union, Reihe L, S. 1 ff.

European Commission (2025a): White Paper for European Defense-Readiness 2030, https://defence-industry-space.ec.europa.eu/eu-defence-industry/introducing-white-paper-european-defence-and-rearm-europe-plan-readiness-2030_en, zugegriffen am 17. Juli 2025

European Commission (2025b): Defence Readiness Omnibus, Simplification Proposal to Boost Industrial Readiness, https://defence-industry-space.ec.europa.eu/eu-defence-industry/defence-readiness-omnibus_en, zugegriffen am 24. Juli 2025

Europäische Kommission (2021): Kriterien für die Würdigung der Vereinbarkeit von staatlichen Beihilfen zur Förderung wichtiger Vorhaben von gemeinsamem europäischem Interesse mit dem Binnenmarkt, (2021/C 528/02) vom 30. Dezember 2021, in: Amtsblatt der Europäischen Union C 528/10

Frank, Dorothee (2025): Neues Gesetz zur beschleunigten Beschaffung für die Bundeswehr, in: Defence-Network.com vom 23. Juli 2025, https://defence-network.com/gesetz-beschleunigte-beschaffung-bundeswehr/, zugegriffen am 24. Juli 2025

Fritsch, Michael (2018): Marktversagen und Wirtschaftspolitik. Mikroökonomische Grundlagen staatlichen Handelns, 10. überarbeitete und ergänzte Aufl., Verlag Franz Vahlen, München 2018

Gropp E. Reint (2023): Subventionen für Halbleiter?, in: Wirtschaftsdienst, 2023, Vol. 103, Heft 3, S. 152

Koch, Roland (2007): Staatsfonds gehören nicht zur globalen Marktwirtschaft – auch Deutschland muss sich schützen, in: ifo-Schnelldienst, 60. Jahrgang, 17/2007, S. 3–5

Löhr, Julia (2025): Umbau gestoppt – für Arcelor ist grüner Stahl zu teuer, in: FAZNET vom 20. Juni 2025

Meyer-Krahmer, Frieder und Schmoch, Ulrich (2004): Zur Bedeutung der angewandten Grundlagenforschung – Ergebnisse einer schriftlichen Befragung bei Fraunhofer-Instituten, Karlsruhe, Februar 2004

Mölling, Christian und Schütz, Torben (2024): Eine Industriepolitik für die Rüstung. Was Deutschland tun muss, um die Versorgung seiner Streitkräfte zu sichern, Deutsche Gesellschaft für Auswärtige Politik (DGAP) Memo, 10. April 2024, https://dgap.org/de/forschung/publikationen/eine-industriepolitik-fuer-die-ruestung, zugegriffen am 20. Juli 2025

Scarazzato, Lorenzo et al. (2024): The SIPRI Top 100 Arms Producing and Military Services Companies 2023, SIPRI Fact Sheet, December 2024

SMCA, Agreement on Subsidies and Countervailing Measures, https://www.wto.org/english/docs_e/legal_e/24-scm.pdf, zugegriffen am 3. Mai 2025

SVR, Sachverständigenrat zur Begutachtung der gesamtwirtschaftlichen Entwicklung (2007): Das Erreichte nicht verspielen, Jahresgutachten 2007/2008, Wiesbaden 2007

Verordnung (EU) 2023/1781 des Europäischen Parlamentes und des Rates vom 13. September 2023 zur Schaffung eines Rahmens für Maßnahmen zur Stärkung des europäischen Halbleiter-Ökosystems und zur Änderung der Verordnung (EU) 2021/694 (Chip-Gesetz), in: Amtsblatt der Europäischen Union, L 229/1 ff. vom 18. September 2023

11 Schlussbemerkung: Industriepolitik braucht politische Führung

Die Ausführungen zur Industriepolitik in diesem Buch gelangen nun an ihr Ende. Ihre Quintessenz besteht in einem Plädoyer für eine 90-Grad-Drehung des staatlichen Eingriffshandelns hin zu horizontalen Lösungen und (weitgehend) weg von vertikal lenkenden Interventionen. Das vertikale Spiel der Industriepolitik ist – wenn man Eingriffe zur Korrektur von Marktversagen und Wettbewerbsverzerrungen ausklammert – eines, das im Wesentlichen Ressourcen umlenkt, aber kaum zusätzliche Ressourcen schafft. Das horizontale hingegen stärkt nicht nur die Wettbewerbsfähigkeit der Industrie, sondern eröffnet auch neue Verteilungsspielräume, weil es einer Ausweitung der gesamtwirtschaftlichen Produktionskapazitäten zuträglich ist. Die Schritte, die zu gehen sind, um diese Wirkungen zu erreichen, wurden im Verlauf dieses Buches beschrieben.

Sie umzusetzen dürfte den Menschen viel abverlangen. Teile der deutschen Bevölkerung werden neu lernen müssen, was eigentlich selbstverständlich ist: Dass die klimaindustrielle Transformation kein Wirtschaftswunder erzeugt, sondern ökonomische Lasten, deren Bewältigung den Einsatz zusätzlicher Ressourcen erfordert. Dass die Züge der KI und der Datenökonomie an den deutschen und europäischen Industrien vorbei in Richtung Zukunft rollen werden, wenn Europa nicht aufspringt und seine diesbezüglichen Regulierungsregime entsprechend liberalisiert. Dass eine mutige Absenkung der Steuern auf die Unternehmensgewinne kein Programm zur Entlastung des Großkapitals darstellt, sondern vor allem den kleinen und mittleren Industrieunternehmen sowie dem Mittelstand generell hilft. Dass Industriesubventionen nicht zu mehr Wettbewerbsfähigkeit führen, sondern nur kurzfristig entlasten, langfristig aber die ökonomische Effizienz in der Industrie selbst schmälern und – sofern sie mittels zusätzlicher öffentlicher Verschuldung finanziert werden – auch noch den Rucksack künftiger Generationen mit fiskalischen Lasten beschweren. Dass industrielle Wertschöpfung und Wohlstand durch Arbeit entstehen und nicht durch Freizeit.

W. Horstmann, *Industriepolitik und Wohlstand*,
https://doi.org/10.1007/978-3-658-50739-8_11

Es ist ein Kanon an Einsichten, der sich aus der einfachsten aller ökonomischen Regeln ableitet: „There ain't no such thing as a free lunch" oder, in vereinfachter Übersetzung: „Alles hat seinen Preis". Aber in der Realität der deutschen Gesellschaft des 21. Jahrhunderts wird dieser Kanon von vielen Menschen nicht akzeptiert. Ihn dennoch auf öffentlichen Bühnen, in Fernsehshows und vor allem in Gesprächen mit potenziellen Wählerinnen und Wählern im Stimmbezirk offensiv zu vertreten, stellt die politischen Eliten auf allen Ebenen des föderalen Staates vor Herausforderungen. Sie benötigen den Mut und die Fähigkeit, auch dann noch zu stehen, wenn sich politischer Gegenwind erhebt und die eigene Popularität in bestimmten Wählergruppen unter die Werte sinkt, die man kurzfristig erreichen kann, wenn man mit unbequemen Wahrheiten hinter dem Berg hält.

Würden Widerstände von Lobbyorganisationen, verteilungspolitische Befindlichkeiten und politisch-taktische Manöver eine Neuorientierung der Industriepolitik hin zu weniger Subventionen und regulatorischen Eingriffen verhindern? Wäre ein Kurswechsel hin zu einem Mehr an horizontal-marktwirtschaftlich fundierter Industriepolitik und einem Weniger an industriepolitischer Lenkung en detail in der deutschen Demokratie der 2020er- und 2030er-Jahre nur eine theoretische, aber keine praktische Option? Natürlich würden Subventionsmentalitäten und Beharrungstendenzen eine Bremswirkung entfalten und es ist damit zu rechnen, dass sich gegebenenfalls politische Gegenbewegungen bilden, wenn mit dem Abbau von volkswirtschaftlich nachteiligen pekuniären und regulatorischen Begünstigungen für einzelne Interessengruppen Ernst gemacht würde. Die Gelbwestenbewegung in Frankreich hat diese Mechanismen der gesamten europäischen Öffentlichkeit vor Augen geführt.

Aber dennoch sind auch radikale Kurswechsel in einer Demokratie nicht nur möglich, sondern sogar zu erwarten, wenn sie unter dem Druck der realen Verhältnisse erforderlich werden. Ein Beispiel für diesen Zusammenhang liefern die Hartz-Reformen des Arbeitsmarktes aus dem Jahr 2005. Sie stellten einen regelrechten sozialpolitischen Paradigmenwechsel dar. Ohne den Katalysatoreffekt der in der Bundesrepublik bis dahin ungekannt hohen Erwerbslosenzahlen im Zeitfenster der Jahrtausendwende, die im Jahr 2005 auf 4,8 Mio. kletterten, wären diese Reformen wohl kaum zustande gekommen. Letztendlich wurden sie aber gegen massive politische Widerstände durchgesetzt und haben im Zusammenspiel mit der Senkung der Ertragsbesteuerung für die Unternehmen im Jahr 2008 die industrielle Wettbewerbsfähigkeit auf Jahre hinaus gestärkt.

Ein aktuelles Beispiel für die Adjustierung eines scheinbar felsenfest eingefahrenen politischen Kurses unter dem Druck sich wandelnder Verhältnisse bietet die sicherheitspolitische Neuorientierung, die Deutschland und die übrigen NATO-Staaten seit dem Einmarsch Russlands in die Ukraine am 24. Februar 2022 eingeleitet haben. Zuvor hatte sich über Jahrzehnte eine trügerische Wahrnehmung in der deutschen Gesellschaft herausgebildet und festgesetzt, der zufolge größere kriegerische Auseinandersetzungen in Europa nicht mehr zu befürchten seien. Im Zuge dieser Entwicklung wurden die Verteidigungsausgaben hierzulande bekanntlich von in der Spitze knapp 5 % des BIP zu Zeiten des Kalten Krieges bis auf rund 1,1 % im Jahr 2015 heruntergefahren. Ausrüstung und infrastrukturelle Einrichtungen der Bundeswehr wurden bis an den Rand der militärischen

Funktionsunfähigkeit abgebaut und die Wehrpflicht ab Juli 2011 ausgesetzt. Wer hätte gedacht, dass dieser langanhaltende Trend einer Demilitarisierung sich jemals wieder umkehren würde? Und doch kam es so, ausgelöst durch den Angriff Russlands auf die Ukraine und den von der zweiten Trump-Administration aufgebauten massiven Druck auf die übrigen NATO-Staaten, ihre Verteidigungsausgaben drastisch zu steigern. Formalisiert wurde die Kehrtwende beim NATO-Gipfel in Den Haag im Juni 2025 mit dem Beschluss, die Verteidigungsausgaben bis 2035 auf 5 % des BIP heraufzufahren. Deutschland hatte schon Monate zuvor die haushaltspolitischen Voraussetzungen dafür geschaffen. Innerhalb von drei Jahren hat das Land in der Frage der Verteidigungspolitik eine Kehrtwende vollzogen, mit dem Ziel, eine Stärkung seiner militärischen Fähigkeiten zu Zwecken der Abschreckung und Verteidigung zu erreichen.

Warum sollte ein ähnlicher Turnaround nicht auch in der Industriepolitik über eine Orientierung hin zu stärker horizontal angelegten Konzepten gelingen und eine Rückbesinnung auf Markt und Wettbewerb in der praktischen Industriepolitik nicht auch Umsetzungschancen haben? Gefragt sind mehr Technologieoffenheit, auch mit Blick auf solch politisch brisante Themen wie die Kernkraftnutzung und die Zukunft von Verbrennerantrieben, Anpassungen des Datenschutzregimes an die ökonomischen Realitäten, das Aufbrechen subventionspolitischer Besitzstände und generell ein neuer standortpolitischer Pragmatismus in einem Staat, dessen Institutionen sich zurücknehmen und die Spielräume der privaten Investoren ausweiten, statt sie regulatorisch zu begrenzen. Klug wäre es, diesen Kurswechsel nicht so weit hinauszuschieben, bis der Druck der Verhältnisse ihn, so wie in der Verteidigungspolitik, erzwingt.

Dazu gehört allerdings eine Portion Courage, was das Einschlagen unpopulärer Reformwege angeht, und der politische Wille, den Wählerinnen und Wählern reinen Wein einzuschenken über das, was erforderlich ist, damit das Land auf Dauer Industrienation bleiben und wirtschaftlich prosperieren kann. Daraus resultieren nicht zwangsläufig Popularitätseinbußen für die Entscheider in Regierungen und Parlamenten, sondern gegebenenfalls sogar Gewinne an Glaubwürdigkeit und neuer politischer Zuspruch aus Teilen des Elektorates. Auf jeden Fall aber können Politikerinnen und Politiker, die den Mut aufbringen, der Bevölkerung Anpassungslasten zuzumuten, um industrielle Wertschöpfung zu sichern und damit auf lange Sicht umso größere Wohlstandsspielräume für alle zu eröffnen, sich einer Eigenschaft rühmen, die in jeder funktionierenden Demokratie und natürlich auch für eine wirkungsvolle Industriepolitik unverzichtbar ist: Politische Führung.

Kolibri 360 GmbH
Ferdinand-Jühlke-Straße 7
99095 Erfurt, Deutschland
produktsicherheit@kolibri360.de